ビジネス・キャリア検定試験® 標準テキスト

企業法務

牧野 和夫 監修
中央職業能力開発協会 編

3級

第3版

JN056694

発売元 社会保険研究所

ビジネス・キャリア検定試験
標準テキストについて

　企業の目的は、社会的ルールの遵守を前提に、社会的責任について配慮しつつ、公正な競争を通じて利潤を追求し永続的な発展を図ることにあります。その目的を達成する原動力となるのが人材であり、人材こそが付加価値や企業競争力の源泉となるという意味で最大の経営資源と言えます。企業においては、その貴重な経営資源である個々の従業員の職務遂行能力を高めるとともに、その職務遂行能力を適正に評価して活用することが最も重要な課題の一つです。

　中央職業能力開発協会では、「仕事ができる人材（幅広い専門知識や職務遂行能力を活用して、期待される成果や目標を達成できる人材）」に求められる専門知識の習得と実務能力を評価するための「ビジネス・キャリア検定試験」を実施しております。このビジネス・キャリア検定試験は、厚生労働省の定める職業能力評価基準に準拠しており、ビジネス・パーソンに必要とされる事務系職種を幅広く網羅した唯一の包括的な公的資格試験です。

　3級試験では、係長、リーダー等を目指す方を対象とし、担当職務に関する専門知識を基に、上司の指示・助言を踏まえ、自ら問題意識を持って定例的業務を確実に遂行できる人材の育成と能力評価を目指しています。

　中央職業能力開発協会では、ビジネス・キャリア検定試験の実施とともに、学習環境を整備することを目的として、標準テキストを発刊しております。

　本書は、3級試験の受験対策だけでなく、その職務の担当者として特定の企業だけでなくあらゆる企業で通用する実務能力の習得にも活用することができます。また、異動等によって初めてその職務に就いた方々、あるいは将来その職務に就くことを希望する方々が、職務内容の体系的な把握やその裏付けとなる理論や考え方等の理解を通じて、自信を持って職務が遂行できるようになることを目標にしています。

標準テキストは、読者が学習しやすく、また効果的に学習を進めていただくために次のような構成としています。

　現在、学習している章がテキスト全体の中でどのような位置付けにあり、どのようなねらいがあるのかをまず理解し、その上で節ごとに学習する重要ポイントを押さえながら学習することにより、全体像を俯瞰しつつより効果的に学習を進めることができます。さらに、章ごとの確認問題を用いて理解度を確認することにより、理解の促進を図ることができます。

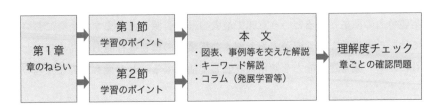

　本書が企業の人材力の向上、ビジネス・パーソンのキャリア形成の一助となれば幸いです。

　最後に、本書の刊行に当たり、多大なご協力をいただきました監修者、執筆者、社会保険研究所編集部の皆様に対し、厚く御礼申し上げます。

中 央 職 業 能 力 開 発 協 会

（職業能力開発促進法に基づき国の認可を受けて
　設立された職業能力開発の中核的専門機関）

目次

ビジネス・キャリア検定試験　標準テキスト
企業法務 **3級**〔第3版〕

企業法務の基礎

この章のねらい

　第1章では、企業法務の概念、機能、内容を理解し、企業法務の第1の役割は企業不祥事の予防にあること、すなわち、企業活動に必然的に伴う経営判断の際に正しい法的判断を行うことが不可欠であり、これによりコンプライアンス（法令遵守）を確保することができるが、法的判断を担うのは企業法務であること、およびコンプライアンス体制を確立するために有用な手段であるリーガルリスク・マネジメント（法的危機管理）について、勉強する。

　次いで、企業法務を行うために参考になる法令解釈の基礎、および法体系・法律文献調査に関する基礎知識について、勉強する。

第1節 企業法務に関する基礎知識

学習のポイント

◆企業法務の運営上の留意点を理解することが必要である。
◆企業におけるリーガルリスク・マネジメントにおいて、最も重要なのはリーガルリスクの把握であり、その際の留意点を理解しなければならない。
◆法令解釈についての基本事項を知ることは有益である。
◆判例・法律文献の調査方法を知らねばならない。

1 企業法務の役割

（1）企業法務の概念

　企業は、法人か個人企業かを問わず、大企業・中小企業を問わず、すべての企業は、企業の設立（つまり起業）に始まり、企業の解体（つまり解散等）で終了する。この企業の設立、運営そして終了に至るまで法律によって規制されている。企業の営業活動（企業取引）も法律によって規制されている。ここでいう法律とは主として会社法、商法、民法ならびに商法・民法の特別法などである。そのほか、企業経営は、各種の法律により規制されている。

　「企業法務」は、これら企業経営にかかわる法律業務の総称であると解されている。企業活動は経営判断を必然的に伴うが、この経営判断の際に、違法な要素はないかどうかを検討し法的判断を行うことが必要である。こういう法的判断を行う業務も、企業法務に含まれる。この業務は

ほとんどは企業法務部が行うことになろう。

（2）企業法務の機能

　企業不祥事のほとんどは企業の法律違反によるものであるが、企業不祥事は、企業に計り知れないダメージを与え、最悪の場合には企業倒産につながる。そこで企業経営にとって企業不祥事、特に企業の法律違反を予防することがきわめて重要となる。企業法務は、企業の法律違反を予防する機能を有しているので、企業法務の強化が企業にとって必要となる。他方、企業取引において契約が不適切であったために、企業が大きな損害を受けることがある。契約は、基本的には、契約自由の原則、私的自治の原則に基づき当事者間で自由に定めうるので、大きなリスクを負わされる契約も、ほとんどの場合有効である。契約の履行は、法令の場合と同様、国家権力（裁判所）により強制されるものだけに、契約は、企業にとっては法令に準ずるものと考えるべきであり、契約の管理も企業法務の重要な業務である。

（3）企業法務の分類

　企業法務の対象による分類としては、第1に企業の取引上の法務（取引法務）と企業の組織上の法務（組織法務）の区分によるものであり、第2に企業法務の機能によるもので、治療法務、予防法務、戦略法務という分類であり、第3に国内か否かの区分であり、国内法務、国際法務という分類である。

　治療法務とは、裁判法務とか臨床法務とも呼ばれるもので、企業活動において発生した法的紛争を処理するための法律業務である。予防法務とは、企業経営上の法的紛争を予防するための法律業務である。この「治療」とか「予防」は治療医学、予防医学になぞらえたものである。戦略法務とは、企業経営上の重要な意思決定に参加し、企業の意思形成にかかわる法律業務をいうが、戦略法務は予防法務の一種である。

（4）企業法務の業務内容

企業法務は、業務内容別に、

① コンプライアンス法務
② 契約法務
③ 知的財産法務
④ 争訟管理法務
⑤ その他の法務

に分けることもできる。①の「コンプライアンス法務」については本節**2**で詳しく述べる。②の「契約法務」とは、契約の審査・検討、契約書の作成など契約に係る法務をいう。契約法務は、法律違反のリスクや契約書の条項違反のリスクなどのリーガルリスク・マネジメントの対象となるものにとどまらない。「契約自由の原則」のもと、法が許す範囲で自社に有利な内容の契約を締結することも、契約法務の重要なテーマであるからである。「契約自由の原則」は民法も前提にしているものである（民法91条）。契約法務は違法にならない範囲でできるだけ自社に有利な契約を結ぶように、法務部が管理する業務であり、これも法務部の重要な仕事である。③の「知的財産法務」は、特許出願という技術的業務を内包している点で、他の法務と異質の面を持っている。④の「争訟管理法務」は、他の企業や消費者等と訴訟を含むトラブルが発生した場合にその解決の方針を指揮し妥当な解決を図ることを目的としている。訴訟を含むトラブルの発生は最近の企業の国際化に伴い、海外の各国における争訟は増えてきている。とりわけ、訴訟社会といわれる米国では日本国内よりも争訟管理により深い注意を払うことが必要である。⑤の「その他の法務」としては、法律相談のほか、株主総会の運営などの組織法務、債権保全・回収法務、税法関係法務、労働法関係法務などがある。

（5）企業法務の所管

企業法務の主管部門は法務部である。法務部が設置されていない企業では、総務部法務課、経営企画部法務課、総務部総務課などが主管部門

である。企業法務には税法関係の法務や労働法関係の法務があるが、通常、法務部の所管ではなく、経理部や人事部の所管になる。これらの法務については、法的トラブルが生じたときとか、訴訟になったときに、初めて法務部の関与が求められる。商社、銀行などでは、債権保全・回収・与信管理に係る法務については、法務部ではなく審査部の所管にするのが通常である。知的財産法務については、法務部ではなく、知的財産部の所管とする企業も多い。また、業種によっては、業者を規制する法律（業法といわれる）に係る法務は、法務部とは別の部門の主管とする場合も多い。

（6）企業法務の運営上の留意点

① 社内各部門との連携

　企業法務の主管部門は企業法務部であるが、企業法務を円滑に運営するためには、依頼部門（クライアント部門）ともいうべき社内各部門との連携が重要である。すなわち、法的トラブルの原因となるような企業または企業経営にとってマイナスとなる情報を発生させた、あるいは入手した部門が、速やかに法務部門に相談するか、少なくとも情報伝達することが重要である。このことは、社内規程・行動基準に明記し、企業トップ、役員、管理職をはじめ各従業員の責務として、社内で十分に認識され実行されていなければならない。なんとか部門内で解決しようとして、各部門の長または情報源・情報入手者がマイナス情報をすぐには伝達せずにおくことは、手遅れになるもとであり、隠ぺいと後で非難される原因にもなるから、厳に避けなければならない。

　もちろん受け手の企業法務部も、信頼されていなければならない。信頼されるためには、的確な法的判断ができる能力を有していることが必要である。受け取ったマイナス情報は直ちに経営トップの耳に入れなければならないが、その際、トップが法務部の法的判断抜きに対処しないことが必要であり、法務部は経営トップから信頼されていなければならない。また、社内各部門との日ごろの接し方も大事である。すなわち、

契約検討の依頼において迅速・的確に回答することが信用のアップにつながるし、社内の法律研修の開催なども有効である。

② 社外専門家の活用

社外専門家の活用は、法的判断の確認のみならず、外部の客観的な視点により独断的判断を排除するためにも必要なものである。

（ア）弁護士

企業法務における法的判断に、誤りは許されない。したがって、判断に自信がないときは必ず弁護士に確認することが不可欠である。企業の顧問弁護士に確認するのが原則であるが、顧問弁護士が不得意な法律問題の場合には、専門の弁護士を探し出し相談すればよい。専門の弁護士が見当たらない、あるいは遠方で接触しにくい場合には法律学者（大学の教授）を探し出して相談する。万一違反した場合に、当該企業に甚大な損害またはリスクを生じさせるおそれのある法律問題については、判断に自信があっても外部の目でのチェックが不可欠である。

（イ）弁理士

知的財産権に関する法律問題については、弁護士とともに弁理士に相談することも必要である。

（ウ）司法書士

登記関係については必要に応じ、司法書士と相談すべきである。

（エ）公認会計士

会計事項も会社法や金融商品取引法などで規制されており、会計に関する法律問題も、公認会計士に相談することはもちろんであるが、大きなリスクを企業にもたらすような微妙な会計問題については、弁護士にも相談しなければならない。適当な弁護士がいなければ、大学の法律学者、会計学者に相談すればよい。

（オ）税理士

税法に関する法律問題については、基本的には、税理士に相談することになるが、案件の性質によっては公認会計士あるいは弁護士にも相談すべきである。

（カ）行政機関（監督官庁ほか）

他の社外専門家に相談した結果、まだ自信がないときには、監督官庁

Column　☕ コーヒーブレイク

《対照的なクレーム対応》

　ある大物総会屋Xが風邪をひき、2種類の医薬品を服用したところじんましんが出た。どちらの医薬品の添付文書にも薬疹の副作用があると記載されていたので、それらの医薬品のメーカーであるA社とB社に対しクレームをつけたのが、事の発端である。

　まず最初に行ったA社は、くすり相談室担当者が応対した。Xの服装から暴力団か総会屋だろうとすぐに気づき、法務部と相談した。法務部は「悪質なクレームだとわかれば法務部が対応するが、それまでは普通の対応をするべきだ」との意見であった。くすり相談室の担当者が症状を診たところ、かなりひどい症状だったので、補償の話の前に治療が先だと説明し、すぐ専門医と連絡を取り同行して治療を施した後、補償交渉に入った。症状が固定してから具体的な補償交渉をするということで、第1回の話し合いを終えた。

　同日、次に行ったB社は同じく、くすり相談室の担当者が応対した。A社と同じくXの服装を見て、総務部の総会屋担当者に問い合わせた。大物の総会屋であることを知り、くすり相談室の担当者は震えあがり、総務部の総会屋担当者（警察OB）を呼び、同席してもらった。この警察OBの担当者はXのクレームを悪質なクレームと決め込んだ対応をした。じんましんの症状について聞いたり、診たりは一切せず、ゆすり・たかりには応じないぞ、という強い姿勢で臨んだ。Xは、この対応に激昂したが、当日はそのまま帰った。

　翌月6月下旬に開かれたB社の株主総会にXが出席し、議長席につめより、議事進行用のシナリオを取り上げ、放り投げたりして大暴れし、総会を混乱させ長時間総会となった。Xが暴れたのはB社の総会だけであった。Xに、副作用被害を利用して、ゆすり・たかりの気持ちがなかったわけではないだろうが、A社と比較してのB社の対応に腹を据えかねたと考えられる。B社の失敗は、くすり相談室の担当者が総会屋を恐れるあまり、みずからの仕事を放棄し、総会屋担当に回したことにある。こういう「たらい回し」「敵前逃亡」はクレーム対応において最悪の手法である。

や消費生活センターなどの行政機関に法律問題に対する対処方針などを
確認することが必要である。

2　企業活動とコンプライアンス

(1) コンプライアンス（法令遵守）の確保

　企業活動には必然的に経営判断を伴うが、その経営判断の際にはコン
プライアンス（法令遵守）の確保が不可欠である。そうでないと違法事
件となり企業不祥事となりうるからである。コンプライアンスの確保の
ためには、企業におけるリーガルリスク・マネジメント（法的危険管
理）の手法が有益である。

① リーガルリスク・マネジメント

　リーガルリスク・マネジメントとは、経営学において確立したリスク
マネジメント（危険管理）の概念を応用したものである。リスクマネジ
メントの概念は図表1-1-1のとおりである。リスクマネジメントはリ
スクコントロールとリスクファイナンシングに大別される。

(ア) リスクコントロール

　リスクコントロールとは、「リスクの予知・予測、発見→リスクの防
止・回避→リスクへの対応→リスクの再発防止→リスクの予知・予測、
発見」という、いわゆるリスクコントロール・サイクルに合わせてリス
クの防止・回避を図ることである。

(イ) リスクファイナンシング

　リスクファイナンシングとは、リスクが発生した場合に備えて手を打
っておくことであり、リスクから生じた損害を賠償するための資金を社
内で手当てするという「リスクの保有型」と、「保険」とか「契約で免
責条項を置いたり、保証契約を締結すること」という「リスクの移転型」
の2つのものがある。

　リーガルリスク・マネジメントは、このリスクマネジメントの考えを
応用した手法である。リーガルリスク（法的危険）とは、企業経営にお

図表1-1-1 ● リスクマネジメントの概念

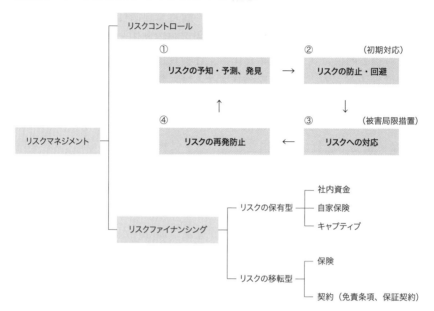

いて発生する民事責任、刑事責任および行政責任を負うリスクをいう。リーガルリスクは、企業経営に内在する多種多様な「リスク」の一部である。「リスク」とは、一般に危害または損失の生ずるおそれのあること、と解されている。リーガルリスクは一般のリスクと異なり、リスクの予知などのためには法的判断が必然的に伴うという困難性を有する。リスクの予知はまさに企業法務であるといえる。

② リーガルリスクの分類

リーガルリスク・マネジメントの第1段階は、「リーガルリスクの予知・予測、発見」であり、そのためには企業活動の際に発生するリーガルリスクを網羅的に把握することが必要である。リーガルリスクを分類して理解することは、リーガルリスクの網羅的な把握に役立つ。リーガルリスクは、責任形態により、民事上のリーガルリスク、刑事上のリーガルリスク、行政上のリーガルリスク、に分類しうる。

(ア) 民事上のリーガルリスク

　民事上のリーガルリスクには、債務不履行や違法行為による損害賠償責任、契約解除のリスクなどがある。損害賠償責任としては、契約違反による損害賠償責任と製造物責任、工作物責任などの不法行為による損害賠償責任がある。契約解除のリスクとは、契約違反により契約解除されることに伴う損失を負うリスクをいう。民事上のリーガルリスクについては、民法と商法の知識が必須である。債務不履行については民法415条（債務不履行による損害賠償）以下に規定されている。債務不履行には、不完全履行も含まれる。不完全履行によって生じた拡大損害には、健康被害もあり、企業にとって大変重要な規定である。売主の瑕疵担保責任についても民法に規定がある（566条、570条）。これに関連して商法526条（買主による目的物の検査及び通知）が商取引の場合の特則を定めている。契約違反については、民法第3編債権（399条～724条）の規定はもちろん、民法第1編総則（1条～174条の2）も、重要である。違法行為による損害賠償責任については、民法第3編の第5章不法行為に規定がある。

　このように民事上のリーガルリスクについては、民法と商法、とりわけ民法の財産法（第1編～第3編）の規定の知識が不可欠である。この知識が欠ければ、民事上のリーガルリスクについて正しい理解ができないからである。契約解除についても、民法第1編と第3編の知識が不可欠である。民事上のリスクについては、商法第1編総則（1条～31条）、第2編商行為（501条～617条）の知識も必要である。たとえば、商行為については、民法404条の法定利息（年5％）は適用されず、商法514条の年6％の商事法定利息が適用されることなどである。

(イ) 刑事上のリーガルリスク

　刑事上のリーガルリスクは、会社法上の刑事責任、刑法上の刑事責任、各種の法律の罰則規定に基づく刑事責任に分けることができる。会社法上の刑事責任としては、取締役等の特別背任罪（960条）、会社財産を危うくする罪（963条）、虚偽文書行使罪（964条）、預合いの罪（965条）、

株式の超過発行の罪（966条）、取締役等の贈収賄罪（967条）、株主の権利の行使に関する贈収賄罪（968条）、株主の権利の行使に関する利益供与の罪（970条）などがある。

　刑法上の刑事責任としては、公務執行妨害罪（95条）、強制執行妨害罪（96条の2〜96条の5）、競売等妨害罪（96条の6）、犯人蔵匿・証拠隠滅罪（103条〜104条）、秘密を侵す罪（133条〜135条）、文書偽造罪（154条〜161条の2）、有価証券偽造罪（162条〜163条）、印章偽造罪（164条〜168条）、偽証罪（169条〜171条）、虚偽告訴罪（172条〜173条）、汚職の罪（193条〜198条）、業務上過失致死傷罪（211条）、脅迫の罪（222条〜223条）、名誉に関する罪（230条〜232条）、信用及び業務に対する罪（233条〜234条の2）、窃盗罪（235条）、詐欺及び恐喝の罪（246条〜251条）、横領罪（252条〜255条）、盗品等に関する罪（256条〜257条）、毀棄及び隠匿の罪（258条〜264条）などがある。

　各種の法律の罰則規定に基づく刑事責任としては、種々あるが、主なものとして、労働基準法違反の刑事責任（117条以下）、独占禁止法違反の刑事責任（89条〜100条）、金融商品取引法違反の刑事責任（197条〜209条）、特許法違反の刑事責任（196条以下）、法人税法違反の刑事責任（159条以下）、所得税法違反の刑事責任（238条以下）、関税法違反の刑事責任（108条の4〜118条）、外為法違反の刑事責任（69条の6以下）、食品衛生法（71条以下）、薬事法（83条の6以下）などがある。その他、業者を規制する行政法（業法）が数多く存在するが、これらの業法において罰則規定が置かれ、刑事責任が定められている。

（ウ）行政上のリーガルリスク

　行政上のリーガルリスクは、行政強制と行政処罰に分けることができる。行政強制は、行政上の強制執行および即時強制の総称である。強制執行とは、行政上の義務不履行がある場合に行政官庁がその義務の履行を強制することであり、即時強制とは、営業停止、指名停止、立ち入り検査、臨時検査などの行政処分のことである。行政処罰には法令違反に対して行政上の措置として課される過料がある。このほか、独禁法や金

融商品取引法の違反に対して課される課徴金も、罰金よりはるかに高額で、違反者に大きいダメージを与えるものであるが、行政上の措置である。そのほか、数多くの業法により、行政上の措置が定められている。

③ リーガルリスクの予知・予測、発見

リーガルリスク・マネジメントの第1段階である「リーガルリスクの予知・予測、発見」のためには、企業活動の際に発生するリーガルリスクを網羅的かつ徹底的に把握することが必要である。「網羅的かつ徹底的に把握する」とは、リーガルリスクの分類を念頭に置きつつ、関係する法律について条文だけでなく、法律の趣旨・目的などの法律の精神に違反するおそれはないか、という観点から、網羅的かつ徹底的に掘り下げて、リーガルリスクを掘り出し、拾い上げるという意味である。企業は営利を目的としているので、「安全第一」を標榜しても実質上は「安全第二」「営利第一」になりがちである。このため、法律違反とは考えたくない心理が働く。「会社のためだ」という言い訳を心の中でしながら、法の網の目をくぐるような脱法的解釈に救いを求めようとしがちである。これを防ぐことが必要であるが、そのためには1人で判断せず複数で（委員会形式で）判断することである。そして判断に迷いが少しでも生じたときには、外部の客観的な目でチェックしてもらうことである。すなわち、顧問弁護士に、まず相談するのである。

企業不祥事を起こした多くの企業は、事件発覚後になって外部有識者による調査委員会や再発防止委員会などを設置するが、それでは遅い。日ごろから外部のチェックを実施しておかねばならない。リーガルリスクの把握の際、リーガルリスクありとされた部門は過去の行為について責任を問われることを恐れる。どうしても潜在意識ではあっても、リーガルリスクに該当しないことを望み、リーガルリスクに該当すると判断した場合にはそれを隠そうとしがちである。リーガルリスクの掘り出しの主担当部門である法務部は「社内各部門は隠したり、嘘をついたりしがちだ」ということを認識して、リーガルリスクの掘り出しを行わねばならない。この場合、正直にリーガルリスクを申告した部門や人に対し

ては、責任を問わないという約束を経営トップに取り付け、社内各部門にそれを伝え、約束を守ることが必要である。要するにリスクが幸いにして顕在化していないのだから、火事ではボヤの段階にあたるといえるから、責任を問わないことは合理的でもある。

　企業不祥事において「隠ぺい」とか「虚偽報告」ということが必ずといっていいほど問題となり、世間の大きな非難を浴びるが、「隠ぺい」「虚偽報告」の根底にあるのは「嘘をつく」という行為である。「隠ぺい」も「嘘をつくこと」の一種である。法律違反を隠すということは、「法律違反はしていないか」との問いに対し「していません」と嘘をついていることと同じだからである。刑法においても「嘘をつくこと」が刑罰の対象となる例の多いことを見ても、「嘘をつくこと」が、リーガルリスクの発生あるいは拡大の大きな原因となることがわかる。委員会で多くの人に質問され、問い詰められたり、外部の専門家から問い詰められると嘘をつき通すことは、難しくなる。社内委員会による判定、外部の弁護士によるチェック・判定が不可欠な理由はここにある。この第1段階はコンプライアンスの確保のために最も根本的な段階である。

④　リーガルリスクの防止・回避

　これは、リーガルリスク・マネジメントの第2段階である。リーガルリスクを把握した場合、直ちに、そのリーガルリスクの防止・回避、すなわち法令遵守の状態になるように改善する必要がある。この場合も、上述のことが、そのままあてはまる。嘘をついたり、隠したりしないよう、また、そうさせないよう、委員会でしかも外部の目を入れつつ、改善措置を策定し、実施しなければならない。

⑤　リーガルリスクへの対応

　リーガルリスク・マネジメントの第3段階の「リスクへの対応」とは、「リーガルリスクが顕在化した場合の対応」のことである。この場合、第1にとるべきことは、被害局限措置である。リーガルリスクが顕在化した段階で、被害が社外で生じている可能性がある場合には被害を最小限にとどめることである。勇気のいることであるが、顕在化したリーガル

リスクの内容について社外に速やかに公表することが必要である。マスコミが取り上げるであろうが、これも被害局限化には、きわめて効果的なのである。将来の被害（企業にとっては将来の損害）を防ぐためには、過去の責任を認めることは致し方のないことなのである。すべての改善は、改善前は不十分であったことを前提とするからである。問題が発生し、社内がパニック状態のときは、こういうあたりまえの議論は「公表すれば、大きなダメージを受け、会社はつぶれてしまう」という一見愛社心に富んだかのごとき迷論によって否定されがちである。その結果、

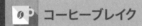

Column　コーヒーブレイク

《コンプライアンスとCSR》

　CSR（Corporate Social Responsibilityの略、企業の社会的責任）は、広義では「コンプライアンス」を含む社会的責任と解されている。「コンプライアンス」（法令遵守）してさえいれば、社会的責任を果たしたことになるわけではない。法令が命じているわけではないものを行うのが「社会的責任」の本来の趣旨であろう。CSRをめぐる議論は、CSRの定義を統一しないまま、なされている傾向があるので、話のすれ違いも多く見られる。

　一方、「コンプライアンス」の対象となっているのは通常「法令」であるが、「法令」とともに「社会的責任」を含めることも可能である。「社会的責任」を「コンプライアンス」の対象に含める場合には「社会的責任」を明確に定義しておく必要がある。また「コンプライアンス」を果たすことが企業の社会的責任だという趣旨の議論もある。むしろ「コンプライアンス」について柔軟な考えを採用すべきであろう。つまり「法令を遵守する」ということは「現行法上確立した判例・学説に依拠する」ことに限定せずに、「法令」の趣旨、目的といった、いわば「法の精神」に反しないことであるべきだろう。たとえば、ある企業活動が、現行法には違反しないけれども、法の精神からいえば望ましくない行為である場合には、将来、立法とか画期的判決によって違法行為とされるおそれはかなりある。このように「コンプライアンス」の概念を広く考えれば、狭義の「コンプライアンス」の対象に「法的責任を除いた社会的責任」をも含むことと同じ意味になると思われる。

致命的なダメージを受けた企業は多い。

⑥　リーガルリスクの再発防止

　リーガルリスクが顕在化した場合、直ちに、なぜリーガルリスクが見逃されたか、見落としたかの原因を究明し、再発防止策を講じなければならない。この場合には、前記③の「リーガルリスクの予知・予測、発見」の場合と異なり、当該リーガルリスクが判明した部門については責任追及と処罰がなされなければならない。

（2）コンプライアンスと内部統制システムの関係

　株式会社は、「取締役の職務の執行が法令および定款に適合することを確保するために必要なものとして法務省令で定める体制」の整備が義務づけられている（会社法348条3項4号、362条4項6号、416条1項1号ホ）。この体制は一般に内部統制システムと呼ばれている。内部統制システムは、まさにコンプライアンスの確保のための体制を意味する。株式会社は、会社法に基づきコンプライアンス体制の確保が義務づけられているのである。また金融商品取引法にも、内部統制システムに関する規定がある（24条の4の4等）。

3　法令解釈・法令用語の基礎

（1）法令解釈の基礎

　「法」は、成文法と不文法に大別される。成文法のうち、条約を除いた国内法令の意味で「法令」は使われる場合が多い。「法令」の種類については、本節4で詳しく解説するが、簡単にいえば、法律と政令・省令などを「法令」というのである。

　一般に法令は、多かれ少なかれ複雑多岐にわたる事象を抽象化して規定されており、具体的なケースがその法令の定めるところに該当するものであるかどうかについては、解釈が必要となることが少なくない。法令解釈について理解することは、企業法務をマスターするのに役立つ。

① 法令解釈の種類

　法令解釈は通常、法規的解釈と学理的解釈の2つに大別される。法規的解釈というのは、法令の解釈を立法の段階で明確に解釈してしまおうとするもので、立法解釈または法定解釈ともいわれる。これに対して、学理によって法令を解釈するものを学理的解釈という。「法令解釈」というとき、学理的解釈を指す。学理的解釈は、文理解釈と論理解釈に大別される。文理解釈とは、法文の字句に忠実に解釈しようとするものであり、論理解釈とは、法文の字句よりも道理に力点を置いて解釈しようとするものである。

（ア）文理解釈

　立法者は個々の細かい字句についても、大きな文脈についても、法令の内容を正確に表現するために細心の努力を払って言葉を選んでいるのであるから、法令の解釈に際しては、まず何よりもその文言に忠実に、その文脈に即応してその意味するところを読み取るようにしなければならない。その意味では法令の解釈にあたっては文理解釈が基本といえる。法律問題に回答を与えるにはまず関係する法令を探し出し、その法令の関係する条文をじっくり読み、条文の内容を把握することが大切であるが、その際には文理解釈を行うことになる。

（イ）論理解釈

　論理解釈は、「条理解釈」とか「目的論的解釈」と呼ばれる。論理解釈の手法としては、

　（a）拡張解釈

　（b）縮小解釈

　（c）反対解釈

　（d）類推解釈

　（e）もちろん解釈

などがある。論理解釈を行う際に注意すべきことは、（ⅰ）立法目的の重視、（ⅱ）法秩序全体との調和、（ⅲ）結果の妥当性である。

（ⅰ）立法目的の重視

すべての法令はそれぞれその立法をならしめた立法理由・立法目的をもっている。法令の解釈にあたっては、常にその立法理由や立法目的を念頭に置いて、それに適合するように解釈しなければならない。最近の法令では、その法令の目的を明らかにした目的規定を冒頭に置いているものが多いが、この目的規定はその法令を解釈する際に重要な指針となる。

（ⅱ）法秩序全体との調和

ある法令を解釈するにあたっては、その法令の規定だけを近視眼的に見つめるだけでなく、他の諸法令との調和を図りつつ結論を導き出さねばならない。たとえば個人情報保護法の解釈にあたっては、情報公開法とのバランスを考えて解釈しなければならないのである。個人情報保護法に対する過剰反応は、まさにこの点のバランスを欠いたことが原因であろう。

（ⅲ）結果の妥当性

論理解釈においては常に結果の妥当性に配慮しなければならない。たとえば、拡張解釈と縮小解釈、反対解釈と類推解釈とではまったく正反対の結論が出てしまうのであるが、このような解釈を合理的なものとするのは、結果の妥当性である。結果の妥当性は、その解釈の結果が社会における正義と公平の観念に合致しているかどうかといったことから判断される。

（a）拡張解釈

拡張解釈とは、法令に用いられている字句を普通用いられている意味よりも、若干拡げて解釈することをいう。「法律」とは通常、国会の議決により制定される法律を意味し、政令・省令や地方公共団体の条例などは含まれない。しかし刑法38条3項の「法律」は、政令・省令・条例等を含むと解されている。これは拡張解釈の代表的な例である。ガソリンカーは刑法129条の「汽車」に含まれるとした大審院の判決も、拡張解釈を認めた有名な例である。拡張解釈は、刑罰法規に関しては慎重にならなければならないが、上述の例のごとく、合理的な範

囲内での拡張解釈は、刑罰法規であっても認められる。

（b）縮小解釈

縮小解釈とは、拡張解釈とは逆に、法令の規定の文字をそれが普通意味するところよりも狭く解釈する解釈方法である。民法177条の「第三者」は、そのまま読めば、「すべての第三者」と読めるが、大審院判決はこの「第三者」を「不動産物権の得喪及び変更の登記の欠缺を主張する正当の利益を有する者」を指すとした。これは縮小解釈の代表的な例である。

（c）反対解釈

反対解釈とは、ある法令の規定について、その規定に書かれていることは、その裏としてこれと逆の場合については逆の効果が生ずるという趣旨を含むと解釈する解釈方法である。たとえば民法792条には「成年に達した者は、養子をすることができる」と定められている。未成年者についてはこの点に関し、何の規定もないが、この規定の裏として「未成年者は養子をすることができない」ということも、この規定から出てくると解釈するのが、反対解釈である。反対解釈を用いる場合にも注意が必要である。というのは、法令上明記していなくとも、立法者は同質的なものは同じ取り扱いにすべきだと考えている場合もあるからである。特に戦前の古い法令では、規定自体が大まかに書かれているので、書いてあることの裏は反対だと即断することはできない。

（d）類推解釈

類推解釈とは、似かよった2つの事柄のうち一方だけに規定があり、他方には規定が何も置かれていないようなときに、前者と同様の趣旨の規定が後者にも置かれていると類推して解釈する方法をいう。この関係を明確にしたければ、法令上は「準用する」という言葉を用いるところである。類推解釈は解釈によって、「準用する」という規定があるかのように補っていく方法だともいえる。代表的な例は、民法における債務不履行による損害賠償の範囲と不法行為による損害賠償の

範囲との関係である。民法416条は、債務不履行による損害賠償の範囲を定めている。一方、不法行為については、損害賠償の範囲を定めた規定は存在しない。しかし両者とも事柄は似かよっており、別異に取り扱う理由はないから、不法行為についても民法416条の規定を類推して適用されると解されている。

　類推して解釈することができるのは、同質的事項を取り扱っているものならば、他の法律の規定であっても差し支えない。たとえば所得税法や法人税法における「国内にある資産」の解釈について、相続法上の規定を類推適用できると解されている。なお、罪刑法定主義が堅持されている刑罰法令においては、拡張解釈は許されるが、類推解釈は許されないといわれている。刑罰法令について類推解釈を認めれば、書いていない事柄についても罰則を解釈で創設してしまうことになるからである。

（e）もちろん解釈

　もちろん解釈とは類推解釈の一種であって、文句なく類推解釈をなしうることがはっきりしているときにとられる解釈方法である。民法738条は「成年被後見人が婚姻をするには、その成年後見人の同意を要しない」と定める。被保佐人の婚姻については何の規定も存しない。しかし、成年被後見人さえ成年後見人の同意を要せず自分の意思で婚姻をすることができるのだから、それよりも行為能力の欠ける度合いの低い被保佐人の婚姻について保佐人の同意を要しないことは「もちろん」であると解釈するのが、もちろん解釈である。

②　法令文の文章構造

　法令文は、要件・効果という必要な要素以外はすべて切り捨ててしまい、構文も簡素な1条（項）1センテンスという短文形式を原則とする。法令文は1「条」（「項」が設けてあるときは、それぞれの「項」）は1文で完結することが原則である。最近の法令ではきわめて長い条文が見られるが、これは要件や効果を明確に書き表すための条件文や修飾語、並列語などが加わって複雑に見えるだけで、基本的な構文自体は単純なも

のが多い。例外的には同じ条または項の中で、法文をいくつかの文章に区切ることもあるし、「ただし」書きとして文章を分ける場合もある。

法令文の述語として注意しなければならないのは「ものとする」という表現である。日常用語としてはほとんど使われない表現であるが、法令文として、微妙な含みをもつ用語として使われる。たとえば、「ものとする」の第１の使い方としては大気汚染防止法23条２項では「都道府県知事は、……都道府県公安委員会に対し、道路交通法の規定による措置をとるべきことを要請するものとする」と定める。同法23条１項では「……しなければならない」と定める。第１項の「……しなければならない」のほうは、明白に都道府県知事に義務づけているのに対して、第２項の「……するものとする」のほうは、やや弱くなって、原則としては「……しなければならない」が、諸般の事情を考慮して合理的な理由があるときには、「……しないでもよい」というような意味が含まれているものとして使われていると解される。

「ものとする」の第２の使い方は、解釈上の疑義があるような場合について、解釈の疑義を避けるため、明定するときに用いられる。たとえば、地方自治法242条の２第11項は「第２項から前項までに定めるもののほか、第１項の規定による訴訟については、行政事件訴訟法第43条の規定の適用があるものとする」と定める。この場合、「適用がある」と言い切ってしまうと、本来適用がないのに創設的に適用するための規定を設けたと誤解されるおそれがあるからである。

第３の使い方として、いわば語感から、つけられただけで「ものとする」がなくとも、意味は変わらないものもある。契約書の条文でも「ものとする」がよく使われる。法令文を見習ったものだと考えられるが、「ものとする」と表現することによって、契約上の義務づけが弱くなると解釈される余地もないわけではないので、契約書において「ものとする」を用いるときには、この点に気をつけるべきであろう。

③ 「推定する」と「みなす」

事実を認定するということは、なかなか難しいことである。このため、

一定の事実関係について、通常予測される事態を前提として一応の事実を推測し、その法令上の取り扱いを定めようとすることがよく行われる。このようなときに用いられるものが、「推定する」という法令用語である。すなわち、「推定する」というのは法律上の取り扱いについて事実はこうだと一応決めるだけで、本当の事実はそれと違う場合には、これを否定する明確な証拠を持ってくれば、その推定事実をひっくり返すことができるものである。民法では「推定」は随所に用いられている（たとえば186条、188条、250条、772条）。民法以外の私法でも、よく使われる（たとえば商法503条2項、会社法12条2項）。

一方「みなす」は、本来性質の違うものを一定の法律関係において同様に取り扱うものとしようとするときに用いられる。いわば法令の適用に関する擬制ということができる。「みなす」の場合には、「推定する」と異なり、これに対して反証を挙げて覆すことは認められない。「推定する」と「みなす」とは、全然意味が違うのである。「みなす」は、民法、商法、刑法などにおいても多く使われている（たとえば民法121条、886条1項、商法4条2項、525条、刑法245条）。

④ 経験則と条理

われわれは、四季の推移について、自動車の運転について、人間の老化について、大量の経験的知識を持っており、これをよりどころにして物事を判断している。この経験的知識から個人差を除去して一般化したものが「経験則」である。訴訟における事実認定は、証拠により行われ、証拠の評価は裁判官の自由な判断によりなされるのであるが、「自由」といっても、それは経験則に従ったものでなければならない。経験則に違反した判断は上訴審で破棄理由となる。「条理」とは、物事の筋道の意味である。「条理」とは、初めから形をなして存在するものではなく、具体的な事件について、その事案に即した妥当な解決を考える場合のルールのようなものであり、それを便宜上「条理」と呼んでいるのである。

⑤ 法的安定性と具体的妥当性

「法的安定性」とは、法秩序の内容が安定していて、どのような行為

に、どのような法律効果が結びつくかが、予見可能な状態をいう。成文法は判例法に比べ明確性が高いので、法的安定性を高めるが、法令があまりに簡単に変更されたり、頻繁に判例が変更されたりすると、法的安定性が害される。法的安定性が高ければ、人々は、どのような行動が適法かを判断しやすくなり、安心して法令に従って活動することができるというメリットがある。しかし、法的安定性を重視しすぎると、具体的な事件に即し妥当な結論を出すこと（具体的妥当性）が害される可能性が高まる。法令の解釈にあたって、法的安定性と具体的妥当性との調和をどう図るかは重要な問題である。裁判は本来、紛争の具体的で妥当な解釈を図るべきものであることを考えると、裁判官は、具体的妥当性を基本としつつ法的安定性を損なわないように配慮する、という態度をとるべきだといわれている。

（2）法令用語の基礎

　法令においては、内容を正確に表現するため法令独特の用語が使われる。法令では、日常用語では同じような意味で使われている2つの言葉を法令上は意味のうえで区別があるものとして使い分けられたり、日常用語とは若干異なった意味で法令上使われたりする特殊な用語が用いられる。「法令用語」といわれるものである。

① 法令用語の例

（ア）その他の・その他

　法令上は「その他の」と「その他」は意識的に区別して使われる。地方自治法156条1項「普通地方公共団体の長は……保健所、警察署<u>その他の</u>行政機関を設けるものとする」のように行政機関の例示として「保健所、警察署」が挙げられているのであって、これらを包含した上位概念として「行政機関」があるときに「その他の」が用いられる。これに対し、「その他」は、地方自治法209条2項「特別会計は、普通地方公共団体が特定の事業を行う場合<u>その他</u>特定の歳入をもって特定の歳出に充て一般の歳入歳出と区分して経理する必要がある場合において、条例で

これを設置することができる」のように、別個独立のものを並列的に結びつけるときに用いられる。

（イ）直ちに・速やかに・遅滞なく

　法令文において使われる際に、時間的即時性が最も強いものは「直ちに」である。「遅滞なく」というのは、「直ちに」に比べると時間的即時性はやや弱くなり、合理的な理由があれば遅滞は許されるというように解されている。「速やかに」は「直ちに」と「遅滞なく」の中間的なものであり、できるだけ早く、という意味を表す。

（ウ）その他の法令用語の例

○又は・若しくは（もしくは）

　単純に並列する場合には「又は」を使用し、選択が2段階になる場合には大きな選択に「又は」を使用し、小さな選択に「もしくは」を使用する。

○及び・並びに

　単純に並列する場合には「及び」を使用し、接続が2段階になる場合には大きな接続に「並びに」を使用し、小さな接続に「及び」を使用する。

○以上・以下・超える・未満

　「以上」「以下」はその数字や基準を含むのに対して、「超える」「未満」はその数字や基準を含まない。

② 法令用語の調べ方

　法令用語については、法令用語辞典や解説書が刊行されている。それにより法令用語の意味を調べることができる。特に、高橋和之・伊藤眞ほか『法律学小辞典〔第5版〕』有斐閣は、理解を深めるのに役立つ。なお、法令用語とはいえない、いわゆる法律用語についても、多くの辞典、解説書が刊行されているが、これに頼ることは、初心者にとっては有害である。法律用語は法律学の概念を表したものも多く、法律用語辞典の断片的知識はみずから考える力をつけ応用力を養うことに役立たないと考えられるからである。法律用語を調べるには、法律学の体系書や

判例を読み、その法律用語の意味を理解するべきである。

4 法体系・法律文献調査

(1) 法体系の把握

　法体系を把握するためには、法の種類・形式および所管事項の原理、形式的効力の原理、後法優先の原理、特別法優先の原理といった法令の構成原理を知ることが有益である。

① 法の種類・形式

　「法」は「成文法」と「不文法」の2つに大別される。「成文法」というのは、憲法、法律、政令、省令のように、一定の手続と形式によって内容が決定され、文書に表された「法」をいう。これは「制定法」とも呼ばれる。「不文法」とは非制定法のことである。「法令」とは成文法であり、広義では「条約」を含めた国内法令を意味する。「法令」は「法規」とも呼ばれることがある。

(ア) 法令の種類

　「法令」にはその立法形式の相違に応じて、いろいろな種類のものがある。すなわち憲法、法律、政令、省令・府令、地方公共団体の条例のほか、議院規則、最高裁判所規則、会計検査院規則、人事院規則、外局の規則、その他これに準ずる規則（公正取引委員会規則、国家公安委員会規則、中央労働委員会規則等）、地方公共団体の規則等があり、広義の「法令」には「条約」も含まれる。これらの法令の形式は憲法、国家行政組織法、内閣府設置法、地方自治法などに定められている。

(イ) 慣習法

　不文法（非制定法）の一種である。長期間にわたって社会生活の中で行われてきた慣習が、繰り返し行われているうちに、その慣習に従うことが、社会の秩序維持のために必要だと社会一般に意識されるようになったときに慣習法となる。ただし、条件がある（法の適用に関する通則法3条）。すなわち公序良俗に反しない慣習のうち、「法令の規定により

認められたもの」または「法令に規定されていない事項に関するもの」に限り、法律と同一の効力が認められるのである。「法令の規定により認められたもの」としては民法の中にその例が多く見られる（民法228条ほか）。商法は商慣習法について定めている。すなわち「商事に関し、この法律に定めがない事項については商慣習に従い、商慣習のないときは、民法の定めるところによる」（商法1条2項）。商取引の分野では、取引が反覆継続して行われるのが常であるから、商慣習法の成立が容易に見られる。なお、罪刑法定主義とか租税法律主義のような原則が支配する刑法や租税関係の法律においては、成文法によることが要請されているので、慣習法の成立は認められにくい。

（ウ） 判例

　「判例」という言葉は、「先例となる裁判（判決、決定）」を意味するものとして一般に使われている。判例法主義の英米と違い成文法主義のわが国では、判例は「制度上の法源」にはなっていない（「法源」とは、「法の解釈、法の適用にあたって採用することができる法形式」をいう）。しかし、判例、特に最高裁判所（以下「最高裁」という）の判決・決定における法の解釈は、実務上は強い影響力を持っている。というのは、わが国の裁判制度のもとにおいても、同種の事件に関しては、同じような判決がなされる可能性が強い。判例が統一性を保ち、みだりに変更されないことが法的安定性の見地から、要請されるからである。同趣旨の判決が何度か繰り返されれば、それが一般的な法的確信を得て、個々に一種の慣習法としての判例法が成立するという考え方もある。判例法の考えをとらないまでも、判例が事実上の法源として拘束力を持つことは確かである。最高裁の判例は強い拘束力を有するが、高等裁判所（以下「高裁」という）以下の下級裁判所の判決も、一種の先例としてある程度の事実上の拘束力を持つ。

②　法令の構成原理

　前述のとおり、法令といっても各種の法形式がある。これら多種類にわたる無数の法令は、憲法を頂点として全体として統一された内容を形

成していなければならない。しかし、多数の法令の中には制定権者、制定時期の相違等の理由から矛盾・抵触が生じる場合がないとはいえない。このような事態を解決し、法令の論理的統一性を確保するためのものとして、次の4つの原理が存在するといわれている。

（ア）所管事項の原理

（イ）形式的効力の原理

（ウ）後法優先の原理

（エ）特別法優先の原理

　（ア）と（イ）の原理は、「憲法と法律」「法律と政令」「法律と条例」のように法形式の異なった法令相互間に起こる矛盾・抵触を解釈するためのものであり、（ウ）と（エ）の原理は、「法律と法律」「条例と条例」のように同じ法形式の法令相互間の矛盾等を解釈するためのものである。

（ア）所管事項の原理

　所管事項の原理は、法律や条例という法令の種類ごとにその受け持ち分野、つまり所管事項を定めて法令間の矛盾が起こらないようにしようとする考え方である。しかし、この原理だけで法令間の矛盾・抵触を防止することは実際上、無理である。特に法律については、憲法で直接規定している事項を除き、法令の形式によって規定することのできるすべての分野をその所管事項としているからである。地方公共団体の条例の所管事項については、地方自治法は「法令に違反しない限りにおいて……条例を制定することができる」と規定している（14条1項）から、国の法令によって定められている事項については定めることができない。

（イ）形式的効力の原理

　形式的効力の原理は、所管事項が競合する場合に、各種の法形式相互間に効力の上下を認めて「上位の法令の効力が下位の法令の効力に優先する」として法令相互間の矛盾等を解決しようとする原理である。憲法は、他のすべての法令に対して最も強い形式的効力を持っている。以下、「法律」、「議院規則」・「最高裁判所規則」、「政令」、「府令」・「省令」、「地方公共団体の条例・規則」の順である。条約の形式的効力については、

条約と法律との関係では条約が法律に優先すると解されている。条約と憲法との関係については、判例学説上、条約優位説と憲法優位説が対立している。

（ウ）後法優先の原理

　後法優先の原理は、形式的効力が同じである法令相互間に矛盾・抵触が生じたときには、後に制定された法令（後法）は、前に制定された法令（前法）に優先するとして、その矛盾等を解決しようとする原理である。

（エ）特別法優先の原理

　特別法優先の原理は、特別法については、その制定の前後を問わず、まず特別法が一般法に優先して適用され、一般法は補充的に適用されるという原理である。特別法が前法であり、一般法が後法である場合にも、特別法優先の原理は適用されるのである。この意味では、この原理は後法優先の原理の例外だといえる。一般法とは、ある事項について広く一般的に規定した法令をいう。特別法とは、その事項について、特定の場合、特定の人、特定の地域などに限って、一般法と異なる内容を定めた法令をいう。たとえば、商法は、商事に関する民法の特別法である。最近の立法においては、一般法・特別法の関係を法文上明記することが多いが、特に明文の規定がなくとも、内容的に一般原則を定めていれば一般法であり、内容的に特例を定めていれば特別法である。

（2）法体系の調査

　法体系の調査としては、法令の調査と判例の調査がある。

① **法令の調査**

　現行法令の調査は、現行法令集にあたって調べることである。現行法令集には、「六法全書」「全法令集」「電子式法令集」「官報」がある。

　わが国では、基本的な法令を収録した出版物は、六法全書（略して「六法」）と呼ばれる。六法全書とは、元来は、

　　①　憲法

　　②　民法

③ 商法

④ 刑法

⑤ 民事訴訟法

⑥ 刑事訴訟法

の6つの法を収めた書物との意味であるが、いまではこれらを含めた基本的な法令集の意味で用いられている。大型の六法として有斐閣『六法全書』、中型のものとして有斐閣『小六法』、三省堂『模範六法』、小型のものとして『ポケット六法』などがある。判例付き六法として、『模範六法』『コンサイス判例六法』などがある。特定の分野を対象とした法令集で、「六法」という名称を用いるものもある（『教育六法』『建設六法』『税務六法』等）。

わが国の全法令を収蔵した全法令集は、『現行日本法規』と『現行法規総覧』がある。

電子式法令集としては「CD-ROM法令集」と「オンライン法令集」の2種類がある。

CD-ROM法令集は、CD-ROM（または同種の電磁媒体）による六法であって、「電子ブック版模範六法」「CD-ROM判例六法・小六法」とか『現行日本法規』や『現行法規総覧』をCD化した大きなデータベース（それぞれ「現行法令CD-ROM」「電子版現行法規」）がある。

オンライン法令集はインターネットによるオンライン上の法令集のことで、ネット上ではすでに、いくつかのサイトが法令集を提供している。総務省行政管理局提供の「e-Gov法令検索」（https://elaws.e-gov.go.jp/search/elawsSearch/elaws_search/lsg0100/）は、その内容が網羅的で、また検索機能も優れている。また、出版社も、六法または法令集をネット上で提供（「現行法規総覧Web版」「模範六法Web版」等）しているが、有料である。

官報とは、政府発行の広報新聞であるが、新法令や改廃された法令の正式の公布は、この官報に掲載されることによってなされる。そこで、六法その他の刊行物にはいまだ掲載されていない最新の法令は、この官

報で見ることになる。インターネット上でも30日間分を見ることができる（独立行政法人国立印刷局提供、https://kanpou.npb.go.jp/）。また、官報に掲載された新法令、改廃法令は、月ごとに『法令全書』（財務省印刷局発行、〔2000年11月号以前は大蔵省印刷局発行〕）という出版物にまとめられる。

地方自治体の法である条例は、一般の法令集には収録されていない。これらをくまなく網羅した出版物はないが、主要なものを収録した出版物として、『地方自治条例集』『市町村事務条例集成』などがある。

② 新しい法令の調査

新しい法令を見たいという場合には、官報を見ることである。法令の制定、改廃情報に解説を加えて速報する雑誌として『法令解説資料総覧』『時の法令』などがある。インターネット上のオンライン方式での調査もできる。新しい法令は、内閣法制局や法務省をはじめとする各省庁のサイトで見ることができる。

「電子政府の総合窓口（e-Gov）」（https://www.e-gov.go.jp/）は各省庁のサイトを網羅しているので、便利である。

③ 判例の調査

判例は、法の解釈を示すものとして権威のあるものであり、企業法務にとってたいへん重要なものである。判例の調査は、判例を探し出し（判例の検索）、その内容を調査することである。判例の検索のためには、判例刊行物として、どのようなものがあるかを知らねばならず、そして、その検索の方法を知り、判例の読み方を知る必要がある。

（ア）判例刊行物

判例刊行物は、大きく分けて、裁判所が編集している公式の判例集、裁判例集（発行主体は裁判所とは限らない）と、民間の出版社が編集発行している判例雑誌などに分類することができる。

公式判例集、裁判例集で主要なものとして、「最高裁判所民事（刑事）判例集」（「民集」「刑集」）、「最高裁判所裁判集民事（刑事）」（「集民」「集刑」）、「高等裁判所民事（刑事）判例集」（「高民集」「高刑集」）、「下級裁

判所民事（刑事）裁判例集」（「下民集」「下刑集」）、「行政事件裁判例集」（「行政例集」または「行集」）、「労働関係民事裁判例集」（「労民集」）、「無体財産権関係民事・行政裁判例集」（「無体集」または「無体例集」）、「知的財産権関係民事・行政裁判判例集」（「知財集」または「知的財集」）、「家庭裁判所月報」（「家裁月報」または「家月」）、「東京高等裁判所判決時報（民事、刑事）」（「東京民事報」、「東京刑事報」）、「裁判所時報」、「訟務月報」（「訟月」）がある。

判例雑誌として代表的なものは、『判例時報』『判例タイムズ』『金融・商事判例』『金融法務事情』『労働判例』『交通事件民事裁判例集』『ジュリスト』がある。

すべての判例集、判例雑誌は、それぞれ法典別・条文別の索引を出している。この判例索引の主なものに、「判例体系」「民事（刑事）判例索引集」「民事（刑事）裁判例総索引」「判例時報総索引」「判例年報」「法律判例文献情報」「判例回顧」「最高裁判所高等裁判所民事（刑事）判例要旨集」「最高裁判所裁判集（民事、刑事主要裁判例）要旨集」「行政事件裁判例集総索引」「労働関係民事裁判例集総索引」「家庭裁判月報索引」「大審院民事（刑事）判例要旨集」がある。

（イ）電子式検索

オンラインによる判例検索の中で、最も大規模なのはTKC社による「TKCローライブラリー」（https://www.tkc.jp/law/lawlibrary）である。無料で使えるもので代表的なものとしては、最高裁のホームページ（http://www.courts.go.jp/saikosai/）がある。ここでは、最高裁判決速報のコーナーのほかに、「最高裁判所判例集」（民集、刑集の登載事例）、「労働事件裁判例集」（最高裁および下級審）、「知的財産権裁判例集」（下級審）などが提供されている。CD-ROM（またはDVD）による検索手段として「判例体系CD-ROM」が、Web版として「判例MASTER」などがある。これら電子式検索は特にキーワードによる検索が迅速かつ正確にできるという点できわめて有用なものである。

④　判例の読み方

　判例を正しく知るには、裁判所はどんな事例のどんな論点に対してどんな判断を示したのか、ということが重要なのである。したがって判例の要旨とか、その一部のみで判例を判断してはならない。判決における事実関係の部分、事案の争点の部分を正しく把握したうえで、判決理由における裁判所の法的判断を理解することが必要である。判例は個別の事件に対する裁判所の判断であって、本来はその事件限りのものであり、その裁判を過度に抽象化・一般化しすぎないことも必要である。あくまで、その判決の事実関係、争点を正しく把握したうえで法律問題への適用・応用を考えるべきである。

（3）法律文献調査

　法律文献は、図書と雑誌論文に分けられる。論文の中に、個別の判例、裁判例の研究・分析または批評をした判例批評がある。

① 法律文献の調査法

（ア）法律文献の伝統的調査

　ある論点、テーマについてどのような法律文献があるかを調べるのには、「戦後法学文献総目録」「学界回顧」「法律判例文献情報」「法律図書総目録」「邦文法律雑誌記事索引」「文献月報」などがある。判例批評を探すには、「戦後判例批評文献総目録」「法律判例文献情報」「民事（刑事）判例索引集」「民事（刑事）裁判例総索引」「行政事件裁判例集総索引」「労働関係民事裁判例集総索引」「邦文法律雑誌記事索引」などがある。

（イ）法律文献の電子的調査

　法律文献の電子的調査のためには、「法律判例文献情報CD-ROM」が代表的なものであるが、相当数の雑誌が、創刊以来の記事を、CD-ROMまたはDVD等の電子媒体に収録したものを発行している。判例批評については「判例体系CD-ROM」「TKCローライブラリー」等がある。

② 法律文献の選択

　法律図書には、その性格により教科書、体系書、基本書、入門書、実務書、書式集、法令用語辞典、法律用語辞典などがある。言葉の意味を

確認する場合には、国語辞典のほか法令用語辞典、法律用語辞典で調べるのが手軽ではあるが、その言葉（法律用語）の意味を深く理解するためには、法律用語辞典だけではダメである。やはり体系的に解説を加えた教科書等を読まなければならない。全般的な学習をする場合には教科書、体系書、基本書、入門書を使うべきであろう。全般的な学習をするねらいは、応用力を養うためだからである。特定のテーマについて調査する場合には教科書等のほか、そのテーマについて書かれた法律図書を読むべきである。書式集については、各種法律文書の書式集、契約書の書式集も参考になる。特定のテーマについて調査する場合には、前述の法律図書のほか、法律解説論文をも読まねばならない。

③ 判例批評の意義

判例は前述したとおり、先例としての事実上の拘束力を持つものであり、企業法務においてもきわめて重要なものである。その判例が何をいっているのか、どういう問題点があるのか、従前の判例とはどういう関係になり、今後どのように展開しそうであるのか、ということは企業法務に大きな影響があるからである。したがって、特定の判例を取り上げて、これを研究・分析した判例批評は、企業法務が当面する法律問題の解決のためにたいへん有用なものである。

判例批評・判例解説の中で注意しておくべきものとして、最高裁判所調査官の手による『最高裁判所判例解説』（民事編、刑事編）がある。これは、最高裁の判例のうち、「最高裁判所判例集」（民集、刑集）に登載されたものについて、当該事件を担当した最高裁調査官が、事案の内容、訴訟経過、判決の意味、射程、先例や学説の状況などを解説したものである。1953年以降の判例について雑誌『法曹時報』に掲載され、1年分がまとまると「最高裁判所判例解説○○年度版」（民事編、刑事編）として刊行される。昭和40年代以降は、その内容は相当詳細な解説になっているので、『最高裁判所判例集』に登載されている判例を調査する場合には、ぜひ参照すべきである。

④ 学説の意義

　学説には、現行法の解説としての解釈論と将来の立法を求める立法論とがある。解釈論としての学説は、法の解釈を通じて裁判に影響を及ぼすといわれている。学説は通説、多数説、少数説などがある。通説は有力な反対なしに一般に承認されている説である。多数説と少数説とは、学説に争いがある場合に、それを学者の数で評価したものであるが、学説の影響力を考える場合には、質的な有力さの程度も加味して考える必要がある。また、少数でも有力なものは有力説と呼ばれる。

　企業法務において、判例があれば、それに基づき法的判断を下すべきであるが、判例が存在しない場合には、学説が大いに参考になる。たとえば、契約交渉において、法律解釈が問題となったとき、判例があれば最強の材料になるが、判例が存在しない場合には学説も根拠ある説得材料になりうる。少数説あるいは1人説（1人の学者しか唱えていない説）でも効果はある。

Column　知ってて便利

《企業法務団体・社外セミナーの活用による企業法務情報の収集》

　企業法務の諸問題は、単に法令を調査すれば解決できるとは限らない。もちろん法令調査がベースになることは間違いではないが、たとえば、実際の社内での運用をどのようにするかはみずから考えなければならない場合が少なくない。

　そこで、企業法務関連団体や社外セミナーを有益に活用する方法がある。企業法務関連団体としては、歴史が長く伝統がある「経営法友会」、国際法務の草分け的団体である「国際商事法研究所」、先端企業や外資系企業の参加が多い「国際企業法務協会（INCA）」などがある。「国際企業法務協会（INCA）」では分野ごとの研究会（特にAI法務を扱う最先端法務研究会）が充実しており若手の育成には定評がある。こうした企業法務関連団体では、企業法務に共通の問題を一緒に研究したりできるなど生きた企業法務が学べるメリットが大きい。

　他方、社外セミナーは、最近はネットで自分が聴講したいテーマを検索すれば瞬時にいくつかの講演会やセミナー開催の候補が出てくる。とても便利な時代になった。

第1章　理解度チェック

次の設問に、○×で解答しなさい（解答・解説は後段参照）。

1 　企業法務は臨床法務、予防法務、戦略法務に分類されるが、コンプライアンスを目的とする法務は臨床法務に含まれる。

2 　リーガルリスクには刑事罰という刑事上のリスクも含まれるが、この刑事罰のリスクとは刑法違反により生じるものを意味する。

3 　リーガルリスクを公表するということは、企業にとって大きな損害をもたらすという意味で、新しいリスクを発生させるものであるから、その利害得失を十分に検討したうえで慎重に決定しなければならない。

4 　罪刑法定主義が堅持されている刑法の領域においては、拡張解釈は、刑罰を新設するに等しいという理由で、許されないものとされている。

5 　法令は成文法であり、成文法ではない法は不文法と呼ばれるが、不文法として判例が含まれるかどうかは議論が分かれている。

第1章 理解度チェック

解答・解説

1 ✕
コンプライアンスを目的とする法務は予防法務である。

2 ✕
刑事罰のリスクは、刑法に限らず企業に係る多くの特別法上の罰則規定違反によっても発生する。

3 ✕
公表は、当該企業の損害の可能性を考えるより先に、被害の発生の防止という点を最優先し、公表により当該企業に大きな損害を生じる場合でも、公表を決定すべきである。そうでないと、より大きな損害を企業は背負うことになる。

4 ✕
刑法の領域で許されないのは、拡張解釈ではなく、類推解釈である。

5 ◯
判例または判例法は不文法の例として解説書等に挙げられているが、制度上の法源ということで一致しているわけではない。

第2章

会社法に関する法務(基礎)

この章のねらい

　第2章では、会社の概念・種類と株式会社の特質、次いで株式会社の設立の方法とその手続に関する基礎を学ぶ。さらに、株式会社の主要事項のうち、役員、新株発行、資本金減少、定款の変更に関する基礎知識を学ぶ。

　会社法は、体系的に整理された法律であり、条文を理解すれば、少なくとも会社法の基礎は習得できる。したがって、本章の勉強のコツは、会社法の条文に精通することである。条文を最初から最後まで読み込み、疑問が出てくれば条文にあたるという基本がとりわけ大切である。そのため文中に条文をできるだけ漏らさず記載するように努めた。

　＊本章で会社法の条文を引用する際には単に条数のみ表示。また、規則とあるのは会社法施行規則の略。

第 **1** 節 ## 会社と株式会社

◆会社の概念、会社の種類および株式会社に関する基礎知識を得る。

1 会社の概念

　会社は法人であり、営利を目的とする社団である。

（1）法人性

　会社（2条1号）は法人である（3条）。法人格が認められることにより、団体自身の名において権利を有し義務を負うことが認められ、権利義務関係の処理が簡明になる。

　・会社の住所はその本店所在地にあるとされる（4条）。

① 法人格否認の法理

　会社法上、明文の規定はないが、判例法上、特定の事案限りにおいて、会社がその社員（株主）または他の会社と独立した法人格を有することを否定する法理が認められており、「法人格否認の法理」と呼ばれている。最高裁の判例理論によれば、一般的には、法人格の濫用または法人格の形骸化が認められるような場合に、当該事案限りで法人格が否認される。

② 会社の能力の制限

　会社の権利能力は定款に定めた目的（27条1項、576条1項1号）によって制限を受ける（民法34条）。したがって、会社の代表者が定款に

定めた目的外の行為を会社のために行ったとしても、その効果は会社に帰属しない。もっとも、判例は、定款に記載された目的自体には含まれない行為であっても、その目的遂行のために必要な行為は、なお目的の範囲内の行為であると解すべきであるとし、かつ、目的遂行に必要であるかどうかは、定款の記載から判断して、客観的・抽象的に必要でありうべきかによって判断すべきとしている。このような解釈の結果、実務上、定款の目的条項を広く記載することもあり、今日では、目的の範囲外であることを理由に会社の行為が無効とされることは、ほとんどなくなっている。

（2）営利法人性

　会社は、営利を目的とする法人である。ここで営利とは、対外的な事業を行い、それによって得た利益を出資者である構成員に分配することをいう。一般社団法人や公益社団法人と異なり、会社は、構成員の私的利益を図ることを目的とし、利益の構成員への分配は剰余金の配当または残余財産の分配という形をとる。

　なお、平成17（2005）年改正前商法52条は「会社は営利を目的とする社団である」と定めていたが、会社法ではこの規定は削除された。しかし、会社は上述した意味での営利法人性を有する。

（3）社団性

　会社は、社団法人である。社団とは組合に対する概念で、法的形式として、出資者である団体の構成員が相互に契約関係で結合する団体を組合、構成員が団体との間の社員関係*により団体を通じて間接に結合する団体を社団と呼ぶ。組合では、構成員が契約によって結合するため、各構成員の権利義務は他の全構成員に対する権利義務の形をとり、各構成員は団体の財産上に合有権者として物権的持分を有する。これに対して、社団では、各構成員の権利義務は社員の地位という団体に対する権利関係の内容となり、団体の財産は団体自身に帰属し、構成員が観念的

な持分を有するにすぎない。団体の構成員間の関係を処理するためには、社団のほうが組合よりも簡便であり、構成員が多数いる場合には社団形式による処理のほうが優れている。

・株式会社や持分会社は１人でも設立することができ、会社の成立後も構成員が１人の株式会社や持分会社（合資会社を除く）の存在が認められる。このような１人会社は社団ではないと解する見解もあるが、これもいつでも社員が複数になる可能性があるのであって、潜在的には社団であるといってよい。

＊ここで「社員」とは、団体の構成員という意味であって、いわゆる会社員（従業員）の意味ではない（以下同じ）。

2 会社の種類

会社には会社法上の会社と特別法上の会社とがある[*1]。会社法上の会社は株式会社と持分会社とに分けられ、持分会社には合名会社、合資会社、合同会社の３種類がある（２条１号、575条１項）[*2]。

＊1　特別法上の会社とは、一般法である会社法の規定のほかに、さらに特別法の規定が適用される会社のことをいう。特別法上の会社には、特定の種類の事業を目的とする会社のための一般的な特別法（銀行法や保険業法等）の適用を受ける会社と、特定の会社だけのための特別の法律が存在する会社とがあり、後者は特殊会社と呼ぶ（日本電信電話株式会社等に関する法律に基づく日本電信電話株式会社など）。

＊2　会社法制定に伴い有限会社法は廃止されたが、会社法の施行時（平成18（2006）年５月１日）に、すでに設立されている有限会社は定款変更や登記申請等の特段の手続をせずに、会社法施行後は会社法上の株式会社として存続することとされた（会社法の施行に伴う関係法律の整備等に関する法律２条）。このような会社は、有限会社という文字を商号中に用い特例有限会社と呼ばれる（同法３条）。

（1）株式会社

株式会社は、会社法上必ず株式を発行して会社財産を形成することを要求される（32条、58条参照）。株式会社の社員は株主と呼ばれ、株主は

株式についての払込みまたは給付という形で会社に出資する義務を負う
だけで、会社債権者に対しては、これ以上の責任を負わない。これは株
主の有限責任といわれるものである。株式会社は、本来、大規模会社に
適した会社形態であるが、現実には中小の会社も多い。これを踏まえ規
整の程度について多くのバリエーションを設けている（たとえば、機関
設計のバリエーション）。

（2）持分会社

　会社法は合名会社と合資会社に加えて、新たにすべての社員が有限責
任社員である合同会社という形態の会社を創設し、これら3つの種類の
会社を持分会社という1つの類型に整理した。合名会社では、社員の全
員が会社の債権者に対して無限の人的責任を負う。すなわち、合名会社
は無限責任社員だけからなる持分会社である（576条2項）。合資会社は
無限責任社員と有限責任社員の両方からなる持分会社である（576条3
項）。合同会社は有限責任社員だけからなる持分会社である（576条4項）。
なお、持分会社のすべての社員は出資義務を負うが、その種類（無限責任
社員は、金銭等に限らず労務・信用も可）と程度は、定款で定める（576
条1項6号）。

3 株式会社の特質

　株式会社の特質は①出資者による所有、②法人性の具備、③出資者の
有限責任、④出資者と業務執行者の分離、⑤出資持分の譲渡性、にある
と考えられる。なお、①、②は会社法上の会社に共通の特質である。
① 出資者による所有
　株式会社は、他の会社法上の会社と同様、資本の出資者が所有者とな
る。つまり出資者が事業を支配し、出資者が事業の活動によって生じる
利益の帰属者になる。
② 法人性の具備

株式会社を含め会社法上の会社はすべて法人である（3条）。

③ **出資者の有限責任**

株式会社の出資者（株主）は、出資額を超えて会社の債務について会社の債権者に対して責任を負わない（104条）。つまり、株主は出資額を上限とする有限責任を負うだけである。株主の有限責任は、多数の一般投資者から出資を得て事業を行うのに適したしくみである。もし、有限責任を認めないと、出資しようとする者にとってリスクが大きく、多数の出資者を集めることが困難になるからである。

④ **出資者と業務執行者の分離**

株式会社では、出資者が業務執行者を選任し、原則としてこの業務執行者が事業経営の意思決定と執行をする（所有と経営の分離）。民法上の組合の場合、組合の事業活動は組合員自身が行うことが予定されている（民法670条）。これに対して、株式会社は、基本的には株主が取締役を選任（329条1項）し、会社の管理・運営を任せることになる。所有と経営が分離するしくみにより、株主は経営の専門家を取締役に選任して事業を任せることが可能になる。

⑤ **出資持分の譲渡性**

株式会社では、出資持分（株式）の譲渡が可能である（株式の自由譲渡性）。民法上の組合の場合、組合員の地位を譲渡するには、他の組合員全員の同意が必要となる。これに対し、株主は、その有する株式を自由に譲渡することができる（127条）。もっとも、一定の方法による譲渡制限も認めている（107条1項1号、108条1項4号）。

4 株 式

株式とは、株式会社の出資者である社員（株主）の地位を細分化して割合的地位の形にしたものである。持分を細分化することにより、株式会社は多くの出資者から多額の資金を集めることができる。また、出資者も、その目的あるいは資金力に応じた数の株式を取得することができ

る。株主は、その保有する株式の数に比例する数の株主の地位を有する。

（1）授権株式制度

　会社が将来発行する予定の株式の数（発行可能株式総数）を定款で定めておき（37条）、その授権の範囲内で会社が取締役会決議等により適宜、株式を発行することを認める制度である。

　ただし、授権の限度は法定されている。すなわち、設立時には、授権株式数（発行可能株式総数）の少なくとも4分の1は株式を発行しなければならず（37条3項本文）、また、定款の変更により、既存の授権株式数を増加する場合にも、発行済株式総数の4倍までしか増加できない（113条3項本文）。なお、非公開会社ではこのような制約はない（37条3項ただし書、113条3項1号・2号）。

（2）株式の内容・種類

　各株式の権利の内容は同一であることが原則であるが、例外としてすべての株式の内容として特別なものを定めること（107条）と権利の内容の異なる複数の種類の株式を発行すること（108条：種類株式制度）が認められている。

・株主平等の原則

　　株式会社は、株主を、その有する株式の内容および数に応じて平等に取り扱わなければならない（109条1項）。これを株主平等の原則という。法が例外を認める場合（109条2項・3項）を除いて、この株主平等の原則に反する定款の定め、株主総会決議、取締役会決議、取締役の業務執行行為等は、無効である。ただし、個々の取り扱いについて不利益を受ける株主が、それを承認したときは、株主平等の原則と異なる取り扱いをすることも許されると解されている。株主平等の原則に違反するとされた例としては、旧商法下の判例であるが、会社が特定の大株主との間で、その者に対してのみ、配当に見合う金銭を贈与するという契約を締結した事例がある。

（3）単元株制度

　この制度は株式の一定数をまとめたものを1単元とし、株主の議決権は1単元に1個とするものである。株主管理コスト節約の観点から認められた制度である。

　会社は定款で一定の数の株式（1,000と発行済株式総数の200分の1のいずれか低いほうが上限となる）を1単元の株式とすることを定めることができる（188条1項・2項。上限については規則34条）。

・単元未満株式については議決権を行使することはできない（189条1項）。しかし、単元未満株式だけを有する株主も、株主としての他の諸権利は、すべて有するのが原則であるが、定款で、189条2項1号～6号に定める権利を除き、株主権の全部または一部を行使できないと定めることが認められる（189条2項本文）。189条2項1号～6号に定める権利とは、たとえば、株式無償割当てを受ける権利、単元未満株式買取請求権、残余財産分配請求権、配当請求権などであり、これらは、定款でもっても奪うことはできない。（189条2項、規則35条）。

・株主は、単元未満株式につき会社に買い取り請求することができる（192条、193条）。

・会社は、定款で、単元未満株主がその単元未満株式と合わせて単元株式となるような単元未満株式数を売り渡すことを会社に請求できる旨を定めることができる（194条1項）。

（4）株券

　かつては、すべての株式会社は株券の発行を義務づけられ、株式の譲渡は、その株式に係る株券の交付により行うものとされていたが、平成16（2004）年の商法改正で、会社は定款で定めれば株券を発行しなくてよいものとされた（株券不発行制度）。会社法はこれを引き継いだが、原則と例外を逆にして、会社は原則として株券を発行しないものとし、株券発行を定款で定めた場合に限って、株券を発行することとした（214条）。

（5）株券の喪失

　株券を発行する株式会社の株主が保有株券を喪失すると、株式を譲渡することができなくなり、また、第三者に株式を善意取得（131条2項）されてしまう危険もある。そのため、会社法は、一定の手続を経たうえで喪失した株券を失効させ、株主が会社から新株券の発行を受けるための制度を用意している（株券喪失登録制度、221条～232条）。なお、有価証券の喪失一般に関する制度である公示催告・除権決定の制度は、株券には適用されない（233条）。

5　株主の権利・義務

　株主は、その有する株式の引受価額を限度とする責任を負うだけである（104条）。それ以外に義務や責任はない。一方、株主の権利は、以下のとおりである。

（1）自益権と共益権

　自益権とは、会社から直接、経済的な利益を受けることを目的とする権利であり、剰余金配当請求権（105条1項1号）、残余財産分配請求権（105条1項2号）、株式買取請求権などである。共益権とは、会社の経営に参与することを目的とする権利であり、株主総会における議決権（105条1項3号）のほか、総会決議取消訴権や取締役等の違法行為の差止請求権などのように、総会決議や取締役の業務執行等の会社の運営を監督是正する権利がある。

（2）単独株主権と少数株主権

　株主の権利には、1株の株主でも行使できる権利（単独株主権）と発行済株式総数の一定割合以上または総株主の議決権数の一定割合以上、一定数以上を有する株主のみが行使できる権利（少数株主権）とがある。自益権はすべて単独株主権であり、共益権のうち、議決権は単独株主権

であるが、監督是正権には単独株主権のものと少数株主権のものとがある。株主提案権、総会招集権、帳簿閲覧権などは少数株主権であるが、このように権利行使の要件を厳格にしているのは、権利の濫用を防止するためである。

6 公開会社と株式譲渡制限会社

大規模な株式会社では株式の譲渡を制限する必要性は少ないが、同族会社のように株主の個性が問題となる会社の要請に応えて、会社法は定款で定めることを条件として、すべての株式または一部の種類の株式について、その譲渡に会社の承認を要するという形での株式譲渡制限を認めている。会社法は定款に、このような株式譲渡制限の定めがある会社か否かを基準にして、発行するすべての株式について譲渡制限のある株式会社以外の株式会社を「公開会社」と定義している（2条5号）。

発行する株式のうち一部の種類の株式の譲渡だけに会社の承認が必要であると定款に定められている場合にも、会社法上は公開会社である。公開会社とは、通常は上場会社等を意味することが多いが、会社法における公開会社の定義はこれとは異なる。

公開会社以外の株式会社は一般に「非公開会社」とか「株式譲渡制限会社」と呼ばれるが、厳密にいうなら「全株式譲渡制限会社」と呼ぶべきものである。要するに、「公開会社」とは「全株式譲渡制限会社」以外の株式会社のことをいう。

・譲渡制限がある場合についても、会社法は、株式の譲渡を希望する株主に投下資本の回収を保証する。すなわち、会社が譲渡を承認しない場合には、株主は、その株式の会社による買い取りまたは指定買取人による買い取りを求めることができる（138条1号）。

7 合同会社と有限責任事業組合

（1）合同会社

　株式会社の場合は、会社の持主は会社に出資をした株主（有限責任社員）、実際に業務を行うのは取締役というように、会社の持主（出資者＝株主）と経営の担当者が別々となっている。これに対し、合同会社の場合は、会社の持主も経営の担当者も会社に出資をした者となる（590条）。ただし、出資者（社員）は株式会社と同様に、全員有限責任社員である（576条4項）。

　なお、合同会社を含む持分会社の場合は、会社を運営していくうえで、各社員がそれぞれ業務を執行する権利を持っている（590条1項）。社員が複数名いる場合、業務執行の意思決定は社員の過半数をもって行う（590条2項）。なお、業務を執行する社員（業務執行社員）を定款で定めておくことによって、業務を執行できる者を限定することもできる（591条1項）。また、各社員がそれぞれ会社を代表することになる（590条1項、599条1項）が、上記の業務執行社員を定めている場合は、別に代表者を定めているとき以外は、業務執行社員が会社を代表する者となる（599条1項）。

（2）有限責任事業組合

　有限責任事業組合は、株式会社あるいは合同会社と異なり民法上の組合であり法人格を有しないが、株式会社や合同会社などと同じく事業体のメンバーが有限責任である事業体であり、有限責任事業組合契約に関する法律に基づき設立されるものである。有限責任事業組合は、構成員全員が有限責任で、法人税は課税されず、構成員課税の適用を受けるという特徴を有している。

<table>
<tr><td>第 2 節</td><td># 株式会社の設立</td></tr>
</table>

◆株式会社の設立手続に関する基礎知識を得る。

1 設立手続

　株式会社の設立においては、団体の根本規則としての定款の作成、出資者たる社員（株主）の確定、機関の具備、そして法人格の付与が必要である。

　株式会社の設立手続は次のようなプロセスを経る*。

① 団体の根本規則である定款の作成・認証

② 株式発行事項の決定と株式の引受けの確定

③ 機関（取締役など）の決定

④ 株式引受人による出資の履行・会社財産の形成

⑤ 設立登記

　　＊会社法は、会社の設立について、法定の要件を満たせば行政官庁の許可や免許等を問題にしないで法人格が付与される準則主義をとっている。

（1）発起設立と募集設立

① 会社の設立には、発起設立と募集設立の２種類の方法がある。

　（ⅰ）発起設立は、設立の企画者であり設立事務の執行者である発起人が、設立の際に発行する株式（設立時発行株式）のすべてを引き受け、会社成立後の当初株主となる形態の設立方法（25条１項１号）をいい、（ⅱ）募集設立は、発起人は設立の際に発行する株式の

一部だけを引き受け、残りについては発起人以外の者に対して募集を行い、これらの者が株式の引受けを行い、発起人とともに、会社成立後の当初株主になる形態の設立方法をいう（25条1項2号）。
② 募集設立は株主の募集や創立総会の手続が必要となるので、発起設立より手続が複雑である。小規模な会社や大企業の子会社等の設立の場合は発起設立が適している。

（2）発起人

発起人とは、会社の設立の企画者として、定款に署名または記名押印（いわゆる電子署名を含む）した者をいう。発起人は、1人であっても複数人であってもよく、自然人でも法人でもよい。発起人はみずから少なくとも1株は引き受けなければならない（25条2項）。

2 定款の作成・認証

設立の第1段階は、発起人による定款の作成である（26条1項）。

（1）定款の方式と認証

定款は、株式会社の組織と活動に関する根本規則である。定款は書面（または電磁的記録）で作成される（26条）。定款は、法定の事項を記載して発起人が全員署名または記名押印し（いわゆる電子署名でもよい）（26条）、かつ公証人役場において公証人による定款の認証を行わなければ効力を生じない（30条1項）。定款の認証は、定款の内容を明確にして、後日の紛争や不正行為を防止するためである。公証人の認証を要する最初の定款は「原始定款」と呼ばれることがある。この後に定款を変更する場合には認証は不要である。

（2）定款の内容

定款に記載される事項には、大きく分けて絶対的記載事項、相対的記

載事項、任意的記載事項がある（以下、定款を電磁的記録として作成する場合も含めて「記載」という用語を使う）。

① 絶対的記載事項

定款に必ず記載しなければならない事項をいい、その記載が欠けると定款全体が無効になる。次の事項である（27条1号～5号、37条）。設立の登記のときまでに下記のすべての事項の記載が必要であるが、定款の認証時には（vi）は不要で、会社成立時までに発起人全員の同意で定めることが認められる（37条1項）。なお公開会社では、「設立時発行株式の総数」は「発行可能株式総数」の4分の1以上でなければならない（37条3項）。

（ i ）目的、（ ii ）商号、（ iii ）本店の所在地、（ iv ）設立に際して出資される財産の価額またはその最低額、（ v ）発起人の氏名・住所、（ vi ）発行可能株式総数

・定款記載事項と登記すべき事項は同じではない。以上のうち（ i ）（ ii ）（ iii ）（vi）は登記事項であるが、（iv）（ v ）は登記事項ではない（911条3項参照）。

・（ i ）の目的とは、会社の事業目的、すなわち会社の事業内容のことである。

・（ ii ）の商号とは、会社名のことである（6条1項）が、会社名の中に「株式会社」の文字を使用しなければならない（6条2項）。

・（iv）の「設立に際して出資される財産の価額またはその最低額」とは、「設立に際して出資される金銭その他の財産の総額またはその最低限の額」のことである。

② 相対的記載事項

定款に記載しなくても定款自体の効力は有効であるが、定款で定めないとその事項の効力が認められないような事項をいう（29条）。たとえば、変態設立事項（28条）や公告方法（2条33号・34号、939条1項）などがこれに当たる。変態設立事項とは、（ i ）会社の設立の場合における現物出資、（ ii ）財産引受け、（ iii ）発起人の受けるべき特別の利益、報

酬、(iv) 設立費用をいう (28条)。
　・変態設立事項は、発起人が自己または第三者の利益を図り、株主や
　　債権者の利益を害するおそれがある危険な事項であるため、定款に
　　記載しなければ効力は認められない。

③　任意的記載事項

　定款に記載しなくてもよいが記載してもよく、かつ、定款以外の何ら
かの方法によっても定めることができる事項を任意的記載事項という。
任意的記載事項も、会社法の規定に反しない限り、会社の組織・運営に
関する事項を任意に定款に規定することができる (29条)。たとえば、
定時株主総会の招集時期、会社法に定めのない役職などは、実務上定款
に定めを置くことが多い。定款に任意的記載事項を定めることの主要な
意味は、変更するために株主総会の特別決議を要すること、すなわち、
取締役会などの判断では容易に変更できなくなることである。

(3) 定款の備置き

　定款は、本店および支店に備え置き、発起人・株主・会社債権者の閲
覧・謄写に供する (31条1項・2項・4項)。親会社の株主等も権利を
行使するため必要があるときは、裁判所の許可を得て、閲覧・謄写の請
求ができる (31条3項)。

3　株式発行事項の決定と株式の引受け

(1) 株式発行事項の決定

　設立の際の株式 (設立時発行株式) に関する事項のうち、設立に際して
出資される財産の価額またはその最低額は定款で定める必要がある (27
条4号)(絶対的記載事項)が、それ以外は適宜決定してもよく、原則
として発起人の多数決で決定できる (1人1議決権)。例外として次の
3つの事項は発起人全員の同意で決定することを要する (定款で定める
こともできる)(32条)。

①発起人が割当てを受ける設立時発行株式の数、②設立時発行株式と引き換えに払い込む金銭の額、③成立後の株式会社の資本金・資本準備金の額に関する事項

（2）株式の引受け

株式会社が発行すべき株式の割当てを受け、会社に対して出資をする義務を負う行為を引受けといい、引受けをした者を引受人という。

①　発起設立の場合、設立時発行株式は発起人がその全部を引き受ける。発起人は出資の履行をすれば、会社成立時に株主となる（50条1項）。

②　募集設立の場合、まず設立時発行株式の一部を発起人が引き受け、残りの株式については発起人が株主を募集する（57条、58条）。募集に対して申込み（59条、61条）があると、割当て（60条、61条）がなされ引受けが確定し（62条）、引受人は払込みをすると（63条）、会社成立時に株主となる（102条2項）。

4　設立時取締役・設立時監査役等の選任

発起人は、出資の履行が完了した後、遅滞なく、設立時取締役、設立時監査役等を選任しなければならない（38条、39条）。

①　発起設立の場合には、発起人は1株につき1議決権を有し、その議決権の過半数で設立時取締役・設立時監査役等を選任する（40条）。

②　募集設立の場合には、創立総会で設立時取締役・設立時監査役等を選任する（88～90条、39条）。

5　出資の履行による会社財産の形成

（1）出資の履行

発起人は設立時発行株式の引受け後、遅滞なく、払い込むべき金額全

額を払込取扱機関に対し払込みをし、また現物出資の場合はその全部の給付をしなければならない（34条）。募集設立の場合の募集株式の引受人は、引き受けた株式につき、払込期日または払込期間中に、払込取扱機関に対し全額の払込みをしなければならない（63条）。募集設立では、払込取扱機関は払込金保管証明書を交付しなければならない（64条１項）。発起設立の場合は、保管証明制度は廃止されたが、募集設立の場合、設立登記の申請には、この払込金保管証明書の添付が要求される（商業登記法47条２項５号）。

・失権

　　出資がなされない場合には、発起人は、失権手続をとることが認められる（36条、63条３項）。失権者が出ても、定款で定めた「設立に際して出資される財産の価額またはその最低額」を満たしていれば問題ないが、これを満たしていないときには追加の引受人の募集をしなければならない。

・出資の履行の仮装

　　株式会社の設立に際し、実際には必要な出資金を用意できない発起人が、出資の履行の仮装を行うことがある。具体的には、預合いと見せ金とがある。預合いとは、発起人が払込取扱機関から借入れをして、この借入金で同じ払込取扱機関に払込みを行うというもので、この借入金を返済するまで払込金の引出しを行わないことを約束する行為をいう。会社法は、預合いを防止するため重い罰則を課す（965条）。見せ金とは、発起人が払込取扱機関以外の者からの借入金を払込みに充て、会社設立後にそれを引き出して借入金の返済に充てることをいう。これは判例上無効と解されている。

（２）変態設立事項の調査

①　変態設立事項がある場合には、裁判所が選任した検査役の調査を必要とするのが原則であり、発起人は定款の認証の後、遅滞なく裁判所に検査役の選任を申し立てなければならない（33条１項）。た

だし、現物出資と財産引受けについては、次の場合は検査役の調査
は不要である（33条10項）。

ⅰ）その対象となる財産の定款に記載した価額の総額が少額の場合
（500万円を超えない場合）

ⅱ）その対象となる財産が市場価格のある有価証券である場合（た
だし、定款記載の価額が市場価格を超えないときに限る）。

ⅲ）現物出資・財産引受けが相当であることについて、弁護士・公
認会計士・税理士等の証明を受けた場合

② 検査役の調査の結果、妥当であれば問題ないが、不当なときは発
起設立の場合には、裁判所が定款の定めを変更する（33条7項）。
募集設立の場合には設立時取締役等の報告に加えて（93条1項・2
項）、発起人から検査役の報告等が創立総会に提出され（87条2項）、
創立総会が不当と考えたときは、創立総会決議により定款の定めを
変更することができる（96条）。

・変態設立事項のうち、現物出資と財産引受けについては事後設
立とともに本節**11**で説明する。

（3）設立経過の調査

① 発起設立の場合、設立時取締役・設立時監査役は、選任後、遅滞
なく設立事項（検査役の調査不要の場合の現物出資等の定款記載事
項価額の相当性、弁護士等の証明の相当性、出資の履行の完了、設
立手続の法令・定款違反の有無）を調査し、調査の結果、法令・定
款違反または不当な事項があったときには、各発起人に通知しなけ
ればならない（46条）。

② 募集設立の場合、払込期日または期間が経過すると発起人は遅滞
なく創立総会を招集しなければならない（65条）。創立総会は設立
時株主（設立時に株主となる株式引受人）からなる議決機関であっ
て、会社成立後の株主総会に相当する。

創立総会には設立時取締役等による設立事項の調査結果、変態設

立事項の検査役の報告、弁護士等の証明資料・鑑定資料が報告され（87条2項、93条2項）、創立総会は変態設立事項を不当と考えたときは、これを変更することができる（96条）。このほか、創立総会は定款変更や設立廃止を決議できる（73条4項ただし書）。

6 登記の申請

以上のようなプロセスを経て、会社としての実体が備わった段階で、手続の最終段階として設立の登記が必要である（49条、911条）。設立登記は会社の成立要件である。設立登記は代表者（代表取締役または代表執行役）が所定の期間内に登記申請書に所定の添付書類を添えて本店所在地の法務局に申請する（911条、商業登記法47条）。本店所在地における設立登記により、会社は成立（49条）し、法人格を有することになる（3条）。設立に際して支店を設けた場合には、支店の所在地においても本店所在地における設立登記から2週間以内に登記をしなければならない（930条1項1号）。

7 設立中の会社

会社は設立登記前は、まだ法人格はないが、この段階の会社の法的性格については、「設立中の会社」という概念が一般的である。すなわち、「設立中の会社」は権利能力なき社団であり、発起人は、その執行機関であると考えるのである。なお、発起人が複数の場合には、発起人間に「発起人組合」という民法上の組合関係が存在すると解するのが通常の考え方である。

8 設立無効の訴え

会社がいったん有効に成立したとの外観を有するに至ったものを無効

にすると、会社をめぐる法律関係が混乱し、法的安定性を害するので、会社法は、設立無効の訴えという制度を設けて、無効の主張方法や効果を大幅に制限している（828条1項1号・2項1号）。

・持分会社は、設立無効の訴えのほか、設立取消しの訴えも認められている（832条）が、株式会社の場合は認められていない。

9 会社の不成立

会社の成立が途中で挫折し、設立の登記まで至らず、不成立に終わった場合、設立無効の訴えによるまでもなく、誰でも、いつでも会社の不存在を主張できる。会社が不成立の場合、発起人は連帯して、設立に関する行為について責任を負い、設立費用として支出したものは、すべて発起人の負担となる（56条）。

10 設立に関する責任

設立に関する違法行為や不正行為について、会社法は厳格な罰則を定めているが（960条等）、さらに設立の関係者である発起人と設立時取締役・設立時監査役に対して重い民事責任を課している。

① 現物出資・財産引受けの不足額塡補責任

現物出資または財産引受けの対象となった財産の会社成立当時の実価が定款で定めた価額に著しく不足する場合には、原則として発起人と設立時取締役はその不足額を会社に支払う義務を負う（52条1項）。

② 任務懈怠責任

発起人・設立時取締役・設立時監査役は、任務懈怠があれば会社に対して損害賠償責任を負い（53条1項）、任務懈怠につき悪意または重過失があるときは、第三者に対しても損害賠償責任を負う（53条2項）。

※上記①、②のうち会社に対する責任については、株主による代表訴訟が認められる（847条）。

11 現物出資・財産引受け・事後設立

（1）現物出資（28条1号）

　現物出資とは、金銭以外の財産をもって出資に充てることをいう。設立時の現物出資は、発起人にのみ認められる。このように発起人に限り現物出資が認められているのは、会社法が発起人について厳しい責任を定めていることによる。→本節 10

　現物出資を過大に評価すると、金銭出資をした他の株主との間で不公平となるとともに、資本の充実を損ない株主や会社債権者の利益を害することにもなるから、変態設立事項とされ、定款への記載や検査役の検査が要求されるなどの規制が課せられている（28条、33条）。しかし、一定の条件を満たせば検査役の調査を回避することもできる（33条10項各号）。現物出資した発起人の氏名・名称、出資の目的財産とその価額、これに対して与える株式の種類・数を、定款で定めなければならない（28条1号）。

（2）財産引受け（28条2号）

　財産引受けとは、会社設立の段階で、発起人が会社の成立を条件として、特定の財産を譲り受ける契約をすることをいう。通常の売買契約であるが、現物出資の場合と同じ弊害が考えられるため、変態設立事項とされ、現物出資と同様の厳格な規制が設けられている。譲渡の目的財産・その価額、譲渡人の氏名・名称を定款で定めなければならない。

（3）事後設立（467条1項5号）

　財産引受けは、現物出資の潜脱を防止する趣旨で、変態設立事項としたものであるが、財産引受けの潜脱を図って、会社設立後に財産引受けと同じような契約をするおそれもある。そこで会社法は、「会社成立前から存在する財産で、事業のために継続して使用するものを成立後2年以内に純資産額の20%超に当たる対価で取得する契約をする」場合には、

株主総会の特別決議*を要することとし、このような手段の利用を制限
している（467条1項5号、309条2項11号）。これを事後設立という。
なお、20％という割合は定款により引き下げることができる（467条1
項5号ただし書）。

> ＊特別決議…定足数は株主総会における議決権を行使することができる株主の
> 議決権の過半数（3分の1以上の割合を定款で定めた場合にあっては、その
> 割合以上）であり、決議は出席した当該株主の議決権の3分の2（これを上
> 回る割合を定款で定めた場合にあっては、その割合）以上をもって行わなけ
> ればならない（309条の2）。

第3節 役員・新株発行・資本金減少・定款変更

学習の**ポイント**

◆会社の役員・会計監査人の選任・辞任・解任の要件に関する
基礎知識を得る。
◆新株発行、資本金・準備金の減少、定款変更に関する基礎知
識を得る。

1 会社の役員・会計監査人の選任・辞任・解任

ここで会社の役員とは、取締役、会計参与、監査役をいう（329条1項）。

（1）選任

① 役員は株主総会の普通決議で選任される（329条1項）。

普通決議については、原則として会社法に定める定足数は定款に
より完全に排除できるが、例外的に、役員の選任決議の定足数につ
いては、少なくとも議決権を行使できる株主の議決権の3分の1以
上必要である（341条）。すなわち、選任にあたっては、定足数とし
て株主の議決権の過半数（3分の1以上の割合を定款で定めた場合
にあっては、その割合以上）に当たる株主の出席が必要であり、そ
の出席した株主の議決権の過半数（これを上回る割合を定款で定め
た場合にあっては、その割合以上）で決せられる（341条）。

② 監査役の選任に関する議案を株主総会に提出する場合には、監査
役がある場合には監査役（監査役が2人以上ある場合は、その過半

数）の同意（監査役会設置会社においては、監査役会の同意）を得る必要がある（343条1項・3項）。

③　取締役の選任方法については累積投票という特例が設けられている（342条、規則97条）。2人以上の取締役を同じ総会で選任する場合、その全部が多数派株主側になってしまう。これに対して、少数派株主にもその持株数に応じて取締役を選出する可能性を与える制度が「累積投票制度」である。同じ総会で2人以上の取締役を選任する場合にはその取締役全員の選任を一括し、その代わりに各株主に1株（単元株制度採用会社では1単元）につき、選任される取締役の数と同数の議決権（3人選任のときは1株につき3票）を認め、各株主にはその議決権を全部1人に集中して投票するか、または数人に分散して投票するかの自由を認め、投票の結果、最多数を得たものから順次その員数までを当選者とする投票の方法である。一種の比例代表制度である。

　　なお、定款で累積投票の方法を採用しないことを定めれば、完全にこの制度を排除することができる（342条1項）。

④　総会で選任された者が承諾すれば役員の地位につく。なお、選任の登記が必要である（911条3項13号・16号・17号）。

⑤　監査等委員会設置会社においては、取締役の選任は、監査等委員である取締役とそれ以外の取締役とを区別して行わなければならない（329条2項）。

（2）辞任

役員と会社の関係は委任関係にあるから（330条）、役員はいつでも辞任することができる（民法651条1項）。

（3）解任

①　役員は、いつでも株主総会の決議によって解任できる（339条1項）。

　i）取締役（累積投票で選任された取締役を除く）と会社参与の解任

は、役員の選任とまったく同じように、株主総会における議決権を行使することができる株主の議決権の過半数（3分の1以上の割合を定款で定めた場合にあっては、その割合以上）に当たる株主が出席し、出席した当該株主の議決権の過半数（これを上回る割合を定款で定めた場合にあっては、その割合以上）をもって行う（341条）。

ⅱ）監査役の解任は株主総会の特別決議が必要であり（309条2項7号、343条4項）、累積投票で選任された取締役の解任も同様である（309条2項7号、342条6項）。

ⅲ）株主総会は、いつでも理由を問わず役員を解任できる（339条1項）が、当該役員は、解任について正当な理由がある場合を除き、株式会社に対し、解任によって生じた損害の賠償を請求することができる（339条2項）。

② 少数株主による役員の解任の訴えが認められる（854条）。すなわち、6カ月前から引き続いて発行済株式の3％以上（または総株主の議決権の3％以上）を保有する株主は、役員の職務の執行に関し、不正の行為または法令・定款に違反する重大な事実があるにもかかわらず、株主総会で、その役員の解任が否決されたときは、決議の日から30日以内に、その役員の解任の訴えを提起することができる（854条1項）。これは、多数派がその取締役を支持していて解任決議が通らなくても、このように少数派が是正する道を認めたのである。

・非公開会社では6カ月要件はない（854条2項）。定款で3％要件は緩和することができる。対象となる役員の株式や自己株式等は、3％の計算から除外する。この訴えは、会社と役員の双方を被告とする（855条）。

（4）その他の終任事由

辞任・解任のほか、その者の死亡・破産・成年被後見も終任事由となるし（民法653条）、任期満了、資格の喪失によっても地位を失う。この場合も登記が必要である（915条）。

（5）欠員の場合の処置

　終任により法定または定款所定の役員の員数を欠く結果になった場合には、後任の役員を選任しなければならないが（これを怠れば過料に処せられる、976条22号）、任期満了または辞任により退任した役員は、後任者が就任するまで引き続き役員としての権利義務を有する（346条1項）。しかし、それが不適当な場合とその他の事由（解任等）による場合は、裁判所に請求して一時役員としての職務を行う者（「一時取締役等」と呼ばれる）を選任してもらうことができる（346条2項）。なお、選任決議の際に、役員が欠けた場合または会社法・定款で定めた役員の員数を欠くことになるときに備えて補欠の役員を選任することができる（329条3項、規則96条）。

（6）会計監査人

① 　会計監査人も役員と同じく株主総会で選任・解任され、会社との関係は委任関係であり、その選任・終任・欠員の場合の処置・登記の必要性は役員の場合とほぼ同様である（329条、330条、339条、911条3項19号）。

② 　選任・解任決議の定足数は役員の場合と異なり、3分の1要件は適用されない（定足数は完全排除できる）（341条参照）。

③ 　会計監査人の任期は、選任後1年以内に終了する事業年度のうち最終のものに関する定時株主総会の終結のときまでであるが（338条1項）、その株主総会において再任しないことを決議しない限り、再任したとみなされる（338条2項）。このように自動的に任期が変更されることになっている点で、会計監査人の地位が保護されている。

④ 　監査役設置会社では会計監査人の選任・解任・不再任の議案を株主総会に提出する場合、議案の内容は監査役（または監査役会）が決定する（344条1項・3項）。指名委員会等設置会社では監査委員会が、監査等委員会設置会社では監査等委員会が決定する（404条2項2号、399条の2第3項2号）。会計監査人の選任・解任等の適

正を期し、独立性を確保するためである。

⑤ 監査役（または監査役会・監査等委員会・監査委員会）には、一定の場合に会計監査人の解任権が認められている（340条）。これにより解任した場合には、監査役等は、直近の株主総会において、解任の事実と理由を報告しなければならない（340条3項）。

（7）株主総会での意見陳述権等

会社法は、会計参与等の選任・終任の適正を期し、独立性を確保するために、次のような意見陳述権を認めている。

① 会計参与・監査役・会計監査人は、それぞれ会計参与・監査役・会計監査人の選任・解任・辞任（会計監査人の場合は不再任も含む）について株主総会に出席して意見を述べることができる（345条1項・4項・5項）。

② 会計参与・監査役・会計監査人を辞任した者、340条により会計監査人を解任された者は、それぞれ辞任後または解任後最初に招集される株主総会に出席して、辞任した旨およびその理由または解任について意見を述べることができる（345条2項・4項・5項）。

③ 取締役は、②の者に対し②の株主総会を招集する旨と招集事項を通知しなければならない（345条3項）。

2 新株発行

（1）新株発行の意義と種類

① 成立後の会社が資金を外部から調達しようとする場合、銀行等からの借り入れの方法もあるし、株式や社債を発行して直接に資本市場から資金を集める方法もある。ここでは、会社成立後の株式の発行（新株発行）について説明する。

会社法は、新株発行に関して種々の規定を設けているが、その理由としては、新株発行を行う場合には既存株主と新たに新株を取得

して株主となる者との利害の調整が必要となるからである。そのう
えで、個々の新株発行は、取締役会等の判断で機動的に行うことが
できるようにすることが資金調達の便宜という見地からは望ましい
ため、そのような方向（授権株式制度）を会社法は認めている。

・既存株主の利益

　　新株を持株数に応じて株主に与える株主割当ての場合は問題な
いが、その他の新株発行の場合には、既存株主は、次の2つの点
で利益を害されるおそれがある。すなわち、(ⅰ)（持株比率の低下
により）持株比率維持の利益が害される、(ⅱ)（時価より低い発行
価額で発行した場合）経済的損失を被る、である。

② 　新株発行とは、会社成立後の株式の発行のことをいい（会社設立時
の株式発行は新株発行とはいわない）、199条以下の手続に従って行
われる新株発行とそれ以外のものに分けられる。前者は学問上「通
常の新株発行」と呼ばれ、株主となる者に新たに金銭の払込み（ま
たは現物出資）をさせて新株を発行するものであり、後者はそれ以
外の新株発行であり、学問上「特殊の新株発行」と呼ばれ、株式無
償割当て、吸収合併、吸収分割、株式交換等の場合における新株発
行である。

（2）通常の新株発行

　会社法は、この新株発行について、自己株式の処分と合わせて、「募
集株式」の発行等という規律に一元化した。実務上、この新株発行は、
株主割当て、公募、第三者割当ての3つに分類される*が、会社法上は、
すべて募集株式の発行に該当する。新株発行手続は以下のとおりである。
→図表2-3-1

　　＊一般に、新株を不特定多数の者に発行する場合を公募、特定の者（通常は1
　　　人）に発行する場合を第三者割当てという。株主以外の者への発行という意
　　　味で「第三者」割当てと呼ばれてきたようであるが、実際には割当てを受け
　　　る者は株主である場合が多い。

図表2-3-1●通常の新株発行の手続

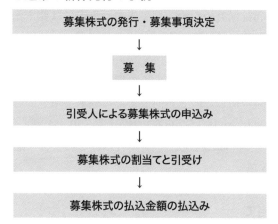

（3）募集事項の決定

① 公開会社

　公開会社では取締役会で、次の募集事項を決定する（199条、201条）。なお、指名委員会等設置会社では取締役会決議で募集事項の決定を執行役に委任できる（416条4項本文）。

ⅰ）募集株式の数

ⅱ）募集株式の払込金額またはその算定方法

ⅲ）現物出資の場合は、その旨と出資する財産の内容および価額

ⅳ）払込・給付期日または払込・給付期間

ⅴ）増加する資本金および資本準備金に関する事項

　　・募集事項のⅱ）の払込金額は、既存の株主の利益を害しないよう公正でなければならないから、株主割当て以外の方法で募集株式を「特に有利な払込金額」で発行する場合は、この募集事項の決定は株主総会の特別決議が必要となる（201条1項、199条2項、309条2項5号、202条5項）。

② 非公開会社

非公開会社の場合は、株主割当ての方法で既存株主に平等に割り当

てるのが、原則である（202条1項）。したがって、非公開会社では、既存株主の利益保護のため、募集事項の決定には株主総会の特別決議が必要とされる（199条2項、309条2項5号）。

③ 募集事項の公示

公開会社は、既存株主に差止めの機会を与えるため、払込期日（または払込期間の初日）の2週間前までに募集事項を公告するか、または株主に通知しなければならない（201条3項・4項）。なお、金融商品取引法に基づく届出をしている場合は、この公告・通知は不要である（201条5項）。

（4）株主割当て

① 募集株式を募集する場合、株主に株式の割当てを受ける権利を与えることができ、この場合を株主割当てという（202条1項）。この場合、株主は、持株数に応じて募集株式の割当てを受ける権利を有する（1株に満たない端数が生じるときは、これを切り捨てる）（202条2項）。なお、株主に無償で（新たに払込みをさせないで）新株を発行する場合は株式無償割当てである（185条〜187条）が、株主割当ての場合は申込みがないと失権するのに対して（204条4項）、株式無償割当ての場合には株主に当然に割当てがなされる。

② 株主割当ての場合は、本節2 (3) の募集事項（199条1項）に加えて、（ⅰ）株主に対し申込みをすることにより募集株式の割当てを受ける権利を与える旨、（ⅱ）募集株式の引受けの申込みの期日、を決定する（202条1項）。この決定は、公開会社では取締役会決議、非公開会社では株主総会決議によるのが原則である。なお、非公開会社の場合、定款で取締役会決議（非取締役会設置会社の場合は取締役の決定）によると定めることができる（202条3項）。

（5）有利発行

株主割当て以外の方法で新株を「特に有利な払込金額」で発行する場

合は、既存の株主の利益保護のため、株主総会の特別決議が必要となる（199条2項、201条1項、309条2項5号）。公開会社・非公開会社とも株主総会（特別決議）で募集株式数の上限および払込金額の下限だけを定めて具体的な決定を取締役会に委任することができるが（200条1項、309条2項5号）、その場合の委任の有効期間は1年間である（200条3項）。いずれの場合も、株主総会で有利発行を必要とする理由を説明しなければならない（199条3項、200条2項）。

（6）申込み、割当て、引受け

株式の申込みがあると、会社はこれに対して割当てをし、申込人は割当てを受けた株式について株式引受人となる（204条1項～3項、206条1号）。株主割当ての場合は期日までに申込みをしない株主は失権する（204条4項）。株式引受人が期日までに払込み等をなさない場合、その株式引受人は失権する（208条5項）。

（7）現物出資

新株発行の際の現物出資については設立の場合と異なり定款で定める必要はなく、出資者の制限もなく（誰でも現物出資できる）、授権株式制度の趣旨に則り、取締役会等の決定事項とされている（199条1項3号、200条1項、201条1項）。

設立の場合と同じく裁判所が選任した検査役が調査するのが原則で、調査の結果、不当な場合は裁判所が変更する（207条1項～8項）。ただし、一定の場合（設立の場合よりも範囲が広い）には、検査役の調査は不要である（207条9項）。

（8）出資の履行および新株発行の効力発生

払込期日までに払込み等があった新株については、払込期日（現物出資の場合は給付期日）に、または払込・給付期間を定めたときは払込み・給付をした日に、新株発行の効力が生じ、新株引受人は、その日か

ら株主となる（209条1項）。新株発行の効力が生じると、会社の発行済株式総数と資本金が増加するので（445条1項・2項）、変更登記の必要がある（911条3項5号・9号、915条1項・2項）。

（9）募集株式発行の差止め

会社が、法令・定款に違反し、または著しく不公正な方法で、募集株式を発行し、これにより株主が不利益を受けるおそれがある場合には、株主は会社に対して発行の差止めを請求できる（210条）。

「著しく不公正な方法」による株式発行とは、たとえば、資金調達のニーズがないのに、取締役が一部の者に多数の株式を割り当てるような場合をいうと解されている。

(10) 新株発行の無効

新株発行の効力が生じた後に、その効力を否定しようとする場合については、会社法は制約をかけている。すなわち、法律関係の安定などの要請から、新株発行の無効の訴えという方法を通じてのみ、新株発行の効力を否定することを認める（828条1項2号・2項2号）。

(11) 取締役・株式引受人等の差額塡補責任

① 金銭出資の場合、取締役（指名委員会等設置会社では取締役または執行役）と通謀して「著しく不公正な払込金額」で募集株式を引き受けた者は、会社に対して公正な発行価額との差額を支払う義務を負う（株主代表訴訟が認められる）（212条1項1号、847条1項）。

② 現物出資の場合、株式引受人は①と同じ差額支払義務を負うが、その者が善意で、かつ重過失がないときは、募集株式の引受けの申込みを取り消すことが認められる（212条1項2号・2項）。取締役等や現物出資の証明者も連帯して差額支払義務を負うが、検査役の調査を受けた場合や無過失を立証した場合は義務を免れる（213条）。

(12) 特殊の新株発行

これは「通常の新株発行」以外のものをいう。具体的には取得請求権付種類株式・取得条項付種類株式等の取得で新株を対価とする場合、株式分割、株式無償割当て、新株予約権の行使、吸収合併、吸収分割、株式交換等の場合における新株発行をいう。

特殊の新株発行においては、新たに株主を募集し、出資を履行させるということがないので、そのための手続的規定は不要である。また、多くの場合には（吸収合併、吸収分割、株式交換の場合を除く）、新株発行は既存の株主（新株予約権の場合には新株予約権者）に対して行われるので、新株発行の時点で既存株主の保護という問題は生じない。

なお、特殊の新株発行においては、資金調達がない、つまり新たな金銭等の出資がない場合が多いが、そうでない場合もある（社債の償還を払込みとする場合を除く新株予約権の行使）。

・特殊の新株発行についても、発行済株式総数は増加するので、変更登記が必要である（911条3項9号、915条1項）。

---

3 資本金・準備金の減少

株式会社では株主有限責任のため会社財産のほかには財産的基礎がないことから、会社法は資本金という一定額を基準として、それにさらに準備金という制度を設け、原則としてこれらの数字の合計額を超える額を「分配可能額」として算出し、その額を限度として株主への配当等による会社財産の払戻しを認める。したがって、資本金と準備金の制度は、剰余金分配規制との関係で意味を持つ制度であるといえる。

① 資本金の額は原則として株式の実際の払込額（現物出資の場合は給付額）の総額であるが（445条1項）、株式発行の際に、その2分の1までの額は資本金としないことが認められ（445条2項）、その場合にはそれは資本準備金としなければならない（445条3項）。

② 準備金には資本準備金と利益準備金とがある。剰余金の配当をす

る場合には法務省令で定めるところにより、準備金の合計額が資本
金の額の４分の１に達するまで、配当により減少する剰余金の10分
の１を資本準備金または利益準備金として積み立てなければならな
い（445条４項、会社計算規則22条）。

③　資本金の減少および準備金の減少は、原則として株主総会決議と
会社債権者異議手続が必要である。

（1）資本金の減少

　資本金は会社債権者の保護のためには重要なものである。株式会社で
は、株主有限責任のため、会社財産のほかには財産的基礎がないからで
ある。したがって、資本金の減少のためには、原則として株主総会の特
別決議に加えて会社債権者異議手続が必要となる。株主総会の特別決議
が要求されるのは基本的事項の変更だからである。

①　資本金の減少をする場合には、原則として株主総会の特別決議によ
り、（ⅰ）減少する資本金の額、（ⅱ）減少する資本金の額の全部また
は一部を準備金とするときは、その旨および準備金とする額、（ⅲ）
資本金の減少の効力発生日、を定めなければならない（447条１項、
309条２項９号）。

②　減少する資本金の額は、資本金の減少の効力発生日における資本
金の額を超えることはできない（447条２項）。すなわち、資本金が
マイナスとなるような資本金減少は認められない。

③　新株発行と同時に資本金減少をする場合において、合計で以前の
資本金以上になるようなときには、株主総会決議は不要で、取締役
会設置会社では取締役会決議（それ以外の会社では取締役の決定）
で行うことができる（447条３項）。

（2）準備金の減少

①　準備金の減少も、資本金の減少とほぼ同様であり、株主総会決議
（普通決議）により、（ⅰ）減少する準備金の額、（ⅱ）減少する準備金

の額の全部または一部を資本金とするときは、その旨および資本金とする額、（ⅲ）準備金の額の減少の効力発生日、を定めて行う（448条１項）。

② 減少する準備金の額は、準備金減少の効力発生日における準備金の額を超えることができず、新株発行と同時に準備金減少をする場合において合計で以前の準備金以上になるときの特則も、資本金減少の場合と同じである（448条２項・３項）。

（3）会社債権者異議手続

① 資本金または準備金を減少する場合には（減少する準備金の額の全部を資本金とする場合を除く）、会社債権者は資本金・準備金の減少について異議を述べることができる（449条）。

　ただし、準備金のみを減少する場合であって、会社法449条１項ただし書に該当するときは異議を述べることはできない。

② 債権者が異議を述べることができる場合には会社は（ⅰ）資本金等の額の減少の内容、（ⅱ）会社の計算書類に関する事項として法務省令（会社計算規則152条）で定めるもの、（ⅲ）債権者が一定の期間内（１カ月以上）に異議を述べることができる旨を官報に公告し、かつ、知れている債権者には各別にこれを催告しなければならない（449条２項）。ただし、その公告を官報に加えて日刊新聞紙に掲載する方法または電子公告により行うときは、各別の催告は不要となる（449条３項）。

③ 債権者が期間内に異議を述べなかったときは、その債権者は資本金等の減少について承認したものとみなされる（449条４項）。

④ 債権者が期間内に異議を述べたときは、会社は（ⅰ）弁済するか、（ⅱ）相当の担保を提供するか、（ⅲ）その債権者に弁済を受けさせることを目的として信託会社等に相当の信託をするか、のいずれかをしなければならない（449条５項本文）。ただし、資本金等の額を減少しても、その債権者を害するおそれがない場合は、この措置は不

要である（449条５項ただし書）。

（4）資本金・準備金減少の効力発生日

　いずれも株主総会等で定めた効力発生日に効力が生じるのが原則であるが、この時点で会社債権者異議手続が終了していないときは異議手続が終了した時点が効力発生日となる（449条６項）。なお、資本金の額は登記事項であるため、変更の登記が必要である（911条３項５号、915条１項）。

（5）資本金減少無効の訴え

　資本金減少の手続等に瑕疵がある場合には、資本金減少無効の訴えをもってのみ、資本金減少を無効とすることが認められる（828条１項５号・２項５号）。法的安定性の保障のため、無効の主張を制限しているのである。

4　定款変更

　定款を変更するには、原則として株主総会の特別決議が必要である（466条、309条２項11号）。定款変更は、株主総会の決議により当然に効力が生じると解されている。したがって、その後、書面（または電磁的記録）としての定款を書き換えたり、その事項が登記事項である場合には変更登記が必要になるが、これらは定款変更の効力発生要件ではない。なお、定款の変更に際しては公証人による認証は不要である。

参考文献

江頭憲治郎『株式会社法〔第７版〕』有斐閣、2017年

神田秀樹『会社法〔第20版〕』弘文堂、2018年

田中亘『会社法〔第２版〕』東京大学出版会、2018年

第2章　理解度チェック

次の設問に、〇×で解答しなさい（解答・解説は後段参照）。

1　合同会社は会社法により新たに導入された会社で、持分会社の1つであるが、社員は株式会社と同じく全員、有限責任社員である。

2　株式会社は将来発行する予定の株式の数（発行可能株式総数）を定款で定めておき、その授権の範囲内で取締役会の決議等により適宜、株式を発行できる。この制度を授権株式制度という。

3　株式会社において、株式の発行は必須であるが、株券の発行は任意である。

4　単元株制度とは株式の一定数をまとめたものを1単元とし、株主の議決権は1単元に1個とするものであるが、この「株式の一定数」、すなわち1単元の数については規制がなく、会社は定款で自由に定めることができる。

5　公開会社とは、発行するすべての株式について譲渡制限が付されていない株式会社のことをいう。

6　定款の絶対的記載事項は会社設立登記における登記事項と同じではない。

7　定款の相対的記載事項とは、定款に記載しなくても定款自体は有効であるが、記載しないとその事項の効力が認められないような事項をいい、変態設立事項や公告方法がこれに当たる。

8　発起設立の場合、設立時発行株式は発起人がその全部を引き受けなければならないが、募集設立においても最低1株は引き受けなければならない。

9 発起設立も募集設立も創立総会で設立時取締役と設立時監査役を選任する。

10 設立時発行株式については、発起人以外の者は現物出資をすることはできない。

11 会社設立時における現物出資については、現物出資する額として定款に記載された額が500万円以下の場合には、検査役による調査は不要である。

12 事後設立は財産引受けと同じ弊害が考えられるため、財産引受けと同様の厳格な規制が課される。

13 役員（取締役、会計参与、監査役）の選任は、株主総会の普通決議で行われるが、普通決議の場合は、定足数は完全に排除できるから、出席株主の過半数で選任できることになる。

14 役員の辞任により法定または定款所定の役員の員数を欠く結果になった場合には、後任の役員を選任しなければならないが、後任者が就任するまでは、辞任により退任した役員は引き続き役員としての権利義務を有する。

15 会計監査人は役員ではないが、選任・解任は株主総会の決議で行われる。

16 公開会社は、既存株主に差止めの機会を与えるため、払込期日（または払込期間の初日）の2週間前までに、新株発行の募集事項を公告するとともに株主へ通知しなければならない。

17 | 公開会社が株主割当て以外の方法で募集株式を「特に有利な払込金額」で発行する場合、この募集株式の決定は取締役会決議で行う。

18 | 吸収合併や株式交換の場合における新株発行はいわゆる特殊の新株発行である。

19 | 資本金減少は会社債権者異議手続が終了した時点が効力発生日となる。

20 | 定款を変更するには原則として株主総会の特別決議が必要であるが、変更した事項が登記事項である場合には、登記をしなければ定款変更の効力は生じない。

第2章　理解度チェック

解答・解説

1 ○

2 ○

3 ○

4 ✕
1単元の数の上限が会社法と規則により定められている。すなわち1,000か発行済株式総数の200分の1のいずれか低いほうの数が上限となる。

5 ✕
公開会社とは、発行するすべての株式に譲渡制限が付されている株式会社（全株式譲渡制限会社）以外の株式会社のことである。一部の種類の株式の譲渡に株式会社の承認が必要とされている場合であっても、公開会社である。

6 ○

7 ○

8 ○

9 ✕
発起設立の場合は創立総会の開催は不要で、発起人が選任する。

10 ○

11 ○

12 ✕
事後設立は株主総会の特別決議は必要であるが、財産引受けと異なり、変態設立事項とはされておらず（したがって、定款に定める必要はない）、また検査役も不要である。

13 ✕
普通決議の場合は通常、定足数は完全に排除できるが、例外的に役員の選任の場合は定足数として少なくとも議決権の3分の1以上が必要である。

14 ○

15 ○

16 ✕
公告か株主への通知かどちらか一方でよい。

17 ×
有利発行の場合は公開会社であっても株主総会決議（特別決議）が必要である。

18 ○

19 ×
株主総会等で資本金減少の効力発生日を定めるが、この効力発生日までに会社債権者異議手続が終了していれば、この効力発生日に効力が発生する。この効力発生日までに会社債権者異議手続が終了していないときは、会社債権者異議手続の終了時に効力が発生する。

20 ×
定款変更は、株主総会の決議により当然に効力が生じる。すなわち定款変更の効力発生要件は株主総会決議であって、変更登記は効力発生要件ではない。

第 **3** 章

株式会社の機関

この章のねらい

　第3章では、株式会社の機関に関する基礎知識を学ぶ。株式会社は株主総会、取締役、取締役会、監査役、監査役会などの機関が組み合わさって運営されていること、そして会社法では機関設計のルールが定められており、そのルールの中で機関設計を自由に行うことができるようになっていることを理解する。次いで、これらの機関の役割および役員等の責任と株主代表訴訟に関する基礎知識を学ぶ。株式会社の本来の目的である利潤追求をより効率的に行うためにも、他方、企業不祥事の防止等のリーガルリスクマネジメントのためにも、これらの機関の役割がきわめて重要であることを理解する。なお、本章の勉強のコツは第2章と同様、やはり会社法の条文に精通することである。

　＊本章で会社法の条文を引用する際には単に条数のみ表示。また規則とあるのは会社法施行規則の略。

第 1 節　機関設計の考え方

学習のポイント

◆株式会社の機関設計に関する基礎知識を得る。
◆会社法の機関設計の意図・内容等を理解する。

1　株式会社の機関

　会社は法人であるから、自然人と異なり、意思決定や行為をみずからすることはできない。そこで、会社に代わり、一定の自然人または会議体が会社の意思決定や行為をすることが必要となる。このような自然人または会議体を機関という。株式会社の機関としては、株主総会、取締役、取締役会、監査役、監査役会、代表取締役、会計参与、会計監査人、監査等委員会、（指名委員会等設置会社における）3委員会、執行役、代表執行役などがある。これらの株式会社の機関は、すべて必ず設置されるわけではなく、会社法で機関設計に関するルールが定められており、当該ルールの範囲で、株式会社ごとに機関設計をどのようにするか選択のうえ、必要な機関が設置されている。

　会社法による機関設計に関するルールの大きな枠組みとして以下の特徴が挙げられる。上場大企業の倒産事件の発生は、規模が大きいだけに株主、投資家、会社債権者、従業員等の利害関係者に非常に大きな損害や悪影響を与えるため、会社法は公開の大会社に対しては規整の厳格化を維持している。一方、小企業については、会社法の制定・施行以前に法律上認められていた有限会社と小会社という制度は廃止する代わりに、機関設計の規整は有限会社等への規整状況を引き継ぎ、最低限の規整に

とどめている。

これらを踏まえたうえで以下の機関設計についての説明や図表3-1-1等に進めば、会社法の意図が理解しやすくなろう。

会社法は、機関設計について旧商法時代よりも、選択のための多様化を図った。たとえば、最低限の機関設計だけを要求することとし、一定のルールのもとで、原則としてそれぞれの会社が任意に各機関（取締役会、監査役、監査役会、会計参与、会計監査人、監査等委員会、3委員会・執行役）を設置できるようにした（326条2項）。非公開会社の場合には、株主総会と取締役1名だけというきわめて簡単な機関設計も許される。→図表3-1-1・2

・この機関設計の多様化は、現実には非公開会社や非大会社が株式会社の圧倒的多数を占めるという実態を踏まえたものである。

図表3-1-1 ●機関設計の選択肢

	非大会社	大会社
非公開会社	・取締役 ・取締役＋監査役 ・取締役＋監査役＋会計監査人 ・取締役会＋会計参与（注） ・取締役会＋監査役 ・取締役会＋監査役会 ・取締役会＋監査役＋会計監査人 ・取締役会＋監査役会＋会計監査人 ・取締役会＋指名委員会等＋会計監査人 ・取締役会＋監査等委員会＋会計監査人	・取締役＋監査役＋会計監査人 ・取締役会＋監査役＋会計監査人 ・取締役会＋監査役会＋会計監査人 ・取締役会＋指名委員会等＋会計監査人 ・取締役会＋監査等委員会＋会計監査人
公開会社	・取締役会＋監査役 ・取締役会＋監査役会 ・取締役会＋監査役＋会計監査人 ・取締役会＋監査役会＋会計監査人 ・取締役会＋指名委員会等＋会計監査人 ・取締役会＋監査等委員会＋会計監査人	・取締役会＋監査役会＋会計監査人 ・取締役会＋指名委員会等＋会計監査人 ・取締役会＋監査等委員会＋会計監査人

（注）会計参与は、これに限らずすべての会社について任意設置が可能である。

図表3-1-2 ● 機関設計の典型図

〈最も単純な設計〉

```
┌──────────────┐
│     株主     │
└──────────────┘
       ↓
┌──────────────┐
│   株主総会   │
└──────────────┘
       ↓
┌──────────────┐
│    取締役    │
└──────────────┘
```

〈取締役会設置会社の例〉

```
┌──────────────┐
│     株主     │
└──────────────┘
       ↓
┌──────────────┐
│   株主総会   │──────────────→┌──────────┐
└──────────────┘                │  監査役  │
       ↓                        └──────────┘
┌──────────────┐
│    取締役    │
└──────────────┘
┌──────────────┐       ┌──────────────┐
│  代表取締役  │◀──────│   取締役会   │
└──────────────┘       └──────────────┘
```

〈監査役会設置会社の例〉

```
┌──────────────┐
│     株主     │
└──────────────┘
       ↓
┌──────────────┐
│   株主総会   │
└──────────────┘
       ↓                    ↓                    ↓
┌──────────────┐  ┌──────────────┐  ┌──────────────┐
│    取締役    │  │   監査役     │  │  会計監査人  │
└──────────────┘  └──────────────┘  └──────────────┘
┌──────────────┐  ┌──────────────┐  ┌──────────────┐
│  代表取締役  │◀─│   取締役会   │  │   監査役会   │
└──────────────┘  └──────────────┘  └──────────────┘
```

出所：神田秀樹『会社法〔第20版〕』179頁をもとに作成

2 機関設計に関する規整

（1）規整のキーワード

　会社法は多様な機関設計を認め、それに応じた規整を定めているため、きわめて複雑な規定となっており、理解しづらい。そこで機関設計の規整についてのキーワードを説明しておく。会社法は次のような会社の性格・規模に応じて規整を区分している。

① 公開性…公開会社か否か

　全株式に譲渡制限のある会社（非公開会社）以外は公開会社とされる（2条5号）。公開会社は、取締役会の設置が強制されるなど、非公開会社よりも厳しい規整を受ける。

② 規模…大会社か否か

　大会社とは、最終事業年度の貸借対照表上の資本金が5億円以上または負債の合計額が200億円以上の株式会社をいう（2条6号）。

大会社は、会計監査人による監査が強制されるなど、非大会社より
も厳しい規整を受ける。

（2）基本的な規整ルール

① すべての株式会社は株主総会と取締役が必要（295条、326条1項）。
取締役は1名でもよい（326条1項）。ただし、取締役会設置会社で
は取締役は3名以上必要（331条5項）。

② 公開会社は取締役会が必要（327条1項1号）。

③ 取締役会設置会社は監査役または3委員会・執行役、監査等委員
会のいずれかが必要（327条2項）。ただし、取締役会設置会社であ
っても、大会社以外の非公開会社で会計参与を置いた会社は、この
限りでない（327条2項ただし書）。

④ 監査役、監査等委員会、3委員会・執行役は、いずれかしか置く
ことができない（327条4項・6項）。

⑤ 指名委員会等設置会社および監査等委員会設置会社以外の大会社
で公開会社である会社は監査役会が必要（328条1項）。なお、監査
役会を設置する場合、監査役は3人以上、その半数以上は社外監査
役である必要がある（335条3項）。

⑥ 取締役会を置かない場合は、監査役会や3委員会・執行役や監査
等委員会を置くことはできない（327条1項2号・3号・4号）。

⑦ 大会社や指名委員会等設置会社や監査等委員会設置会社は会計監
査人が必要（328条1項・2項、327条5項）。

⑧ 会計監査人を置くためには、監査役（あるいは監査役会）または
3委員会・執行役、監査等委員会のいずれかが必要（327条3項・
5項、328条1項）。

⑨ 公開会社・監査役会設置会社・指名委員会等設置会社・監査等委
員会設置会社のいずれにも該当しない会社は、取締役会を設置しな
いことが認められる（327条1項）。

⑩ 取締役会を設置しない非公開会社（大会社を除く）では、監査役

の設置は任意（327条2項・3項、328条2項）。ただし、会計監査人を置く場合には監査役を置く必要あり（327条3項）、監査役が置かれない場合には株主の監督是正権が強化される（357条1項、2項、360条1項、2項、367条参照）。すなわち、監査役の役割を株主が行う。

⑪　非公開会社（監査役会設置会社と会計監査人設置会社を除く）は、定款で定めれば監査役の監査の範囲を会計事項に限定できる（389条1項）。

⑫　選択した機関設計は定款で定め（326条2項）、登記する（911条3項15号〜19号・22号・23号）。

株主総会

◆株主総会の権限、招集、議事、決議に関する基礎知識を得る。

1 株主総会の権限、招集

株主総会は、株主の総意によって会社に関する事項を決定する会社の機関である。株主総会の権限は会社の意思決定に限定され、執行行為をすることはできず、執行行為は取締役または執行役が行う。決算期ごとに定時に開かれる定時株主総会と、臨時に開かれる臨時株主総会、さらには種類株式を発行している株式会社における種類株主総会（2条13号・14号）がある。

（1）権限

株主総会は、会社法に規定する事項のほか、会社の組織、運営、管理、その他会社に関する一切の事項について決議することができる（295条1項）。ただし取締役会設置会社では、株主総会の権限は、会社法に規定する事項および定款で定めた事項に限られる（295条2項）。

株主総会の権限として会社法に規定する事項および定款で定めた事項以外の事項の決定は、取締役会設置会社においては取締役会で行う（362条2項・4項・5項）。

・株主総会の法定権限として会社法に規定する事項は、（i）役員等の機関の選任・解任に関する事項、（ii）定款変更、合併、会社分割、解散等、会社の基礎的変更に関する事項、（iii）株式併合、剰余金配

当等、株主の重要な利益に関する事項、（ⅳ）取締役の報酬の決定等、取締役にお手盛りの可能性があり株主の利益を損うおそれがある事項、である。

・しかし、取締役会設置会社でも、定款で定めることにより、法定権限以外の事項を株主総会の権限とすることができる（295条2項）。

（2）招集

株主総会は通常、取締役が株主を招集して開催する（296条3項）。ただし、議決権を行使できる株主全員が同意した場合には、原則として、招集手続なしで開催できる（300条）。

① 開催地

会社法により株主総会の開催地についての制約はなくなった。しかし、株主に著しく不便な場所で開催したような場合は、決議取消事由になるおそれがあると思われる（規則63条2号参照）（神田秀樹『会社法〔第20版〕』187頁）。

② 開催時期

定時株主総会は、毎事業年度の終了後、一定の時期に開催しなければならない（296条1項）。なお、権利行使の基準日を定めた場合は、基準日より3カ月以内に開催する必要がある（124条2項）。定時株主総会は、本来は年度決算に関する決議をするために開かれるものであるが、他の事項（役員の選任、定款の変更、合併等）を決議することも可能である。このほか、必要がある場合には、いつでも臨時株主総会を開催することができる（296条2項）。

・多くの会社では、決算期（事業年度の末日）を基準日としているので、決算期より3カ月以内に定時株主総会を開催しなければならない。

③ 招集権者

取締役会設置会社では、原則として取締役会が、①開催の日時・場所、②議題（株主総会の目的事項）、③書面投票・電子投票を認めるときは、その旨、④その他、法務省令で定める事項（規則63条）を決定し（298

条1項・4項)、代表取締役等がこれを執行して招集するのが原則である(神田『前掲書』188頁)。

・議決権を有する株主数が1,000人以上の会社では書面投票は必須である(298条2項)。ただし、上場会社が金融商品取引法に基づき委任状勧誘する場合はこの限りではない(298条2項ただし書、規則64条)。それ以外の会社は任意で採用できる。

④ 招集通知

株主総会の招集は、株主に出席の機会と準備の期間を与えるため、総会の会日の2週間前までに、招集通知を発しなければならない(299条1項)。

・取締役会設置会社では書面(または電磁的方法)でしなければならない(299条2項2号)。

・非公開会社では1週間前まででよい(非公開会社かつ非取締役会設置会社では定款でさらに短縮できる)(299条1項)。

・取締役会設置会社では定時総会の招集通知の際に計算書類と事業報告を提供する必要がある(437条)。

⑤ 少数株主による招集

6カ月前から引き続き総株主の議決権の3％以上を有していた株主(「少数株主」)は取締役に招集を請求することができ、取締役がこれに応じないときは、裁判所の許可を得たうえでみずから招集することができる(297条1項・4項)。6カ月要件と3％要件は定款で緩和できる(297条1項)。また、非公開会社では6カ月要件は必要ない(297条2項)。

⑥ 株主の提案権

取締役会設置会社では、少数株主(6カ月前から引き続き総株主の議決権の1％または300個以上の議決権を有していた株主)は、株主総会の議題提案権と議案提出権を有する(303条、305条)。6カ月要件と持株要件は定款で緩和でき(303条2項、305条1項ただし書)、非公開会社では6カ月要件はない(303条3項、305条2項)。非取締役会設置会社では単独株主権である(303条1項、305条1項本文)。

　取締役会設置会社では、議題提案権・議案提出権いずれも、株主総会の日の8週間前までに、取締役に対して請求しなければならない（303条2項後段、305条1項本文）。8週間前要件は定款で緩和できる（303条2項後段、305条1項本文）。なお、議案提出権については、非取締役会設置会社にも、この定めが適用される（305条1項本文）。

　なお、ここでいう提案権ではないが、株主総会の席上でも、株主は原則として議案の提出権を有する（304条）。これは取締役会設置会社でも少数株主権ではなく単独株主権である。

　・議題とは、会議の目的事項のことであり、議案とは、どのような内容の決議をするのかの原案のことである。

2　株主総会での議決権

（1）原則と例外

　個々の株主の株主総会における議決権の数は原則として1株について1個の議決権である（308条1項本文）。これを1株1議決権の原則という。

　法が定めた次の場合にだけ例外が認められる（神田『前掲書』190〜192頁）。

① 単元未満株式

　単元株制度が採用されている場合には、1単元について1個の議決権が与えられ（308条1項ただし書）、単元未満株式は議決権を有しない（189条1項）。

② 議決権制限株式

　議決権制限株式（108条1項3号）は、制限された事項につき議決権を行使することはできない（なお、種類株主総会においては議決権制限株式についても議決権が認められる）。

③ 取締役・監査役の選解任株式

　これがある場合には、取締役・監査役の選解任は株主総会ではなく種類株主総会で行われる（108条1項9号、347条）。

④　自己株式

　会社は保有する自己株式については議決権を有しない（308条2項）。

⑤　相互保有株式

　「会社がその総株主の議決権の4分の1以上を有すること、その他の事由を通じて株式会社がその経営を実質的に支配することが可能な関係にあるものとして法務省令（規則67条）で定める株主」は、議決権を有しない（308条1項本文）。4分の1以上の議決権を保有された等の会社による議決権の行使を認めることは公正でないと考えられるからである。

⑥　特別利害関係を有する株主が有する株式

　会社が自己株式を取得する一定の場合には、自己株式取得を承認する株主総会において取得の相手方となる株主は議決権を行使することができない（140条3項、160条4項、175条2項）。このような株主に議決権行使を認めることは、株主間の公平に反すると考えられるからである。

⑦　基準日後に発行された株式

　議決権行使に関する基準日後に発行された株式については、その株主総会で議決権は有しない（124条1項参照）。ただし会社側から、そのような株主の議決権行使を認めることは基準日株主の権利を害しない限り、差し支えない（124条4項）。

（2）代理人

　株主は代理人により議決権を行使できる（310条1項）。定款で代理人の資格を株主に限定している会社が多いが、これは許されると解されている（判例）（神田『前掲書』192頁）。裁判例は、こういう限定は、株主以外の者（総会屋など）により株主総会が攪乱されることを防止し、会社の利益を保護するためのものであり、合理的な理由による相当程度の制限として、この定款規定を有効とした。

（3）不統一行使

　株主が2個以上の議決権を有する場合、一部で賛成し、残りで反対す

ること（議決権の不統一行使）も認められる（313条1項）。たとえば、株主が株式の信託を受けているときなど、他人のために株式を保有する場合には、その他人の意思に従って議決権を行使することを認められるのが妥当なので、会社法はこのような不統一行使を認めている。これ以外の場合には会社は不統一行使を拒絶できる（313条3項）（神田『前掲書』195頁）。

3 株主総会の議事と決議

（1）議事

議事の方法や採決の方法については、会社法は特に定めていないので、定款または慣習による（神田『前掲書』195頁）。議事の運営は議長が行う（315条1項）。議長は議事運営の権限を有し、総会の秩序を乱す者があれば退場させることができる（315条）。議題は招集通知に記載された事項に限られる（神田『前掲書』195頁）が、延期・続行の決議をすることはできる（317条）。

① 株主総会の議長は通常は定款で定められている。この定めがない場合は総会で選任する。少数株主が招集した株主総会では、定款に定めがあったとしても株主総会で別に議長を定めることができると解されている（神田『前掲書』195頁）。

② 株主総会の議事については、議事録（電磁的記録も可）を作成する必要があり（318条1項、規則72条）、株主総会議事録は株主総会の日から10年間本店に備え置かねばならない（318条2項）。株主および会社債権者は営業時間内いつでも閲覧謄写を請求できる（318条4項）。

（2）取締役等の説明義務など

会社法314条は取締役、会計参与、監査役、執行役の株主総会での説明義務を定めている。説明義務違反は、決議方法の法令違反として株主

総会決議取消しの訴えの対象となることに注意しなければならない。

　①　取締役、監査役、会計参与、執行役は、株主総会において株主が質問した事項について説明する義務を負う（314条）。ただし、次の場合は説明を拒否できる（説明拒否事由）（314条ただし書）。

　ⅰ）株主総会の目的事項（298条1項2号）（決議事項と報告事項）と関係がない場合

　ⅱ）説明することが株主共同の利益を著しく害する場合（企業秘密を害するときなど）

　ⅲ）その他正当な理由があるとして法務省令で定める場合（規則71条）。たとえば、説明のため調査を必要とするときには拒否できる。ただし、株主が株主総会日の相当の期間前に質問事項を通知した場合（規則71条1号イ）または調査が著しく容易である場合（規則71条1号ロ）には、拒否できない。

　②　会計監査人は、定時株主総会で出席を求める決議が成立したときは、出席し意見を述べなければならない（398条2項）。

（3）決議方法

　決議は多数決によって行われるが、その要件は決議事項により異なる。取締役会設置会社では、決議は原則として、株主総会の目的事項についてしかすることができない（309条5項）。

① 普通決議

　株主総会の決議は、会社法または定款に別段の定めがない場合には、議決権を行使できる株主の議決権の過半数を有する株主が出席して（定足数）、出席した当該株主の議決権の過半数をもってする（309条1項）。この定足数は定款で軽減・排除することができ（309条1項）、多くの会社では定足数を排除して、単に出席株主の議決権の過半数で決めることとしている（神田『前掲書』196頁）。ただし、役員の選任・解任の決議については、定足数の排除は許されず、定足数の軽減も議決権の3分の1が限度である（341条）。定足数および決議要件については、定款で引

き上げることも許される（309条、341条）。

② 特別決議

　定款変更、組織再編行為など一定の重要な事項の決議（309条2項1号～12号に列挙されている）は、議決権を行使することができる株主の議決権の過半数を有する株主が出席し、その出席株主の議決権の3分の2以上の多数で決定する（309条2項本文前段）。この過半数という定足数は定款で3分の1まで軽減することができるが、決議要件である3分の2基準は定款をもってしても引き下げることはできない。ただし、定足数および決議要件は、いずれも定款で引き上げることはできる（309条2項本文前段）。

③ 特殊決議

　特殊決議とは、特別決議よりもさらに重い決議要件を必要とする株主総会決議のことである。議決権を行使できる株主の半数以上で、かつ当該株主の議決権の3分の2以上の賛成が必要な場合（309条3項）と、総株主の半数以上で、かつ総株主の議決権の4分の3以上の賛成が必要な場合（309条4項）である。定足数および決議要件については、いずれも引き下げることはできないが、定款で引き上げることはできる（309条3項・4項）。

4　株主総会の決議の瑕疵

　株主総会決議に手続上または内容上瑕疵があった場合には、そのような決議は違法であって、その決議の効力をそのまま認めることはできない。しかし、株主総会決議が有効かどうかは、会社や株主等多くの利害関係者に重大な影響を及ぼすので、これを一般原則にゆだねることは、法的安定性を害し、妥当ではなく、法律関係を画一的に確定し、瑕疵の主張を制限することが望ましい。そこで会社法は、決議取消しの訴えと決議不存在・無効確認の訴えの制度を設け、これらの訴えに基づく判決には対世的効力を認め、また取消しの訴えについては、提訴権者と提訴

期限を制限している（神田『前掲書』199頁）。この2種類の訴えは瑕疵の軽重に対応している（取消しの訴えに比べ、不存在・無効の訴えの対象となる瑕疵は重大である）。

（1）決議取消しの訴え

　提訴できるのは、①招集手続または決議方法に法令・定款違反または著しい不公正があったとき、②決議内容の定款違反、③特別利害関係人が議決権を行使したことにより著しく不当な決議がなされたとき、である（831条1項1号〜3号）。その判決の効力は、訴訟当事者のみならず、第三者にも及ぶ（838条）（これを対世的効力という）。これは、法律関係を画一的に確定し、法的安定性を図るためである。提訴権者は株主等（株主と取締役・監査役・執行役・清算人）に限られ、提訴期間は制限されている（総会決議の日から3カ月以内）（831条1項本文）。被告は会社である（834条17号）。

　・裁量棄却

　　株主総会の招集手続または決議方法が法令・定款に違反するときであっても、裁判所は、その違反する事実が重大でなく、かつ決議に影響を及ぼさないものであると認めるときは、決議取消しの請求を棄却することができる（831条2項）。これを裁量棄却という。

（2）決議不存在確認・決議無効確認の訴え

　決議が存在しない場合、または決議の内容が法令に違反する場合には、不存在または無効の確認を求める正当な利益がある限り、誰でもいつでも、不存在または無効確認の訴えを提起できる（830条1項・2項）（神田『前掲書』202頁）。この場合も判決には対世的効力があり（838条）、被告は会社である（834条16号）。

5 利益供与の禁止

　会社は、何びとに対しても、株主の権利の行使に関し、自己またはその子会社の計算で財産上の利益を供与してはならない（120条1項）。会社がこの規制に違反して財産上の利益を供与した場合には、その供与を受けた者はそれを会社または子会社に返還しなければならない（120条3項）。違法な利益供与に関与した取締役および執行役（規則21条）は、会社に対して、その供与した利益の額に相当する額について、連帯して支払義務を負う（120条4項）。利益供与をした取締役および執行役は無過失責任であるが、それ以外の者は、無過失を立証したときは責任を免れる（120条4項ただし書）。また、取締役、会計参与、監査役または執行役や使用人等が利益供与をした場合には、3年以下の懲役または300万円以下の罰金に処せられる（970条1項）。

　特定の株主に対する無償供与および無償に近い供与は、株主の権利行使に関する利益供与と推定される（120条2項）。

第3節

取締役・取締役会・監査役・監査役会、その他の機関

学習のポイント

◆取締役、代表取締役、取締役会、監査役、監査役会、会計参与、会計監査人、執行役、代表執行役、3委員会（指名委員会・監査委員会・報酬委員会）の役割、義務等に関する基礎知識を得る。

◆企業不祥事の防止のためには、これらの機関の役割がきわめて重要であることを理解する。

1 取締役

選任・終任については、第2章第3節**1**を参照。

（1）資格

会社法は、取締役になれない者（欠格事由）を定めている（331条1項）。法人は欠格者であり（331条1項1号）、そのほか成年被後見人等や一定の受刑者等が欠格者とされている（331条1項2号〜4号）。

定款で資格を制限することはできるが（神田『前掲書』205頁）、公開会社においては定款で株主に資格を限定することはできない（331条2項）。しかし、株主を取締役に選任することは当然認められる（神田『前掲書』205頁）。

監査等委員である取締役は、監査等委員会設置会社もしくはその子会社の業務執行取締役、使用人、会計参与、執行役を兼ねることはできな

い（331条3項）。指名委員会等設置会社の取締役は、当該会社の支配人その他の使用人を兼ねることができない（331条4項）。

（2）員数

取締役会設置会社は3人以上必要であり（331条5項）、非取締役会設置会社では1人でもよい（326条1項）。監査等委員会設置会社では、監査等委員である取締役は3人以上で、その過半数は社外取締役でなければならない（331条6項）。定款で下限を高め、また上限を定めることも許される（神田『前掲書』206頁）。

（3）任期

① 原則2年（選任後2年以内に終了する事業年度のうち、最終のものに関する定時株主総会の終結の時まで）であり、定款または株主総会決議で短縮できる（332条1項）。再選（重任）はできる（神田『前掲書』206頁）。

② 非公開会社（指名委員会等設置会社および監査等委員会設置会社を除く）においては、定款により任期を選任後10年以内に終了する事業年度のうち最終のものに関する定時株主総会終結時まで伸長できる（332条2項）。

③ 指名委員会等設置会社の取締役の場合は1年である（332条6項）。

④ 監査等委員会設置会社の場合、監査等委員である取締役は2年、それ以外の取締役は1年である（332条1項・3項、332条4項）。

（4）取締役の権限

① 取締役会設置会社

取締役はその全員で取締役会を構成し（362条1項）、取締役会が会社の業務執行の意思決定等を行う（362条2項）。そして、取締役会は取締役の中から代表取締役を選定し（362条3項）、その者が業務を執行し（363条1項1号）、対外的には会社を代表する。日常的な業務の執行につい

ては、意思決定も取締役会から代表取締役にゆだねることが普通である
（神田『前掲書』214頁）。また、代表取締役以外の取締役の中から、取
締役会決議により業務を執行する取締役を選定することもできる（363
条1項2号）し、その他の一般の取締役に業務執行をゆだねることもで
きる（代表取締役を含め、これらの取締役は業務執行取締役といわれる
（2条15号イ参照））。

② 指名委員会等設置会社

　指名委員会等設置会社も取締役会設置会社である。取締役は原則とし
て取締役の資格では業務執行をすることはできない（415条）。取締役会
は基本的事項の決定と業務執行の監督を行い、執行役が業務を執行し、
代表執行役が会社を代表する。

　指名委員会等設置会社は社外取締役にガバナンス機能を期待するもの
である。したがって、指名委員会等設置会社は指名委員会・監査委員会・
報酬委員会という3つの委員会が必要であるが、いずれの委員会も、取
締役の中から取締役会が選定した委員3人以上で組織され、メンバーの
過半数が社外取締役でなければならない（400条1項〜3項）。社外取締
役とは、「当該会社またはその子会社の業務執行取締役もしくは執行役
または支配人その他の使用人でなく、かつ過去に当該会社またはその子
会社の業務執行取締役もしくは執行役または支配人その他の使用人とな
ったことがない」取締役をいう（2条15号）。

③ 非取締役会設置会社

　原則として各取締役が業務を執行（348条1項）し、各取締役が単独
で会社を代表する（349条1項本文・2項）。業務の意思は、取締役が2
人以上いる場合は、過半数で決定する（348条2項）。代表取締役を定め
ることもできる（349条1項ただし書）。この場合、定款、定款の定めに
基づく取締役の互選または株主総会決議により、取締役の中から代表取
締役を定める（349条3項）。

（5）取締役の義務 →図表3-3-1

① 一般的な義務

　会社と取締役の関係は委任の規定が適用される（330条）。したがって、取締役は善良な管理者の注意義務（善管注意義務）を負う（民法644条）。ここで善管注意義務とは、取締役の地位にある者に一般に要求される程度の注意をもって職務を執行する義務のことである。

　さらに、取締役には忠実義務が課されている（355条）。すなわち、取締役は、法令・定款の定め、ならびに株主総会の決議を遵守し、会社のために忠実に、その職務を遂行する義務を負う。この忠実義務については、「忠実義務は善管注意義務を敷えんし、かつ一層明確にしたにとどまり、通常の委任関係に伴う善管注意義務とは別個の高度な義務を規定したものではない」とする最高裁の判例がある（神田『前掲書』228頁）。

・経営判断の原則

　　取締役の善管注意義務の有無の判断に際しては、裁判例は、経営判断の原則を認めている。すなわち、会社の経営にはリスクが伴う。取締役の行った業務執行が結果として失敗に終わり、会社に損害を生じた場合に、その取締役が当然に善管注意義務違反として責任を問われるならば、取締役は萎縮してしまい、会社の積極的な事業展開が損なわれることになる。そこで、取締役の業務執行の決定が合理的なものであり、取締役が誠実にその執行を行った場合には、その行為が結果として誤ったものであっても、その失敗を理由として取締役に善管注意義務違反に基づく責任を負わせるべきではないという考え方が、経営判断の原則といわれるものである。経営判断の原則により、善管注意義務に違反しないとされるためには、①当該行為が、経営上の専門的判断にゆだねられた事項についてのものであること、②意思決定の過程に著しい不合理性がないこと、③意思決定の内容に著しい不合理性がないこと、の3つが要求される（神田『前掲書』229頁）。

　これらの善管注意義務・忠実義務の一般的規定から判例・学説で承認

されてきた義務として、次の2つが重要である（神田『前掲書』228頁）。
企業不祥事の防止のためにはリーガルリスクマネジメントの徹底が必要
であるが、そのためには以下の取締役の2つの義務は、とりわけ重要な
ものとなる。取締役がこれらの義務を適切に果たしていれば企業不祥事
の多くは防止できたと考えられるからである。

（ⅰ）監視義務

代表取締役はもちろん一般の取締役も、他の代表取締役やその他の
取締役の行為が法令、定款を遵守し適法かつ適正になされているかど
うかを監視する義務を負う（裁判例）（神田『前掲書』231頁）。法令に
は善管注意義務、忠実義務の一般的規定も含まれる。

（ⅱ）リスク管理体制の構築義務

会社は健全な会社経営のために事業の規模・特性等に応じたリスク
管理体制（内部統制システム）を構築する必要があるが、このような
リスク管理体制は取締役会（非取締役会設置会社では、取締役）が決
定すると定められている（362条4項6号、399条の13 1項ハ、416
条1項1号ホ、348条3項4号）。したがって、取締役は取締役会の構
成員として、また代表取締役または業務執行取締役として、リスク管
理体制を構築すべき義務を負い、さらに代表取締役と業務執行取締役
がリスク管理体制を構築すべき義務を履行しているか否かを監視する
義務を負う（裁判例）（神田『前掲書』232頁）。

② 競業取引・利益相反取引の規制

会社法は①の一般的な義務だけでは不十分と考え、次のような規制を
設けている。

取締役が自己（または第三者）の利益を図って会社の利益を害するお
それがあるためである（神田『前掲書』232頁）。

（ⅰ）競業取引

取締役会設置会社では、取締役が自己または第三者の利益のために
会社の事業の部類に属する取引（競業取引）を行う場合には、その取
引について重要な事実を開示して取締役会の事前の承認を得なければ

ならない（356条1項本文・1号、365条1項）。取締役がこの義務に違反した場合には、その取締役は会社に対して損害賠償責任を負う（423条1項・2項）。競業取引をした取締役は取引後、遅滞なくその取引につき重要な事実を取締役会に報告しなければならない（365条2項）。なお非取締役会設置会社では、この競業取引は株主総会の承認が必要である（356条1項本文・1号）。

（ⅱ）利益相反取引

これには直接取引と間接取引とがある。直接取引とは取締役が自己または第三者のために会社と取引をする場合をいうが、取締役会設置会社では取締役がこのような直接取引をする場合には、その取引について取締役会の事前の承認を得なければならない（356条1項本文・2号、365条1項）。承認を受けた場合には、民法108条の適用は排除され、自己契約・双方代理が許される（356条2項）。間接取引とは会社が取締役の債権者に対して保証や債務引受けをする場合など、会社と当該取締役との利益が相反する取引をいうが、この場合も、直接取

図表3-3-1 ●取締役と監査役の規制の異同

		取締役	監査役
義務	取締役会への出席義務	○	○
	株主総会への出席義務	○	○
	株主総会における説明義務	○	○
	会社に対する善管注意義務	○	○
	会社に対する忠実義務	○	×
取引規制（注1）	競業取引規制	○	×
	利益相反取引規制	○	×
その他	資格（欠格事由）	○	○
	任期	2年	4年
	解任（株主総会の決議が必要）（注2）	普通決議	特別決議

注1　監査役は業務執行を行わないので、競業・利益相反取引規制は受けない。
注2　ここでいう「普通決議」において定足数は、議決権を行使できる株主の議決権の3分の1未満に軽減することはできない（341条）。

引と同じく取締役会の承認が必要である（356条1項本文・3号、365
条1項）。利益相反取引をした取締役は取引後、遅滞なくその取引に
つき重要な事実を取締役会に報告しなければならない（365条2項）。
利益相反取引により、会社に損害を与えた場合には、その取締役は会
社に対し損害賠償責任を負う（423条1項・3項）。かかる損害賠償責
任は原則として過失責任であるが、自己のために直接取引をした取締
役は無過失責任である。なお、利益相反取引についても非取締役会設
置会社では株主総会の承認が必要である（356条1項本文・2号・3号）。

（6）取締役の報酬

取締役の報酬は、本来、業務執行の決定の1つとして取締役会で決定
すればよいはずである。しかし、それを取締役会に任せるとお手盛りの
おそれがあるので、法は定款または株主総会の決議で定めることを要求
している（361条）。報酬には金銭以外の現物報酬も含まれ、また、賞与
その他の職務執行の対価として会社から受ける財産上の利益も報酬と同
じ規制を受ける（361条1項）。定款または株主総会の決議では、取締役
の報酬額を個別に定める必要はなく、全員に対する総額の最高限度額だ
けを定めればよい（神田『前掲書』237頁）。各取締役への配分は取締役
会にゆだねることができる。なお、指名委員会等設置会社では報酬委員
会が決定するので、定款または総会決議で定める必要はない（404条3
項）。監査等委員会設置会社では、監査等委員である取締役とそれ以外
の取締役とを区別して定めなければならず、監査等委員である各取締役
の報酬等について定款の定めまたは株主総会決議がないときは、定款ま
たは株主総会の決議で定められた報酬等の範囲内で監査等委員である取
締役の協議によって定める（361条2項・3項）。

（7）代表取締役

取締役会設置会社（指名委員会等設置会社を除く）においては、業務
執行をし、対外的に会社を代表する常設の機関が代表取締役（47条1

項）である（神田『前掲書』223頁）。なお、非取締役会設置会社では各取締役が各自、会社を代表するのが原則であるが（全員が代表取締役であることになる）、代表取締役を定めることもできる（349条1項〜3項）。

① 選任

取締役会設置会社（指名委員会等設置会社を除く）では、代表取締役は取締役会の決議で取締役の中から選定する（362条2項3号・3項）。

代表取締役は1人でも数人でもよい。現実は定款で、社長、副社長などを置き、これらを代表取締役とすることが通常である（神田『前掲書』224頁）。代表取締役の氏名・住所は登記事項である（911条3項14号）。

② 終任

代表取締役が取締役の資格を失えば、当然代表取締役の地位も失うが、逆に代表取締役を辞めても当然には取締役の地位を失わない（神田『前掲書』224頁）。取締役会は取締役の解任権はないが、代表取締役を解職することはできる（362条2項3号）。

③ 権限

代表取締役は業務執行権限を有する（363条1項1号）。株主総会決議・取締役会決議で決められた事項を、そのまま執行するほか、取締役会から委譲された範囲内ではみずから意思決定をし、執行する。そして、対外的な業務執行において、会社の代表権を有する。

代表取締役の代表権は、会社の業務に関する一切の裁判上、裁判外の行為に及び（349条4項）、これを制限しても善意の第三者には対抗できない（349条5項）。代表取締役が複数いる場合でも、各自が単独で会社を代表する。

④ 表見代表取締役

社長、副社長その他会社の代表権を持つように見える名称を付与されている取締役であっても、代表取締役ではない場合もある。このような取締役は表見代表取締役といわれるが、表見代表取締役の行為については、善意の第三者に対して会社が責任を負う（354条）。これにより、表見代表取締役に会社を代表する権限があると信じて取引をした者を保護

し、取引の安全を図るためである。表見代表取締役と認められるために
は、会社が、取締役に会社の代表権を持つように見える名称を使用する
ことを認めていることが必要である（使用していることを知りながら適
切な手段をとらず、黙認している場合も含まれる）。354条は表見代表取
締役を「代表取締役以外の取締役に社長、副社長その他会社を代表する
権限を有するものと認められる名称を付した場合」と規定しており、旧
商法では例示されていた「専務取締役、常務取締役」を削除している。
しかし、大規模な会社でも専務や常務に代表権を与える例もあるし、中
小の会社では多く見られることから、会社法のもとでも専務取締役や常
務取締役はケースバイケースではあるが、表見代表取締役と認められる
と解すべきである（神田『前掲書』225頁）。

　なお、指名委員会等設置会社では代表取締役は存在しないが、表見代
表執行役が表見代表取締役に該当し、354条と同趣旨の規定が置かれて
いる（421条）。

　　・旧商法下での裁判例であるが、取締役でない使用人が代表取締役の
　　　承認のもとに、常務取締役の名称を使用した行為について、354条
　　　の前身である旧商法262条の類推適用を認めた裁判例があり（神田
　　　『前掲書』225頁）、取締役でない者であっても354条が類推適用され
　　　る可能性がある。

⑤　代表取締役の不法行為

　会社は、代表取締役が、その職務を行うことについて第三者に加えた
損害を賠償する責任を負う（350条）。

2 取締役会

取締役会はすべての取締役で組織される（362条1項）。

（1）権限

指名委員会等設置会社を除き取締役会の権限は以下のとおりである

（362条2項）。

① 会社の業務執行の決定

② 取締役の業務執行の監督

③ 代表取締役の選定および解職

なお、会社の業務執行のうち、法令または定款で株主総会の権限とされている事項は決定できない。

〔取締役会の専決事項〕

次の事項は取締役会（指名委員会等設置会社を除く）の専決事項であり、その決定を代表取締役にゆだねることはできない（362条4項）。社長の独断で会社の経営が行われることを防止するために、会社法は取締役会の専決事項を定め、さらに社長等に対する取締役会の監督権限を定めているのである。

① 重要な財産の処分・譲受け

② 多額の借財

③ 重要な使用人（支配人、部長等）の選任・解任

④ 支店等重要な組織の設置・変更・廃止

⑤ 社債の募集

⑥ リスク管理体制の構築

⑦ 定款に基づく役員等の責任免除決議

⑧ その他の重要な業務執行

〔取締役会の監督権限〕

取締役会で決定した事項を代表取締役等の業務執行取締役（指名委員会等設置会社では執行役）が執行するが、その執行が取締役会の決定に反していないかどうかを監督する権限が取締役会に与えられている（362条2項2号、416条1項2号）。このような監督が効率的に行えるようにするために、代表取締役等（指名委員会等設置会社の場合は執行役）は3カ月に1回以上、職務執行の状況を取締役会に報告しなければならない（363条2項、417条4項）。この報告義務は取締役会を開催して行わなければならない（372条2項・3項）。したがって、最低でも3カ月に

1回は取締役会を開催する必要があることになる。また、監査役は取締役会の構成員ではないが、業務執行の適法性を監査する権限を有するので、取締役会に出席する義務があり、必要なときは意見を述べたり、取締役の不正行為もしくはそのおそれまたは法令・定款違反の事実もしくは著しく不当な事実があると認めるときは、遅滞なく報告しなければならない（383条1項、382条）。

・指名委員会等設置会社における取締役会の権限については362条は適用されず、416条が適用される。指名委員会等設置会社においては取締役会の権限は、基本事項の決定、委員会メンバーの選定・監督、執行役の選任・監督等に限定されている（416条）。

（2）招集

取締役会は常設の機関ではなく、必要に応じて開催される。原則として招集権者が各取締役（監査役設置会社においては各取締役・監査役）に通知して招集する（368条1項）が、取締役・監査役全員が同意すれば招集手続なしで開催できる（同条2項）。したがって、あらかじめ取締役・監査役全員の同意で定めた定例日に開催する場合には、招集手続は不要である。各取締役が招集権を持つ（366条1項本文）が、通常、定款や取締役会規則で会長や社長が招集権者と定められる場合が多い（366条1項ただし書）。そのように定められている場合でも、それ以外の取締役も法定の要件に従って招集できる（同366条2項・3項）。招集通知（口頭でもよい）は会日の1週間前（定款で短縮可）に発しなければならない（368条1項）が、招集通知に議題等を示す必要はない。取締役会の場合には、株主総会と異なり、業務執行に関する種々の事項が付議されることは当然予想すべきであるからである（神田『前掲書』220頁）。

また監査役も、取締役の不正行為もしくはそのおそれ、または法令・定款違反の事実もしくは著しく不当な事実があると認めるときは、必要があれば、取締役会を招集できる（383条2項～4項）。

・定款で定めれば、議決に加わることのできる取締役全員が、書面

（または電磁的記録）により、議案である提案に同意する意思表示をした場合には、その提案を可決した取締役会決議があったものとみなされ、取締役会の開催を省略することができる（監査役が異議を述べた場合は不可）（370条）。

・株主が1人の会社では、法が取締役会決議を要求する場合でも、裁判例は取締役会決議は不要だとしている（神田『前掲書』221頁）。

（3）決議

　取締役会の決議は、その決議について特別の利害関係を有する取締役がいない場合には、取締役全員の過半数が出席し、その出席取締役の過半数で決定する（369条1項）。

　決議について特別の利害関係を有する取締役は議決に加わることができない（369条2項）。決議の公正を期するためである。ある決議について、このような特別利害関係のある取締役が存在する場合には、それを除いた取締役、すなわち「議決に加わることができる取締役」の過半数が出席し、その出席取締役の過半数で決定する（369条1項）（定足数も決議要件も定款でこの要件を加重はできるが、軽減はできない（369条1項））。特別利害関係のある取締役とは、たとえば、競業取引や利益相反取引を承認する決議において、このような取引を行う取締役がこれに当たる。

　取締役は個人的信頼に基づき選任され「1人1議決権」が認められているので、株主総会の場合と異なり、議決権の代理行使は認められない（神田『前掲書』221頁）。なお、取締役会の決議に手続または内容上の瑕疵がある場合には、株主総会決議のような訴えの制度の定めはないので、一般原則により無効となる（神田『前掲書』221頁）。

（4）特別取締役による取締役会決議

　会社法は取締役会メンバーの一部を特別取締役として、あらかじめ選定しておき、取締役会で決議すべき事項のうちで迅速な意思決定が必要

と考えられる重要な財産の処分・譲受けと多額の借財について、特別取締役により議決し、それを取締役会決議とすることを認める（373条）。この制度が認められるのは、取締役会設置会社（指名委員会等設置会社を除く）において、取締役が6人以上で、1人以上の社外取締役が存在する会社に限られる（373条1項）。特別取締役は社外取締役でなくてもよい（神田『前掲書』222頁）。取締役会で、あらかじめ3人以上の特別取締役を選定する必要がある（373条1項）。取締役会の監督機能の観点から、決議結果（決議内容）は、決議後遅滞なく、特別取締役以外の取締役に報告しなければならないとされている（373条3項）。

（5）議事録

　取締役会の議決については法務省令（規則101条）により、議事録を作成し、出席した取締役・監査役は署名または記名捺印する（369条3項）（議事録は電磁的記録で作成することもできる（369条4項、規則225条））。

　議事録は10年間本店に備え置かねばならない（371条1項）。株主、会社債権者等は、法定の要件を満たせば、裁判所の許可を得て、議事録の閲覧・謄写を請求することができる（ただし、監査役設置会社・指名委員会等設置会社・監査等委員会設置会社以外の会社では、株主については裁判所の許可は不要で、営業時間内いつでも請求できる）（371条2項〜5項）。株主総会議事録と異なり原則として裁判所の許可が必要だとしたのは、企業秘密の漏出などを恐れて、議事録の記載がとかく簡単で不十分なものになりがちであったからである。取締役会議事録は適正な業務執行の監視のためには重要なものであり、必要かつ十分な内容が記載されることが望ましい。そこで、会社法は「裁判所は閲覧または謄写することにより、会社またはその親会社もしくはその子会社に著しい損害を及ぼすおそれがあると認めるときは許可することができない」（371条6項）と定めている（神田『前掲書』223頁）。なお、決議に反対した取締役は、議事録に異議をとどめておかないと決議に賛成したものと推定される（369条5項）。

3 監査役

選任・終任については第2章第3節 **1** を参照。

（1）資格

欠格事由等は取締役と同じである（335条1項）（→本節 **1**（1））。さらに、兼任禁止規制があり、監査役は、当該会社、その子会社の取締役、支配人その他の使用人または子会社の会計参与（法人のときは、その職務を行うべき社員）、執行役を兼ねることができない（335条2項）。

・横すべり監査役

監査対象期間の途中まで取締役であった者が監査役に選任された場合（いわゆる横すべり監査役）は、裁判例上、兼任禁止規定に違反しないとされている（神田『前掲書』208〜209頁）。

（2）員数等

監査役会設置会社には員数等の規制がある（それ以外の会社では員数の規制はない）。監査役会設置会社では3人以上で、かつその半数以上は社外監査役でなければならない（335条3項）。社外監査役と認められるための要件が法定されている。その就任の前10年間その会社または子会社の取締役、会計参与（法人のときはその職務を行うべき社員）、執行役または支配人その他の使用人となったことがないこと、当該株式会社の取締役・支配人その他の重要な使用人または親会社等（自然である場合に限る）の配偶者、2親等内の親族でないこと、等である（2条16号）。法律上の権限は強大でも現実には代表取締役等の取締役の部下だった者が監査役となる例も少なくなく、監査権限が適切に行使されなかった経験を踏まえ、このような規制が設けられた。

（3）任期

監査役の任期は4年（選任後4年以内に終了する事業年度のうち、最

終のものに関する定時株主総会の終結の時まで）である（336条1項）。監査役の地位の強化（独立性の保障）のための規定であり（取締役任期原則2年より長い）、定款や株主総会決議で短縮することは許されない（神田『前掲書』209頁）。ただし、任期満了前に退任した監査役の補欠として選任された監査役の任期は、定款で退任監査役の任期満了時までとすることは許される（336条3項）。なお、非公開会社では取締役の場合と同じく定款により10年まで伸長できる（336条2項）。

（4）権限

① 監査役は取締役（および会計参与）の職務の執行を監査する機関である（381条1項前段）。その権限は、会計監査を含む会社の業務全般の監査に及ぶ。監査役にとって、この権限は義務でもある。この「監査」は、業務執行の法令定款違反または著しい不当性の有無をチェックし指摘することであって、取締役の裁量行為一般の当否をチェックすることは含まれない、つまり、適法性監査は当然に含まれるが、妥当性監査は監査役の権限に含まれないと一般には解されている。しかし、監査役は取締役の善管注意義務違反の有無を監査するわけであり、実際の監査の場では妥当性監査についても監査を行うこととなると思われる（神田『前掲書』243頁）。なお、非公開会社（監査役会設置会社と会計監査人設置会社を除く）では、定款で定めることにより、監査役の監査権限の範囲を会計監査に限定することができる（389条1項）。

② 監査役は、取締役等に対して、いつでも事業の報告を求め、またみずから会社の業務および財産の状況の調査をする権限を有する（381条2項）。さらに監査役は、その職務を行うため必要があるときは子会社（2条3号）に対して事業の報告を求め、また、みずから子会社の業務および財産の状況の調査をする権限を有する（381条3項）。ただし子会社は正当な理由があるときは、これを拒むことができる（381条4項）。

③　監査役は監査報告を作成する（381条１項後段、規則105条、会社
計算規則122条、127条）。

（5）義務

監査役は職務を行うについて会社に対して善管注意義務を負う（330
条、民法644条）。このほか次のような義務を負う。

①取締役の不正行為、法令・定款に違反する事実・著しく不当な事実
の報告義務（382条）、②取締役会への出席義務、意見陳述義務（383
条１項）、③株主総会への報告義務*（384条）

> ＊監査役は、取締役が株主総会に提出しようとする議案・書類・電磁的記録等
> を調査する義務を負い、法令・定款違反または著しく不当な事項があると認
> めるときは、その調査結果を株主総会に報告する義務を負う（384条）。

（6）報酬等

監査役の報酬等（賞与その他の職務執行の対価としての財産上の利益
を含む）は、定款の定め、または株主総会の決議で決定する（387条１
項）。監査役の報酬等を業務執行の一環として代表取締役が決定するの
ではなく、定款や株主総会の権限とすることにより、監査役の地位の独
立性を保障し、監査を実効性あるものとするための規定である。同様の
趣旨で、定款・株主総会で複数の監査役につき総額が定められたときも、
各監査役の報酬等は、監査役の協議により決定することになっている
（387条２項）。また、監査役は、監査役の報酬等について、株主総会で
意見を述べることができる（同条３項）。

（7）監査費用

監査費用については、会社側がそれが不要であることを立証しなけれ
ば、支払いを拒めない（388条）。監査役が、妥当な額の監査費用を確保
できるようにし、監査役の独立性を高めるための規定である。

（8）監査役の役割の重要性

さきに述べたとおり、監査役には地位の強化、権限の強化など強大な権限が付与されており、これが適切に行使されれば、多くの企業不祥事が防止できるはずである。現実は理想どおりには進まないものだが、企業不祥事の防止のためには依然として監査役の役割は重要である。

（9）会計監査人の選任等に関する議案の内容の決定

監査役設置会社（監査役会設置会社）においては、株主総会に提出する会計監査人の選任・解任等に関する議案の内容は、監査役（監査役会）が決定するものとする（344条）。

4 監査役会

大会社で公開会社である会社（指名委員会等設置会社および監査等委員会設置会社を除く）は監査役会を置かなければならない（328条1項）が、これ以外の会社（指名委員会等設置会社および監査等委員会設置会社を除く）でも任意に監査役会を設置できる。監査役会設置会社においては、監査役は3人以上で、かつその半数以上は社外監査役でなければならない（335条3項）。監査役会設置会社は監査役の中から常勤監査役（1人以上）を選定しなければならない（390条3項）。

・監査役は独任制の機関であり、監査役が複数いても、それぞれが独立して権利と義務を有している。会社法は監査役が効率的な監査が行えるよう監査役会という合議体を定めた。

（1）権限

監査役会はすべての監査役で組織し、次の業務を行う（390条1項・2項）。

①監査報告の作成、②常勤監査役の選定および解職、③監査方針、監査役会設置会社の業務および財産の状況の調査の方法その他の監査役

の職務の執行に関する事項の決定

・③の決定は、個々の監査役の権限の行使を妨げることはできないと定められている（390条2項ただし書）。監査役の独任制を保障するためである（神田『前掲書』246頁）。監査の効率化のために監査役会制度が設けられたが、会社法はこれによって従来の独任制の長所が損なわれないようにとの意図で、監査役の権限と監査役会の権限の調和を図っているのである。

・監査役は、監査役会の求めに応じ、いつでも職務の執行の状況を監査役会に報告しなければならない（390条4項）。

（2）運営

① 監査役会は常設の機関ではなく、必要に応じて開催される。招集権は個々の監査役にある（391条）。招集の通知（口頭でもよい）は1週間前（定款で短縮可）までに発する（392条1項）。通知に議題等を示す必要はない（取締役会と同じ）（神田『前掲書』247頁）。なお、全員の同意があるときは招集手続を要しない（392条2項）。

② 監査役会の決議は監査役の過半数で決定する（393条1項）。取締役会の場合と同様、監査役は個人的信頼に基づき選任され「1人1議決権」が認められるので、他人に委任して議決権を代理行使することは認められない。

③ 監査役会の決議に手続または内容上の瑕疵がある場合には、一般原則により決議は無効となる（神田『前掲書』247頁）。

④ 議事録の作成および備置きについては取締役会議事録の場合とほぼ同様である（393条2項・3項、規則109条・225条、394条1項）。また、株主、会社債権者等が、法定の要件を満たせば、裁判所の許可を得て、議事録の閲覧・謄写を請求することができる点（394条2項〜4項）、決議に反対した監査役は、議事録に異議をとどめておかないと、決議に賛成したものと推定される（393条4項）点も取締役会の場合と同じである。

5　会計監査人

選任・終任については第2章第3節**1**を参照。

（1）資格

会計監査人は、公認会計士または監査法人でなければならない（337条1項）。監査法人が選任された場合はその社員の中から会計監査人の職務を行うべき者を選定し、会社に通知する（337条2項）。法定の欠格者は会計監査人になれない（337条3項）。

（2）員数

員数の規制はない。

（3）任期

会計監査人の任期は1年である（338条1項）。なお、再任しないことを株主総会で決議しない限り、再任されたものとみなされる（338条2項）。→第2章第3節**1**（6）③

（4）権限

会計監査人は、決算の監査（会計監査）を行うこと（下記①、②）を任務とし、そのために③、④の権限が与えられている。

①　計算書類等（計算書類、附属明細書、臨時計算書類、連結計算書類）の監査（396条1項前段）
②　会計監査報告（396条1項後段、規則110条、会社計算規則126条）
③　会計帳簿の閲覧等（396条2項・6項)
④　子会社調査権（396条3項・4項）

（5）義務

会社に対し善管注意義務を負い（330条、民法644）、このほか次の義

務がある。

① 不正行為の報告（397条）

② 定時株主総会での意見陳述（398条）

6 執行役

指名委員会等設置会社は、３つの委員会（指名委員会・監査委員会・報酬委員会）のほか執行役を置かなければならない。

指名委員会等設置会社は監督と執行が制度的に分離され、取締役は原則として業務執行権を有さず、業務執行は執行役が行う。ただし、取締役が執行役を兼ねることはできる。

（1）資格

① 欠格事由は取締役と同じである（402条４項）。

② 定款で資格を制限できるが、公開会社においては定款で株主に資格を限定することはできない（402条５項）。この点も取締役と同じである。

③ 取締役が執行役を兼務することは認められる（402条６項）。

（2）員数

１人以上の執行役を置く必要がある（402条１項）。

（3）選任等

① 執行役の選任は取締役会で行う（402条２項）。

② 執行役は、いつでも取締役会決議により解任しうる（403条）。

（4）任期

執行役の任期は１年（選任後１年以内に終了する事業年度の最終のものに関する定時株主総会の終結後最初に招集される取締役会の終結の時

まで）である（402条7項本文）。この任期は定款で短縮できる（402条
7項ただし書）。

（5）権限

① 執行役は、取締役会決議により委任された業務執行の決定をし、
会社の業務執行を行う（418条）。なお、対外的代表権は代表執行役
だけが有する。

② 指名委員会等設置会社の取締役会は、一般の株式会社に比べ、そ
の権限は限定されており、基本事項の決定や委員会メンバーの選
定・監督、執行役の選任・監督等が中心となる。この取締役会の業
務執行の決定の権限は取締役に委任することはできないが（416条
3項）、執行役には、法の定める基本事項、すなわち会社法416条4
項ただし書に列挙されている事項を除いて、委任することができる
（416条4項）。

（6）義務

① 会社との関係は委任であるから（402条3項）、執行役は善管注意
義務を負う（民法644条）。さらに忠実義務も負う（419条2項、355
条）。この点も取締役と同じである。

② 執行役は取締役と同じく競業取引・利益相反取引規制を受ける
（419条2項）。

③ 執行役は3カ月に1回以上、自己の職務の執行の状況を取締役会
に報告しなければならない（417条4項前段）。この場合、代理人
（他の執行役に限る）による報告も認められる（417条4項後段）。

④ 執行役は取締役会の要求があったときは取締役会に出席し、取締
役会が求めた事項について説明しなければならない（417条5項）。

⑤ 執行役は会社に著しい損害を及ぼすおそれのある事実を発見した
ときは、直ちにその事実を監査委員会の委員に報告しなければなら
ない（419条1項）。

（7）代表執行役

① 執行役が１人の場合はその者が代表執行役になるが、執行役が複数の場合は、取締役会決議で代表執行役を選定しなければならない（420条１項）。

② 代表執行役は、いつでも取締役会決議により解職することができる（420条２項）。

③ 代表執行役の代表権の範囲などについては、代表取締役に関する規定が準用され（420条３項）、表見代表執行役の規定も表見代表取締役の規定（354条）と同趣旨である（421条）。

7 ３委員会（指名委員会・監査委員会・報酬委員会）

これらの委員会を設置する会社を「指名委員会等設置会社」という（２条12号）。

（1）３委員会の権限

委員会の権限を取締役会の権限とすることはできない（神田『前掲書』255頁）。

① 指名委員会（404条１項）

株主総会に提出する取締役（および会計参与）の選任・解任に関する議案の内容の決定。

② 監査委員会（404条２項）

① 執行役・取締役・会計参与の職務の執行の監査と監査報告の作成。

② 株主総会に提出する会計監査人の選任・解任および会計監査人を再任しないことに関する議案の内容の決定。

③ 報酬委員会（404条３項）

執行役・取締役・会計参与の個人別の報酬等の内容の決定（定款の定め、または株主総会決議は不要）。執行役が支配人その他の使用人を兼ねているときは、その支配人その他の使用人の報酬等の内容の決定も行う。

（2）構成

① 各委員会の委員は取締役の中から取締役会が選定する（400条2項）。

② 各委員会は委員3人以上で組織するが（400条1項）、各委員会につき、その過半数は社外取締役でなければならない（400条3項）。

　親会社等の一定の関係者、親会社等の子会社等の一定の関係者、取締役等の一定の親族については、「社外」と認めない（2条15号）。

　その会社または子会社の出身者につき、10年の冷却期間を認める。つまり、退任後10年経過すれば、原則、「社外」と認められることになる（2条15号）。

③ 同じ取締役（社外取締役を含む）が複数の委員会の委員を兼ねることができる（神田『前掲書』256頁）。

④ 監査委員会の委員（監査委員）は、当該会社・その子会社の執行役・業務執行取締役、または子会社の会計参与（法人の場合は社員）・支配人その他の使用人を兼ねることができない（400条4項）。

⑤ 各委員会の委員の解職権は取締役会にある（401条1項）。

（3）運営

① 委員会は当該委員会の各委員が招集する（410条）。

② 委員会の運営（招集手続、決議、議事録等）は、取締役会の場合とほぼ同様である（411条～414条、規則111条・225条・226条）。

（4）取締役会の招集・取締役会への報告

① 取締役会の招集権者が定款または取締役会決議で定められている場合でも、委員会がその委員の中から選定する者は、常に取締役会を招集することができる（417条1項）。

② 委員会がその委員の中から選定する者は遅滞なく、その委員会の職務の執行の状況を取締役会に報告しなければならない（417条3項）。

8 監査等委員会設置会社

監査等委員会を設置する会社を「監査等委員会設置会社」という（2条11の2号）。

監査等委員会設置会社は、監査役を置くことはできない（327条4項）。取締役会と会計監査人を置く必要がある（327条1項3号、5項）。

（1）監査等委員会の権限

委員会の権限を取締役会の権限とすることはできない（神田『前掲書』252頁）。

① 取締役の職務の執行の監査と監査報告の作成（399条の2第3項1号）。

② 株主総会に提出する会計監査人の選任・解任および会計監査人を再任しないことに関する議案の内容の決定（399条の2第3項2号）。

③ 監査等委員以外の取締役の選任・解任または辞任についての意見陳述（342条の2第4項）。

④ 監査等委員以外の取締役の報酬等についての意見陳述（361条6項）。

これらの監査等委員会および監査等委員の権限は、指名委員会等設置会社の監査委員会および監査委員の権限と同様である（神田『前掲書』252頁）。

（2）構成

① 各委員会の委員は取締役の中から取締役会が選定する（399の2第2項）。

② 各委員会は委員3人以上で組織するが、各委員会につき、その過半数は社外取締役でなければならない（331条6項）。

(3) 運営

　① 　監査等委員会は各監査等委員が招集する（399条の8）。

　② 　委員会の運営（招集手続、決議、議事録等）は、取締役会の場合とほぼ同様である（399条の9～399条の12、規則110条の3）。

(4) 取締役会の招集・取締役会への報告

　取締役会の招集権者が定款または取締役会決議で定められている場合でも、委員会がその委員の中から選定する者は、常に取締役会を招集することができる（399条の14）。

9 　会計参与と執行役員

(1) 会計参与

① 　資格・員数・任期等

　会計参与は、公認会計士か監査法人または税理士か税理士法人でなければならない（333条1項）。監査法人や税理士法人が会計参与に選任された場合、その社員の中から会計参与の職務を行うべき者を会社に通知する（333条2項）。法定の欠格者は会計参与または職務を行うべき者になれない（333条3項）。

　員数の制限はなく、任期は取締役と同じであり（334条1項）（→本節 **1** (3)）、選任・終任については第2章第3節**1**を参照されたい。

② 　権限

権限には以下がある。

・計算書類等の作成（374条1項前段・6項）

・会計参与報告の作成（374条1項後段、規則102条）

・会計帳簿の閲覧等（374条2項・6項）

・子会社調査権（374条3項・4項）

③ 　義務

　会計参与は取締役、監査役と同じく会社に対し善管注意義務を負う

（330条、民法644条）。

（2）執行役員制度

執行役員制度は実務上の任意の制度（部課長と同じ）であり、会社法上の制度ではない。会社法上の株主代表訴訟や金商法上のインサイダー取引規制の対象である「役員」とはならない。執行役員制度を導入している企業が増加しているが、その目的は取締役の数を抑え、従来であれば、取締役の肩書を有したであろう幹部・管理職に執行役員のポストを与えることで、取締役会の規模の拡大を防ぎ、意思決定の迅速化を図ること、あるいは「執行と経営」の分離により経営効率を向上させることである。東京証券取引所の調査結果では、コーポレート・ガバナンス報告書に執行役員制度について記載している会社の割合は監査役設置会社で51.7％、監査等委員会設置会社で46.6％、指名委員会等設置会社で18.6％である（『東証上場会社コーポレート・ガバナンス白書2017』）。

10 会社法改正

施行時期は、公布日（令和元（2019）年12月1日）から1年6カ月を超えない範囲内において政令で定める日から施行されるが、株主総会資料の電子提供制度の創設および会社の支店の所在地における登記の廃止については、公布日から3年6カ月を超えない範囲内において政令で定める日から施行される。

株主総会資料の電子提供制度の創設（株主総会資料をWebサイトに掲載し、株主に対してそのアドレス等を書面で通知する方法により、株主総会資料を株主に提供することができる制度を新設）、株主提案権の濫用的な行使を制限するための措置（株主が提案することができる議案の数を10までとする上限を新たに設ける）、取締役の報酬に関する規律の見直し（取締役会は、その決定方針を定め、その概要等を開示しなければならない）、会社補償に関する規律の整備、株式交付制度の創設（完

全子会社とすることを予定していない場合であっても、株式会社が他の
株式会社を子会社とするため、自社の株式を他の株式会社の株主に交付
できる制度）などが改正される予定である。

第 **4** 節 **役員等の損害賠償責任と株主代表訴訟等**

学習の**ポイント**

◆役員等の会社に対する損害賠償責任および第三者に対する損害賠償責任に関する基礎知識を得る。

◆株主代表訴訟と株主の差止請求権に関する基礎知識を得る。

1 役員等の会社に対する損害賠償責任

「役員（取締役、会計参与、監査役）、執行役、会計監査人」を「役員等」という（423条1項）。

役員等は、会社とは委任の関係にあり（330条、402条3項）、善管注意義務（民法644条）を負い、取締役と執行役は忠実義務も負う（355条、419条2項）。したがって、役員等が法令や定款に違反した場合はもちろん、善管注意義務や忠実義務に違反して会社に損害を与えたときは、民法上の債務不履行の一般原則（民法415条）によって、会社に対して損害賠償責任を負うことになる。しかし、会社法は、これでは不十分だと考え、役員等の会社に対する損害賠償責任を強化するために、次のような規定を設けている。

（1）任務懈怠

① 責任の内容

役員等がその任務を怠ったときは、会社に対し、これによって生じた損害を賠償する責任を負う（423条1項）。これは過失責任である。すな

わち、任務懈怠があったとしても過失がなければ責任は負わない（神田
『前掲書』261頁）。

② 損害額の推定

　取締役・執行役が株主総会または取締役会の承認を得ずに競業取引
（356条1項1号）をした場合には、それにより取締役・執行役が得た利
益の額は会社に生じた損害の額と推定される（423条2項）。

　損害賠償請求の際には、請求者が損害額を立証しなければならず、競
業取引の場合これがなかなか大変なのであるが、この推定規定により立
証責任の転換が図られ、請求者側の負担は軽減される（請求される取締
役等の側が推定を破るために反証を挙げなければならず、これに失敗す
れば利益額が損害額とみなされる）。

③ 任務懈怠の推定

　取締役・執行役の利益相反取引（356条1項2号・3号）により会社
に損害が生じた場合には、株主総会・取締役会の承認を受けているか否
かにかかわらず、取締役・執行役について任務懈怠が推定される（423
条3項）。

　この場合には、任務懈怠の立証責任の転換がなされ、請求される取締
役側が「任務懈怠がない」ことを立証しなければならなくなり、請求者
側にとって有利な状況になる。

　・監査等委員会設置会社の場合、当該取引につき監査等委員会の承認
　　を受けたときは、この推定規定は適用されない（423条4項）。

④ 自己のためにした取引の場合の特則

　自己のために会社と取引（利益相反取引の直接取引）をした場合の取
締役・執行役の423条1項の責任は無過失責任である（428条1項）。な
お、取締役・執行役が第三者のために会社と取引することも利益相反取
引の直接取引であるが、この場合の423条1項の責任は過失責任である。

（2）利益供与

　株主の権利の行使に関する利益供与に関与した取締役・執行役は、会

社に対し連帯して、利益供与した額に相当する額を支払う義務を負う（120条4項本文）。この場合、利益供与行為をした取締役・執行役は無過失責任である。しかし、利益供与に関与したが、行為者でない取締役・執行役は過失責任である（120条4項ただし書）。

（3）剰余金分配

　分配可能額を超えて剰余金分配がなされた場合には、業務執行取締役・執行役は分配された額を会社に支払う義務を負うが、無過失を立証したときは支払い義務を免れる（462条1項・2項）。

（4）責任を負う者

　責任を負うのは任務懈怠に該当する行為（不作為を含む）をした取締役等自身であるが、さらにその行為が取締役会等の決議に基づいてなされた場合には、その決議に賛成した者も、それが任務懈怠に該当する場合は同じ責任を負う（神田『前掲書』262頁）。利益相反取引の場合には取締役会決議に賛成した取締役は、任務懈怠が推定される（423条3項3号）。なお、取締役会決議に反対した取締役は、議事録に異議をとどめておかないと決議に賛成したものと推定される（369条5項）ため、注意を要する。

（5）責任の態様

　任務懈怠について責任を負う取締役等が複数いる場合には連帯責任となる（430条）。

2　役員等の責任の免除・軽減制度

（1）責任免除

　総株主（議決権を有しない株主も含む）の同意がある場合に限り、本節1（1）〜（3）で述べた役員等の責任を免除できる（424条、120条5

項、462条3項）。ただし、本節**1**(3)の責任については、会社の債権者の保護のため、免除できるのは分配可能額までの額に限られる（462条3項）。

(2) 責任軽減（一部免除）

① 株主総会決議による事後的軽減

　任務懈怠による役員等の会社に対する責任（利益供与の場合を除く）は、その役員等に職務を行うにつき善意でかつ重大な過失がないときは一定額（賠償金額から425条1項1号と2号の定める額の合計額を控除した額を限度とする）を株主総会の特別決議で免除することができる（425条1項、309条2項8号）。この責任軽減の議題を株主総会に提出するには、監査役（指名委員会等設置会社では監査委員、監査等委員会設置会社では監査等委員）全員の同意が必要である（425条3項）。

② 定款かつ取締役会決議による軽減

　取締役2名以上の監査役設置会社または指名委員会等設置会社、監査等委員会設置会社は、①の場合と同じ責任について、定款で、取締役会決議により責任軽減ができる旨を定めることができる（426条1項）。ただし、責任の原因となった事実の内容、当該役員等の職務の執行の状況その他の事情を勘案して特に必要と認められるときに限られる（426条1項）。この定款の規定は登記が必要である（911条24号）。定款を変更して上記の定めを設ける議案を株主総会に提出する場合と責任の免除に関する議案を取締役会に提出する場合の双方において、監査役（指名委員会等設置会社では監査委員、監査等委員会設置会社では監査等委員）全員の同意が必要である（426条2項、425条3項）。

③ 定款かつ責任限定契約による事前の軽減

　取締役（業務執行取締役等である者を除く）、会計参与、社外監査役、会計監査人については、①、②の場合と同じ責任について定款で定めた額の範囲内で、あらかじめ会社が定めた額と最低責任限度額（425条1項参照）のいずれか高い額を限度とする旨の契約（責任限定契約）をこ

れらの者と締結できる旨を定款で定めることができる（427条1項）。この定款の規定は登記が必要である（911条25号）。定款を変更して上記の定めを設ける議案を株主総会に提出するには、監査役（指名委員会等設置会社では監査委員、監査等委員会設置会社では監査等委員）全員の同意が必要である（427条3項、425条3項）。

3 役員等の第三者に対する損害賠償責任

役員等の任務は会社に対するものであるから、その任務に違反した場合には、本来は会社に対する関係で責任を負うにすぎず、株主・会社債権者等の第三者に対しては契約関係にないから不法行為の要件（民法709条）に当たらない限り、責任を負うことはない。しかし、会社法はこれでは株主や会社債権者等の第三者の保護のためには十分ではないと考え、役員等に第三者に対する特別の責任を認める次のような規定を設けている。この特別の責任を、通説・裁判例は、民法の不法行為責任とは別に法が特別に定めた責任（特別の法定責任）と解している（神田『前掲書』265～266頁）。→図表3-4-1

① 役員等が、その職務を行うについて悪意または重大な過失があっ

図表3-4-1 ●役員等の対会社・対第三者責任の追及

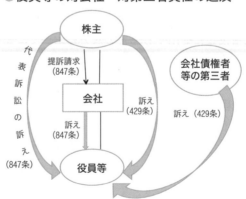

たときは、これによって第三者に生じた損害を賠償する責任を負う（429条1項）。「役員等に職務を行うについて悪意または重過失があった場合」が責任の要件となっている。

② 計算書類、事業報告等、特定の書類や登記・公告等に虚偽の記載・記録があった場合には、そのような行為をした役員等は、その無過失を立証しない限り①と同じ責任を負う（429条2項）。①と異なり、この場合は過失の立証責任が転換されている。

・①または②の要件が満たされれば不法行為の要件（民法709条）がなくても第三者は役員等に損害賠償を請求できる。

・民法709条は「故意または過失によって他人の権利または法律上保護される利益を侵害した」という要件を定めており、役員等の「故意または過失による他人（第三者）の権利・利益侵害」を立証しなければならない。これに対し会社法429条1項の要件は、このような第三者への加害についての故意または過失を立証しなくても「職務を行うについて悪意または重過失があること」の立証で足りるとするものである。

・429条1項の前身である旧商法266条の3第1項についての最高裁判決であるが、取締役の任務懈怠と第三者の損害との間に相当因果関係がある限り、直接に第三者が被った直接損害のほか、会社が損害を被った結果、第三者に損害が生じた場合（間接損害）も、取締役は賠償責任を負うと解している（神田『前掲書』267頁）。

・「第三者」とは、会社以外の者をいうので、株主も含まれるが、間接損害については、株主代表訴訟で会社の損害を回復できる場合は、法はそちらを期待していると解されるとの判決がある（神田『前掲書』269頁）。

・責任の主体は役員等（取締役・会計参与・監査役・執行役・会計監査人）である。これに関しては、旧商法266条の3第1項についてのものであるが、名目取締役、表見取締役、事実上の取締役の責任を肯定した判決がある（神田『前掲書』269～270頁）。

・この429条1項の規定は、これまで、中小の会社で会社が倒産した場合に、会社債権者が債権回収のため、取締役を訴える形で広く使われてきている。2010年には、地裁判決であるが、上場会社の取締役について429条1項の責任を認めた判決も出されている（神田『前掲書』267〜268頁）。

4 株主代表訴訟

（1）意義

　役員等の会社に対する責任は本来、会社みずから追及すべきものであるが、役員間の仲間意識などから責任追及が行われない可能性があり、その結果、会社ひいては株主の利益が害されるおそれがある（神田『前掲書』270頁）。そこで会社法は、個々の株主にみずから会社のために、会社に代わって、役員等に対する会社の権利を行使し、訴えを提起することを認めている。この訴訟は株主が会社の代表機関として訴訟を提起することから、一般に株主代表訴訟といわれる。会社法では「責任追及等の訴え」として847条〜853条に規定されている。→図表3-4-1

　株主代表訴訟が多発したのは、訴訟提起の手数料が少額で済むという点が大きい（株主代表訴訟の訴訟手数料が一律13,000円となっている）。代表訴訟でなく会社が役員等を訴える場合は、財産権上の請求だから訴額は実際の請求額となり、たとえば100億円を超えるような請求額だと手数料も高額のものとなるため、請求額自体も高額のものにはなりにくい。しかし、代表訴訟の場合はたとえば1,000億円以上の請求でも訴訟手数料は13,000円であり、請求額の高額化に歯止めがかからない。高額の株主代表訴訟が起こされると、いくら被告は会社でなく取締役等だといっても、会社にとっても大きなマイナスイメージとなる。株主代表訴訟は役員等による会社の不祥事をきっかけに提起されることも多い。したがって、役員等による不祥事についてのリスクマネジメントが必要となる。そのためにはリスク管理体制、すなわち内部統制システムを健全に

機能させることが重要である。

（2）対象

株主代表訴訟の対象は次のとおりである（847条1項本文）。

① 発起人・設立時取締役・設立時監査役・役員等（取締役・会計参与・監査役・執行役・会計監査人）・清算人の責任の追及。

② 違法な利益供与がなされた場合の利益供与を受けた者からの返還（120条3項）。

③ 不公正価額での株式・新株予約権引受けの場合の出資者からの差額支払い（212条1項、285条1項）。

・①については、役員等の責任（本節**1**で述べた責任）、すなわち取締役の地位に基づく責任に限られず、取締役の会社に対する取引債務についての責任も含まれるとする最高裁の判決がある（神田『前掲書』271頁）。

（3）原告適格

株主代表訴訟の原告適格を有する者は、6カ月前から引き続き株式を有する株主である（非公開会社の場合、6カ月要件はない）（847条1項本文・2項）。

・6カ月要件は定款で短縮できる（847条1項）。

・単元未満株式の株主については定款で権利行使できないと定めることができる（189条2項、847条1項）。

〔旧株主による責任追及等の訴え〕

一定の場合には、株主でなくなった者（旧株主）も原告適格を有する（847条の2）。

〔原告適格の継続〕

代表訴訟を提起した株主またはそれに共同訴訟参加した株主は、その訴訟の係属中に株主でなくなったとしても、引き続き訴訟を追行することができる場合がある（851条）。たとえば、次のような場合などである。

① その者が当該株式会社の株式交換または株式移転により、当該株式会社の完全親会社の株式を取得したとき

② その者が当該株式会社が合併により消滅する会社となる合併により、合併により設立する株式会社または合併後存続する株式会社もしくはその完全親会社の株式を取得したとき

(4) 手続

① 原告適格を有する株主（前記 **(3)** の株主）は、まず会社に対して、書面か電子メールで会社が役員等（前記 **(2)** に掲げた者）への責任追及等の訴えを提起するよう請求する（847条1項）。ただし、責任追及等の訴えが当該株主もしくは第三者の不正な利益を図り、または当該株式会社に損害を加えることを目的とする場合には、この請求はできない（847条1項ただし書）。

② 会社が①の請求後60日以内に訴えを提起しない場合、当該株主はみずから訴えを提起できる（847条3項）。なお、会社に回復できない損害を生じるおそれがあるときは、原告適格を有する株主は会社による提訴または60日という期間を待たず、直ちに株主代表訴訟の訴えを提起できる（847条5項）。

③ 会社が請求の日から60日以内に訴えを提起しない場合は、会社は、請求をした株主または相手方（役員等、発起人ほか）から請求があれば、その者に対し遅滞なく訴えを提起しない理由を書面等で通知しなければならない（847条4項）。

④ 株主は株主代表訴訟を提起したときは、遅滞なく会社に対し訴訟告知しなければならない（849条4項）。

⑤ 被告が原告株主の悪意を疎明したときは、裁判所は相当の担保の提供を原告に命じることができる（847条の4第2項・3項）。ここで「悪意」とは、一般には不当目的の場合と不当訴訟の場合をいうと解されている（神田『前掲書』274頁）。この制度は株主代表訴訟の濫用を防止するためのものである。

⑥ 会社がみずから責任追及等の訴えを提起したときは遅滞なくその旨を公告するか、または株主に通知しなければならず、また会社が株主代表訴訟の訴訟告知を受けた場合も同様である（公告または通知が必要）（849条5項）。非公開会社では公告は認められないため、株主に通知する必要がある（849条9項）。

・監査役設置会社または指名委員会等設置会社、監査等委員会設置会社では、取締役・執行役の責任追及に関し、①の請求、④の告知、および和解の通知・催告を受けるのは、代表取締役・代表執行役ではなく、監査役または監査委員、監査等委員である（386条2項、408条5項）。また、取締役・執行役に対して訴えを提起するかどうかも、監査役または監査委員会、監査等委員が決定する（神田『前掲書』273頁）。

（5）訴訟参加

株主代表訴訟は会社のために提訴されるものであるから、会社が原告株主側に訴訟参加することは当然にできる（849条1項）。前記 **(4)** ④の訴訟告知の義務づけは、この訴訟参加のチャンスを与えるためでもある。逆に会社が被告（取締役等）の側に訴訟参加することもでき、会社法は、会社の被告側への補助参加を認め、さらに「補助参加の利益」（民事訴訟法42条）の要件も不要としている（849条1項）。なお、会社が被告取締役（監査委員および監査等委員を除く）・執行役・清算人、およびこれらの者であった者の側へ補助参加するには、監査役（または監査委員、監査等委員）全員の同意が必要である（849条3項）。

・一定の場合には株主でなくとも最終完全親会社などは補助参加が認められる（849条2項）。

（6）判決の効果

株主は会社のために訴えを提起したものであるから、判決の効果はすべて会社に帰属する。したがって、代表訴訟の結果、勝訴した場合でも

原告株主は、賠償金等の会社への支払いを要求できるが、自分に対しては1円も要求できない（神田『前掲書』275頁）。ただし、勝訴した場合には、株主の負担で会社が利益を得ていることになるので、株主はその支出した必要費用（調査費用等）と弁護士報酬のうちの相当額の支払いを会社に請求できる（852条1項・3項）。また敗訴しても、株主に悪意があったときでなければ、会社に対し損害賠償責任を負うことはない（852条2項・3項）。

（7）訴訟上の和解

　会社法は株主代表訴訟において訴訟上の和解をすることを認め（850条）、その場合には責任免除に総株主の同意は不要であるとした（850条4項）。訴訟上の和解において会社が和解の当事者でないときは、会社の承認が必要である（850条1項）。このため、裁判所は会社に対し、和解の内容を通知し、かつその和解に異議があれば2週間以内に述べるべき旨を催告し（850条2項）、会社がその期間内に書面で異議を述べなかった場合は、上記の通知の内容をもって和解することを承認したものとみなされる（850条3項）。

（8）不当な訴訟遂行の防止

　役員等の責任追及等の訴えを会社が提起した場合でも、株主が代表訴訟として提起した場合でも、訴訟が必ずしも、妥当に遂行されるとは限らない（神田『前掲書』275頁）。そこで会社が提起した場合には株主は、株主が提起した場合には会社と他の株主は、提起された訴訟に参加することが認められている（849条1項）。また、確定判決があっても、それが当事者の共謀による詐害的行為に基づいたものであれば、当事者以外の会社または株主は再審の訴えを提起して確定判決を争うことが認められる（853条）（神田『前掲書』276頁）。

(9) 専属管轄

　役員等の責任追及等の訴えは、会社提起の場合も、株主提起の場合も、会社の本店の所在地を管轄する地方裁判所が専属の管轄裁判所である（848条）。

5 　株主の差止請求権

　取締役・執行役が法令・定款に違反する行為をした場合には、会社に対し損害賠償責任を負い（423条1項）、株主代表訴訟も認められるが、このような事後的救済ではなく、事前に防止できることが望ましい。会社は、取締役等のそのような違法行為を差し止める権利を当然有するが、会社がそれを怠る可能性があるため、会社法は株主に一定の要件のもとで、会社のために、その差止めをする権利を認めている（360条、422条）。このような差止請求権は監査役・監査等委員・監査委員にも認められる（385条、399条の6、407条）。

　取締役（または執行役）が、会社の目的の範囲外の行為その他、法令・定款違反の行為をし、または、これらの行為をするおそれがある場合で、この行為によって会社に著しい損害が生じるおそれがある場合には、6カ月前から引き続き株式を有する株主は、その取締役・執行役に対して、行為の差止めを請求することができる（360条1項、422条1項）。

　・非公開会社では6カ月要件はなく、6カ月要件は定款で短縮でき、単元未満株式の株主については定款で権利行使できないと定めることができる（360条1項・2項、422条1項・2項、189条2項）。

　上記の「著しい損害」は、監査役設置会社、監査等委員会設置会社および指名委員会等設置会社では、「回復することができない損害」が生じるおそれがある場合に限定される（360条3項）。というのは、「著しい損害」を生じるおそれのある場合は、監査役・監査等委員・監査委員が差止請求権を有するからである（385条、399条の6、407条）（本項は神田『前掲書』278頁）。

第3章 理解度チェック

次の設問に、○×で解答しなさい（解答・解説は後段参照）。

---

1 取締役会設置会社は監査役または3委員会・執行役、監査等委員会のいずれかが必要である。

2 大会社では取締役は3人以上必要である。

3 指名委員会等設置会社および監査等委員会設置会社以外の会社では、取締役会を置けば監査役が必要となるが、非公開会社においては、会計参与を置いた場合は監査役は置かなくてもよい。

4 株主提案権は非取締役会設置会社では単独株主権である。

5 株主は株主総会において代理人により議決権行使できるが、会社はこの代理人の資格を株主に限定することは許されない。

6 株主総会での取締役・監査役の説明義務違反は、決議内容の法令違反として株主総会決議無効確認の訴えの対象となる。

7 指名委員会等設置会社の取締役の任期は、他の形態の株式会社と同じく原則2年である。

8 代表権を持っていない社長や副社長を表見代表取締役というが、表見代表取締役の行為については会社が善意の第三者に対して責任を負わねばならない。

9 指名委員会等設置会社以外の取締役会設置会社においては、重要な財産の売却や多額の借り入れなどの重要な業務執行は、取締役会の専決事項とされ、代表取締役にゆだねることはできない。

10 代表取締役等の業務執行取締役（または執行役）は毎月1回以上、職務執行の状況を取締役会に報告しなければならないため、最低でも毎月1回は取締役会を開催する必要がある。

11 監査役の任期は4年と定められているが、これは監査役の地位の強化のための規定であるから、任期満了前に退任した監査役の補欠として選任された場合を除き、この任期を定款で短縮することは許されない。

12 監査役は取締役同様、競業取引規制と利益相反取引規制を受ける。

13 指名委員会等設置会社においては、取締役会の業務執行の決定の権限は取締役に委任することはできないが、執行役には委任することができる。

14 指名委員会等設置会社において各委員会は委員3人以上で構成されるが、各委員会につき、その過半数は社外取締役でなければならない。

15 指名委員会等設置会社においては、同じ取締役が複数の委員会の委員を兼ねることはできない。

16 取締役、会計参与、監査役、会計監査人、執行役がその任務を怠ったときは、会社に対し損害賠償責任を負うが、この責任は過失責任である。

17 　会社に対して損害賠償責任を負うのは任務懈怠に該当する行為をした取締役自身であるが、その行為が取締役会の決議に基づいてなされた場合には、その決議に賛成した者も、それが任務懈怠に該当する場合は同じ責任を負う。

18 　役員が、その職務を行うについて悪意があったときは、これにより第三者に生じた損害の賠償責任を負わなければならないが、それ以外の場合には第三者に対して責任を負うことはない。

19 　株主代表訴訟を提起できる株主は、公開会社・非公開会社を問わず6カ月前から引き続き株式を有する株主である。

20 　株主代表訴訟は会社のために提訴されるものであるから、会社は、原告株主側に訴訟参加できるが、被告取締役側に訴訟参加（補助参加）することは許されない。

第3章 理解度チェック

1 ○

2 ×
取締役会設置会社でない大会社もあり、この場合は取締役は1名でもよい。

3 ○

4 ○

5 ×
代理人の資格を定款で株主に限定することは許される。

6 ×
説明義務違反は、決議内容の法令違反ではなく、決議方法の法令違反であるから、決議無効確認の訴えの対象にはならず、決議取消しの訴えの対象になる。

7 ×
指名委員会等設置会社の場合は1年である。

8 ○

9 | ○

10 | ×
報告義務は3カ月に1回であり、取締役会の開催は最低3カ月に
1回でもよい。

11 | ○

12 | ×
監査役は業務執行を行わないから、このような取引規制は受けない。

13 | ○

14 | ○

15 | ×
同じ取締役が複数の委員会の委員を兼ねることができる。

16 | ○

17 | ○

18 | ×
その職務を行うについて重過失があり、これにより第三者に損害
が生じたときも第三者に対して損害賠償責任を負う。

19 | ×
公開会社の場合は、6カ月前から引き続き株式を保有する株主で
ないと原告適格はないが、非公開会社の場合は、この6カ月要件
はない。

20 | ×
会社は被告取締役側にも訴訟参加（補助参加）できる。

| 参考文献 |

江頭憲治郎『株式会社法〔第6版〕』有斐閣、2015年

神田秀樹『会社法〔第20版〕』弘文堂、2018年

雇用に関する法務

この章のねらい

　会社はその雇用する従業員と労働契約関係にある。労働契約は、会社が他者と合意して成立する契約であるという点では他の契約と異ならないが、①継続的契約であること、②一般に一の使用者に対して多数の労働者という集団的関係であること、③労務の提供に際して使用者の指揮命令と組織的統制が予定されていること、④契約当事者である使用者と労働者との間に経済力の強弱を背景とした交渉力の格差があること、という点で他の契約とは異なる特色を有する契約である。

　そこで第4章では、まず、これらの特色を踏まえて規定されている労働法体系の基礎について学習する。次に、労働契約関係の中にも、正社員のほかにパートタイム労働者、臨時社員、契約社員、アルバイト、嘱託社員等のさまざまな契約形態の従業員がいることを学習する。また、労働契約類似の契約形態として労働者派遣、請負、業務委託について学習する。そして、労働契約により生じる労務提供義務および賃金支払義務以外の安全配慮義務等の付随義務について触れ、最後に、会社外の第三者との関係で問題となる使用者責任について学ぶ。

第 **1** 節 　**労働法体系の基礎**

学習のポイント

◆労働法が集団的労働関係法と個別的労働関係法に分かれていること、およびそれぞれの法律の役割について理解する。
◆労働基準法の定める労働条件保護の体系と労働契約法、最低賃金法、労働安全衛生法などの個別労働関係法について理解する。
◆労働組合法の定める労働組合保護の体系と、労働関係調整法の定める労働争議の解決のしくみについて理解する。

1 　労働法体系の基礎

　憲法28条は、勤労者の団結権、団体交渉権、団体行動権を保障しており、憲法27条2項は、賃金、就業時間、休息その他の勤労条件に関する基準は法律で定めるとして労働条件の法定主義を定めている。そして、この憲法の規定を受けて労働法が定められている。

　労働法の1つの定義として、「労働市場、個別的労働関係および団体的労使関係に関する法規整の総体をいう」と把握できる。

　労働市場に関する法律は、労働者と企業との雇用の安定や受給関係を定める法律であり、雇用対策法、職業安定法、職業能力開発促進法、雇用保険法、高年齢者雇用安定法、障害者雇用促進法などがある。

　個別的労働関係に関する法律は、最低の労働条件について規定する労働基準法（以下「労基法」という）と、その労働条件を定める労働契約に関する合意の原則などの民事的なルールについて規定する労働契約法

を中心とする法律である。

団体的労使関係に関する法律は、使用者と労働組合との関係を規律する法律で労働組合法と労働関係調整法を中心とする法律である。

（1）個別的労働関係法

労働契約は使用者と労働者の合意により成立する契約である。そのため、契約の内容である個別的労働関係は労働者と使用者の合意によって定められる。この労働契約における合意の原則とその他基本的事項を定め、労働契約に関する民事的なルールを明らかにしているのが労働契約法である。

他方、労働契約における労働条件の最低条件について定めたのが労基法である。労働契約も契約であるため契約自由の原則が支配するとも思われるが、産業革命以降の歴史において、労働者はその経済的な力の弱さゆえに、自己の好まざる使用者に自己の意に満たない条件で雇われざるを得ず、結果として、著しく低劣な労働条件で働くことを強制されることになったことから、労働契約関係においては契約自由の原則が明確に修正されている。前述の憲法27条2項の規定もその旨を示している。

そのほかにも労働者を保護するための法律として、最低賃金法、男女雇用機会均等法（以下「均等法」という）、育児・介護休業法、労働安全衛生法、労働者災害補償保険法などがある。

ここでは、労基法と労働契約法を中心に説明することにして、そのほかの法律は簡単な紹介にとどめる。

① 労基法

労基法は労働条件の最低基準を定める。労基法が定める労働条件を下回る定めをする労働協約、就業規則、労働契約は無効である（強行法規性）。無効となった部分は労基法の定めた最低基準の労働条件が労働契約の内容となる（直律的効力：労基法13条）。そして、労基法は使用者に対して最低基準の労働条件を守るよう義務づけ、その義務を守らない者には刑罰を科している。

　労基法は、「総則」（第1章）、「労働契約」（第2章）、「賃金」（第3章）、「労働時間、休憩、休日及び年次有給休暇」（第4章）、「安全及び衛生」（第5章）、「年少者」（第6章）、「妊産婦等」（第6章の2）、「技能者の養成」（第7章）、「災害補償」（第8章）、「就業規則」（第9章）、「寄宿舎」（第10章）、「監督機関」（第11章）、「雑則」（第12章）、「罰則」（第13章）の全14章からなっている。

　使用者は、労働契約の締結に際し、労働者に対して賃金、労働時間その他の労働条件を明示しなければならないとされている（同法15条）。

　重要な労働条件の1つである賃金については、賃金の最低基準は最低賃金法の定めるところによらなければならないとし（同法28条）、賃金の支払い方法については、①通貨払いの原則、②直接払いの原則、③全額払いの原則、④毎月最低1回払いの原則、⑤一定期日払いの原則、の5原則を定めている（同法24条）。

　また、もう1つの重要な労働条件である労働時間については、使用者は労働者に1週間について40時間を超える労働、および、1日について8時間を超える労働をさせてはならないと定め（同法32条）、それを超えて労働させることができる場合を非常災害の場合（同法33条）および労使協定による場合（同法36条）に限定し、時間外労働および深夜労働に対する割増賃金を定めている。

　労働契約の終了の場面については、労働契約の解除につき、民法における解約の自由（民法627条1項）を修正し、使用者が解雇できる場合を制限している（労基法19条、20条）。

　ほかに、労基法は、労働条件の決定の原則としては、労使対等決定の原則（同法2条）、均等待遇の原則（同法3条）、男女同一賃金の原則（同法4条）、強制労働の禁止（同法5条）、中間搾取の排除（同法6条）、公民権行使の保障（同法7条）、契約期間の制限（同法14条）、労働条件の明示（同法15条）、損害賠償予定の禁止（同法16条）、前借金相殺の禁止（同法17条）、強制貯金の禁止（同法18条）、退職時の証明（同法22条）、退職時の金品の返還義務（同法23条）について定めている。

また、労働条件として、第4章「労働時間、休憩、休日及び年次有給休暇」では法定労働時間（同法32条）、フレックスタイム制（同法32条の3）、各種の変形労働時間制（同法32条の2、32条の4、32条の4の2、32条の5）、休憩（同法34条）、休日（同法35条）、時間外労働・休日労働（同法33条、36条）、割増賃金の支払い（同法37条）、事業場外労働制（同法38条の2）、2種類の裁量労働制（同法38条の3、38条の4）、年次有給休暇（同法39条）について定めている。

② 労働契約法

労働契約法は、平成20（2008）年3月1日から施行されている法律である。わが国には、それまで最低労働基準について定める労基法はあったが、個別労働関係紛争を解決するための労働契約に関する民事的ルールについては、民法および個別の法律において部分的に規定されているのみであり、体系的な成文法は存在しておらず、個別労働関係紛争が生じた場合には、それぞれの事案の判例が蓄積された判例法理を当てはめて判断することが一般的であった。

しかし、判例法理による解決は、必ずしも予測可能性が高いものとはいえなかった。

そこで、個別労働関係紛争の増加に対応するため、手続面では、平成13（2001）年10月から個別労働関係紛争解決制度、平成18（2006）年4月から労働審判制度が施行されるとともに、労働契約における民事的ルールについては労働契約法が制定された。

労働契約法は、「総則」（第1章）、「労働契約の成立及び変更」（第2章）、「労働契約の継続及び終了」（第3章）、「期間の定めのある労働契約」（第4章）、「雑則」（第5章）からなっている。

労働契約法は、労働契約の原則として、①合意の原則、②労使対等の原則、③均衡考慮の原則、④仕事と生活への調和への配慮の原則、⑤信義誠実の原則、⑥権利濫用禁止の原則を定め（同法3条）、また、労働契約の成立・変更についての合意の原則（同法6条、7条）、就業規則の効力について定め（同法9条～13条）、さらに、労働契約の継続および終

了について特に出向・懲戒・解雇が権利濫用により無効となる場合があることを定めている（同法14条～16条）。

そして、期間の定めのある契約については、特に契約終了場面における紛争や不合理な労働条件に関する紛争が生ずることが多いため、契約期間中の解雇（同法17条）、有期労働契約の期間の定めのない労働契約への転換（同法18条）、有期労働契約の更新等（同法19条）、期間の定めがあることによる不合理な労働条件の禁止（同法20条）を定めている。

③ その他の個別的労働関係法

最低賃金法は、都道府県別の最低賃金、産業別の最低賃金を定め、それを下回る賃金の定めを許さないものとして、下回る場合には、その定められた最低賃金額をその労働者の賃金額とする、と規制している。

労働安全衛生法は、事業者等の職場において講じるべき安全・衛生・健康の措置を定めて、それを講じない事業者に対して行政指導し、また、その事業者を処罰する法律である。

均等法は、事業者に、男女の募集採用、配置・昇進・降格、教育訓練、福利厚生、退職勧奨、期間契約の雇止め等の点から均等の機会を与え、または、差別的取扱いを禁止し、また、セクハラ防止措置義務を課すことなどを定めた法律である。

育児・介護休業法は、原則1歳未満の子を養育する男女労働者が休業を取得できること、また、一定範囲の介護を要する家族がいる場合に休業を取得できること、さらに、育児や介護をしながら勤務する看護休暇、介護休暇、短時間勤務、所定外労働の免除、時間外労働・深夜業の制限等を定めて、育児・介護をする労働者が継続して勤務できるよう定めた法律である。

労働者災害補償保険法は、労基法の第8章の災害補償の章を受けて、強制保険により使用者の災害補償を行うための法律であり、業務上災害、さらにプラスして通勤災害により、労働者が負傷したり、死亡したり、または疾病に罹患し、障害が残った場合にその補償をする法律である。

（２）集団的労働関係法

　集団的労働関係法の中心は労働組合法である。労働組合法は、労働者が団結して労働組合を結成し、または労働組合に加入する権利のあること、労働組合が使用者と対等の立場に立って交渉すること、団体交渉の成果として労働協約を締結することを基本に定めている。しかし、労働組合の要求は必ずしも通るとは限らず、使用者がその要求をのまないときには、労働組合としては実力行使としての争議行為を行うことになる。そのような労働争議が起こりそうな時点、またはすでに起こっている時点で、争議を予防し、または解決して労働関係の調整を図るために労働関係調整法が設けられている。ここでは、労働組合法、労働関係調整法の主要な内容について説明する。

① 労働組合法の具体的な内容

（ア）労働組合の法適合性

　労働組合法は、労働組合について法的保護を受ける団体として扱われるために一定の要件をかけている。まず、労働者が主体となって自主的に労働条件の維持改善その他経済的地位の向上を図ることを主目的とすること、役員や人事に関して直接的権限をも持つ監督的地位にある労働者などの利益代表者の参加を許していないこと、組織運営のための経費の支出について使用者からの援助を受けていないこと、共済事業その他福利事業のみを目的とするものや、主として政治活動または社会活動を目的とするものでないことが必要である（労働組合法２条）。

　さらに、労働組合の規約には法定の項目を規定しなければならない（同法５条２項１号〜９号）。

（イ）労働組合の特権

　労働組合の正当な活動については民事免責（同法８条）、刑事免責（同法１条２項）の保護が認められている。もともと争議行為は労働契約に定める労務提供義務に違反しているので、債務不履行として民事の損害賠償責任を負うことになるし、さらに、刑事的には威力業務妨害罪となり、違法行為であるが、それが正当な組合活動としての争議行為であれ

ば、たとえ使用者に損害が発生しても賠償責任は認められず、違法性はなく犯罪にはならないということである。

（ウ）団体交渉と労働協約の締結

さらに労働組合は使用者との団体交渉権を有し（同法6条）、待遇の改善、労働条件の向上のために協議することを申し入れることができ、使用者は正当な理由なくこれを拒否してはならない。そして、待遇や労働条件について合意に達すれば書面に署名、または記名押印することにより労働協約を締結することになる（同法14条）。労働協約で労働条件その他の労働者に関する基準を定めた場合には規範的効力を有し、その規範的効力は組合員全員に及び、その基準に反する就業規則や労働契約の規定は無効になる（同法16条、労働契約法13条）。労働協約は締結労働組合の組合員に対してのみ効力を生じるのが原則であるが、1つの工場・事業場に常時使用される同種の労働者の4分の3以上の数の労働者にその労働協約が適用される場合には、他の同種の労働者に対しても労働協約は拡張適用される。これを労働協約の一般的拘束力という（労働組合法17条）。その他、労働協約が地域的な一般的拘束力を有する場合もある（同法18条）。

（エ）不当労働行為

使用者が労働組合の団結権を侵害する行為を不当労働行為と呼び、使用者はそのような不当労働行為を行うことは禁止される（同法7条）。不当労働行為の種類としては、以下のものがある。

ⅰ）不利益取扱い（同法7条1号）

労働者が労働組合の組合員であること、労働組合に加入しこれを結成しようとしたこと、労働組合の正当な活動をしたことのゆえをもって解雇、その他の不利益な取扱いをすること、労働者が労働組合に加入せずまたは脱退することを雇用条件とすること（黄犬契約）

なお、労働組合が特定事業場において過半数を代表するものである場合に、その使用者とその労働組合の組合員であることを雇用条件とするユニオンショップ条項を使用者と締結することは有効である。

ⅱ）団交拒否（同法 7 条 2 号）

正当な理由なく労働組合との団体交渉を拒否すること

ⅲ）支配介入（同法 7 条 3 号）

労働組合を結成し、運営することを支配し介入し、経費の支払いにつき経理上の援助をすること

なお、①労働者が労働時間中に時間または賃金を失うことなく使用者と協議または交渉すること、②厚生資金または経済上の不幸もしくは災厄を防止し、もしくは救済するための支出に用いられる福利その他の基金に対する使用者の寄付、③最小限の広さの事務所の供与については、支配介入に該当しない（同法 7 条 3 号ただし書）。

ⅳ）報復的不利益取扱い（同法 7 条 4 号）

労働者が労働委員会に不当労働行為救済の申立て等をしたこと、申立てに対して労働委員会が行う調査等において労働者が証拠を提示し、発言したことを理由として、その労働者に対して不利益な取扱いをすること

不当労働行為に対して労働組合または組合員は、都道府県労働委員会に対して救済申立てをすれば審査が開始される（同法27条）。都道府県労働委員会の命令に不服のある当事者は、中央労働委員会に再審査の申立てをするか、または、裁判所にその命令の取消訴訟を提起することになる。中央労働委員会の再審査命令に不服のある当事者は、裁判所にその命令の取消訴訟を提起することになる。

（オ）労働委員会

この労働組合の保護の機関として労働委員会がある。労働委員会には、都道府県労働委員会と中央労働委員会があり、労働組合の適合性の審査（同法 5 条 1 項）と証明（同法11条）、地域的一般的拘束力の決議（同法18条 1 項）のほか、不当労働行為の審査（同法27条以下）、労働争議のあっせん、調停、仲裁を行う（同法20条）。

② 労働関係調整法の具体的な内容

労使の労働関係に関する主張が一致しないで争議行為が発生しているか、発生するおそれのある状態にある場合（以下「労働争議」という。労働関係調整法6条）に、労働委員会は、あっせん（同法第2章）、調停（同法第3章）、仲裁（同法第4章）を行い、労働争議を解決するよう努力することになる。

2 公益通報者保護法

平成16（2004）年6月に制定された公益通報者保護法は、公益通報を理由とする解雇等の不利益取扱いを法的に制限し、国民の生命、身体、財産その他の利益の保護にかかわる通報をする労働者の負担の軽減を図り、労働者を保護することによって、国民の生命・身体・財産その他の利益の保護にかかわる法令の規定の遵守を図り、もって国民生活の安定および社会経済の健全な発展に資することを目的としている（同法1条）。このように、公益通報者保護法は使用者と労働者の労働契約関係について規律する法律であるため、労働法の1つに位置づけられる。

公益通報者保護法で保護の対象となる「公益通報」とは、①労務提供先に使用され、事業に従事する労働者から（通報の主体）、②不正の目的でなく（通報の目的）、③公益を害する事実である当該労務提供先の犯罪行為や法令違反行為について（通報の内容）、④通報先に対してなされる通報のことである。

公益通報者保護法は使用者と労働者の労働契約関係についての民事的ルールを定めたものであり、公益通報者保護法違反を理由に事業主に刑罰や行政処分を課すものではないが、近年では、企業が従業員の内部告発行為に対して企業秩序違反として行った懲戒処分や報復的処遇等について、従業員がこれを争う訴訟が増加している。訴訟においては、当該内部告発の内容・目的・態様・その他諸般の事情を総合的に勘案して、企業秩序との衝突にもかかわらず保護に値する行為か否かが判定される。

① 「通報の主体」について

公益通報者保護法では、「通報の主体」については、「労働者」である
とする。同法2条では、公益通報の主体としての「労働者」を「労働基
準法（昭和22（1947）年法律第49号）第9条に規定する労働者」と定義
している。「労基法」によれば、「労働者」とは「職業の種類を問わず、
事業又は事務所に使用される者で、賃金を支払われる者をいう」。たと
えば、民間企業の正社員、パート、アルバイト、派遣労働者、公務員な
ど幅広く含まれるように定義されている。通報時にすでに退職している
退職者は「労働者」に含まれないが、通報後退職した退職者は含まれる。
取締役は「労働者」には含まれないが、労働者兼務取締役の場合は労働
者としての行為には公益通報者保護法が適用される。下請事業者その他
の取引事業者は「労働者」に含まれない。

② 「通報の目的」について

公益通報の要件としては、通報の目的として、「不正の目的でないこ
と」が必要である。労務提供先に使用され、事業に従事する労働者が、
不正の目的の通報を行った場合にこれを保護することは適当でないので
除外することを、通報の目的の要件として、明確にしている。

「不正の目的」とは、公序良俗に反する目的をいい、ⅰ）不正の利益を
得る目的、ⅱ）他人に不正の損害を加える目的、がこれにあたる。

ⅰ）不正の利益を得る目的とは、公序良俗に反する形で自己又は他人
の利益を図る目的のことをいう。なお、報奨金や情報料を得る目的
であっても、それが公序良俗に反する不正な利益といえるようなも
のでない場合には、不正の利益を得る目的にはあたらない。

ⅱ）他人に不正の損害を加える目的とは、他の従業員その他の他人に
対して、社会通念上通報のために必要かつ相当な限度内にとどまら
ない財産上の損害、信用の失墜その他の有形無形の損害を加える目
的のことをいう。

③ 「通報の内容」について

「通報の内容」については、公益通報者保護法2条で、労働者が「通報
対象事実が生じ、又はまさに生じようとしている旨」を通報することを

「公益通報」とし、同法2条3項で「通報対象事実」を規定している。

（ア）対象法律

　公益通報者保護法は、公益通報の対象となる事実が規定されている法律（これらの法律に基づく命令を含む。以下「対象法律」という）につき、別表に代表的な法律を7例挙げ、その他の対象法律については政令にゆだねることとしている。この政令により定められた対象法律は非常に多く400を超え（2019年9月1日現在：470本）、随時追加・削除されている。

　対象法律は、①刑罰規定がある、②「国民の生命、身体、財産その他の利益」を保護することを目的としている、③違反することにより「国民の生命、身体、財産その他の利益」への被害が生じることが想定される、という要件を満たすものである。事業者による違反が想定されない法律（配偶者からの暴力の防止及び被害者の保護に関する法律、ストーカー行為等の規制等に関する法律など）、もっぱら社会的法益の保護にかかわる法律等（競馬法、通貨及證券模造取締法など）は対象とされていない。

　また、対象法律は、①個人の生命または身体の保護にかかわる法律（商品・サービスの安全の確保にかかわる法律、危険物等の安全の確保にかかわる法律、個人の生命または身体の保護にかかわる刑法、特別刑法、労働者等特定の属性を有する個人の生命または身体の保護にかかわる法律）、②消費者の利益の擁護にかかわる法律（商品・サービスの提供方法の規制に関する法律、商品サービスを提供する事業の規制に関する法律）、③環境の保全にかかわる法律（公害の防止にかかわる法律、その他の環境の保全にかかわる法律）、④公正な競争の確保にかかわる法律、⑤その他の国民の生命、身体、財産その他の利益の保護にかかわる法律（個人情報等の保護にかかわる法律、その他の知的財産権等消費者以外の者の利益の保護にかかわる法律）に区分される。

（イ）対象行為

　対象行為は、ⅰ）犯罪行為、ⅱ）規定違反に対し、行政処分が用意され

ており、かつ、当該行政処分に違反することが罪となる行為である場合における当該規定に違反する事実等（最終的に刑罰につながる行為）に限定されている。

　対象の範囲が不明確となる民事法違反行為（公序良俗違反、不法行為、債務不履行等）や不当な行為（各種基本法の努力義務違反など）は除外されている。また、規制法違反行為の中でも、過料や公表といった刑罰以外の対象とされているものは、手続上の義務違反など軽微な違反行為であるため、本制度の対象とはされていない。

ⅰ）犯罪行為の例としては、他人の物を盗んだり横領すること（刑法違反）、有害物質が含まれる食品の販売（食品衛生法違反）、自動車のリコールに関連する情報を隠蔽すること（道路運送車両法違反）、無許可で産業廃棄物の処分をすること（廃棄物の処理及び清掃に関する法律違反）、企業間で価格カルテルを結ぶこと（私的独占の禁止及び公正取引の確保に関する法律違反）がある。

ⅱ）最終的に刑罰につながる行為の例としては、食品表示法上の表示基準違反、指示違反行為のように、直接刑罰が科されることはないが、違反を続けると最終的に刑罰を科される行為がある。

④　「通報先」について

　「通報先」については、「労務提供先等」「権限を有する行政機関」および「その他の外部通報先」である（公益通報者保護法2条本文）。

（ア）労務提供先等

　「労務提供先等」とは、「当該労務提供先」および「当該労務提供先があらかじめ定めた者」を指す。

　当該労務提供先とは、通報者の労務提供先の事業者を指し、その役員、従業員、代理人その他の者を含む。

　当該労務提供先があらかじめ定めた者とは、労務提供先が、社内規定に定める等すべての労働者が知りうる方法で通報先を定めた場合をいい、たとえば、グループ共通のヘルプライン、社外の弁護士、労働組合等を指定することが考えられる。

（イ）権限を有する行政機関

「権限を有する行政機関」とは、通報対象事実について法令に基づき処分または勧告などをする権限を有する行政機関をいう。各法令の規定により権限を有すると定められた行政機関のほか、各法令の規定によりその権限に属する事務を行うとされた都道府県知事、市町村長およびその権限の一部を委任された地方支分部局の長を含む。

（ウ）その他の外部通報先

法により認められた外部通報先とは、その者に対し当該通報対象事実を通報することが、その発生またはこれによる被害の拡大を防止するために必要であると認められる者をいう。たとえば、報道機関、消費者団体、事業者団体、労働組合がこれにあたる。ライバル企業等、「当該労務提供先の競争上の地位その他正当な利益を害するおそれがある者」を除く。

⑤　公益通報の保護要件について

公益通報の保護要件については、通報先を①事業者内部、②行政機関、③その他の事業者外部の3つに分類して、通報者が法的に保護される条件に差をつけており、より厳格な要件であるものから③、②、①の順になっている。

通報先の順番については法に規定がなく、労働者は、報道機関や消費者団体など外部機関へ通報する以前に、勤務先や行政機関への告発を優先しなければならないという前提条件は設けられていない。要件を満たしていればいずれの対象に通報しても保護される。

⑥　解雇など不利益処分の禁止

保護要件を満たす公益通報がなされた場合に、公益通報をしたことを理由として使用者が行った解雇は無効となる（同法3条）。

また、公益通報したことを理由にした事業者が行った労働者派遣契約の解除は無効とされ（同法4条）。その他解雇以外の減給、降格もしくは人事上の差別的な処遇など事業者から労働者に対する不利益な扱いが禁止されている（同法5条）。

事業者による不利益取扱いの例は、具体的には条文（同法5条1項）

で挙げられている「降格、減給」のほか、懲戒処分に該当しない訓告、厳重注意、自宅待機命令、不利益な配置の変更など人事上の不利益取扱い、昇給における査定の差別などの経済待遇上の不利益取扱い、正規社員をパートタイム労働者等の非正規社員とするような労働契約内容変更や退職の強要などの従業員たる地位の得喪に関する不利益取扱い、もっぱら雑務に従事させるなど精神上生活上の不利益取扱いなどが考えられる。

また、同法5条2項の派遣先の事業者による不利益取扱いについては、派遣労働者の交代を求めることのほか、もっぱら雑務に従事させるなど就業環境を害することなどが考えられる。

⑦ 他の法令、社内規定との関係

公益通報者保護法の規定は、労働契約法その他の法令による保護規定と併存して適用される（公益通報者保護法6条）。そのため、公益通報者保護法で保護されない場合であっても、労働契約法15条により公益通報をしたことを理由とする懲戒処分が権利濫用として無効となったり、同法16条により公益通報をしたことを理由とする解雇が権利濫用として無効となったりすることがある。

そして、社内規定において、対象範囲を公益通報者保護法以上に広げていたり（たとえば、社内規定違反を通報対象事実とするなど）、保護要件を緩めていたような場合には、公益通報者保護法で保護されない場合であっても、社内規定に反するとして、公益通報をしたことを理由とする懲戒または解雇が権利濫用として無効となる場合がある。

第 2 節　雇用形態と問題点

学習のポイント

- ◆正社員と非正規（契約）社員の区別、労働条件・待遇の差異、非正規（契約）社員の種類について理解する。
- ◆パートタイム・有期雇用労働法の内容について理解する。
- ◆正社員と契約社員の契約の締結と終了事由および法による規制について理解する。
- ◆アウトソーシングとしての派遣社員と請負・業務委託の役割と、両者の差異、偽装請負について理解する。

1　正社員と非正規（契約）社員

　「正社員とは」「契約社員とは」という法的な定義が定められているわけではなく、最近は正社員と非正規社員という区分が多いが、これも法的な定義があるわけではない。非正規社員には、契約社員、臨時社員、パートタイム労働者、嘱託、アルバイト、フリーター、派遣社員などがある。

（1）正社員と非正規（契約）社員との差異
①　正社員とは

　正社員とは、法的に特に定義はないが、企業にとって基幹となるべき業務を行うことを期待されている社員であり、定年まで在籍していることを予定されている。一般には、勤務地の限定もなく、職種の限定もなく、企業の命じる場所で、企業の命じる業務を行うという労働者であり、

他方において、昇進・昇格も早く、また、賃金も高く、賞与や退職金も保障されている場合が多い。

② 非正規（契約）社員とは

　非正規（契約）社員とは、正社員以外の社員であり、特に明確な定義があるわけではないが、基幹的な業務に携わるのではなく、一般には業務の必要に応じてそのつど採用される者である。正社員のように安定雇用が保障されておらず、多くは期間契約である。そのために、契約が更新されない場合にその更新拒否が許されるかという重大な問題が生じる。非正規社員にも種々の形態、呼称がある。

（ア）契約社員

　契約社員とは、広義では以下に述べるような期間の定めのある労働契約を結んでいる労働者を広く指すが、場合によっては特殊な才能や経験を有する労働者を特別の待遇で雇う場合に用いることもある。

（イ）臨時社員

　臨時社員とは、景気のよい時期、注文の多い時期に限って雇用される労働者であり、労働時間は必ずしも短くはないが、期間雇用であり契約が更新されるとは限らないという特徴がある。

（ウ）パートタイム労働者

　一般的な呼称として短時間勤務の労働者をパートタイマーなどと呼ぶが、「短時間労働者及び有期雇用労働者の雇用管理の改善等に関する法律」（以下「パートタイム・有期雇用労働法」という）が適用される短時間労働者はこれに限られない。すなわち、パートタイム・有期雇用労働法は、同法が適用される短時間労働者を「１週間の所定労働時間が同一の事業所に雇用される通常の労働者の１週間の所定労働時間に比して短い労働者をいう」と定義しているが、その際、パートタイマー、アルバイト、契約社員などの名称のいかんは問われない。

（エ）アルバイト

　アルバイトとは、学生を中心とする一時的な雇用形態であり、労働時間は必ずしも短くはないが、雇用の長期の継続は予定されていない。

（オ）フリーター

　フリーターとは、若年者のうち、現在就職している者については勤め先における呼称が「アルバイト」「パート」である雇用者で、現在無職の者については家事も通学もしておらず、「アルバイト」「パート」の仕事を希望する者をいう。

（カ）嘱託

　嘱託とは、定年後の再雇用の場合や、特別に限定した業務を行う労働者を指すことが多い。また、専門的な知識技術を有する者を顧問・嘱託などとして雇用することもある。

（2）労働条件面の差異

① 労働条件の差異の実態

　正社員とこれらの非正規（契約）社員との間の賃金、退職金、休暇、福利厚生等労働条件の格差を解消するため、政府による「働き方改革」により、パートタイム・有期雇用労働法、労働契約法、労働者派遣法の改正が行われ、正社員と非正規社員の間の不合理な待遇の差をなくすことが目標とされている。

② 労働条件の明示

　正社員ばかりでなく、非正規（契約）社員にも、労働契約の締結の際に契約書や労働条件通知書などで必要な労働条件については明示しなければならない（労基法15条、同法施行規則5条）。労基法施行規則5条1項1号の2は、更新可能性のある期間の定めのある契約を締結する場合には更新の基準も明示しなければならないとしている。また、パートタイム・有期雇用労働法は、短時間労働者に対しては、前述の労基法の規定による労働条件の明示に加えて、昇給・退職手当・賞与の有無について文書や電子メール等による明示を義務づけ、違反に対しては過料（10万円以下）を科すとしている（パートタイム・有期雇用労働法6条1項、同法施行規則2条1項）。

③ 就業規則の適用

正社員はもとより、非正規（契約）社員にも就業規則は適用される。常時10人以上の労働者のいる事業場では、就業規則を作成しなければならないが、それは労働者全員に適用される就業規則を作成しなければならないということである（労基法89条1項）。非正規（契約）社員も労働者であるから、たとえ少人数であったとしても適用される就業規則が必要である。

短時間労働者・有期雇用労働者がいる場合、労基法の要請である過半数労働組合ないし過半数代表者の意見聴取に加えて、短時間労働者等に係る事項について就業規則を作成または変更する場合には、短時間労働者・有期雇用労働者の過半数の代表者の意見を聴くように努めなければならないとされている（パートタイム・有期雇用労働法7条）。

④ 賃金の格差と同一労働同一賃金

正社員と非正規（契約）社員との賃金の格差は大きい。この差異がまったく別種の労働による場合、労働時間の長さや労働日数の差異に基づくのであれば、別労働であり賃金に格差があるのもやむを得ないであろう。しかしながら、同じ労務の提供をして片や正社員であるから賃金は月給制で高く、片や短時間労働者であるから賃金は時給制で低いということになると、違法性が出てくる。「丸子警報機事件」（長野地判上田支部平成8年3月15日）では、同じ仕事を若手の女性正社員とベテランの女性臨時社員とが行っていた場合に、正社員の賃金を100とすると臨時社員は60という程度の格差があったという事案で、裁判所は同一の労働をしていながら100：80よりも差異が大きい場合には、公序良俗に反して無効であると判断し、比率にして60と80の格差である20相当分の差額賃金の支払いを命じた。

これまでわが国では、同一労働同一賃金の考えは法律に規定されておらず、正社員と短時間労働者との格差の禁止がパートタイム・有期雇用労働法8条に規定され、正社員と有期契約社員との格差の禁止が労働契約法20条に規定されているのみであった。しかし、同一の事業主に雇用される通常の労働者と短時間・有期雇用労働者との間の不合理と認めら

れる待遇の相違および差別的取扱いの解消と、派遣先に雇用される通常
の労働者と派遣労働者との間の不合理と認められる待遇の相違および差
別的取扱いの解消のため、令和２（2020）年４月１日施行の改正パート
タイム・有期雇用労働法８条・９条、労働者派遣法30条の３・30条の４
に定める事項に関し、雇用形態または就業形態にかかわらない公正な待
遇を確保することとされ、同一労働同一賃金の実現が法定されている。

（3）労働契約法の改正

　上記の非正規（契約）社員の労働条件の不合理な格差および雇用の不
安定に対応するため、平成24（2012）年８月に労働契約法が改正され、
有期雇用契約について①無期労働契約への転換（労働契約法18条）、②
「雇止め法理」の法定化（同法19条）、③不合理な労働条件の禁止（同法
20条）、が定められた。

①　　無期労働契約への転換は、有期労働契約が反復更新されて通算５
　　年を超えたときは、労働者の申込みにより、期間の定めのない労働
　　契約（無期労働契約）に転換できるルールである。施行期日は平成25
　　（2013）年４月１日からとされ、通算期間の起算日も平成25年４月
　　１日以降に締結する有期労働契約からとされた。

②　　「雇止め法理」の法定化は、すでに最高裁判例で確立していた雇
　　止め法理、すなわち、有期雇用契約が反復更新等の事情により期間
　　の定めのない雇用契約と実質的に異ならない状態に至っていると認
　　められるとき、または、労働者に継続雇用に対する合理的期待が生
　　じていると認められるときは、雇止めに解雇権濫用法理が類推適用
　　され、一定の場合には、使用者による雇止めが認められないことに
　　なるというルールである。

③　　不合理な労働条件の禁止は、有期契約労働者と無期契約労働者と
　　の間で、期間の定めがあることによる不合理な労働条件の相違を設
　　けることを禁止するルールである。令和２（2020）年４月１日施行
　　の労働契約法の改正により、このルールはパートタイム・有期雇用

労働法８条・９条に移管され、同一企業内において、正社員と非正
規社員との間で、基本給や賞与などあらゆる待遇について不合理な
待遇差を設けることが禁じられることになった。同法８条は、均衡
待遇規定（不合理な待遇差の禁止）であり、職務内容・職務内容・
配置の変更の範囲、その他の事情の内容を考慮して不合理な待遇差
を禁止する。同法９条は、均等待遇規定（差別的取扱いの禁止）で
あり、職務内容、職務内容・配置の変更の範囲が同じ場合には、差
別的取扱いを禁止する。

（４）契約の締結と終了

① 労働者の募集・職業紹介・労働者供給

労働者募集とは、労働者を雇用しようとする者がみずからまたは他人
に委託して、労働者になろうとする者に対してその被用者となることを
勧誘することをいう（職業安定法４条５項）。労働者の募集は、申込み
の誘因（相手方に申込みをさせようとする意思の通知であり、相手方が
それに応じて意思表示をしても、それだけでは契約は成立せず、申込み
の誘因をした者が相手方の申込に対して承諾することで契約が成立す
る）とされている。

労働者の募集方法は概念上次の２種類に区分される。

１）直接募集

直接募集とは、労働者を雇用しようとする者が、みずから行う労働
者の募集をいい、自由に行うことができる。

２）委託募集（職業安定法36条）

委託募集とは、労働者を雇用しようとする者が、その被用者以外の
者をして労働者の募集に従事させる形態で行われる労働者募集をいい、
厚生労働大臣の許可を受け、または、届出を行うことが必要である。

職業紹介とは、求人と求職の申込みを受け、求人者と求職者との間の
雇用契約関係の成立をあっせんすることをいう（同法４条１項）。労働
者の利益を害することがないよう、職業紹介の事業を行うためには厚生

労働大臣の許可が必要である（同法30条）。

労働者供給とは、供給契約に基づき労働者を他人の指揮命令を受けて労働に従事させることをいう（同法4条6項）。中間搾取や労働の強制を防止するため、供給事業を行うことも、供給を受けて労働者を労働させることも原則として禁止される（同法44条）。なお、労働者派遣（労働者派遣法2条1号）は、労働者供給の概念から除かれ、労働者派遣法による規制を受けつつ、一定限度で許容されている。

② 労働者の採用、採用内定

企業からの募集は申込みの誘因であり、これに対する労働者の応募は労働契約の申込みであり、企業の採用決定は申込みに対する承諾であり、これらにより労働契約が成立する。

採用については、契約締結の自由として採用の自由が認められ、いかなる者を雇い入れるか、いかなる条件でこれを雇うかについて、法律その他による特別の制限がない限り、原則として自由にこれを決定することができるとされている（最高裁大法廷昭和48年12月12日判決「三菱樹脂事件」）。

ただし、近年、採用の自由への制限は強められる傾向にある（障害者雇用促進法による障害者雇用率の達成義務、均等法による募集採用における差別の禁止、派遣法による派遣終了後の直接雇用義務、労働契約法による無期転換の申込みに対する承諾の擬制など）。

企業は労働者の募集に対して就労開始日前に採用内定を出すことがある。この採用内定はどのような法的意義を有するのか、採用内定の取り消しの可否と関連して問題となる。最高裁は、採用内定について、採用内定通知のほかには労働契約締結のための特段の意思表示をすることが予定されていないような場合には、採用内定通知は労働者の申込みに対する承諾であって、採用内定通知によって、使用者と労働者との間に始期付解約権留保付労働契約（採用内定通知書の採用取消事由が生じた場合は解約できる）が成立したと判示した（最高裁第二小法廷昭和54年7月20日判決「大日本印刷事件」、最高裁第二小法廷昭和55年5月30日判

決「電電公社近畿電通局事件」)。そして、同判決は、採用内定取り消し
が適法と認められるには、客観的に合理的で社会通念上相当な取消事由
が必要であるとしている。

③ 契約終了

労働契約の終了事由として次の事由が挙げられる。

① **有期労働契約の期間満了による終了（雇止め）**

　期間の定めのある労働契約の期間満了による終了である。一般には、
更新条項がある場合に更新をせずに契約期間を終了することを雇止め
という（単なる契約期間満了により終了することを雇止めということ
もある）。

② **合意解約**

　使用者と労働者が労働契約の終了について合意することをいう。労
働者が退職願等により合意退職の申込みをして使用者が承諾する場合、
および、使用者が労働者に対して解約の申込みをして労働者が承諾を
する場合がある。この場合、退職または解約の申込みは相手がこれを
承諾するまでは撤回できるとされている。

③ **辞職**

　辞職とは、労働者による一方的な労働契約の解約である。期間の定
めのない雇用契約の場合、労働者は２週間の予告期間をおけばいつで
も契約を解約できる。ただし、期間によって報酬が定められている場
合、使用者は、解約の申し入れを当期の前半にすれば、次期以降につ
いて解約の申し入れをすることができる（民法627条）。

　辞職の意思表示は、使用者に到達した時点で効力を生じ撤回できな
いとされている。

　合意解約も辞職も、意思表示の有無、瑕疵につき争いとなることが
多いため、可能な限り書面により意思表示を行うべきである。

④ **解雇**

　使用者が一方的に労働契約を解約することをいう。解雇に関する規
制については④で述べる。

⑤ **自動退職**

就業規則に定められた契約終了事由により当然に契約が終了する場合である。就業規則の契約終了事由は合理的なものでなければならない（労働契約法7条）。

定年制の定めがあるときは定年年齢や継続雇用措置等についての合理性が、休職期間満了による退職の定めがあるときは休職期間や復職措置についての合理性が認められれば、有効な自動退職事由となる。

⑥ **当事者の消滅**

労働者が死亡した場合、労働契約は終了する。

また、使用者である法人が解散し、清算手続が完了すれば、法人格が終了するため、労働契約は終了する。

④ 雇止め、解雇に関する規制

（ア）解雇に関する規制

民法上は、使用者が2週間の予告期間をおけばいつでも労働者を解雇できるという「解雇の自由」が定められている（民法627条1項）。

しかし、解雇は労働者の生活の糧を奪うものであり、労働者に与える影響が大きいことから、解雇の自由は労基法などにより修正されている。

解雇に関する法律上の規制は次のとおりである。

① 解雇予告（労基法20条1項・2項）

使用者は労働者を解雇しようとする場合、少なくとも30日前にその予告をしなければならない。30日前に予告をしない使用者は、30日分以上の平均賃金を支払わなければならない（解雇予告手当）。この予告日数は、解雇予告手当を平均賃金1日分支払った日数だけ短縮できる。

② 解雇権濫用法理（労働契約法16条）

解雇は、客観的に合理的な理由を欠き、社会通念上相当であると認められない場合は、その権利を濫用したものとして無効となる。

解雇の客観的に合理的な理由は、ⅰ）労働者の労務提供の不能や労働能力または適格性の欠如・喪失、ⅱ）労働者の規律違反の行為、

ⅲ）経営上の必要性に基づく理由、ⅳ）ユニオンショップ協定に基づく組合の解雇要求、の4つに分類される。

このうち、ⅲ）経営上の必要性に基づく理由による解雇は、労働者の責に帰すべき事由による解雇ではないため、解雇権濫用法理の適用においてより厳しく判断される。裁判例は、いわゆる整理解雇4要件（要素）として、ア）人員整理の必要性、イ）解雇回避努力、ウ）被解雇者選定の妥当性、エ）手続の妥当性、の4つの事項に着目して、整理解雇の有効性を判断している。

③　産前産後の休業中・業務上災害による療養中の解雇の禁止（労基法19条1項）

④　国籍・身上・社会的身分による不利益取扱いとしての解雇の禁止（労基法3条参照）

⑤　不当労働行為としての解雇の禁止（労働組合法7条1号・4号）

⑥　雇用機会均等法による解雇の禁止（均等法6条4号、9条2項・3項、17条2項、18条2項）

⑦　育児・介護休業法による解雇の禁止（育児・介護休業法10条、16条、16条の4、16条の7、16条の9、18条の2、20条の2、23条の2、52条の4第2項、52条の5第2項）

⑧　パートタイム・有期雇用労働法による解雇の禁止（パートタイム・有期雇用労働法8条）

⑨　労働保護立法の違反の申告をしたことによる解雇の禁止（労基法104条2項など）

⑩　個別労働関係紛争解決促進法による解雇の禁止（紛争解決促進法4条3項、5条2項）

⑪　公益通報をしたことを理由とする解雇の禁止（公益通報者保護法3条）

（イ）雇止めに関する規制

期間の定めのある雇用契約は、雇用契約の期間が終了すれば契約の効力は当然に終了するのが原則である。そして、有期契約の更新は新たな契

約の締結であるため、これを行うか否かは当事者の自由にゆだねられる。

このような有期雇用契約の締結や更新については、次のとおり立法規制がされることとなった。

① 労働基準法改正

厚生労働大臣は、期間の定めのある労働契約の締結時および当該労働契約の期間の満了時において、労働者と使用者との間に紛争が生ずることを未然に防止するため、使用者が講ずべき労働契約の期間の満了に係る通知に関する事項その他必要な事項についての基準を定め、使用者に対し、必要な助言および指導を行うことができるとされた（労基法14条2項・3項）。そして、基準として「有期労働契約の締結、更新、雇止めに関する基準」（平成15（2003）年厚生労働省告示第357号）が策定された。

同基準によると、使用者には、

i）雇入れの日から1年を超えて継続勤務している者に対して契約を更新しないこととしようとする場合には、少なくとも期間の満了する日の30日前までにその予告をしなければならないこと

ii）i）の場合に労働者が更新しない理由について証明書の交付を請求したときは遅滞なく交付しなければならないこと（また、契約更新されなかった場合に労働者が請求したときも同様）

iii）有期契約を更新する場合には、当該契約の実態および当該労働者の希望に応じて契約期間をできる限り長くするように努めなければならないこと

という3つの義務が課されている。

② 労働契約法

平成19（2007）年に成立した労働契約法では、使用者は、有期労働契約について、その有期労働契約により労働者を使用する目的に照らして、必要以上に短い期間を定めることにより、その有期労働契約を反復して更新することのないよう配慮しなければならないとされた（労働契約法17条2項）。

　また、リーマンショック後の不況時に雇止めが相次いだことを受けて、平成24（2012）年8月に改正された労働契約法には、次のような有期労働者保護の規定が置かれた。

　　　ⅰ）有期労働契約が更新され通算して5年を超えるに至った場合には、労働者が同契約を無期労働契約に変更（転換）できる（労働契約法18条）

　　　ⅱ）反復更新により無期労働契約と実質的に異ならない、または更新の合理的期待のある有期労働契約については、解雇権濫用法理を類推適用する（同法19条）

　　　ⅲ）有期労働契約と無期労働契約との間の労働条件の相違が不合理なものであってはならない（同法20条）

　この労働契約法20条の規定は、令和2（2020）年4月1日に施行される改正パートタイム・有期雇用労働法8条に移管されている。

（5）パートタイム・有期雇用労働法──まとめ

　パートタイム・有期雇用労働法は、正社員と短時間勤務社員、正社員と有期雇用社員との間の不合理な待遇の差をなくし、どのような雇用形態を選択しても労働者が待遇に納得して働き続けることができるため、①不合理な待遇差の禁止と、②労働者に対する待遇に関する説明義務の強化、を規定している。また、③正社員と非正規社員との不合理な待遇差については、都道府県労働局において、行政による事業主への助言・指導等を受けられるほか、裁判外紛争解決手続（行政ADR）も整備されることとされている。

　　①　不合理な待遇差の禁止

　　　ⅰ）職務内容、職務内容・配置の変更の範囲、その他の事情の内容を考慮して不合理な待遇差を禁止する場合（均衡待遇規定）、個々の待遇ごとに、当該待遇の性質・目的に照らして適切と認められる事情を考慮して判断されるべきであること（同法8条）。

　　　ⅱ）職務内容、職務内容・配置の変更の範囲が同じ場合に差別的取

扱いを禁じられる場合（均等待遇規定）、パートタイム労働者に加えて新たに有期雇用労働者も対象とされること（同法9条）。

ⅲ）待遇ごとに判断すべきことを明確化するためにガイドライン（指針）を策定すること（同法15条）。

② 労働者に対する待遇に関する説明義務の強化

事業主は、パートタイム労働者、有期雇用労働者に対して、雇入れ時には、雇用管理上の措置の内容（賃金、教育訓練、福利厚生施設の利用、正社員転換の措置等）の説明義務を負い、また、これら労働者から求めがあった場合には、正社員との間の待遇差の内容・理由等を説明しなければならず、説明を求めたことを理由として、解雇その他不利益な取扱いをしてはならない。

③ 行政による事業主への助言・指導等や裁判外紛争解決手続（行政ADR）の整備

行政による事業主への助言・指導や裁判外紛争解決手続について、パートタイム労働者も有期雇用労働者も利用できるように整備がなされた。また、労働者の均衡待遇や待遇差の内容・理由に関する説明についても、裁判外紛争解決手続の対象とされた。

Column　知ってて便利

《働き方改革関連法の全体像》

働き方改革関連法とは、平成30（2018）年6月29日に可決・成立し、平成31（2019）年4月1日以降順次施行されている、8本の労働法の改正を行うための法律（「働き方改革を推進するための関係法律の整備に関する法律」）の通称である。

労働者が、それぞれの事情に応じた多様な働き方を選択できる社会を実現する働き方改革を総合的に推進するため、長時間労働の是正、多様で柔軟な働き方の実現、雇用形態にかかわらない公正な待遇の確保などの措置を講じるため、労働基準法、労働安全衛生法、労働契約法、短時間労働者の雇用管理の改善等に関する法律等の改正が行われることとなった。

Column

　日本社会は、少子高齢化に伴う生産年齢人口の減少、労働者のニーズの多様化、等の課題に直面しており、課題に対応するためには、就業意欲の拡大や意欲・能力を存分に発揮できる環境をつくることが必要であるとして改正が行われたものである。

　働き方改革のポイントは2つある。1つは、労働時間法制の見直し、もう1つは、雇用形態にかかわらない公正な待遇の確保である。

　まず、労働時間法制の見直しについては、働きすぎを防ぎながら、ワーク・ライフ・バランスと多様で柔軟な働き方を実現すること、具体的には、長時間労働をなくし、年次有給休暇を取得しやすくすることによって個々の事情にあった多様な働き方を実現することとされた。法律上の制度としては、①残業時間の上限の規制（月100時間未満、年720時間以内）、②勤務間インターバル制度の導入、③1人1年当たり5日間の年次有給休暇の取得を企業に義務づけ、④月60時間を超える残業の割り増し賃金率の引き上げ、⑤労働時間の状況の客観的把握の企業への義務づけ、⑥フレックスタイム制の制度の拡充、⑦高度プロフェッショナル制度の新設、がある。

　次に、雇用形態にかかわらない公正な待遇の確保については、同一企業内における正社員（無期雇用フルタイム労働者）と非正規社員（パートタイム労働者・有期雇用労働者・派遣労働者）の間の不合理な待遇の差をなくし、どのような雇用形態を選択しても、待遇に納得して働き続けられるようにすることで、多様で柔軟な働き方を選択できることとされた。法律上の制度としては、①同一企業内において、正社員と非正規社員との間で、基本給や賞与などのあらゆる待遇について、不合理な待遇憂さを設けることを禁止し、ガイドラインを策定し、どのような待遇差が不合理かを明確にすること、②労働者に対する待遇に関する説明義務の強化、③行政による事業主への助言・指導等や裁判外紛争解決手続（行政ADR）の規定の整備、等がある。

2　派遣と請負・業務委託

　企業の業務を自社の労働者に行わせずに外注する場合（アウトソーシングという）で、その業務の処理自体はその企業の事業場内で行う場合、①労働者派遣という方法と、②請負・業務委託という方法がある。

　労働者派遣とは、労働者派遣法（「労働者派遣事業の適正な運営の確保及び派遣労働者の就業条件の保護等に関する法律」）によって認められた労働力需給調整システムであり、図表４-２-１のように、派遣先は自己が雇用しておらず、派遣元事業主が雇用した労働者を自己の指揮命令下で労務を提供させる形態である。

図表４-２-１ ●労働者派遣

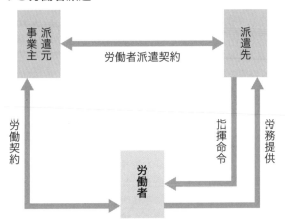

図表４-２-２ ●請負・業務委託

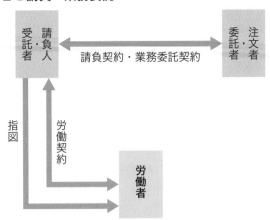

　これに対して、請負・業務委託は図表4-2-2のように、注文者は請負人・受託者に仕事の完成を依頼し、仕事の完成に対する対価として報酬を支払う形態であり、注文者は請負人（受託者）の労働者に対して指揮命令を及ぼさないことになる。

（1）労働者派遣事業

①　労働者派遣事業の沿革

　労働者派遣事業は職業安定法のもとで労働者供給事業として禁止されてきた。ところが、社会的なニーズや労働者の働き方の多様性から、昭和61（1986）年7月1日に労働者派遣法（以下「派遣法」という）が制定され派遣事業が制度化された。派遣対象業務は、専門性があるとされる一定の業務について、一時的・臨時的な使用ということで限定的に認められた（ポジティブリスト方式）。その後、しだいに派遣事業を行える業務は増加し26業務になり、平成11（1999）年12月1日からは規制緩和され、ネガティブリスト方式が採用され、例外的に派遣法上あるいは行政解釈上禁止される業務（港湾運送業、建設業、警備業、医療関係業務の一部、人事労務業務の一部、弁護士・公認会計士・弁理士・税理士などの専門業務）以外はすべての業務で労働者派遣事業を行いうるものとなった。

②　現在の労働者派遣事業の業種と派遣可能期間

　派遣可能期間については、法改正を経て、平成15（2003）年改正により、いわゆる専門26業務について派遣可能期間の制限を撤廃し、それ以外の業務については、派遣先が当該事業場への派遣可能期間をあらかじめ1年を超え3年までの期間で定めることができるとし、その定めをしない場合には派遣可能期間は1年以内となるとした（旧派遣法40条の2第2〜4項）。

　さらに、平成27（2015）年改正により、従来の業務単位の規制は廃止し、事業所単位と人単位での規制を行うこととなった（派遣法40条の2）。まず、事業所単位の期間制限として、派遣先の同一の事業所に対し派遣

できる期間（派遣可能期間）は、原則3年が限度となり、派遣先が3年
を超えて派遣を受け入れようとする場合には、派遣先の事業所の過半数
労働組合等からの意見を聴取する必要があるとされた（同法40条の2）。
次に、人単位の期間制限として、同一の派遣労働者を、派遣先の事業所
における同一の組織単位に対し派遣できる期間は、3年が限度とされた
（同法35条の3、40条の3）。派遣労働者の従事する業務が変わっても、
同一の組織単位である場合は、派遣期間は通算される。また、組織単位
を変えれば同一の事業者に引き続き同一の派遣労働者を3年を限度とし
て派遣することができるが、事業所単位の期間制限による派遣可能期間
が延長されていることが前提となる。

③ 常用雇用型と登録型

　派遣労働者には「常用雇用型」と「登録型」がある。常用雇用型とは、
その派遣事業者が、その派遣労働者を派遣の注文の有無にかかわらず継
続雇用している場合をいう。これに対し、登録型とは普段は登録だけし
ておき、派遣の注文がきたときにだけ派遣事業者と労働契約を締結して
派遣先へ派遣され、派遣契約が終了した場合には、派遣事業者との労働
契約も終了するという形態をいう。この場合は、登録型の派遣労働者は
派遣契約が終了すれば派遣事業主との労働契約も終了する。

④ 一般労働者派遣事業と特定労働者派遣事業

　従前、労働者派遣事業者のうち、派遣労働者がすべて常用雇用の派遣
労働者である場合には「特定労働者派遣事業」といい、他方で、派遣労
働者の中に登録型の者がいる場合を「一般労働者派遣事業」とされてい
た。平成27（2015）年改正により、特定労働者派遣事業と一般労働者派
遣事業の区別は廃止された。

⑤ 労働者派遣事業の許可・届出

　労働者派遣事業を行う業者は、一般労働者派遣事業の場合は厚生労働
大臣の許可を受けなければならない（同法5条）。派遣事業の許可基準
は法定されており、もっぱら労働者派遣の役務を特定の者に提供するこ
とを目的として行われるものでないこと、派遣労働者に係る雇用管理を

適正に行うに足りる能力を有するものとしての基準に適合すること、などが挙げられる（同法7条）。

⑥　派遣労働者に対する労働保護法規の適用

　労働者派遣の場合の労働契約は図表4‐2‐1のとおり、派遣元事業主と派遣労働者との間の契約であるが、他方、実際に勤務して労務を提供するのは派遣先に対してであり、その派遣労働者の雇用管理面・安全衛生面等の責任はだれが負うのかという問題がある。労働契約を締結しているのは派遣元事業主であるから、労基法、労働安全衛生法、均等法等の責任の主体は原則として派遣元事業者である。しかし、派遣労働者は派遣先の事業場において派遣先事業者の指揮命令により就労することから、使用者の責任の一部は派遣先が負うこととされた（派遣法44条、45条）。このため、労基法の使用者の責任の一部、労働安全衛生法の事業者の責任の一部を派遣先が負うことになり、また、均等法の妊娠・出産を理由とした不利益取扱いの禁止、セクハラ防止措置義務、妊産婦の健康診査と医師の指示による就労上の措置についての責任は派遣元事業主のみならず派遣先も負うこととされている（派遣法47条の2）。

⑦　その他の労働者派遣法の管理システム

　派遣労働者は派遣元事業主に雇用されながら、派遣先の指揮命令下で就労するのであるから、その雇用管理の点で不十分な地位にあり、そのため、労働者派遣法は独自の雇用管理システムをつくっている。すなわち、派遣元責任者と派遣先責任者とをそれぞれを選任し（同法36条、41条）、派遣元事業主と派遣先とはそれぞれの立場で、あるいは連携しながら派遣労働者に関する雇用管理を行うこととしている。また、雇用関係の記録については、派遣元事業主は派遣元管理台帳を、派遣先は派遣先管理台帳をそれぞれ作成して保管しなければならない（同法37条、42条）。

（2）派遣労働者の労働契約申込みみなし制度

　平成24（2012）年法改正により、派遣先が違法派遣を受け入れた場合に、その時点で、派遣先が派遣労働者に対して、その派遣労働者の派遣

元における労働条件と同一の労働条件を内容とする労働契約の申込みをしたものとみなされるという、労働契約申込みみなし制度が規定された（同法40条の6）。違法派遣の種類としては、禁止業務への派遣の受け入れ、無許可・無届出の派遣事業者からの派遣の受け入れ、派遣可能期間の制限を超えての派遣受け入れ、偽装請負の場合がある。

（3）均等待遇

「働き方改革」における、雇用形態にかかわらない公正な待遇の確保の目的は、派遣労働においても妥当することから、令和2（2020）年4月1日付で労働者派遣法も改正され、不合理な待遇差をなくすための規定の整備がされることとなった。

改正前においては、派遣先労働者と派遣労働者との賃金等の待遇について、配慮義務規定を置くのみであった（派遣法30条の3）。令和2年4月1日に施行される改正労働者派遣法では、派遣労働者の同一労働同一賃金、すなわち派遣先に雇用される通常の労働者と派遣労働者との不合理な待遇差を解消することめざすために、労働者の待遇決定方式として、派遣先均等・均衡方式と、労使協定方式のいずれかの方式をとることが義務づけられた（改正派遣法30条の3、30条の4）。派遣先均等・均衡方式とは、パートタイム・有期雇用労働法8条・9条と同趣旨の考え方であり、派遣労働者と通常の労働者との間であり、職務内容・職務内容・配置の変更の範囲、その他の事情の内容を考慮して不合理な待遇差を禁止すること（均衡待遇規定）ないし職務内容、職務内容・配置の変更の範囲が同じ場合には、差別的取扱いを禁止すること（均等待遇規定）である（改正派遣法30条の3）。労使協定方式とは、派遣元事業主と過半数労働組合または過半数代表者が一定の事項を定めた労使協定を締結し、労使協定で定めた事項を遵守しているときは、この労使協定に基づき待遇が決定されることとなることである（同法30条の4）。また派遣先から派遣元に対して、いずれの方式をとる場合でも、労働者派遣契約を締結するにあたり、あらかじめ、派遣元事業主に対し、派遣労働

者が従事する業務ごとに、比較対象労働者の賃金等の待遇に関する情報を提供しなければならず、情報提供がないときは派遣元事業主は派遣先との間で労働者派遣契約を締結してはならない（同法26条）。

（4）請負・業務委託

　アウトソーシングの中で請負・業務委託は、労働者派遣でカバーできない部分を補って実施されてきた。問題は、純然たる請負契約・業務委託契約とは言い難く、その請負人・受託者の労働者に対して注文者・委託者が実際に指揮命令をしている場合がきわめて多いと指摘されており、その適法性の判断が難しいということである。つまり、形式上は請負契約・業務委託契約であったとしても、実態は労働者派遣契約の場合には、偽装請負といわれ、労働者派遣法を適用することになり、労働者派遣法が必要とする要件を満たしていなければ労働者派遣法違反となる。

　この点については、「労働者派遣事業と請負により行われる事業との区分に関する基準」（昭和61（1986）年4月17日告示第37号（以下「告示第37号」という））が発出され、請負と認められるための基準が示さ

Column ☕ **コーヒーブレイク**

《労働事件の解決に向けて》

　労働事件は労働者と使用者との対立が深刻になりやすく、訴訟になった場合の長期化の問題が懸念されてきた。紛争が長期化することは労使双方にとって適切なことではない。たとえば、「日立製作所武蔵工場事件」（最判平成3年11月28日）は1968年の残業拒否による解雇事件であるが、最終の確定までに実に23年を要している。労働事件の迅速化のために平成18（2006）年4月1日から労働審判制度が開始された。労働審判期日は、原則3回以内で決着することとされ、また、審判のために必要な基本的事実の確認は第1回期日で終了し、残りの期日は労使の意見の調整を行い合意に向けてのやり取りが行われるということも多い。裁判所のホームページでは審理に要する期間は平均で約2カ月半であり、審判ではなく合意を形成し調停により終了する場合多い。

れている。

その内容は、告示第37号の第2条に詳しく定めてあるが、概略は次の①、②のとおりである。

　①　自己の雇用する労働者の労働力をみずから直接利用すること

　業務の遂行方法に関する指示、業務の遂行に関する評価、労働時間、時間外労働の指示、その他の管理、秩序維持、配置等の決定などをみずから行うものであること

　②　請負契約により請負った業務を当該契約の相手方から独立した処理をすること

　業務の処理に要する資金、業務の処理について民法、商法、その他の法律に規定されたすべての責任を負うこと、単に肉体的な労働力を提供するものでなく、自己の責任と負担で準備し、調達する機械、設備もしくは器材または材料もしくは資材により、業務を処理するか、または、みずから行う企画または自己の有する専門的な技術もしくは経験に基づいて、業務を処理すること

　よって、請負・業務委託という形で行う場合には、この告示第37号の要件を満たすことが最低限必要になるのである。

（5）請負契約と労働法に関する問題点

①　偽装請負

　形式的には請負・業務委託契約を締結し、自己の雇用する労働者を注文者・委託者のもとで労務提供をさせている場合、労働者が注文者・委託者の指揮命令下で労務を提供することは、実態は労働者派遣であり、これは偽装請負と呼ばれる。

　主として製造業の現場で多くの偽装請負が摘発され、行政から是正するように指導されている。

　是正する方法としては、

　①　請負・業務委託を告示第37号に適合するようにすること

　②　労働者派遣契約に切り替えること

③　その派遣されていた労働者を派遣先が直接雇用すること

等が考えられる。ただし、②の方法は、派遣が禁止されている業種では
できない。また、派遣可能期間の制限があればそれを超えては実施でき
ないことになる。

② 個人請負

　企業が専属的に個人請負業者との間に委託業務契約や請負契約を交わ
し、業務を行わせる場合がある。この場合、個人請負業者が企業の「労働
者」に当たる場合には、各種労働者保護の規制の対象となる場合があるの
で、企業側としては請負業者の労働者性について注意をする必要がある。
　個人請負業者の労働者性については、労働大臣（当時）の私的諮問機
関である労働基準法研究会が1985年にまとめた『労働基準法の「労働者」
の判断基準について』という報告が参考になる。同報告では以下の判断
要素が挙げられている。以下の判断要素を満たす場合、「労働者」と認
められやすい。

①　指揮監督下の労働であること（使用従属性）

　ア　仕事の依頼、業務従事の指示等に対する諾否の自由の有無

　イ　業務遂行上の指揮監督の有無

　　i　業務の内容および遂行方法に対する指揮命令の有無

　　ii　その他（通常予定されている業務以外の業務に従事すること
　　　の有無など）

　ウ　拘束性の有無

　エ　代替性の有無

②　報酬が労務の対価としての性格を有していること（使用従属性）

③　事業者性の有無（労働者性の補強要素）

④　専属性の程度（労働者性の補強要素）

⑤　その他（採用、委託等の際の選考過程の正社員との差異、報酬か
　　らの源泉徴収の有無、労働保険の適用対象の有無、服務規律の適用
　　の有無、退職金制度、福利厚生の適用の有無等、使用者による労働
　　者性の認識）

第 **3** 節 ｜ **労働契約の権利義務関係**

学習の**ポイント**

◆労働契約の権利義務関係としてどのようなものがあるかを理解する。
◆安全配慮義務の内容を理解する。
◆セクシュアルハラスメントの意義、具体例、およびこれに対する均等法その他の法律や裁判例による法規制の内容はどのようなものがあるかを理解する。
◆パワーハラスメントの態様、これに対する予防策や事後責任の内容を理解する。

1 労働契約の権利義務関係

　労働契約は、労働者が使用者に使用されて労働し、使用者がこれに対して賃金を支払うことについて、労働者および使用者が合意することによって成立する契約である（労働契約法６条）。労働契約の成立により、労働者の労働義務と使用者の賃金支払義務が生じる。この点、労働者の労働義務は義務であって権利ではないため、労働者には就労請求権が認められないとされている。

　また、労働契約による労働は企業という事業遂行の組織体の中で行われる。使用者が労働者を組織として編成し、組織的労働を円滑に遂行するために、使用者には、人事権、業務命令権、企業秩序定立権、懲戒権が認められる。

　さらに、労働契約は人的・継続的契約であるため、使用者と労働者の

双方に信義誠実義務が課されており（同法3条4項）、労働契約の付随
義務として、使用者には安全配慮義務（同法5条）、解雇回避努力義務
等が、労働者には秘密保持義務、競業避止義務、使用者の名誉・信用を
毀損しない義務等が認められる。

　本項では、その中で使用者の安全配慮義務について説明する。

2　安全配慮義務

　労働者に発生した業務災害や職業病等について使用者に帰責事由があ
るとき、使用者が被災した労働者またはその遺族に対して負う責任とし
ては、使用者責任（民法715条）を含む不法行為責任のほか、債務不履
行責任（同法415条）としての安全配慮義務違反が問題となる。

① 安全配慮義務の意義

　安全配慮義務とは、ある法律関係（労働契約など）に基づいて「特別
な社会接触関係に入った当事者間において、当該法律関係の付随義務と
して一方または双方が相手方に対して信義則上負う義務」（最判昭和50
年2月25日民集29巻2号143頁「陸上自衛隊八戸車両整備工場事件」）で
ある。その一般的内容は、「労働者が労務提供のため設置する場所、設備
もしくは器具等を使用し、または使用者の指示の下に労務を提供する過
程において、労働者の生命および身体等を危険から保護するよう配慮す
べき義務」（最判昭和59年4月10日民集38巻6号577頁「川義事件」：宿
直者の強盗による殺害）とされる。具体的内容は、労働者の職種、労務
内容、労務提供場所等の具体的状況により異なる（同判例）。また、特定
の当事者間の特別な社会接触関係を基礎とする義務であることから、社
会生活上発生する一般的な人の生命身体に関する注意義務はこれに含ま
れない（自動車運転に関して、一般不法行為に属する道路交通法その他
法令に基づき当然に負うとされている通常の注意義務は含まれない。最
判昭和58年5月27日民集37巻4号477頁）。

② 安全配慮義務の法的性格

　安全配慮義務違反により生じる責任は債務不履行責任として構成されることから、不法行為責任と以下の点で異なる。

（ア）消滅時効期間

　安全配慮義務が訴訟上主張されたのは、不法行為の短期消滅時効による不都合を回避する趣旨であった。すなわち、不法行為に基づく損害賠償請求権の消滅時効は、損害および加害者を知ったときから3年間（民法724条）であるのに対し、債務不履行による損害賠償請求権の消滅時効は、人の生命または身体の侵害による場合には、権利を行使しうる時から20年間である（同法167条）。なお、被害者救済の観点から、労働者が使用者の安全配慮義務違反により罹患したじん肺によって死亡したことを理由とする損害賠償請求権の消滅時効は、死亡時から進行するとされている（最判平成16年4月27日判時1860号152頁）。

（イ）立証責任の所在

　不法行為責任は、被害者が加害者の故意過失を立証する必要がある。これに対して、債務不履行責任は、本来は、債権者（労働者）は債務不履行の事実（労災事故の発生等）のみを立証すれば足り、債務者（使用者）がみずからに故意過失その他帰責事由がないことの立証を要するとするのが原則である。もっとも、安全配慮義務については、「使用者の義務の内容、すなわちその事案においてとるべきであった措置を特定し、かつ義務違反に該当する事実を主張立証する責任は、…（安全配慮）義務違反を主張する原告（労働者）にある」とされている（最判昭和56年2月16日民集35巻1号56頁）。

（ウ）遅滞の時期

　不法行為責任は、不法行為の時点から遅滞に陥り、遅延損害金が発生する。これに対して、債務不履行責任の場合は、期限の定めのない債務として履行の請求をした時から遅滞に陥る（民法412条3項）（最一小判昭和55年12月18日民集34巻7号888頁「大石塗装・鹿島建設事件」）。

（エ）遺族固有の慰謝料請求の可否

　死亡事故の場合、不法行為責任と異なり、安全配慮義務の不履行に基

づく遺族固有の慰謝料請求は認められない（最一小判昭和55年12月18日民集34巻7号888頁「大石塗装・鹿島建設事件」）。ただし、遺族に慰謝料請求の相続を認めるので実際上の差はないといえる。

（オ）社外労働者に対する安全配慮義務

　元請人と下請人の被用者との間について、元請人が被用者を具体的に指揮監督していれば元請人の事業の執行について被用者が第三者に加害行為を行った場合、元請人に使用者責任が認められる。安全配慮義務についても元請人がみずから下請人の被用者を実際に指揮監督している場合には、両者の間には労働契約はないが、「特別の社会接触関係」にあるものとして元請人は下請人の被用者について安全配慮義務を負う（最判平成3年4月11日判時1391号3頁「三菱重工業事件」）。

　以上によると、両者の違いは、時効や遅滞の時期以外でそれほど大きな差異はない。ただ、近時、セクシュアルハラスメントやパワーハラスメントの事案で企業の責任が多く問題となるが、企業の職場環境配慮義務違反を安全配慮義務違反の1つと位置づけることで、直接の加害者が特定できない場合や業務関連性が微妙な場合にも債務不履行構成により使用者に対する責任追及が可能である。

3　セクシュアルハラスメント（セクハラ）

（1）意義

　セクハラとは、均等法（「雇用の分野における男女の均等な機会及び待遇の確保等に関する法律」）11条1項によれば、「職場において行われる性的な言動に対する労働者の対応により、当該労働者がその労働条件につき不利益を受け、または当該性的な言動により当該労働者の就業環境が害されること」である。

　セクハラについては、後述するとおり均等法上、事業主にセクハラ防止のための雇用管理上必要な措置を講ずべきことが義務づけられており

（同法 11 条）、セクハラを受けた被害者は、セクハラを行った者に対する直接の損害賠償請求のほか、企業に対して職場環境配慮義務違反として不法行為責任または債務不履行責任を求めることが考えられる。

（2）セクハラの行為類型

　セクハラの行為類型は、「事業主が職場における性的な言動に起因する問題に関して雇用管理上講ずべき措置についての指針」（平成 18（2006）年厚生労働省告示第 615 号（以下「指針」という））では、①対価型セクハラと、②環境型セクハラとに分けて、それぞれ具体例を紹介している。

① 対価型セクハラ

（ア）意義

　職場において行われる労働者の意に反する性的な言動に対する労働者の対応により、当該労働者が解雇、降格、減給等の不利益を受けることである。この類型は、上下関係に基づく影響力を行使し、対象労働者の仕事を失いたくない気持ちを利用する点に特徴がある。

（イ）具体例

　　①　事務所内において事業主が、労働者に対して性的な関係を要求したが、拒否されたため当該労働者を解雇すること

　　②　出張中の車内において上司が、労働者の腰・胸等に触ったが、抵抗されたため、当該労働者について不利益な配置転換をすること

　　③　営業所内で事業主が、日ごろから労働者に係る性的な事柄について公然と発言していたが、抗議されたため当該労働者を降格すること

（ウ）対価型セクハラの代表的な裁判例

　　①　「沼津セクハラ事件」（静岡地判沼津支部平成 2 年 12 月 20 日労判 580 号 17 頁）

　　　職員に対する上司の性的行為の強要について「職場の上司であるとの地位を利用して本件の機会を作った」とし、刑法の強制わいせつ罪に該当する犯罪行為であり、セクハラの典型的な行為であるとして上司の不法行為責任を肯定した。

② **「金沢セクハラ事件」**（金沢地判輪島支部平成6年5月26日労判650
号8頁）

　　従業員に性的関係を迫り、これを拒否されたことを理由にその従
業員を解雇した社長の行為について「セクハラ」で不法行為となる
とした。さらに、同事件第2審（名古屋高判金沢支部平成8年10月
30日労判707号37頁、最二小判平成11年7月16日労判767号14頁、
16頁）では、第1審で否定された原告に対する強制わいせつ行為を
認定し、これについて性的自由「性的決定権」の人格権を侵害した
不法行為であるとした。

② 環境型セクハラ

（ア）意義

　職場で行われる労働者の意に反する性的な言動により労働者の就業環
境が不快なものとなったため、能力の発揮に重大な悪影響が生ずる等、
当該労働者が就業するうえで看過できない程度の支障が出ることである。

（イ）具体例

①　事業所内において事業主が労働者の腰・胸等にたびたび触ったた
め、当該労働者が苦痛に感じてその就労意欲が低下していること

②　同僚が同じ職場内や取引先において、労働者に係る性的な内容の
情報を意図的かつ継続的に流布したため、当該労働者が苦痛に感じ
て仕事が手につかないこと

③　労働者が抗議をしているにもかかわらず、事務所内にヌードポス
ターを掲示しているため、当該労働者が苦痛に感じて業務に専念で
きないこと

（ウ）環境型セクハラの代表的な裁判例

①　**「福岡セクハラ事件」**（福岡地判平成4年4月16日判時1426号49
頁、労判607号6頁、判タ783号60頁）

　　社員が上司と社内で対立した際、上司が社員の異性交遊が乱脈で
あるかのような発言を繰り返して社員の評価を低下させ、また退職
を求める等の嫌がらせを行ったことについて、上司が社員の「名誉

その他の人格権を侵害」し、「職場環境を悪化させた」ことを理由
に上司の不法行為責任が認められた。なお、事業主の職場環境配慮
義務違反を理由に使用者責任も認めた。

② **「京都ビデオ盗撮事件」**（京都地判平成9年4月17日労判716号49
頁）

従業員によって更衣室がビデオカメラで盗撮された事件で、加害
者の責任のほか、ビデオを撮影した従業員と被害者とが恋愛関係に
あるかのような発言を取締役が社内で行ったため、他の従業員が被
害者とのかかわりを避けるようになり被害者が孤立して退職せざる
を得なくなったことについて、事業主の雇用関係調整義務違反（債
務不履行責任）が認められた。

③ **「三重県厚生農協連合会事件」**（津地判平成9年11月5日労判729
号54頁）

看護師が深夜勤務中に同僚の看護師から休憩室で体を触られるな
どの性的な行為をされた事件で、職場環境配慮義務違反を理由に事
業主の債務不履行責任が認められた（使用者責任は否定）。

（3）法的責任を発生させるセクハラに該当するかの基準

加害者の行為が法的責任を発生させる違法なセクハラに当たるか否か
については、裁判例によれば、「その行為の態様、行為者の職務上の地位、
年齢、被害者の年齢、婚姻歴の有無、両者のそれまでの関係、当該言動
の行われた場所、その言動の反復・継続性、被害者の対応等を総合的に
見て、それが社会的見地から不相当とされる程度のものである場合には、
性的自由ないし性的自己決定権等の人格権を侵害するものとして、違法
となるというべきである」としている（「金沢セクハラ控訴事件」名古屋
高判金沢支部平成8年10月30日労判707号37頁、最判平成11年7月16
日労判767号14頁、16頁）。被害者の利益を侵害したといえるか否かは、
このように、いくつかの要素が複合的に検討され、特に、行為態様が重
大か、そうでなくても継続的なものかなどが重要な要素になると考えら

れる。

　他方で、被害者の抵抗や被害の申告・告訴がないことのみを理由にセクハラに該当しないとはいえない。一見、同意のうえの性的言動であるにもかかわらず、職場での上下関係からの抑圧や同僚との友好関係を保つための抑圧により、被害者が身体的抵抗手段をとり得ない要因となりうることや、身体的・心理的麻痺状態に陥った被害者の心理状態の分析から抵抗できなかった状況を認定し、セクハラ行為に当たることを認める裁判例が増えている（「金沢セクハラ最高裁事件」労判767号14頁、16頁、「横浜セクハラ事件」東京高判平成9年11月20日労判728号12頁等）。

（4）加害者の責任
① 民事上の責任
（ア）損害賠償責任（不法行為責任）
　被害者の加害者に対する損害賠償請求の直接の根拠は、民法上の不法行為責任（民法709条、710条、加害者が公務員の場合は国家賠償法1条により国または公共団体が責任を負う場合がある）である。均等法11条および「指針」は事業主の配慮義務を定めたものであるが、私法上の損害賠償請求権や被害回復請求権の直接の根拠となるわけではないので、民法等の法令により救済を求めることになる。ここでの被侵害権利または利益は、性的自由ないし性的自己決定権、名誉感情（「福岡セクハラ事件」）その他の人格権とするのが一般的である。さらに、諸事情を総合的に勘案して、当該行為が社会的相当性を逸脱した違法な行為と評価されることが必要である。
（イ）懲戒事由
　民事上の賠償責任、刑事責任とは別に、就業規則に規定された禁止条項違反による懲戒処分・解雇もありうる。
② 刑事上の責任
　セクハラは行為態様により以下のような刑事責任を発生させる。
　強制性交罪（刑法177条）、強制わいせつ罪（同法176条）、準強制わい

せつおよび準強制性交罪（同法178条）、軽犯罪法違反（軽犯罪法1条23号のぞき行為等）、名誉毀損罪（刑法230条）、侮辱罪（同法231条）、ストーカー規制法違反等。

（5）事業主の責任

　事業主の責任を問うための法律構成は、①不法行為責任構成（民法715条、会社法350条、600条、一般社団法人及び一般財団法人に関する法律78条など）と、②債務不履行責任構成（民法415条）、とに分かれる。なお、「指針」に則った制度を設けていたとしても、実際の運用の仕方に問題があれば賠償責任は発生しうる。

　裁判例では、事業主・監督者の職場環境調整義務違反を根拠として使用者責任を問う構成が多い。具体的には、「福岡セクハラ事件」で事業主の職場環境調整義務違反に基づく事業主の使用者責任が認められた。また、法人代表者自身によるセクハラの場合には、法人代表者の不法行為について法人の賠償責任（旧民法44条（現一般社団法人及び一般財団法人に関する法律78条））が問われた（同趣旨東京地判平成11年3月12日労判760号23頁）。

　また、労働契約に付随する職場環境調整義務違反の債務不履行責任として事業主の責任を認めた裁判例は、前述の「京都ビデオ盗撮事件」「三重県厚生農協連合会事件」がある。事業主の職場環境調整義務の内容として、セクハラ行為に関しては、セクハラの対応方針の明確化と従業員に対する周知・啓発、相談体制の確立、セクハラ行為が発生した場合の真相解明等迅速な事後対応などが挙げられている。債務不履行責任構成は、環境型セクハラのうち、加害者が特定不能の場合、事業関連性が立証できない場合（「三重県厚生農協連合会事件」：個人的行為であるとして業務関連性を否定）など使用者責任（不法行為責任）が問い得ない場合に有用な手段となりうる。

　事業主としては、「指針」の遵守や、セクハラ行為の明確な禁止および従業員に対する周知徹底、苦情処理体制の整備、セクハラ行為が発生し

た場合の対応をあらかじめ定めることが必要である。実際に定められた
対応を適切に行った場合には、過失相殺や加害者との求償割合で有利と
なることが期待できる。

（6）労災認定

　職場でのセクハラ行為によって被害者が精神的なショックからPTSD
（心的外傷後ストレス障害）等の重篤な精神的被害を被ったことを認定
する裁判例もある（東京地判平成13年11月30日判時1796号121頁、広
島地判平成15年1月16日判タ1131号131頁、神戸地判尼崎支部平成15
年10月7日労判860号89頁）。厚生労働省は、平成17（2005）年から、
行政通達「セクシュアルハラスメントによる精神損害等の業務上外の認
定について」（平成17（2005）年12月1日基労補発第1201001号）にお
いて、①職場でのセクハラは特に社会的に見て非難されるような場合に
は、原則として、業務に関連する出来事として労災認定の対象となる、
②精神障害等の心理的負荷の強度の評価にあたっては、事案の性質によ
っては「心理的負荷が極度のもの」と判断される場合には、その出来事
自体を評価し、業務上外を決定することになるが、それ以外については、
出来事および出来事に伴う変化等について総合的に評価する必要があり、
その際、「出来事に伴う変化等を検討する視点」の項目中、特に「指針」
で示された事業主が雇用管理上の義務として配慮すべき事項について検
討することになる。具体的には、セクシュアルハラスメント防止に関す
る対応方針の明確化およびその周知・啓発、相談・苦情への対応、セク
シュアルハラスメントが生じた場合における事後の迅速かつ適切な対応
等に着眼し、会社の講じた対処・配慮の具体的内容、実施時期等、さら
には職場の人的環境の変化、その他出来事に派生する変化について、十
分に検討のうえ、心理的負荷の強度を評価する必要がある。被害が極端
に大きい場合はもちろん、そうでなくても被害発生後の職場での対応が
不適切な場合には労災認定の対象とすべきである、としている。
　また、厚生労働省労働基準局長通達「心理負荷による精神障害の認定

基準」（平成23（2011）年12月26日基発1226第1号）の別表「業務による心理的負荷評価表」では、セクハラを受けたことが心理的負荷を与える具体的出来事として挙げられている。

その中では、心理的負荷の程度として、たとえば、「○○ちゃん」等のセクハラに当たる発言をされた場合や職場内に水着姿の女性のポスター等を掲示された場合は「弱」、胸や腰等への身体接触を含むセクハラであっても、行為が継続しておらず、会社が適切かつ迅速に対応し発病前に解決した場合は「中」、胸や腰等への身体接触を含むセクハラが継続して行われた場合や、身体接触はないが人格を否定するような文言を含む性的な発言が継続して行われた場合は「強」、等と具体的に規定されている。

（7）セクハラ対策として事業主が雇用管理上講ずべき措置

均等法11条は、事業主のセクハラ対応策としての雇用管理上必要な措置を講じる義務を定めている。均等法11条および「指針」によれば、事業主の具体的対策の実施は措置義務となり、また派遣労働者や同性の労働者に対するセクハラも対象となる。LGBTなど性的少数者に対するものもセクハラになる。なお、セクハラについては企業名公表制度の対象となる。

指針が定める雇用管理上必要な措置は、次のとおりである

1）事業主の方針の明確化およびその周知・啓発

① 職場におけるセクシュアルハラスメントの内容、セクシュアルハラスメントがあってはならない旨の方針を明確化し、管理・監督者を含む労働者に周知・啓発すること

② セクシュアルハラスメントの行為者については、厳正に対処する旨の方針・対処の内容を就業規則等の文書に規定し、管理・監督者を含む労働者に周知・啓発すること

2）相談（苦情を含む）に応じ、適切に対応するために必要な体制の整備

③　相談窓口をあらかじめ定めること

④　相談窓口担当者が、内容や状況に応じ適切に対応できるようにすること。また、広く相談に対応すること

⑤　妊娠、出産に関するハラスメント、育児休業に関するハラスメントその他のハラスメント等の相談窓口と一体的に、セクシュアルハラスメントの相談窓口を設置し、一元的に相談に応じることのできる体制を整備すること（平成28（2016）年改定）

3）職場におけるセクシュアルハラスメントに係る事後の迅速かつ適切な対応

⑥　事実関係を迅速かつ正確に確認すること

⑦　事実確認ができた場合は、行為者および被害者に対する措置を適正に行うこと

⑧　再発防止に向けた措置を講ずること（事実が確認できなかった

Column　コーヒーブレイク

《セクシュアルハラスメント紛争の増加と高額化する賠償額》

　近年、セクハラ相談や裁判も増加する傾向にあり、裁判で高額な損害賠償額が認められるようになってきた。セクハラの損害賠償の裁判で認容された賠償金額は、1999年ごろまでは354万円余であった（「京都ビデオ盗撮事件」約354万円、東京地判平成11年4月2日判決300万円）。しかし、セクハラ被害に対する社会認識の変化や、裁判上の請求額の増加等により、認容金額も年々高額になってきている。たとえば、750万円（「大学院生が指導教官である助教授から性的嫌がらせを受けた事件」仙台地判平成11年5月24日労判770号129頁）、1,100万円（「元知事が知事選の選挙運動中にアルバイト女性運動員に強制わいせつ行為を行った事件」大阪地判平成11年12月23日判時1735号96頁）、1,528万円余（「2名の女性従業員に対する損害賠償」岡山地判平成14年5月15日労判832号54頁）となっている。

　今後は、事業主のリスク管理・コスト管理等の観点からも、「指針」に則った十分なセクハラ対策が不可欠である。

場合も同様）
4）1）から3）までの措置とあわせて講ずべき措置
　⑨　相談者・行為者等のプライバシーを保護するために必要な措置
　を講じ、周知すること
　⑩　相談したこと、事実関係の確認に協力したこと等を理由として
　不利益な取扱いを行ってはならない旨を定め、労働者に周知・啓
　発すること

4　職場でのパワーハラスメント（パワハラ）

（1）パワハラの意義・具体例

① 意義

　セクハラは男女雇用機会均等法で、マタハラは育児・介護休業法など
で、企業に防止措置義務が課されているが、パワハラには法律（制定法）
上の定義はなく、2012年1月30日に公表された厚生労働省の「職場のい
じめ・嫌がらせ問題に関する円卓会議ワーキング・グループ」の報告（以
下「円卓会議報告」という）にて定義づけられていたのみであった。令
和元（2019）年5月29日、女性をはじめとする多様な労働者が活躍でき
る就業環境の整備のための法改正が行われ、パワハラについては、事業
主に対してパワハラ防止のための相談体制の整備その他の雇用管理上の
措置を義務づけることなどを柱とした労働施策総合推進法の改正案が可
決・成立した（大企業は令和2（2020）年6月1日から、中小企業は令
和3（2021）年4月1日から施行される）。労働施策総合推進法において、
パワハラとは「職場において行われる優越的な関係を背景とした言動で
あって、業務上必要かつ相当な範囲を超えたものによりその雇用する労
働者の就業関係が害されるもの」と定義づけられている。

　改正労働施策総合推進法では、以下のようにハラスメント対策の強化
が行われている。

　①　国の施策に「職場における労働者の就業環境を害する言動に起因

する問題の解決の促進」（ハラスメント対策）を明記する。

② パワハラ防止対策の法制化

　ア　事業主に対して、パワハラ防止のための雇用管理上の措置義務
（相談体制の整備等）を新設し、あわせて、措置の適切・有効な実
施を図るための指針の根拠規定を整備する。

　イ　パワハラに関する労使紛争について、都道府県労働局長による
紛争解決援助、紛争調整委員会による調停の対象とするとともに、
措置義務などについて履行確保のための規定を整備する。

② 具体例

円卓会議報告では、パワハラに当たりうる行為類型として、図表4-3
-1のものが挙げられている（ただし、当たりうる行為のすべてを網羅
するものではない）。

図表4-3-1 ● パワハラに当たりうる行為類型

①身体的な攻撃	暴行・傷害
②精神的な攻撃	脅迫・名誉毀損・侮辱・ひどい暴言
③人間関係からの切り離し	隔離・仲間はずし・無視
④過大な要求	業務上明らかに不要なことや遂行不可能なことの強制、仕事の妨害
⑤過小な要求	業務上の合理性なく、能力や経験とかけ離れた程度の低い仕事を命じることや仕事を与えないこと
⑥個の侵害	私的なことに過度に立ち入ること

パワハラの概念とは、上述のように①優越的な関係に基づいて、②業
務の適正な範囲を超えて、③身体的もしくは精神的な苦痛を与えること、
または就業環境を害すること、の3要素をすべて満たすものとされてい
る。パワハラの行為類型の典型的なものとしては、以下の類型が考えら
れるが、行為態様が以下の類型に当たるとしても、上記3要素のいずれ
かを欠く場合には、パワハラに当たらない場面がある。

（2）違法なパワハラに当たるか否かの判断基準

パワハラについては、正当な業務命令や社員教育との区別が難しいが、「業務の適正な範囲を超える」ものであるかどうかが1つの判断基準となる。

図表4-3-1の円卓会議報告における具体例のうち、①については、業務の遂行に関係するものであっても、「業務の適正な範囲」に含まれるとすることはできない。

次に、②と③については、業務の遂行に必要な行為であるとは通常想定できないことから、原則として「業務の適正な範囲」を超えるものと考えられる。

一方、④から⑥までについては、業務上の適正な指導との線引きが必ずしも容易でない場合があると考えられる。こうした行為において何が「業務の適正な範囲を超える」かについては、業種や企業文化の影響を受け、また、具体的な判断については、行為が行われた状況や行為が継続的であるかどうかによっても左右される部分もあることから、各企業・職場での認識をそろえ、その範囲を明確にすることが望まれる。

（3）裁判例

① **「関西電力事件」**（最三小判平成9年9月5日労判680号28頁）

特定の政党員やその同調者であるとの理由で会社が職制等を通じて当該労働者を継続的に監視する体制をとり、他の従業員に接触しないように働きかけて職場内で孤立させ、退職届を強要した行為に対し、「職場における自由な人間関係を形成する自由を不当に侵害」し、当該労働者の名誉とプライバシーを侵害するとして、会社の不法行為責任を認めた。

② **「誠昇会北本共済病院事件」**（さいたま地判平成16年9月24日労判833号38頁）

先輩看護師から約3年にわたり継続的にいじめを受けたことを苦に自殺した事件で、先輩看護師に対して不法行為責任、使用者に対

しては、いじめの存在が認識可能であったのにいじめを防止する措置を採らなかった安全配慮義務違反の債務不履行責任を認めた。

③ **「トナミ運輸事件」**（富山地判平成17年2月23日労判891号12頁）

　　大手貨物運送会社の社員が、自社を含む大手運送会社が最高運賃を一律にして顧客争奪を禁止する闇カルテルを結んでいたことを新聞社等に告発したところ、会社は運輸省（当時）から厳重警告をされたため、これに対する報復として、約28年間にわたり告発社員を昇進させず、不利益な異動を命じて6畳程度の個室に隔離したうえで雑務に従事させ、この間上司から毎日のように退職勧奨が行われたという事例で、使用者が雇用契約の付随義務として負う「合理的な裁量の範囲で人事権を行使すべき義務」を逸脱したとして、使用者の債務不履行責任を認めた。

（4）加害者・事業主の責任

① 加害者の責任

　セクハラと同様、加害者については民事上は不法行為責任が成立し、懲戒事由ともなりうる。刑事上は暴行罪、傷害罪、脅迫罪、名誉毀損罪、侮辱罪等が問題となりうる。

② 事業主の責任

　セクハラと同様、使用者責任と債務不履行責任が問題となりうる。雇用契約上の職場環境配慮義務違反が根拠とされる。その具体的内容は、「事業者またはその事業者に雇用されている者から就業環境が著しく害され、これに対する企業側の有効な改善措置がない」こととされる。

③ 労災認定

　セクハラと同様、「心理的負荷による精神障害の認定基準」の別表「業務による審理的負荷評価表」には、「（ひどい）嫌がらせ、いじめ、又は暴行を受けた」ことが心理的負荷を与える具体的な出来事として挙げられている。

④ 事業者が雇用管理上配慮すべき事項

　セクハラとパワハラとは、両者は、職場内で継続的に行われるいじめである点では共通することから、セクハラ指針が参考となる。すなわち、

　ア）事業主のパワハラに対する方針の明確化（マニュアルを作成配布したり、就業規則等に規定）、および事業所内での周知徹底

　イ）相談窓口の設置と対応

　ウ）パワハラが発生した場合の事実関係の把握、関係者の処分、労働環境の回復等の迅速な対応

が求められる。

　また、労働施策総合推進法の令和元（2019）年改正により、事業主は、パワハラ防止のため相談体制の整備等、雇用管理上の措置を講じることが義務化された。

Column **知ってて便利**

《労働事件の訴訟以外の解決手続……労働局のあっせんと労働審判》

　労働事件の通常訴訟は、解決するまでに長期間を要することが多い。労働紛争の迅速な解決手段として多く利用されている制度に、都道府県労働局によるあっせん手続と、裁判所による労働審判制度がある。

　あっせん手続とは、都道府県労働局に設置された紛争調整委員会による手続であり、個別労働紛争全般について個々の労働者と事業主との間の紛争を対象として、話し合いにより紛争を解決することを目的とする非公開の調整的手続である。

　労働審判制度とは、裁判所が関与する労働紛争の解決システムであり、「労働契約の存否、その他の労働関係に関する事項について個々の労働者と事業主との間に生じた民事に関する紛争」（労働審判法１条）を対象とする。ただし、労働組合関係や多数労働者が当事者となる複雑な差別事件などには、この労働審判制度は適用されないことになる。労働審判制度は平成18（2006）年４月より開始され、中央労働委員会の集計資料によると、では、労働審判事件の新受件数は2015年は3,713件、2016年は3,303件、2017年は3,338件となっている。

　労働局のあっせん手続は、上記統計資料によると、2015年は4,775件、2016年は5,123件、2017年は5,021件となっている。

　あっせん制度は、当事者からの申請があった場合に、被申請人への参加および不参加の意向を確認する。参加の意向が示された場合にはあっせんが行われ、期日においてあっせん委員が送付から事情を聴取し、主張の要点を確かめ、実情に即して事件を解決する。1回の期日であっせん期日が終了し、当事者が出席した事件のおよそ7割程度において和解が成立するといわれている。成立しない場合には手続は打ち切りとなり、労働審判等、別の紛争解決手続を利用することになる。

　労働審判は、裁判官が関与して審判官となり、専門の審判員2名との3名で労働審判委員会として事件の審理に携わり、審理は3期日以内で終了する。その間に調停が試みられるが、調停が成立しないときには労働審判が下されることになっている。そして、その審判に不服がある当事者は2週間以内に異議の申立てをすることができるが、審判には裁判上の和解と同等の効力が認められており強制執行ができる。

　労働審判に異議がなされた場合には、労働審判は効力を失い、労働審判手続の申立てのあったときに訴えの提起があったものとみなされる。この労働審判は都道府県労働局のあっせんのように手続に応じなくてもよいわけではなく、また民事調停やあっせんのように調停案やあっせん案にのらなければ審判が下され、審判委員会による一定の判断が出ることになる。

　その審判には異議を述べることができる。異議によって裁判手続に移行した場合は、すでになされた争点整理や証拠調べの結果は活用できる等の点で、労働審判における主張立証の準備は、その後の事件の解決に資することとなる。

　このように労働審判は短期間に主張、立証の準備をし、期日において、適切な主張・立証活動を行うことが必要であるため、裁判所は、当事者双方が法律の専門家である弁護士を代理人に選任することを推奨している（裁判所ホームページ）。他方、あっせん手続は、弁護人が代理人になることを要しないので、当事者本人のみ出席することも、会社の人事担当者や社会保険労務士が会社当事者・代理人として出席することも可能である。迅速な解決のため、事案に即して適切な紛争解決手続を採用することが大切である。

第 4 節 使用者責任

学習のポイント

◆労働者が事業を遂行するにあたって第三者に不法行為を行った場合の使用者の責任の有無、内容について理解する。

1 使用者責任の意義

使用者責任（民法715条）とは、被用者が使用者の事業の執行について第三者（同僚である被用者も含む）に対して損害を被らせた場合に、使用者が負担すべき損害賠償責任である。

使用者責任は、使用者と労働者との間の労働契約関係により生じるものではないが、従業員の不法行為について会社が責任を負う場合であるから、雇用に関する法務に位置づけられる。

使用者責任は、従業員が「会社外の第三者」に対して損害を与えた場合にも用いられるが、従業員が「会社内の他の従業員（同僚）」に対して損害を与えた場合にも用いられる。そのため、最近では、セクシュアルハラスメントやパワーハラスメントで被害を受けた労働者がセクシュアルハラスメントやパワーハラスメントをした従業員だけではなく、会社の責任追及をするための理論構成としても用いられる。

2 使用者責任の根拠

使用者がみずから不法行為をしたわけではないのに被用者の不法行為について損害賠償責任を負う根拠は、「報償責任の法理」または「危険

責任の法理」とされている。「報償責任の法理」とは、使用者が他人を使用して自己の活動領域を拡大することで多くの利益を収めるのであるから、「利益の存する所に損失も帰属させるべし」とする法理である（最判昭和63年7月1日民集42巻6号451頁）。「危険責任の法理」とは、使用者の活動領域の拡大により損害発生の危険も増大することから、「危険を支配する立場にある者が責任を負うべし」とする法理である。報償責任の法理や危険責任の法理によれば、使用者責任における使用者の免責は容易には認められなくなり、事業活動の拡大に伴う企業責任の強化という社会的要請に適合する。実際上も免責が認められた事例はほとんどなく、事実上無過失責任に近い運用がなされている。

3 使用者責任の要件

使用者責任の成立要件は以下の①〜④である。要件ごとに、問題点を解説する。

① 使用者と現実の不法行為者との間に使用関係があること
② 被用者の加害行為が「事業の執行について」なされたこと
③ 被用者が第三者に対して加害行為を行ったこと
④ 使用者に免責事由がないこと（選任監督上の過失がないこと等）

① 使用関係の存在について

雇用契約が典型であるが、契約関係の存在は不可欠ではない。ただし、両当事者に実質的な指揮監督関係があることが必要である。たとえば、請負人は原則として注文者から独立して活動することから使用関係は生じない（民法716条）。

ただし、下請負の場合、元請負人から現場監督が派遣されて、元請負人の設備機械を使用し元請負人の指揮監督に従うなどの具体的事実があれば、元請負人と下請負人との間に使用関係ありと認められる場合がある。

② 「事業の執行について」の要件について：外形標準説

使用者責任の根拠である報償責任の法理からすると、使用者が被用者

の加害行為につき責任を負う範囲は、被用者の加害行為が使用者の事業の範囲内と認められる場合に限られる。そこで、加害行為が使用者の事業の範囲内といえるためには、(a) 加害行為が被用者の本来の業務と一定の関連性を有すること、(b) 被用者の職務の範囲内にあることが必要である。(a) は使用者の本来の事業だけでなく、密接不可分の関係にある業務、および付随業務も含まれ、緩やかに解されている。

(ア) 外形標準説

問題は、(b) の被用者の職務の範囲内か否かの判断基準である。これを使用者と被用者の内部関係（内規等）で判断すると、被害者から見て内部関係の有無は明確でないのに、被用者の不当な業務執行や私利を図るための職権濫用行為が常に職務範囲外となり使用者責任を追及できない不都合がある。そこで、判例は、「被用者の職務執行行為そのものには属しないが、その行為の外形から客観的に観察して、あたかも被用者の職務の範囲内に属するとみられる場合であればよい（外形標準説）」とした。

(イ) 判例の外形標準説の妥当範囲

外形標準説は、被用者が積極的に取引に関与する場合（取引的不法行為）だけでなく、自動車事故のように取引行為が介在しない場合（事実的不法行為）にも適用されている（最判昭和39年2月4日民集18巻2号252頁「会社所有の車を内規に反して私用中に事故を起こした場合」）。また、取引的不法行為に関しては、職権濫用事例のみならず職権逸脱の場合にも適用があるとされている。

ただし、外形標準説の趣旨は、取引行為の外形に対する相手方の信頼保護にあるから、行為の相手方が、被用者の権限濫用、職権逸脱を知っていた場合や知らなかったことに重過失のある場合には使用者責任を問いえない（最判昭和42年11月2日民集21巻9号2,278頁）。

③ 被用者の第三者に対する加害行為

被用者の加害行為の相手方は、同じ使用者に雇われている他の被用者も含まれる。また、被用者の加害行為自体が一般不法行為（民法709条）の成立要件を充足することが必要である（裁判例・通説）。

④ 免責事由の不存在

まず、「使用者が被用者の選任およびその事業の監督について相当の注意をした」（選任監督上の無過失）ことを使用者が立証した場合には免責される。しかし、この免責がほとんど認められないことはすでに述べた。なお、公権力の行使に当たる公務員の不法行為に関する国家賠償法1条では、国または公共団体についてこの免責事由を認めていない。

次に、「相当の注意をしても損害が生ずべきであった」ことを使用者が立証した場合にも免責されるが、それには、その損害の発生が不可避であることが明確なことを立証する必要があり、容易には認められない。

4 賠償責任と求償関係

① 賠償責任者

使用者責任に基づき損害賠償責任を負うのは、使用者と代理監督者である（なお、使用者には法人も含まれる）。代理監督者は現実の監督関係の存在が必要であり（裁判例・通説）、工場長、営業所所長、現場監督者がこれに当たる。

なお、使用者や代理監督者が賠償責任を負う場合、被用者が自己の不法行為責任を免れるわけではない。この場合、両者は被害者に対して全額の賠償責任を負う関係に立ち、いずれかが賠償金を支払えば、その限りで免責される（不真正連帯債務）。

② 求償関係について

民法715条3項は、使用者や代理監督者の被用者に対する求償権を認めており、使用者責任の性質を代位責任とみれば、最終的に不法行為責任を負う被用者に求償ができるのは当然ということになる。

（ア）求償権の制限されるべき場合

使用者責任の根拠である報償責任や危険責任の法理からすれば、企業活動の過程で発生した損害をすべて被用者に負担させるのは妥当でなく、信義則上、使用者の求償権の行使を制限すべき場合がある。

　たとえば、使用者が被用者の起こした交通事故により使用者責任を負い、会社の車も損害を被った場合に、被用者に対する求償および賠償の請求が信義則上制限されることを認めた最高裁裁判例がある（最判昭和51年7月8日民集30巻7号689頁）。これによると、「使用者はその事業の性格、規模、施設の状況、被用者の業務の内容、労働条件、勤務態度、加害行為の態様、加害行為の予防もしくは損失の分散についての使用者の配慮の程度その他諸般の事情に照らし、損害の公平な分担という見地から、信義則上相当と認められる限度において、被用者に対し右損害の賠償または求償の請求をすることができる」とした。

(イ) 使用者責任と共同不法行為責任とが交錯する場合の求償関係

　被用者と第三者との共同不法行為によって損害が発生した場合に、判例は、報償責任を根拠として、「使用者と被用者とは一体をなすものとみて、第三者との関係においても使用者は被用者と同じ内容の責任を負うべきもの」として、先に全額賠償した第三者は被用者の過失割合に基つく負担部分について使用者に求償しうるとした（最判昭和63年7月1日民集42巻6号451頁）。

　この理は、共同不法行為の各加害者の使用者が賠償責任を負う場合の使用者相互の求償についても妥当とし、平成3年判決（最判平成3年10月25日民集45巻7号1,173頁）は、使用者の一方が自己の負担部分を超えて損害を賠償した場合には、その超える部分について、使用者の他方に対し求償できるとした。

　さらに、本事案では、加害者2名のうち1名については使用関係が二重になっており、2社が使用者の立場にあったところ、上記平成3年判決は、これら2社相互間の求償について、各使用者の負担部分の割合は、「加害行為の態様およびこれと各使用者の事業の執行との関連性の程度、加害者に対する各使用者の指揮監督の強弱などを考慮して決めるべきものである」とした。

　なお、被用者に対する求償の問題については、使用者と被用者との内部関係の問題であり、使用者間の求償について考慮すべきではないとした。

第4章　理解度チェック

次の設問に、○×で解答しなさい（解答・解説は後段参照）。

---

1 勤労者には団結権が保障されているが、勤労者というのは日本人に限られる。

2 使用者が雇用している労働者が、他の雇用している労働者にけがをさせた場合には、双方とも雇用しているので、使用者責任は発生しない。

3 労働者は、労務提供先のみならず、管轄する行政官庁や外部の第三者に対して、選択で公益通報をすることができ、その要件に違いはない。

4 「公益通報者保護法」は、企業の犯罪行為や不祥事の公益通報者を保護するための法律であるが、具体的には公益通報者が会社から不当な解雇や処分をされてもそれを保護することを目的としており、労働法の特別法的な色彩が強い。

5 パートタイム労働者と正社員が同じ仕事をしていれば、使用者は、同一労働同一賃金の原則に基づき常に同一の賃金を支払う義務がある。

6 請負契約の形式で、実際には請負人が注文者の指揮命令下で労務を提供する場合は実質的な派遣であり、偽装請負という。

7 セクハラの場合には、加害行為者は男性に限られており、被害者は女性に限られている。

8 過大な要求はパワハラの可能性があるが、過小な要求であれば、パワハラには該当しない。

第4章 理解度チェック

1 | ×
憲法28条は、勤労者の団結する権利を保障するが、勤労者は、日本人に限られず外国人も含まれる。

2 | ×
雇用している労働者（加害者）が他の雇用している労働者（被害者）にけがをさせた場合、加害者の労働者に不法行為責任（民法709条）が発生することになり、その雇用主は加害労働者の使用者であり、民法715条により被害者である労働者に対して損害賠償義務を負う。

3 | ×
公益通報は、労務提供先、所管する行政官庁、外部の第三者の3つがあるが、それぞれ要件が決められており、労働者はその要件を満たした場合にのみその通報先に公益通報することができる（公益通報者保護法3条）。

4 | ○

5 | ×
パートタイム労働者と正社員とで差別的取扱いを禁止されるかどうかは、職務内容が同じであっても、その他職務内容・配置の変更の範囲が同じことを要するので、同じ仕事をしているからといって同じ賃金が保障されるというわけではない。

6 ○
労働者派遣を回避するために請負契約の形態をとって、実質的には労働者派遣として、注文者の指揮命令下で労務を提供する場合は、偽装請負といい、違法である。

7 ×
男女雇用均等法の改正によりセクハラの被害者は、女性に限定されず男性も被害者になりうる（均等法11条）。また、加害者の性別は異性に限定されてはいない。

8 ×
過小な要求であっても、本人の能力や経験とかけ離れた要求であって、退職を目的とするものであれば（個室へ閉じ込めて何も仕事をさせない等）、パワハラに該当する。

| 参考文献 |

厚生労働省「労働契約法の施行について」（平成24年8月10日基発0810第2号）、2012年

厚生労働省「事業主が職場における性的な言動に起因する問題に関して雇用管理上講ずべき措置についての指針」（平成18年度告示第615号）、2006年

厚生労働省「セクシュアルハラスメント事案に係る分科会報告書」精神障害の労災認定の基準に関する専門検討会・セクシュアルハラスメント事案に係る分科会、2011年

厚生労働省「心理的負荷による精神障害の認定基準」及び「業務による心理的負荷評価表」（平成23年12月26日厚生労働省労働基準局）、2011年

厚生労働省「職場のいじめ・嫌がらせ問題に関する円卓会議ワーキング・グループ報告」2012年

厚生労働省雇用環境・均等局「ハリーハラスメントの定義について」「パワーハラスメント及びセクシュアルハラスメントの防止対策等について」2018年

厚生労働省リーフレット「平成27年労働者派遣法改正法の概要」2015年

厚生労働省リーフレット「働き方改革〜一億総活躍社会の実現に向けて〜」2019年

厚生労働省リーフレット「平成30年労働者派遣法改正の概要〈同一労働同一賃金〉」2018年

厚生労働省労働基準局編『平成22年版 労働基準法 上巻・下巻』労務行政、2011年

厚生労働省労政担当参事官室編『労働組合法　労働関係調整法〔五訂新版〕』労務行政、2006年

消費者庁リーフレット「公益通報ハンドブック」2017年

菅野和夫『労働法〔第十一版補正版〕』弘文堂、2017年

消費者庁消費者制度課編『逐条解説 公益通報者保護法』商事法務、2016年

高崎真一『コンメンタール パートタイム労働法』労働調査会、2008年

契約法務の基礎

この章のねらい

　契約法務（契約書の作成、契約の審査・管理、契約交渉および契約をめぐる紛争の処理）の基礎として重要なのは、契約に関する基本ルール（契約法）を知ることである。そこで第5章は、契約法の基礎知識の解説からスタートし、次いで基本的な契約（秘密保持、売買、請負、委任、賃貸借、消費貸借）に関する契約法の基礎知識を学ぶ。

　「契約法」の根幹をなす民法の債権関連分野については、約120年ぶりに全般的な見直しが行われた（民法の一部を改正する法律。令和2（2020）年4月1日施行。以下「改正民法」という）。

　改正民法では、目的物に不具合がある場合の債務不履行責任の考え方が「瑕疵担保責任」から「契約不適合責任」に変更される等、多くの契約にかかわる法改正がなされているので要注意である。

　第1節は契約一般に妥当する基礎知識を主たる対象とし、第2節は契約類型ごとの基礎知識を主たる対象とする。第3節として、契約書に関する印紙税法の基礎知識と国際取引契約の交渉の進め方等にもふれる。

　※本章で、単に条数のみを表示する場合は、民法の条文を指す。

第 1 節 契約法の基礎

学習のポイント

◆本節では、契約法の一般的な基礎知識（重要ポイント）を学ぶ。

◆契約法を含め法令の規定には、強行規定（これに反する約定は無効）と任意規定（これに反する約定は原則として有効）とがある。

◆契約で定められていない事項については、契約法の任意規定が適用されうる（任意規定の補充的適用）ことを理解する。したがって、契約法の任意規定は、強行規定と同様に、契約法務（契約書の作成、契約の審査・管理、契約交渉および契約をめぐる紛争の処理）にとってきわめて重要なものである。

1 契約と契約書

（1）契約

契約とは、当事者が交わした約束（当事者の合意）のうち、法的な拘束力が与えられるものをいう。契約とは単なる約束（合意）ではなく、民法が定める法律上の制度であることに注意する必要がある。契約の場合は道徳的に「約束を守れ」というだけではなく、国家権力を使って強制的に約束の内容を実現したり、損害賠償金を取ることもできる。このような法的拘束力が生ずるところに法律上の制度としての契約の意味がある。そして、このような制度が確立すると、いちいち裁判に訴えなくとも相手はその伝家の宝刀を恐れて簡単には約束を破らなくなるだろう。つまり、道徳の力だけでは取引秩序を維持していくことが難しいので契

約という法制度があるということができる

（2）契約書

　契約の成立には原則として書面は要求されない（契約は口頭でも成立
する）。例外として、書面（または電磁的記録）の作成が契約の効力発生
要件とされているものもある。たとえば保証契約（民法446条2項、た
だし、電磁的記録でもよい（同法446条3項））、労働協約（労働組合法14
条）、小作契約（農地法21条）などである。しかし、こういう場合でなく
ても、企業間では、継続的な契約が多いこともあり、重要な契約につい
ては契約書が作成されることがほとんどである。

　契約書の標題（タイトル）に「契約」という言葉が入っていない契約
書もある。たとえば協定書、合意書、確認書、覚書、念書、証というタ
イトルの契約書である（いかなるタイトルであっても契約書として成立
しうるし、契約の種類はその契約内容で決定するのでタイトルに依存す
ることはない）。

・契約を書面にすること、つまり契約書の作成により、契約の成立と
　内容の確認および立証の機能、契約内容の統制と対外的開示の機能、
　紛争処理規範としての機能などが向上する。
・契約書を公正証書にしておくと、真正に成立した文書であると推定
　されるため、その契約成立・内容につき強い証拠力がある。なお、
　公正証書による契約書中に債務不履行の際は強制執行を受けても異
　議がない旨の文言が定められているときは、裁判をせずにその公正
　証書だけで、直ちに強制執行できる。→第8章第1節**1**〜**3**
・確定日付という制度もある。確定日付とは、契約書等の文書につい
　て、その作成された日に関する完全な証拠力があると認められる日
　付をいう。通常は、公証人役場で文書に確定日付の押印を受ける方
　法による。→第8章第1節**9**

2 契約の種類

（1）典型契約と非典型契約

　民法は13種類の契約類型について規定している（第3編第2章「契約」第2節〜第14節、549条〜696条）。この13類型は典型的な契約類型という意味で、典型契約と呼ばれてきた（それ以外の契約は非典型契約といわれる）。しかし、この13類型は今日の社会を念頭に置いているわけではないので、現在これらを典型契約と呼ぶことは適切とはいえないかもしれない。これ以外にも、たとえばライセンス契約、共同開発契約、販売代理店契約、フランチャイズ契約、リース契約、出資契約、製作物供給契約など、重要な契約類型も数多く存在しているからである。なお、商法等の特別法に規定されている運送契約、保険契約なども典型契約と呼ばれることもある。

（2）双務契約と片務契約

　当事者の双方に対価的な関係のある債務が発生する契約が双務契約であり、売買や請負などがこれに当たる。片務契約は当事者の一方のみに債務の発生する契約で、贈与が典型である。

（3）有償契約と無償契約

　経済的な反対給付の有無による区別である。通常は、双務契約、片務契約の区別に対応している（売買は有償契約であり、贈与は無償契約）。しかし、双務契約は常に有償契約であるが、有償契約がすべて双務契約とは限らない。たとえば、利息付き消費貸借は有償契約であるが、片務契約である。

（4）要物契約と諾成契約

　契約の成立要件に関する区別である。成立のために目的物の授受が必要な契約が要物契約であり、当事者の合意のみで成立するのが諾成契約

である。

3 契約の解釈

　契約が有効に成立しても、当事者が定めなかった契約条件を事後的に補う必要が生じうるし、また当事者が明示的に合意していても、合意内容があいまいで意味がはっきりしない場合もある。このようなとき、契約の解釈によって契約内容を確定することになる。当事者間で契約の解釈について争いがある場合には、最終的には裁判官が行うことになる。契約の解釈のうち、当事者が契約で定めていない事項についての解釈は、契約の補充的解釈と呼ばれ、補充するための基準として、慣習（民法92条）や任意規定（同法91条）、さらに条理、信義則（同法1条2項）がある。

（1）慣習と任意規定

　民法92条によると、法令中の任意規定（「公の秩序に関しない規定」）と異なった慣習があり、法律行為（契約など）の当事者が、その慣習による意思を有しているものと認められるときはその慣習に従うとしており、慣習が任意規定に優先して適用されると解釈することができる。契約の解釈においては当事者が反対の意思を表示していない限り、まず慣習が適用されると解すべきであろう。なお、商事に関しては商法1条2項が「商事に関し、この法律に定めがない事項については、商慣習に従い、商慣習がないときは民法の定めるところによる」と定めている。すなわち、商事に関しては、商慣習が民法の規定に優先すると明定している。商事に関しては、商慣習は、経済的合理性を有し、民法よりも、よりよく適合すると考えられるからである。

（2）任意規定の補充的適用

　上述のように、契約で定められていない事項については、慣習が適用

され、次いで任意規定が適用されることになる（任意規定の補充的適用）。要するに「契約」は目に見える部分（「契約書」等）だけでなく、任意規定等も契約の構成部分の1つであると考えなければならないのである。

→図表5-1-1

図表5-1-1 ●契約と任意規定

〈外見上の（目に見える）契約〉　　　　　〈契約の全体〉

基本契約 第1条 第2条 第3条 ・ ・ ・ 氷山の一角　甲　　　　　　　印 　　　　　　乙　　　　　　　印 個別契約	基本契約 第1条 第2条 第3条 ・ ・ ・ 　　　　　　甲　　　　　　　印 　　　　　　乙　　　　　　　印 個別契約
（注意点） 「契約」は目に見える部分（「契約書」等） だけでなく、右の水面下の部分（「任意規 定」）も構成部分の1つであることを忘れ てはならない。	慣習
	民法・商法等の 「任意規定」の補充的適用
	条理・信義則

4　契約に関する基本ルール

　契約に関する基本ルールを定める法律として、契約法がある（契約法については本節**5**参照）。契約に関する基本ルールを理解せずに十分な契

約の作成・審査等の契約法務を行うことは不可能である。契約法の知識なく契約書の作成・審査等を行うのは、海図なく大海を航海するに等しい。

・契約自由の原則とその修正

　どんな契約をしようと自由である。これが契約自由の原則である。近代法においては、すべての人は自由な意思の持ち主であることを前提としており、契約自由の原則は近代私法の原則の1つである。もっとも、この原則は無制限ではなく、たとえば、強行規定や公序良俗に反する契約は効力を有しない。民法は、契約自由の原則を前提にしている（民法521条、522条2項）が、この原則は、現在では、経済法、社会法、消費者法等により修正され、多くの制限が加えられている。これら「契約自由の原則の制限」が加えられた趣旨は、情報・交渉力格差のある社会的弱者を、一方的な契約条件による不利益から保護することにある。

　　＊企業取引において契約が不適切であったために、企業が大きな損害を受けることがある。契約は基本的には契約自由の原則に基づき当事者間で自由に定めうるので、大きなリスクを負わされる契約も企業間取引においてはほとんどの場合、有効に成立する。そして、契約は法的拘束力を有し、契約の履行は法令の場合と同じく裁判所により強制しうるものだけに、契約は企業にとっては法令と同等のものと考え、契約を遵守しなければならない。この点からも契約法務（契約の作成・審査・管理を含む）が重要となる。一方、契約法務にはこのようなリスクが不相当に大きい契約の締結の予防や契約違反の防止にとどまらず、違法にならない範囲でできるだけ自社に有利な内容の契約を結ぶように管理する業務も含まれており、これも重要な業務である。そのためにも契約法の理解が必要である。

5　契約法

　わが国には契約法という名称の法律（法典）はないが、民法および商法の中の契約に関する規定が制定法としての契約法といえる。民法では第1編「総則」（1条～169条）、第3編「債権」第1章「総則」（399条

～520条の20)、同第2章「契約」(521条～696条) などであり、商法では第2編「商行為」(501条～683条) などであるが、とりわけ民法の各規定が重要な意味を持つ。商法や会社法の規定は民法の特別法として、会社間の契約や会社が一方当事者となる契約など商事に関する契約には、①営利主義、②取引の効率性の確保、③企業活動の維持強化、といった視点から民法に優先して適用される。

現在は民法の特別法として、商法・会社法のほか、消費者契約法、労働契約法、借地借家法等ならびに各種業法といわれるもの (特定商取引法、割賦販売法など) が多く存在する。これらも契約法といえるが、以下では民法の契約法を中心に解説する。

なお、民法の契約法の中では、第1編「総則」第5章「法律行為」(90条～137条) も重要であるが、ここで「法律行為」とあるのは「契約」と読み替えて精読すればわかりやすい (「法律行為」には「契約」のほか、「単独行為」と「合同行為」もあるが、「法律行為」のうち主たるものは「契約」だからである)。

6 契約成立前の段階

企業間では長期の継続的取引契約等のような長い交渉過程のある場合もある。こういう段階では契約法は適用されないのだろうか。一定の段階にまで達した交渉を不当に破棄された場合、契約がまだ成立していないという理由で何ら法的責任を追及できないのか。

これに対しては、下級審裁判例の多くは「契約法を支配する信義誠実の原則」(信義則) (1条2項) が「契約締結の準備段階」においても妥当するとし、最高裁判所も「契約準備段階における信義則上の注意義務」を肯定し、損害賠償責任を認めている。これらの裁判例により、契約交渉段階であっても相手に契約の成立に対する強い信頼を与え、その結果、相手が費用の支出等を行った場合には、その信頼を裏切った当事者は契約準備段階における信義則上の注意義務違反があるとして、相手方の被

った損害を賠償する義務を負うという法準則が確立されたとみてよいだろう*。このほか不動産売買や投資取引などのように価額が高額で、当事者間の情報や専門知識に大きな格差がある場合には、契約締結過程における情報提供義務・説明義務も信義則上、認められることがある。

> *この関連で、契約締結上の過失という概念が用いられることがある。しかし、判例は、契約交渉の不当破棄については、「契約準備段階における信義則上の注意義務」の違反という表現で、責任を肯定することが多い。

7 契約の成立

　民法は、契約は申込みと承諾により成立するという立場をとっている。なお、契約は口頭でも成立する。

- 申込みとよく似たものに「申込みの誘引」がある。「申込みの誘引」とは、それ自体は申込みではなく、他人の申込みを誘うものである。タクシーを事例に挙げると、「空車」の表示を出しながら街を走っているのが「申込みの誘引」に相当する。タクシーに乗りたい人が手を挙げてタクシーを停車させ、「東京駅まで」等と言って行き先を指定する行為が申込みである。運転手が「わかりました」と乗客に告げる行為が「承諾」であり、これで運転手と乗客との間で「旅客運送契約」が成立するというわけである。

- 承諾は申込みとあいまって契約を成立させる意思表示で、申込みの内容をそのまま受け入れる必要がある。条件を付けたり変更を加えたりすると、申込みを拒絶し、新たな申込みをしたものとみなされる（528条）。

- 意思実現による契約の成立

　　申込者の意思表示や取引上の慣習によって、承諾の通知を必要としない場合がある。この場合は、「契約は、承諾の意思表示と認めるべき事実があった時に成立する」（527条）。これを意思実現による契約の成立という。

（1）対話者間の契約の成立

　面談または電話による会話で契約を成立させる対話者間の契約について、民法には規定はないが商法に特有の規定がある。商人間の契約においては、「申込みを受けた者が直ちに承諾をしなかったときは、その申込みは、その効力を失う」（商法507条）とされる。すなわち、商人間の契約（会社間の契約も、これに含まれる）においては、申込みに対し、直ちに承諾しなければ契約は成立しないのである。民間人と商人との契約も商法が適用されるから、他の特別法等の適用がない限りは同様の取り扱いとなる。

　当事者が商人でない場合も、「直ちに」とはいわないまでも、対話の終了までに承諾がなされないと申込みは効力を失うと解されている。

（2）隔地者間の契約の成立

①　改正民法では、申込み、承諾のいずれの意思表示についても到達主義が適用されることとした。通信手段が発達した現代社会において承諾の意思表示が到達しないということはまれであり、発信主義にこだわる必要がないからである（民法97条1項は「隔地者に対する意思表示は、その通知が相手方に到達したときからその効力を生ずる」とする）。承諾の通知がコンピュータ・ネットワーク等を通じて行われる場合（「電子承諾通知」）については、従来から到達主義がとられていた（「電子消費者契約および電子承諾通知に関する民法の特例に関する法律」4条参照）。

②　申込者が承諾の期間を定めて申込みをなした場合は、撤回することができない。ただし、申込者が撤回をする権利を留保した場合はこの限りではない（民法523条）。

③　承諾の期間を定めない申込みがなされた場合は、申込者が承諾の通知を受けるのに相当な期間を経過するまでは、撤回することができない。ただし、申込者が撤回をする権利を留保したときは、この限りでない（525条1項）。対話者に対してした前項の申込みは、そ

の対話が継続している間は、いつでも撤回することができる（525
条2項）。また、対話が継続している間に申込者が承諾の通知を受
けなかったときは、その申込みは、その効力を失う。ただし、申込
者が対話の終了後もその申込みが効力を失わない旨を表示したとき
は、この限りでない（525条3項）。

8　契約の有効性

（1）契約の内容にかかわる有効要件

　契約の内容について4つの有効要件（確定性、実現可能性、適法性、
社会的妥当性の4要件）がある*。この要件を1つでも欠くと契約は無
効となる。

　　*確定性、実現可能性は、明文の規定はないが当然の要件とされている。

① 　確定性

　たとえば、給付内容が確定できない契約は無効である。契約内容のす
べてが確定できる必要はないが、契約の重要な部分が、解釈によってで
も確定できなければならない。

② 　実現可能性

　たとえば、契約成立の時点で目的物が滅失しており履行が不能の場合
は、実現可能性がないから無効である。

③ 　適法性

　契約は適法なものでなければならない。法令の規定には、強行規定と
任意規定の2種類がある。強行規定とは公の秩序に関する規定をいい、
任意規定とは公の秩序に関しない規定をいう。

　任意規定と異なる意思表示は有効であるとされている（91条）（これは
契約自由の原則の現れである）。この反対解釈として、強行規定に反する
内容の意思表示は、不適法であり無効であると解されている。したがっ
て、法令中の規定が強行規定か否かの判断が重要になる。強行規定か否
かが法文上明らかな場合がある。たとえば、借地借家法9条は「この節

の規定に反する特約で借地権者に不利なものは無効とする」と規定しているので、同法第1節（3条～8条）は強行規定であることは明らかである。

　しかし、こういう場合はまれである。これ以外の多くの場合は、規定の趣旨から判断するしかない。その見分け方のポイントは以下のとおりである。

　　○民法総則の規定は、その多くが市民社会での基本的ルールを定めるものだから、強行規定が多い。
　　○債権法の規定は、その多くが当事者がはっきりと決めておかなかった場合のための補充の規定だから、任意規定である。

④　社会的妥当性

　契約の効力を認めることが社会的妥当性を欠く場合である。民法は、公序良俗に反する事項を目的とする契約は無効と定める（90条）。次のような行為を目的とする契約は、これに該当し無効となる。

　　○犯罪にかかわる行為
　　○取締規定に反する行為
　　　　特定の取引を禁止する取締規定違反について適法性、すなわち強行規定か否かの問題として考えるのではなく、公序良俗に反する行為か否かの問題とされ、行為の反社会性に着目して無効とされることもある。証券取引法（現：金融商品取引法）違反のケースなどである。
　　○暴利行為
　　　（例）利息制限法違反
　　○個人の尊厳・男女平等などの基本権に反する行為
　　　（例）企業の定年制における男女差別、労働者の基本的権利を侵害する合意など

（2）当事者にかかわる有効要件

①　自然人

　当事者が自然人である場合、意思能力（有効に意思表示をする能力）と行為能力が必要である。意思能力を欠くと申込みや承諾の意思表示が無効となり、契約は有効に成立しない。行為能力が制限されていると（未成年、成年被後見人など）、意思表示は取り消しうるものとなる。取消権が行使されると、申込みや承諾がさかのぼって無効になる結果、契約も無効となる。意思能力を欠く人の意思表示は無効である（3条の2）。

　また、意思表示を行った時点で意思が欠けていたり、意思表示に瑕疵があると、契約は成立しない場合がある。意思が欠けている場合としては心裡留保（93条）、虚偽表示（94条）があり、いずれも効果は意思無能力と同じ扱いで無効である。錯誤（95条）は、意思が欠けている場合の1つであるが、表意者保護の視点から取り消しうる意思表示として扱われる。意思表示に瑕疵のある場合には詐欺（96条）、強迫（96条）があり、効果は行為能力制限と同じ扱いで、取り消しうる意思表示となる。

② 　法人

　当事者が法人*である場合、法人に権利能力のあること、および法人のために行為する人（理事や代表取締役、支配人等）に代理権（または代表権）のあることが必要である。法人の場合は代表という言葉を使うことも多いが、実質は代理と同じである。

>　*契約の主体となる資格は権利能力であるが、自然人以外に権利能力をもつ主
>　体がある。これは法律上、法的人格の認められたものという意味で法人と呼
>　ばれる。

　当事者が法人の場合、自然人と異なるのは、法人の権利能力の範囲が問題となる点と、法人は自分では行動できないから自然人を代理人にしなければならないという点にある。

〔権利能力の範囲〕

　民法34条は「法人は、法令の規定に従い、定款その他の基本約款に定められた目的の範囲内において、権利を有し、義務を負う」と定める。

　この規定に関して、判例は営利法人については対外的にも内部的にも目的の範囲をきわめて広く解しており、目的の範囲による権利能力の制

限は、営利法人に関しては実際上意味を失っているといってよい。

　他方、非営利法人については、営利法人より厳格に目的の範囲が判断
されるが、特定の行為の対外的効力が問題となる場面では、営利法人だ
けでなく、非営利法人においても、目的の範囲は取引の相手方の保護を
考慮して、できるだけ広く判断されるべきである。学説には法人は法令
の制限内で一般的権利能力をもつと考えたうえで、民法34条の「目的の
範囲」は権利能力の制限ではなく代表権（代理権）の範囲の制限である
と考える説が有力である。

③　商人・会社

　商法・会社法は、商人・会社について、次のような特則を定めている。
企業活動の維持強化制度といえよう（なお、会社は商人であるが、商法
総則は会社以外の商人に適用されるため、会社法総則に同趣旨の規定を
置いている）。

　1）部長、課長、係長等

　　商人（または会社）の部長、課長、係長等、営業・事業に関する、
　ある種類または特定の事項の委任を受けた使用人は、その事項に関
　する包括的代理権を有し、これに制限を加えても、この制限をもって、
　善意の第三者に対抗することができない（商法25条、会社法14条）。
　・商社の物資繊維課洋装品係長が、売買契約締結の対外的代理権を
　　持つかどうかについて、商社間で争われたケースにおいて、係長
　　は商業使用人（手代）に当たり、包括的代理権を有することを認
　　め、契約は有効だとした最高裁判決（裁判平成2年2月22日MBL
　　447. 449号）がある。

　2）物品販売店舗の使用人

　　物品販売を目的とする店舗の使用人は、その店舗にある物品を販
　売する権限があるとみなされる（商法26条、会社法15条）。このよ
　うに、営業主（または会社）が店員に販売権限を与えているかどう
　かに関係なく、当然に代理権があるものとされる。なお、悪意の相
　手方に対しては、このような擬制は働かない（商法26条ただし書、

会社法15条ただし書)。

④　代理人

代理人を使って契約する場合は代理人に代理権があり、その行為が代理権の範囲内であることが必要である。代理権のない行為や代理権の範囲を超えた行為の効果は、原則として本人に帰属しない。→本節22

9　有効要件を欠く場合の効果

契約の有効要件が欠ける場合の効果は、本節8で述べたとおり、無効か取消しである。

(1) 無効と取消し

無効とは、客観的に見て契約が法的効力を与えるにふさわしくない場合である。外見上、契約が成立していても無効な契約の効力は、当初からまったく生せず、特定人の主張を待ってその効力が失われるわけではない。無効は原則として誰からでも誰に対しても主張できる（例外として、心裡留保は善意・無過失の相手方に、虚偽表示は善意の第三者に、それぞれ無効を主張できない(93条、94条))。そして、契約の無効は時間の経過によって治癒されることはない。

これに対し、契約が取り消しうる場合とは、表意者保護のため、有効にするか否かの選択権（取消権）が表意者に与えられる場合である。取消権が行使されると、取消しの対象となった申込みや承諾の意思表示が取り消され、初めから無効だったものとみなされる（121条）ことによって、契約はその構成要素を欠いて、初めてさかのぼって無効となる。

(2) 無効と追認

契約が強行規定や公序良俗違反で無効の場合、当事者の合意でこれを有効にすることはできないが、これ以外の理由による無効の場合（たとえば、錯誤や虚偽表示による無効の場合)、取り消しうる意思表示と同

様に、追認によって有効にすることはできないだろうか。民法119条本文は「無効な行為は、追認によっても、その効力は生じない」としているが、119条ただし書は、これを認めている。すなわち「当事者がその行為の無効であることを知って追認をしたときは、新たな行為をしたものとみなす」として、追認によって有効にすることを認めている（追認のときに新たな契約をしたものとみなす）。

（3）取消しと追認

① 取消権者

取消しは表意者を保護するために設けられた制度であるから、取消権を行使しうる者（取消権者）は表意者自身およびその関係者に限定されている（120条参照）。

② 追認

取り消すことができる行為は追認できる（122条）。追認できるのは120条に掲げられた者（取消権者）である（122条）。追認の方法は、取消権の行使と同じく相手方に対する意思表示により行う（123条）。追認の効果は契約が有効に確定し、もはや取り消すことができなくなることである（122条本文）。

③ 取消権の期間の制限

取消権は、追認をすることができる時から5年間行使しないときは、時効によって消滅する。行為の時から20年を経過したときも、同様である（126条）。

10 契約の効力発生時期

契約が有効に成立し、無効・取消原因がないとき、その効力は契約成立と同時に発生するのが原則である。しかし当事者の合意で、これと反することを定めることはできる。これに関して、条件および期限という制度が民法にある。なお、契約の効力発生時期の問題ではないが、条件・

期限と関連する問題として、期間についての規定も民法にある。これらについて説明する。

（1）条件

契約の効力を、発生するか否かが不確実な事実にかからせる特約を「条件」という。条件には停止条件と解除条件とがある。停止条件付の契約は「停止条件が成就した時からその効力を生ずる」（127条1項）が、解除条件付の契約は「解除条件が成就した時からその効力を失う」（127条2項）。

停止条件とは契約の効力発生に付けられた条件のことであり、停止条件の成就まで契約の効力が停止するわけである。逆に、解除条件とはいったん発生した契約の効力の消滅に関して付けられた条件のことであり、解除条件の成就によって契約の効力は解除（消滅）するわけである。

① 既成条件

客観的にはすでに確定しているが、当事者がそれを知らない事実を条件とするのは、既成条件と呼ばれる（たとえば、昨日のダウ平均が上昇していることを条件とするような場合）。その効果について民法の定めがある。すなわち、条件が契約当時成就していたのであれば、停止条件付の契約は無条件に、解除条件付の契約は無効になる（131条1項）。また、条件が契約当時不成就に確定していたのであれば停止条件付の契約は無効に、解除条件付の契約は無条件となる（131条2項）。

② 不法条件

不法な条件（たとえば、不法行為をすることを条件）を付した契約は無効であり、また、不法行為をしないことを条件とするのも無効となる（132条）。

③ 不能条件

不能条件（実現不可能な条件）を停止条件にした契約は無効であり、不能条件を解除条件とした契約は無条件となる（133条1項・2項）。

④ 随意条件

随意条件を停止条件とした契約は無効である（134条）。たとえば、「私の気が向いたら、貴社の製品を買おう」というような契約は「単に債務者の意思のみに係る」停止条件であり、無効である。

⑤　条件成就の妨害

条件の成就によって不利益を受ける当事者が故意にその条件の成就を妨げたときは、相手方は条件が成就したものとみなすことができる（130条）。

⑥　条件の成否未定の場合の期待権

条件の付いた契約の一方当事者は、条件が未成就の間も条件が成就すれば利益を受けるという期待を持っている。民法はこの期待を一定の範囲で保護した。こうして保護される一方当事者の権利は期待権と呼ばれ、相手方はこの期待権を侵してはならない。すなわち民法128条は、条件付契約の当事者は条件の成否が未定である間は、条件が成就した場合にその契約から生ずべき相手方の利益を害することができない旨定める。

たとえば、自分の牛が仔を生んだら仔牛を市場価格の半値で提供するという契約がある場合に、その牛を売り払うということは相手方の利益を害することになる（損害賠償責任が生じうる）。

また、条件付の権利は処分・相続・保存し、またはそのために担保を供することもできる（129条）。「保存」の例としては、条件が成就したら譲ってもらえる不動産について仮登記をしておく等がある。この期待権保護の規定（128条、129条）は既成条件の成就（不成就）を当事者が知らない間にも準用されている（131条3項）。

（2）期限

条件と異なるのは、期限は必ず到来するという点である。「期限」にも、「条件」と同じように効力発生について付けられるものと、消滅について付けられるものがあり、前者が始期で後者が終期といわれる（135条1項・2項）。民法は、契約に始期を付したときは、その契約の「履行は期限が到来するまでは、これを請求することができない」としている（135

条1項）。民法は履行期限に始期がついているものと扱っているわけで、契約の効力発生に始期がついている場合とは一応、概念的に区別できる。しかし、当事者が合意で効力の発生について始期を定めることは自由である（内田貴『民法Ⅰ』301頁）。期限は債務者の利益のために定めたものと推定される（136条1項）。期限の利益は放棄することができる（136条2項）。「期限の利益の喪失」に関する規定も置かれている（137条）。

（3）期間

民法「総則」第6章（138〜143条）で、期間の一般的な計算方法の原則を以下のように定めている。

① 「時間をもって期間を定めたとき」、つまり、時・分・秒を単位とするときは「その期間は即時から起算」される（139条）。

② 「日・週・月・年」を単位とするときは、期間が午前0時から始まるときを除き、期間の初日は参入しない（140条）（これを「初日不算入の原則」という）。そして「期間はその末日の終了をもって満了する」（141条）。ただし、期間の末日が日曜日、国民の祝日等に当たるときで、その日に取引をしない慣習がある場合には、期間はその翌日に満了する（142条）。

③ 「週・月・年」の長さは、「暦に従って計算する」とされ（143条1項）、「週、月または年の初めから期間を起算しないときは、その期間は最後の週、月または年において、その起算日に対応する日の前日に満了する」とされる（143条2項）。

たとえば、7月15日の1年後は、7月15日の午前0時から始まるときは翌年の7月14日の終了をもって、それ以外の場合は翌年の7月15日の終了をもって満了することになる（内田『前掲書』307頁）。

11 債権の消滅時効

時効には消滅時効のほか、取得時効もあり、消滅時効の対象も債権の

ほか、債権・所有権以外の財産権も対象となるが、ここでは債権の消滅時効を中心に説明する。債権の消滅時効とは、一定の時間の経過によって債権が消滅してしまう制度である。①債権者が権利を行使することができることを知ったときから5年間行使しないとき（166条1項1号）、または、②権利を行使することができるときから10年間行使しないとき（166条1項2号）は消滅する。この民法改正に伴い、商法522条は削除された。債権または所有権以外の財産権（たとえば地上権、地役権など）の消滅時効は20年である（166条2項）。所有権は消滅時効にかからない。

　・債権の消滅時効は、契約に付けられた解除条件や終期と似ている。しかし、条件や期限は当事者の合意で定められるものであるのに対し、時効は法律上発生する効果である。

（1）時効期間の起算点

　時効期間は権利を行使することができるときから進行する。したがって、期限や停止条件付の債権の場合、期限が到来し、あるいは条件が成就したときから進行を開始する。また、時効期間の計算には初日不算入の原則が適用される（140条）。たとえば期限の定めのない債権では、債権者はいつでも請求できるから（412条3項参照）、原則として債権成立のときから時効は進行し、翌日が第1日目となる。

（2）時効の完成猶予・更新

　消滅時効の要件は単に時間が経つことだけではない。権利の不行使という事実状態が続くことが必要である。そこで、民法は債権者が権利を行使したときには、それまでに進行した時効の期間はゼロになるという制度を設けた。すなわち、消滅時効の完成を阻害する事由を①当該事由がある場合に時効期間の進行が一定期間止まる場合である「完成猶予」と、②新たに時効期間が起算される時効の「更新」とに分けて規定されている（147条〜161条）。

（3）時効の効果―援用・放棄

①　時効の効力は起算日にさかのぼる（144条）。

　　債権の消滅時効の場合、起算日にさかのぼって債権が消滅しているものと扱われる。ただし、時効の効果は時効期間の経過によって当然に発生するわけではなく、時効の利益を受ける者により、時効の利益を受けようとする意思表示（「援用」という）がなされることが必要である。これについて民法145条は「時効は当事者による援用がなければ裁判所はこれによって裁判をすることはできない」と定める。

②　時効の利益を受けないという意思表示（時効利益の放棄）をすることは、時効完成後になら、認められる（146条参照）。

12　弁済による債権の実現

　債権は弁済により消滅する。弁済とは、金銭の支払いのみならず、不動産の引渡しや登記移転も弁済である。つまり、債務の本旨に従った給付をなすことが弁済であり、履行と同じ意味と考えてよい。

　弁済の場所は、契約や慣習で明らかでない場合は、民法・商法が適用される。民法484条は次のように定めている。

①　特定物の引渡し

　　債権発生当時、その物が存在した場所

②　その他の弁済

　　原則は、持参債務であり、弁済時の債権者の住所地で弁済する。なお、売買の場合の代金支払いについては、目的物の引渡しと同時履行である場合は、引渡場所で支払う（574条）。

・商行為によって生じた債務の履行場所は、債権者の現在の営業所（営業所がないときは、その住所）である（商法516条1項）。営業上の取引については、営業所が存在する場合、それが本拠となるからである。なお、会社の住所は本店の所在地である（会社法4条）。

・手形、小切手等の指図債権や商品券等の無記名債権は、取立債務であり、債務者の現在の営業所（営業所がないときは、その住所）が履行の場所となる（商法516条2項）。

13 受領遅滞

民法413条は「債権者が債務の履行を受けることを拒み、又は受けることができない場合において、その債務の目的が特定物の引渡しであるときは、債務者は履行の提供をした時からその引渡しをするまで、自己の財産に対するのと同一の注意をもって、その物を保存すれば足りる」と定める。これを受領遅滞（債権者遅滞）という。

（1）履行の提供

弁済の提供（「履行の提供」と同旨）は、債務の本旨に従って現実にしなければならない（493条本文）。これを現実の提供という。ただし、受領拒否の場合、または債務の履行について債権者の行為を要する場合は、弁済の準備をしたことを通知して、その受領の催告をすればよい（493条ただし書）。つまり、口頭の提供でよい。「債務の履行について債権者の行為を要するとき」には、取立債務の場合のほか、債権者の何らかの行為（先行的協力行為）が必要な場合がある。

（2）受領遅滞の効果

受領遅滞の場合、弁済の提供が先行しているので、債務者は、弁済の提供の時から、債務を履行しないことによって生ずべき責任を免れる（492条）。

（3）弁済供託

債権者が弁済の受領を拒み、または、これを受領することができないときは、債務者は、弁済の目的物を供託すれば、その債権は消滅する。

供託は債務履行地の供託所にする（495条 1 項）。

　弁済の目的物が、供託に適さないとき、または滅失、損傷のおそれのあるときは、債務者は裁判所の許可を得て、競売に付し、その代金を供託することができる（497条）。債権者は、供託所から供託物（または供託金）を受け取る権利（供託物等還付請求権）を有する。供託の手続は供託法が定めている。

14　債務不履行

　債務不履行とは、債務者が「債務の本旨に従った履行をしないとき又は債務の履行が不能であるとき」を指す（415条）。債務者が債務の本旨に従った履行をしないとき、債権者は現実的履行の強制（強制履行）ができる（414条）し、双務契約（当事者の双方に対価的な関係のある債務が発生する契約をいう）なら解除もできる（541条）。債権者がこれらの権利を行使したとしても、債務不履行によって損害を受けている場合も多い。民法415条は、債務者の債務不履行がある場合には、債権者は損害賠償請求権を有する旨を定めている。この規定は、契約当事者間に適用される損害賠償責任に関する重要な規定である。ただし、その債務の不履行が契約その他の債務の発生原因および取引所の社会通念に照らして債務者の責めに帰することができない事由によるものであるときは、この限りではない。

　また、債権者が債務不履行による損害賠償の請求をすることができる場合において、以下に掲げるときは、債務の履行に代わる損害賠償の請求をすることができる。

　①　債務の履行が不能であるとき
　②　債務者がその債務の履行を拒絶する意思を明確に表示したとき
　③　債務が契約によって生じたものである場合において、その契約が解除され、または債務の不履行による契約の解除権が発生したとき
　一方、不法行為責任の規定（709条）も損害賠償責任であり、契約当

図表５-１-２●債務不履行とその効果

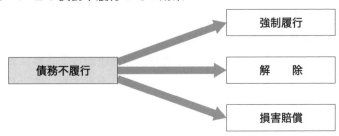

事者間にも適用されるが、契約関係のない第三者にも適用される。債務不履行責任も不法行為責任もどちらも過失責任であるが、債務不履行による損害賠償責任は故意・過失（責に帰すべき事由）の立証責任が債務者側に転換されている点が異なる。→図表５-１-２

（１）強制履行

　債務不履行があった場合、債権者はその強制履行を裁判所に請求することができる（414条１項）。強制履行の方法は次のとおりである。

① 引渡債務

　引渡しを目的とする債務（引渡債務という）のうち、金銭債権については、債務者の一般財産を競売し、その売却代金から配当を得るという方法が用いられる（手続は民事執行法第２章第２節に規定されている）。

　金銭債権以外の引渡債務の場合には、債権者は、債務者の財産に対して実力行使し、債務者の意思を無視して債権の内容を実現するという方法が用いられる（民事執行法168条〜170条に規定されている）。これを直接強制というが、このほか間接強制という方法もある。間接強制とは、「履行しなければ１日につき○○円払え」という一種の罰金を課して、債務者の履行を経済的に強制するという方法である（民事執行法172条）。支払われた金銭は債権者に帰属する。なお、間接強制は債権者の申立てがあった場合に用いられる（同法173条）。

② 行為債務

債務者の行為を目的とする債務（行為債務という）の場合には、直接強制は強制労働になるから許されない（憲法18条）。その代わりに認められる方法が2つある。代替執行と間接強制である。代替執行とは、他人が代わりに行為しても目的を達せられる場合（代替的行為債務）に、他人にやらせてその費用を債務者から取り立てるという方法である（民事執行法171条）。代替執行ができない場合または債権者の申立てがあった場合に間接強制が用いられる（民事執行法172条〜173条）。

（2）解除

これについては本節**19**（1）で説明する。

（3）損害賠償

前述したように、債務不履行とは「債務者が債務の本旨に従った履行をしないとき又は債務の履行が不能であるとき」であるが、伝統的な通説・裁判例は、債務不履行を3つの類型に分類して解説する。すなわち、弁済期を徒過する「履行遅滞」、履行が後発的に不可能となる「履行不能」、そして形のうえでは履行に相当する給付がなされたが、それが不完全な「不完全履行」の3つである。以下、通説・裁判例に従って説明する。

・損害賠償の方法は金銭賠償が原則である（417条）。

債務不履行による損害賠償請求権が発生する要件は、①債務不履行の事実があること、②債務者に責に帰すべき事由（帰責事由）があること、③債務不履行と因果関係のある損害が発生していること、である。

・金銭債務についての債務不履行については、特則が置かれている（419条）。すなわち、債務不履行の事実（履行遅滞）を立証さえすれば、損害の立証は不要であり（419条2項）、帰責事由も必要なく、不可抗力さえも免責事由とならない（419条3項）。損害賠償額は、債務者が遅滞の責任を負った最初の時点における法定利率を基準に定められるが、約定利率がこれを超えるときは、約定利率による（419条1項）。

229

① 債務不履行の事実

・履行遅滞の事実があるといえるためには、ⅰ）履行が可能であること、ⅱ）履行期を徒過したこと*、ⅲ）同時履行の抗弁権や留置権が存在しないこと、の３要件が必要とされる。

> ＊履行期については民法に規定がある（412条）。すなわち、履行遅滞の責任が生じる時点は①確定期限があるときは、期限が到来した時、②不確定期限があるときは、債務者がその期限の到来した後に履行の請求を受けた時またはその期限の到来したことを知った時のいずれか早い時、③期限を定めなかったときは、履行の請求を受けた時である。

・履行不能は、たとえば目的物が滅失したとき、目的物の取引が法律上禁止されたときなどである。

・不完全履行

ⅰ）引渡債務の場合、給付の目的物（あるいは権利）に瑕疵がある場合（瑕疵型）と目的物の瑕疵が原因で、給付した目的物以外に損害が発生する場合（拡大損害型）の２つがある。

ⅱ）行為債務の場合、何が完全な履行かの判断が必ずしも容易でなく、給付が不完全であるという事実をめぐって争いが生じることが多い。

② 責に帰すべき事由（帰責事由）

　民法415条は、履行不能以外について帰責事由を要件としていないが、伝統的に通説・判例は、過失責任主義という民法の基本原理から、債務不履行による損害賠償責任一般に帰責事由が要件となるとし、これを「故意・過失または信義則上これと同視すべき事由」と言い換えている。

③ 債務不履行と因果関係のある損害の発生

　損害は債務不履行によって生じたものでなければならない。つまり、債務不履行がなければ損害が生じなかったという関係が必要である。これを事実的因果関係という。事実的因果関係があれば、すべての損害が賠償されるかというと、そうとは限らない。これは損害賠償の範囲の問題であるが、これに関して民法は次のように定めている。

　債務不履行による損害賠償請求の目的は「債務不履行によって通常生

ずべき損害（通常損害と呼ばれる）の賠償をさせる」ことにあると規定
している（416条1項）。

さらに416条2項は、「特別の事情によって生じた損害（特別損害と
呼ばれる）であっても、当事者がその事情を予見すべきであったときに」
賠償請求できると規定している。すなわち、416条の趣旨は「通常損害」
とされれば予見可能性の立証は不要であるが、特別損害なら債権者のほ
うで「特別の事情」の予見可能性を立証する必要があるということであ
る。この損害賠償の範囲の問題については、通常損害と特別損害の区別
が必ずしも容易ではないし、従来、判例・学説とも相当因果関係とか法
的因果関係などの概念を用いて、盛んに議論が展開されてきた領域であ
る。このような状況を考えれば、損害賠償の範囲については、当事者間
で特約を結んでおくことが望ましい。

民法420条第1項は、「当事者は、債務の不履行について損害賠償の
額を予定することができる」と規定しており、損害賠償額の予定が実際
の損害額と乖離がある場合には、裁判所により増減が可能となる。

民法改正により、民法404条の法定利率について、改正当初は現行の
年利率5％から3％となり、3年ごとに変動制により変動することとな
った。3年ごとの法定利率は、法務大臣が告示する基準割合、すなわち
5年間各月の短期貸付金利の合計を60で除したものを用いて計算する。
この改正に伴い、商法514条の規定（年利率6％）も削除されている。

15 同時履行の抗弁権

同時履行の抗弁権は、双務契約に適用される。民法533条は「双務契
約の当事者の一方は、相手方がその債務の履行（債務の履行に代わる損
害賠償の債務の履行を含む）を提供するまでは、自己の債務の履行を拒
むことができる」と規定している。これは、双務契約の当事者間の公平
を図り、不必要な争いを未然に防ぐことを目的としたものである。

（1）要件

同時履行の抗弁権の要件は次の３つである（533条）。すなわち①１個の双務契約から生じた相対立する債務が存在すること、②相手方の債務が弁済期（履行期）にあること*、③相手方が自己の債務の履行またはその提供をしないで履行を請求することである。

> ＊弁済という用語は、日常用語と異なり金銭の支払いに限らず不動産の引渡しや登記移転も「弁済」である。

①について

たとえば不動産の売買契約の場合、移転登記の協力義務と代金支払義務とは、この要件に該当する。

②について

自己の債務が弁済期になければ履行請求に応じる義務はなく、そもそも同時履行は問題にならないから、結果的に両債務が弁済期にあることが必要である。

③について

契約の趣旨の問題であるが、あまりに本来の趣旨とかけ離れた履行の提供は「履行の提供」とはみなされない。民法493条は、「弁済の提供は、債務の本旨に従って現実にしなければならない」と定めている。

（2）効果

同時履行の抗弁権があれば、債務の履行を拒んでも履行遅滞の責任が生じない。

（3）注意点

賃貸借などの継続的契約や企業間の契約によくある継続的供給契約において、どれとどれとが同時履行の関係に立つかの判断が難しい場合があるので、この点は契約において約定しておくことが望ましい。

16 危険負担

　これは、契約成立後、契約が実現不可能になった場合に、当事者はリスク（危険）をどう負担するかという問題である。

　当事者双方の責めに帰することができない事由によって債務を履行することができなくなったときは、債権者は、反対給付の履行を拒むことができる（536条1項）。

　一方、債権者の責めに帰すべき事由によって債務を履行することができなくなったときは、債権者は、反対給付の履行を拒むことができない。この場合において、債務者は、自己の債務を免れたことによって利益を得たときは、これを債権者に償還しなければならない（536条2項）。

17 事情変更の原則

　契約法の基本原則は「契約は守られなければならない」というものであるが、契約締結時の事情がその後大きく変化して、当初の契約内容のままで履行させるのでは公平に反すると感じられる場合がある。これを救済するための法理が事情変更の原則である。契約法には規定がなく判例法理である。

(1) 要件

　事情変更の原則の要件としては、①予見し得ない事情の変更、②事情変更が当事者の責めに帰することができない事由に基づくこと、③契約どおりの履行を強制することが信義則に反すること、が挙げられる。最高裁は、事情変更の原則は認められるものの、その適用には厳格な態度をとっている。

(2) 効果

　効果としては契約解除と契約改定が挙げられる。下級審レベルでは、

この2つの効果について肯定例は少なくないが、解除については大審院時代に認容例があるものの、最高裁になってからは認容例はなく、契約改定に関しては大審院・最高裁を通じて認めたものはない。

・法律が実質的に事情変更の原則を取り込んだ例の1つに、借地借家法がある（同法11条、32条、17条）。また、建築請負契約や国際契約においては、契約書中に事情変更に備えた特約を入れることが多い。

18 第三者のためにする契約

民法は、537条〜539条に第三者のためにする契約に関する規定を置いている。この例として、売買契約で代金を契約当事者以外の第三者に支払う旨を定める場合とか、契約当事者でない第三者を死亡の際の保険金受取人とする生命保険契約などがある。第三者のためにする契約は、各種の契約の内容となりうる、1つの特約であるといえる。

① 民法は、「第三者が債務者に対して同項の契約の利益を享受する意思を表示したとき」に第三者の権利が発生するとしている（537条3項）。ただし保険では、この意思表示を不要とする明文の規定が置かれている（保険法8条、42条）。

② 受益の意思表示により、第三者の権利が発生した後は、当事者はこれを変更したり消滅させたりすることはできない（538条）。

19 契約の終了

契約で契約の期間を定める場合、当事者が定めた期間満了後、契約は終了するが、解約の申入れや解除や合意解除などによっても契約は終了する。継続的契約で期間の定めがない場合に、法律上、一方的な意思表示によって契約を終了させる権利が当事者に与えられているが、これを解約の申入れという（たとえば617条、627条）。以上のほか、一般的な終了原因として解除により契約は終了する。解除は一方的な意思表示で

あり、このような意思表示をなす権利を解除権という。

解除権には法定解除権と当事者が契約で定める約定解除権とがある。前者には民法が個々の契約類型ごとに個別に定めているものと、各契約類型に共通のもの（債務不履行を理由とする解除権）とがある。以下に債務不履行を理由とする契約解除、継続的契約の終了、契約終了後の関係について説明する。

（1）債務不履行を理由とする契約解除（法定解除）

契約または法律の規定により当事者の一方が解除権を有するときは、その解除は、相手方に対する意思表示によってする（540条）。

① 履行遅滞による解除

当事者の一方がその債務を履行しない場合において、相手方が相当の期間を定めてその履行の催告をし、その期間内に履行がないときは、相手方は、契約の解除をすることができる。ただし、その期間を経過した時における債務の不履行がその契約および取引上の社会通念に照らして軽微であるときは、この限りでない（541条）。

② 履行不能

履行が不能である場合には、債権者は、催告をすることなく直ちに契約の解除をすることができる（542条）。

いずれの場合も、債務者の帰責事由は不要である。

債務の不履行が債権者の責めに帰すべき事由によるものであるときは、債権者は契約の解除をすることができない。（543条）

③ 解除の効果

① 解除により未履行の債務は消滅し、既履行の債務については返還請求権が生じる。民法は、545条で「各当事者はその相手方を原状に復させる義務を負う」と、既履行債務に関する規定を置いている。このような義務を原状回復義務という。当事者双方が原状回復義務を負う場合は、同時履行の関係に立つ（546条）。原状とは、契約前のもとの状態のことである。原状回復とは当事者を契約のなかった

状態に戻すことである。なお、金銭を返還するときは、その受領の時から利息を付さなければならない（545条2項）。また、原状回復義務を負う際に、金銭以外の物を返還するときは、その受領の時以後に生じた果実をも返還しなければならない（545条3項）。

② 賃貸借、雇用、委任、組合といった一定期間、契約関係が継続する契約の解除の効果については、特則が置かれている。まず、賃貸借に関しては620条が解除の効果が遡及しないことを定め、雇用契約（630条）、委任契約（652条）、組合契約（684条）に準用されている。

④ 損害賠償

解除権を行使しても損害賠償の請求はできる（545条4項）。これは、債務不履行があった場合に一般的に認められる損害賠償のことである。

（2）継続的契約の終了

① 継続的契約終了の形態

企業間の取引の多くは継続的取引である。

継続的取引関係には、あらかじめ基本契約が交わされて、そのうえで個別の取引が繰り返されることが少なくない。たとえば、家電メーカーと販売店との間の販売契約などである。この場合、基本契約には存続期間の定めがあるのが通常であるが（1年が多い）、更新を繰り返すことによって、約定の存続期間があまり意味を持たないような長期間の継続的取引関係が生ずる。

基本契約がある場合には、継続的取引関係の終了は基本契約の終了原因の問題として現れることが多い。しかし、なかには基本契約はそのままにして、事実上、製品の販売や部品の発注が停止されてしまうこともあり、このような状態が継続すると、基本契約の形式的な存続にもかかわらず継続的取引関係は消滅する。他方、基本契約がない場合には、継続的取引関係は単発的契約の繰り返しであるから、新たな契約が締結されない状態が続けば、事実上消滅することになる。

② 継続性原理

基本契約の終了という形をとるかどうかを問わず、継続的取引関係を終了させることは本来、自由なはずである。たとえば、基本契約の期間が満了すれば更新を強制されることはないはずである。もっとも、不動産賃貸借契約や雇用契約（労働契約）といった一定の継続的契約においては、正当な事由なしに更新を拒絶したり、解約の申入れをすることを禁ずる規定が置かれたり（借地借家法6条、28条など）、また、不動産賃貸借の解除に「信頼関係」の破壊を要求し、あるいは労働者の解雇を権利の濫用として制限するといった判例法理が展開する形で、契約の継続性への要請が配慮されている。

一般の商取引においても、継続的取引関係の解消は一方当事者にとって死活問題であることが少なくない。このような事情を、どこまで法的判断に反映させうるかが契約法の重要なテーマとなっている。たとえば、長期間継続した代理店契約の更新拒絶が、どのような要件のもとに認められるか、といった問題である。3カ月前に通知すれば総代理店契約の更新拒絶を認めるという約定があったにもかかわらず、「契約を存続させることが当事者にとって酷であり、契約を終了させてもやむを得ないという事情がある場合」でなければ更新を拒否できないとした判決をはじめ、更新拒絶や解約申入れ、さらに債務不履行解除に「やむを得ない事情」等を要求する裁判例が数多く現れている。当事者に契約の継続性に対する強い期待のある契約においては契約関係継続義務ないし継続性原理とでも呼ぶべき新たな法理が形成されていると見ることができる。

（3）契約終了後の関係

契約が終了しても当事者の権利義務関係が当然に終了するわけではない。たとえば委任契約に関して、民法は「委任が終了した場合において、急迫の事情があるときは、受任者又はその相続人若しくは法定代理人は委任者又はその相続人若しくは法定代理人が委任事務を処理することができるに至るまで、必要な処分をしなければならない」（654条）と定め

237

ている。つまり、契約の終了後も債務が発生するのである。同様な思想
は、雇用契約等においても妥当すると解すべきである。また、一定の契
約類型においては、契約終了後も当事者が相手方の営業と競合する行為
をしないという競業避止義務を負う場合がある。たとえば営業譲渡の場
合である（商法16条、会社法21条）。競業避止義務を当事者間の特約で
定める場合には営業の自由（憲法22条1項）を過度に制限することのな
いよう、その効力は慎重に判断される必要がある。

・上述したような契約終了後の権利義務は契約の余後効と呼ばれるこ
ともある。

20 定型約款

　独立した自由な個人がみずからの判断力に基づいて相手と交渉をし、
契約を締結するという場合もあるが、消費者が日常経験する契約のほと
んどは契約条件についての細かな交渉などなしに、すでにできあがった
契約条件をそのまま受け入れるという形で締結される。電気、ガス、水
道の供給契約、アパートの賃貸借契約、ホテルの宿泊契約、宅配便の契
約などである。そこで使われる、あらかじめ作成された契約条項で一定
の要件を満たすものを定型約款という。

　このような約款により、消費者の無知につけこんだ過酷な条件を押し
付けられかねない。しかし他方で、大量取引を効率的に行うために約款
は契約当事者双方にとって便利であり、約款を一概に無効とするわけに
もいかない。そこで必要に応じて法律で規制し、内容の合理性を確保す
るという方法がとられる。約款規制の法律は世界各国で制定されている
が、わが国では個別の業法が規定を置くほか、消費者契約法が免責条項
その他について一定の規制（同法8条〜10条）を行っている。改正民法
でも、以下のとおりの定型約款の規定が設けられている。

(1) 定型約款の合意

定型取引（ある特定の者が不特定多数の者を相手方として行う取引であって、その内容の全部または一部が画一的であることが、その双方にとって合理的なものをいう）を行うことの合意をした者は、①定型約款を契約の内容とする旨の合意をしたとき、②あらかじめその定型約款を契約の内容とする旨を相手方に表示していたときは、定型約款（定型取引において、契約の内容とすることを目的としてその特定の者により準備された条項の総体をいう）の個別の条項についても合意をしたものとみなされる（548条の2第1項）。

ただし、定型約款の条項のうち、「相手方の権利を制限し、又は相手方の義務を加重する条項であって、その定型取引の態様及びその実情並びに取引上の社会通念に照らして、信義則に反して相手方の利益を一方的に害すると認められるものについては」、合意をしなかったものとみなされる（548条の2第2項）。

(2) 定型約款の内容の表示

定型取引を行う場合は、定型取引合意の前または定型取引合意の後相当の期間内に相手方から請求があった場合には、遅滞なく、相当な方法でその定型約款の内容を示さなければならない（548条の3第1項）。また、定型取引合意の前に内容表示請求を拒んだ場合には、定型約款の個別の条項を合意したとはみなされない（548条の3第2項）。

(3) 定型約款の変更

定型約款の変更が、①相手方の一般の利益に適合するとき、または②契約をした目的に反せず、合理的なものであるときは、個別に相手方と合意をすることなく、定型約款を変更することによって、変更後の定型約款の条項について合意があったとみなされる（548条の4第1項）。

定型約款の変更をするときは、その効力発生時期を定め、①定型約款を変更する旨、②変更後の定型約款の内容、③その効力発生時期、をイ

ンターネットの利用その他の適切な方法により周知しなければならない。

　契約をした目的に反せず、合理的なものであるときの定型約款の変更は、効力発生時期が到来するまでに周知をしなければ無効となる（548条の４第２項・３項）。

21　基本契約と個別契約

　企業間においては、継続的な取引関係が多く、このような継続的な取引関係が開始される際には、当事者が基本契約と称する書面を締結することも多い。この場合、当該当事者間で行われる個々の取引契約を基本契約と区別して個別契約という。基本契約には通常、個別契約の成立要件はじめ当事者の基本的な権利義務、履行や決済方法、裁判管轄、解除条項、契約期間などの基本的な事項が定められる。契約期間（契約の存続期間）は１年程度が多いが、現実には特別な事情がない限り更新される。基本契約、個別契約については契約法には規定がないので、基本契約にどこまで記載するか、個別契約に何を定めるかなどについては当事者の自由である。基本契約書に個々の取引（売買など）に共通に適用される取引条件等をあらかじめ定めることにより、個々の取引において個別契約の作成を簡略化できるというメリットもある。また基本契約を締結し、その中に期限利益喪失約款（特約事項）を入れておくことは債権回収のために役立つ。

　一方、個別契約には種々のものが考えられる。個別契約書（または個別契約）というタイトルで代金や支払い条件について定める場合もあるし、覚書、念書というタイトルの場合もある。両当事者が締結する契約書という形をとらず、一方が他方に差し入れる形の個別契約もある。注文書、注文請書などの交換も個別契約ということができる。メールや口頭での個別契約も、もちろん有効である。基本的事項に限定した基本契約を先に締結し、具体的かつ詳細な取決めは個別契約にゆだねることもできる。細部について完全な合意に至っていない段階でも、その契約締

結には大きなメリットがあり、どうしても成立させたい場合には、この
やり方が使える。ただ基本契約を締結しても、細部の合意が不成立の場
合は個別契約は締結されず、不安定な状態になるというデメリットもあ
る。個別の取引契約が先行し、その後、基本契約が結ばれる場合もある。
どういう形がベターかはケースバイケースで考えるほかない。

　なお、基本契約の条項と個別契約の条項が矛盾する場合は、どちらが
優先するか。基本契約、個別契約とも有効に成立していたとすれば、時
間的に後で成立した契約が優先すると考えるのが常識であろう。また、
基本契約の存在は、継続的取引関係を証する証拠の1つとなりうるので、
本節**19**(2)で述べた継続的契約の終了の問題と関連する点で重要だと考
えられる。この点からすれば、継続的契約の存続にメリットのある当事
者は、できるだけ早い段階で基本契約を締結しておくほうが望ましい。

22 代理

(1) 代理行為の要件と効果

　本人が他人に代理権を授与し、代理人がその権限の範囲内において、
本人のためにすることを示してした意思表示は、本人に対して直接にそ
の効力を生ずる(99条1項)。こうした代理権は、通常、下記のような
「委任状」により授与される。→図表5-1-3

　代理権の授与に必ずしも委任状が必要なわけではないが、契約の相手
方との関係で、代理権を証明するためには便利である。代理権を与える
のは、本人と代理人との間の契約によってなされる。代理権を与える契
約は通常、委任契約であるが、必ずしも委任契約である必要はなく、雇
用契約、請負契約、組合契約によって与えられることもある。民法は代
理に関して99条～118条の規定を置いている。以上述べた代理は、任意
代理と呼ばれるものである。法定代理(代理権が本人の意思によらず法
律上与えられるもの)については民法第1編第2章第2節「行為能力」
のところで規定されている(4条～21条)。

図表5-1-3 ●「委任状」サンプル

委 任 状

　住　所　　東京都○○区○○○丁目○番○号

　氏　名　　　山　田　　太　郎

私は、上記の者を代理人と定め、下記の権限を委任いたします。

記

1．○○を○○すること

2．○○を○○すること

3．上記各号に関連する一切の事項

　令和○○年○○月○○日

　　　　　　　　　　東京都○○区○○○丁目○番○号

　　　　　　　　　　　　山　田　花　子　　㊞

---

① 顕名

　代理人が代理人としての意思表示だと明らかにすることを顕名といい、民法は代理行為に顕名を要求する顕名主義に立っている（99条1項）。

　代理には代理人みずからが意思表示を行う場合と、相手方の意思表示を受ける場合があり、前者を能動代理、後者を受動代理と呼んでいる。能動代理の顕名は容易だが、受動代理の場合、代理人側が顕名して意思表示を受けることは困難である。そこで民法は、相手方のほうで本人に対する意思表示であることを示す必要がある、と定めた（99条2項）。

　1）顕名をしなかった場合、どうなるか

　　　民法は代理人が自己のために意思表示をしたものとみなす、としている（100条本文）。ただし、相手方が代理人であることを知っているときや知ることができたときは、有効な代理行為となる（100条ただし書）。

　2）商法の特則

　　　商行為（会社の事業活動に伴う行為も、これに当たる）の代理に

ついては商法に特則があり、顕名主義をとらず、たとえ代理人が顕名しなくても常に本人に結果が帰属するとしている（商法504条本文）。取引の効率化のための特則だといえよう。

しかし、商行為はたとえ顕名しなくても本人のための意思表示であることがわかる場合が多いので、民法の原則を適用しても100条ただし書で本人に効果が帰属するという結論を導けるだろう。商法の特殊性は、相手方が代理行為であることを知らなかった場合には、代理人に対しても履行の請求ができる（本人への効果帰属はそのまま）としている点にある（商法504条ただし書）（本項は内田『前掲書』159頁）。

② 代理行為の瑕疵

現実に意思表示を行うのは、代理人であるから、意思表示の瑕疵や善意・悪意が問題となる場合は代理人についてそれを判断するのが原則である（101条１項）。ただし、代理人が本人の指図に従って代理行為をしたときは、本人はみずから知っていた事情について代理人が知らなかったことを主張することができない（101条２項）。

③ 代理人の能力

制限行為能力者が代理人としてした行為は、行為能力の制限によっては取り消すことができない。ただし、制限行為能力者が他の制限行為能力者の法定代理人としてした行為については、この限りでない。（102条）。

④ 代理の効果

代理人が代理権の範囲内で有効に代理行為を行ったときは、その効果はすべて本人に帰属する。

（2）自己契約・双方代理

代理人は自己契約・双方代理をしてはならない（108条）。自己契約とは、自分が当事者となる契約について、その相手方の代理人となることであり、双方代理とは当事者双方の代理人となることである（内田『前掲書』141頁）。

(3) 復代理人

　復代理人を選任するのは代理人であるが、復代理人はその権限内の行為について直接、本人を代理する（106条）。すなわち、復代理人は代理人の代理人ではなく、あくまで本人の代理人なのである。

　代理人からすれば、復代理人を自由に選任できれば便利である。しかし本人からすると、代理人と本人の関係が信頼関係で成り立っている以上、簡単に復代理人を選任されることには抵抗があろう。そこで民法は、任意代理について次のような規定を置いている。すなわち、代理人は本人の承諾を得たとき、または、やむを得ない事由があるときに限って復代理人を選任できる（104条）（条文の「委任による代理」とは任意代理のことである）。これに対して法定代理の場合は、代理人はその責任をもって常に復代理人を選任できる（105条）が、任意代理と違って、もともと誰を代理人にするかについて本人の意思がかかわっているわけではないからである（内田『前掲書』148〜149頁）。

(4) 代理権の消滅

　任意代理・法定代理に共通の消滅事由として、本人の死亡（111条1項1号）、代理人の死亡、破産手続開始の決定、後見開始の審判（同項2号）がある。任意代理に特有の消滅事由としては、代理権を授与した原因関係（委任契約等）が終了することである（111条2項）（内田『前掲書』149〜150頁）。

・商行為の委任による代理権については、商法に特則があり、本人の死亡によっては消滅しない（商法506条）。たとえば、支配人や商業使用人の代理権は、これに当たり、本人である営業主の死亡によっては消滅しない。取引の効率性の確保のための特則であるといえる。

(5) 無権代理

　代理人が与えられた代理権の範囲外の行為をしたり、代理権がないのに代理行為を行ったりした場合、無権限の代理なので無権代理という。

無権代理は本人に対して何の効果も生じないが、本人が承諾（追認）するなら相手方の保護にもなるから、有効な代理（有権代理）として扱ってよいというのが民法の考え方である（113条1項）。

① 本人がとりうる手段

追認と追認拒絶である。追認は代理権のない代理行為について代理権があったと同じに扱うという本人の意思表示である（内田『前掲書』165頁）。

（ア）追認・追認拒絶の方法

追認も追認拒絶も相手方に対して行わなければ相手方に対抗できない（113条2項本文）。ただし、無権代理人に対してしたときも、相手方がその事実を知ったときは相手方に対しても主張できる（同項ただし書）。

（イ）追認の効果

追認は当事者が別段の特約をしない限り遡及効がある（116条本文）。つまり、契約の効果は最初にさかのぼって本人に帰属する。もっとも、追認は代理権があったのと同じ効果を発生させるにとどまるから、契約の無効や取消原因は追認とは無関係に判断される（内田『前掲書』165頁）。なお、追認は第三者の権利を害することは許されない（同116条ただし書）。

② 相手方の取りうる手段

（ア）催告権

相手方は追認するかどうか、相当の期間を定めて本人に催告できる（114条前段）。なお、本人がその期間内に確答しないときは、追認を拒絶したものとみなされる（114条後段）。

（イ）取消権

相手方は本人が追認しない間は契約を取り消すことができる（115条本文）。ただし、契約時に無権代理だということを相手方が知っていたときは、取消権は認められない（115条ただし書）。取消権の行使があると、本人は追認できなくなる（内田『前掲書』167頁）。

（ウ）無権代理人の責任追及

　相手方は下記の3要件を満たせば、無権代理人に対し責任追及（契約の履行または損害賠償の請求）ができる（117条）。すなわち、①みずからが取消権を行使していないこと（取り消すと、そもそも無権代理による契約もなかったことになる）（内田『前掲書』168頁）、②代理権がないことにつき善意・無過失であること（117条2項1号・2号）、③無権代理人が行為能力を有すること（117条2項3号）、の3要件である。

（6）表見代理

　これは、無権代理人と取引をした相手方の取りうる最強の対応策である。表見代理は、相手保護のため権利外観法理に基づき代理権があったものと同様に扱う制度である（内田『前掲書』165頁）。民法は次の3つの類型を定めている。すなわち、代理権授与の表示による表見代理（109条）、権限外の行為の表見代理（110条）、代理権消滅後の表見代理（112条）である。

① 代理権授与の表示による表見代理（109条）

　他人に対し代理権を与えた旨を表示した本人は、その者が相手方との間でした行為について責任を負う（109条）。つまり、相手方は有権代理の場合と同様の効果を享受できる。109条は代理権が全然ないのに、あるかのような外観があった場合に適用されるものである。たとえば、B（「他人」）がA（「本人」）の名義を使ってC（「第三者」）を相手に取引するのを、Aが黙認したという場合などである。109条適用には、次の3要件が必要である。

　1）他人に代理権を与えた旨を表示したこと（109条本文）。

　　　裁判例はこの要件をかなり柔軟に解釈しており、本人が自己の名前や商号の使用を他人に許した場合に広く109条の適用を認めている（内田『前掲書』182頁）。

　　・109条は法定代理には適用されない（109条は本人による代理権授与の表示が要件であるから）。

　2）代理権を授与された旨表示された「他人」が、表示を受けた「第

三者」(相手方)と、表示された「代理権の範囲」で、代理行為を
したこと(109条本文)

3)相手方が善意・無過失であること(109条ただし書)。

② 権限外の行為の表見代理(110条)

「代理人がその権限外の行為をした場合」に「第三者が代理人の権限
があると信ずべき正当な理由があるとき」も、109条と同様、有権代理
とみなされる(110条)。すなわち、110条は109条と異なり一応代理権は
あるが、それを超えたことをした場合に適用される。

③ 代理権消滅後の表見代理(112条)

112条は「代理権の消滅は善意の第三者に対抗することができない」
とし、ただし書で「第三者が過失によってその事実を知らなかったとき
は、この限りでない」と規定している。この規定は善意の立証責任をま
ず相手方に負わせ、これが立証された場合に本人が相手方の過失を立証
すれば、表見代理の成立が妨げられるという、立証責任の分配を定める
趣旨だと解するのが実務の理解である(内田『前掲書』202頁)。

④ 商法・会社法の特則

商法・会社法には109条の特則が置かれている。取引の効率性の確保
のための特則であるといえよう(なお、会社は商人であるが、商法総則
は会社以外の商人に適用されるため、会社法総則に同趣旨の規定を置い
ている)。

1)名板貸し(商法14条、会社法9条)……自己の商号を使用して営
業または事業を行うことを他人に許諾した商人・会社(名板貸人)
は、当該商人・会社が当該営業等を行うものと誤認して当該他人と
取引をした者に対し、当該他人(名板借人)と連帯して、当該取引
によって生じた債務を弁済する責任を負う、と定める。独立の営業
主体であるために109条の代理人といいにくい場合をカバーするた
めの規定である。

2)表見支配人(商法24条、会社法13条)……「支配人」とは営業
主(または会社)に代わって、その営業(または事業)に関する一

切の行為をする権限（包括的な代理権限）を有する商業使用人をい
う（商法21条1項、会社法11条1項）。表見支配人とは、たとえば、
支配人でもないのに「支店長」といった名称を営業主・会社から付
与されている使用人をいい、表見支配人の場合において、名称を信
頼した相手方は、善意のときは保護される。民法109条の場合は善
意・無過失でないと保護されないので、こちらのほうが保護が厚い。

3）表見代表取締役（会社法354条）……たとえば、代表取締役でも
ないのに社長、副社長といった名称を会社から付与されている場合
において、名称を信頼した相手方は、善意のときは保護される。表
見支配人の場合と同様、民法109条より保護が厚い（本項は内田『前
掲書』184頁）。

⑤ 表見代理の効果

　表見代理の効果は、無権代理人による代理行為の効果が本人に帰属す
ることを本人が拒めないことである。ただ、有権代理とまったく同じで
はない。すなわち、相手方は表見代理を主張せずに、あくまで無権代理
人の責任を追及することもできるし、さらに115条の取消権を行使する
こともできる。一方、本人は追認して完全に有権代理と同じにすること
ができる（内田『前掲書』204頁）。

23　任意規定の重要性（怖さ）

　法令中の規定には、公の秩序に関する規定（強行規定）と公の秩序に
関しない規定（任意規定）とがある。任意規定の領域では契約自由の原
則が働く（521条、522条2項）。つまり、任意規定に反する契約条項は
有効であるから、重要なのは強行規定であって、強行規定に反しないよ
うに注意しさえすれば契約は自由自在に作成してよいと思いがちである。
契約法や他の法令において「強行規定がどれかを見抜くことができれば
十分であり、任意規定については契約書作成の際の参考にする程度でよ
い」と考える契約担当者も多いのではないか。

これは大きな間違いである。こういう考えには 2 つの落とし穴がある。

① 　 1 つ目は任意規定の補充的適用（補充機能）である。つまり、任意規定が契約において適用されるのは、契約が不完全なときに、その欠けたところに任意規定が適用される。だから、任意規定の中身を理解していなくても、当事者間で任意に十分な契約条項を設ければ何の問題もないと考えがちになる。しかし、包括的・網羅的で完全だと思われるような契約書でも、どうしても抜かりが出てくる。このような包括的契約書において担当者は抜けた部分を予想せず、そこにどのような内容の任意規定が適用されるかについても当然予想していないケースが起こりうる。任意規定を軽視することから生じる 1 つ目の落とし穴（任意規定の怖さの例）である。

　 また、包括的契約でない契約の場合には、数多くの領域で任意規定の補充的適用の可能性が拡大する。さらに当事者間で利害対立する領域では、契約交渉の結果、結局、合意に至らず、「今後必要なつど、当事者間で協議決定する」というような先送り的条項を入れて契約を成立させることもあるが、この場合にも将来協議しても合意に至らなかったときには、任意規定が適用される可能性がある。そして、この利害対立した領域において、どういう内容の任意規定が適用されるかを知ることはいうまでもなく重要である。

② 　 2 つ目の落とし穴は、任意規定に反する契約条項（特約）も無効になる場合があるということである。任意規定は契約当事者間の公平性に配慮した合理性のある規定がほとんどである。したがって、任意規定に反する規定が無効とされる場合があることに注意しなければならない。たとえば消費者契約法 10 条は、「消費者の不作為をもって当該消費者が新たな消費者契約の申込み又はその承諾の意思表示をしたものとみなす条項その他の法律の公の秩序に関しない規定の適用による場合に比して消費者の権利を制限し又は消費者の義務を加重する消費者契約の条項であって、民法第 1 条第 2 項に規定する基本原則に反して消費者の利益を一方的に害するものは、無効と

する」と定めている。この規定による無効を避けるためには、民法
等の任意規定（契約法の規定も含まれる）の内容の理解が不可欠で
ある。契約法の規定の多くは、任意規定であるが、少なくともこれ
らについては契約担当者としては精通していなくてはならない。

| 第 **2** 節 | # 基本的な契約に関する契約法の基礎 |

◆まず、実務上重要な秘密保持契約を検証したうえで、民法の典型契約（13類型の契約）のうち、現在の企業法務（契約法務）においてよく使われる基本的な契約として売買、請負、委任、賃貸借、消費貸借を取り上げ、これらに関する契約法の基礎を学ぶ。

◆これらに関する契約法は債権法の一部であるから、その多くは任意規定であるが、これらに関する基礎知識を得ることは基本的な契約の作成・審査や契約交渉等に大変役に立つ。

1 秘密保持契約（NDA）

　秘密保持契約（NDA = Non-Disclosure Agreement）は、取引の開始前に、取引の実現可能性について検討するために契約当事者候補が相互に（ときには）一方的に、関連する秘密情報を開示する場合に、受領者にその秘密を守らせるための重要な契約書である。まずは、NDA（秘密保持契約）の一般的な書式（ひな型）の項目を見てみよう。

① 開示の目的
② 対象とする秘密情報と除外情報
③ 秘密保持義務と例外
④ 秘密情報の管理

⑤ 複製等の制限

⑥ 非保証

⑦ 知的財産権

⑧ 使用権の不供与

⑨ 特約の不存在

⑩ 秘密情報の返還

⑪ 契約期間

⑫ 一般条項

　秘密保持契約には、一方通行型と双方向型がある。本テキストでは、双方向型を検討する。双方向型は、両方とも、秘密情報の開示者・受領者のいずれにもなるので、契約交渉が比較的スムーズといえる。つまり、受領者の義務を厳しくしようとすると、こちらも受領者になるためにちらへも跳ね返ってくるので、双方に合理的な条件で合意ができるし、そもそも双方向型のひな型はすでに双方に合理的な条件になっていることが多い。ただし、秘密情報の開示者・受領者のいずれにもなる場合でも開示される秘密情報の価値の大小によって、どちらかといえば当社側が開示秘密情報の価値が非常に大きい場合には、受領者の義務を厳しくする（契約違反時に違約金を規定するなど）方向でレビューすべきである。

秘密保持契約	当事者の表記と前文である。ここで注意することは、秘密情報の流れがどのような情報がどちらからどちらへ流れるかを正確に把握する必要がある。
１．目的 　両当事者は、新製品の共同開発の実現可能性検討を行う目的のために、相互に秘密情報を交換するものとする。	
２．秘密情報 　本契約において、「秘密情報」とは以下をいう。 （ⅰ）本契約に基づいて情報を開示する者（以下「開示者」という。）からかかる情報を受領す	対象となる秘密情報の範囲を規定している。秘密記載のある有形的開示に限定していないと、範囲が広く

る者（以下「受領者」という。）に対して開示
された、秘密である旨の表示がなされている
資料（書面、電子データを格納した電子媒体
等の有体物及び電子メールを含むがこれらに
限られない。）に含まれる情報、又は
（ⅱ）開示者が受領者に対して、口頭又はその他
前記（ⅰ）によらない手段で秘密として指定し
た上で開示した情報を意味する。
（ⅲ）ただし、前記（ⅱ）の情報については、当該
情報の開示後30日以内に、開示者から受領者
に当該情報自体及び当該情報が秘密情報であ
る旨を記載した書面が提出されなかった場合
には、秘密情報から除外されるものとする。

前項の規定にかかわらず、次の各号の一に該当す
る情報は、秘密情報に含まれないものとする。
一　受領者が開示者から開示を受ける前に、既に
知っていたもの又は保有していたもの。
二　受領者が開示者から開示を受ける前に、受領
者が開示者に対して負う義務に違反することな
く、既に公知又は公用となっていたもの。
三　受領者が開示者から開示を受けた後に受領者
の責に帰すべき事由によらずに公知となったも
の。
四　受領者が開示者以外の第三者から取得した情
報で、当該第三者が開示者に対して負う義務に
違反することなく受領者に開示したもの。
五　受領者により独自に開発されたもの。
六　書面により開示者から秘密保持義務を負わな
い旨の事前の承諾を得たもの。

3．秘密保持
受領者は、本契約に明示で別段の規定がなされて
いる場合を除き、秘密情報（本契約の内容及びその
締結の事実を含む）について、厳に秘密を保持する
ものとし、開示者の一切の秘密情報を、第三者に対

解釈されてしまうおそれが
あり、過度に広く秘密保持
義務を相手方へ課すという
理由で、日本の民法90条の
公序良俗違反として無効と
される可能性がある。

して開示してはならない。

　受領者は、開示者の書面による同意を得た場合を除き、秘密情報を本契約当事者における本技術の検討以外の目的に用いてはならない。受領者が法令の規定に基づいて開示者の秘密情報を開示する旨の請求又は命令等を受けた場合は、受領者は、かかる開示をできる限り制限するために可能な措置をとり、開示者の秘密情報が最大限の保護を受けられるよう最善の努力をするものとする。この場合、受領者は、開示者がかかる開示をできる限り制限するための措置をとる機会を得ることができるよう、開示前のできる限り早い時期に開示者に対して当該開示について通知するものとする。

4．管理責任

　受領者は、本技術の検討に実質的に関与し、秘密情報を知る必要がある受領者の役員、従業員、研究員及び本技術の検討を委託した委託先（以下「従業員等」という。）に対してのみ、必要な限度において、秘密情報を開示することができるものとする。受領者は、秘密情報の従業員等への開示に際し、開示の対象となる秘密情報が厳に秘密を保持すべき情報であることを明示し、周知させるとともに、各々の従業員等に秘密情報に関して本契約で定める義務と同等の義務を課し、これを遵守するよう十分な指導監督を行わなければならない。

　受領者は、開示者の秘密情報の秘密を保持するために、自己の秘密情報に払うのと同等以上の秘密情報の管理者としての合理的な注意義務を尽くすものとする。

　受領者は、従業員等による秘密情報の不正な使用もしくは開示又はその他のすべての本契約に違反する事実を知った場合には、これを直ちに開示者に通知するとともに、秘密情報を含む資料の回収等必要

な回復又は是正の措置をとるものとし、また、秘密情報の更なる不正な使用もしくは開示又は本契約違反を防止するために、あらゆる合理的な措置をとるものとする。

5．複製等の制限

受領者は、開示者の書面による事前の承諾を得た場合、開示者に対する業務上の関係において合理的に必要であると認められる場合又は当事者間で別途認められている場合でない限り、秘密情報の全部又は一部を複製又は要約してはならないものとする。秘密情報の複製物及び要約物の取扱いについては、秘密情報と同様とする。

6．契約不適合責任

秘密情報に瑕疵があった場合又は秘密情報を使用することもしくは使用できないことにより損害が発生した場合でも、開示者は、受領者に対し、契約不適合責任及び損害賠償責任を含む一切の責任を負わないものとし、それらについて一切の明示又は黙示の保証をしないものとする。

7．知的財産権

開示者が受領者に秘密情報を開示する場合において、当事者間で書面により契約を締結するのでない限り、開示者は、開示者の秘密情報にかかる特許権、実用新案権、意匠権、商標権、著作権、営業秘密及びその他の知的財産権（以上の権利を併せて以下「知的財産権」という。）に関する出願、登録、実施等の権利を、明示であると黙示であるとを問わず、受領者に対して許諾するものではなく、開示者は、これら開示者の秘密情報にかかる知的財産権に関する権利を留保するものとする。

受領者は、法令により明示に認められている場合を除き、開示者が開示した秘密情報に関して、リバースエンジニアリング、逆コンパイル又は逆アセン

ブルを行ってはならないものとする。

8．受領当事者に対する秘密情報の開示は、開示当事者が現在もしくは将来保有する特許、ノウハウ、その他の知的財産権に基づく、受領当事者に対する選択権、権利付与あるいは使用許諾を何ら構成するものではない。	【解説】受領当事者へ秘密情報を開示したからといって、受領当事者に対して何らかの権利を付与するものではないことを明記する規定です。
9．受領当事者へ秘密情報を開示したからといって、将来本契約の主題等に関して契約を締結する義務を当事者間に発生させるものではない。	【解説】受領当事者へ秘密情報を開示したからといって、当事者間に何らかの取引契約を締結する義務を保証するものではないことを明記する規定です。
10．秘密情報の返還 　開示者は、本契約の終了前であっても14日前の事前の書面による通知をもって、開示者の秘密情報を含む全部又は一部の資料及び秘密情報を記載した第1条第1項但書の書面並びにこれらの複製及び要約を開示者の指示に従って返却又は破棄することを、受領者に請求することができるものとする。 　受領者は、本契約が期間満了又は解約により終了した場合、直ちに開示者の秘密情報を含む全ての資料及び秘密情報を記載した第1条第1項但書の書面並びにこれらの複製及び要約を開示者の指示に従って返却又は破棄するものとする。 11．契約期間 　本契約は、本契約書末尾記載の契約締結の日（以下「発効日」という。）に発効し、発効日から3年間で満了する。前項又は第11条の規定にかかわらず、第2条、第3条、第4条、第6条、第7条、第8条及び第10条の規定は、本契約終了の日から2年間有効に存続するものとする。	【解説】秘密情報の返還についての規定です。最近は電子データの開示が多いので、電子データの廃棄についての責任者からの証明書を提出させる等の措置が必要となるでしょう。

12. 一般条項

本契約は、本契約の対象事項に関する甲乙間の完全なる合意を構成し、両当事者の事前の書面による合意によってのみ変更することができるものとし、本契約の発効日以前に両当事者間でなされた本契約の対象事項に関するいかなる取り決めも、すべて本契約に取って代わられるものとする。

本契約のいずれの規定も、いずれかの当事者の権限ある者が署名した書面なくして、各当事者、それぞれの代理人又は従業員等の行為又は黙認によって当該規定にかかる権利が放棄されたとみなされることはなく、また、本契約のいずれかの規定にかかる権利が正当に放棄された場合であっても、他のいかなる規定にかかる権利も放棄されたものとはみなされないものとする。

いずれの当事者も、相手方の事前の書面による承諾を得ない限り、株式もしくは資産の譲渡、営業譲渡、合併又はその他いかなる事由によるとを問わず、本契約及び本契約により生じる権利義務の全部又は一部を第三者に譲渡し、又は担保に供する等第三者の権利もしくはその目的としてはならないものとする。

甲又は乙は、前項に規定する事前の書面による承諾を得て、本契約及び本契約により生じる権利義務の全部又は一部を第三者に譲渡し、又は担保に供する等第三者の権利もしくはその目的とする場合においても、本契約に基づく義務の一切を免れることはできないものとする。

本契約は日本法に基づいて解釈され、これに準拠するものとする。

本契約に関し甲乙間に紛争が生じ、それを裁判に

最後に一般条項を簡潔にまとめる規定がIT契約では増えています。

よって解決する場合は、両当事者は、東京地方裁判所を第一審の専属的合意管轄裁判所とすることについて合意する。

　本契約の規定の一部が管轄裁判所により違法、無効又は不能であると判断された場合においても、本契約のその他の規定は有効に存続するものとする。

　本契約締結の証として、契約書正本2通を作成し、甲、乙各1通を保有する。

令和○○年○○月○○日

　　　　　　甲　　　　X株式会社

　　　　　　乙　　　　Y株式会社

　日常、頻繁に締結しているNDA（Non-Disclosure Agreement＝秘密保持契約書）であるが、多くの企業では一般的なNDAのひな型を使用して、取引先と締結している。しかも、NDAを締結すれば、こちらから開示する秘密情報はすべてNDAでカバーされるので、どんな秘密情報を開示しても法的に保護されていると考えがちである。これは、いわゆる「NDA神話」と呼ぶことができる。しかしながら、現実に裁判で争われたケースでは、法的に保護されるケースは非常に限られており、日ごろのNDAの管理には十分な注意が必要である。

　まず第1に、NDAは万能ではないことを前提に、NDAのドラフト・レビュー・締結・管理を実施すべきである。NDAが万能ではない理由としては、①法的な救済（損害賠償）や罰則が不十分、②漏えい事実の証明が事実上不可能、③相手方会社の社員を管理することは事実上不可能、といった諸点を挙げることができる。したがって、NDAのドラフトを批判的に検討するためには、①違約金（ペナルティー）などを具体的な金額で規定することにより、違反行為が発生したら直ちに法的な救済

（損害賠償）や罰則が得られるようにすること、②漏えい事実の証明を容易にするために秘密情報の管理を徹底しておき、万一漏えい行為があっても漏えいのルートがトレース（追跡調査）できるようにしておくこと、③秘密情報を実際に取り扱う相手方会社の社員や管理者・責任者をNDA上で特定しておくことにより、プレッシャーを掛けてより厳しい管理を促進すること、などが必要となる。

　以上の対策をNDAへ講じても、法的効力（特に執行力）には限界があるので、NDAの短所や限界を認識したうえで、開示当事者が開示する情報は、出し惜しみをして必要最低限にとどめるべきである。

　以上のような秘密保持契約下での検討の結果、取引に入ることが可能と判断された場合は、具体的な取引条件を定めるための契約を締結することになる。

　以下、民法に定める「典型契約」のうち、取引上特に重要となる契約を確認していく。

　なお、事前の秘密情報の交換に基づく検討の必要性がなく、取引を行うことが確定している場合は、秘密保持契約を締結せずに、最初から取引のための本契約を締結することも多い。

〔13類型の典型契約〕

　13類型の典型契約は、機能的な観点から次の４つに分類できる。

```
          ┌─ a．移転型―贈与・売買・交換
          ├─ b．利用型―消費貸借・使用貸借・賃貸借
典型契約 ─┤
          ├─ c．役務型―雇用・請負・委任・寄託
          └─ d．その他の特殊な契約―組合・終身定期金・和解
```

　以下に、売買、請負、委任、賃貸借、消費貸借の順に説明する。

2 売 買

(1) 売買契約の成立

　売買とは、「当事者の一方がある財産権を相手方に移転することを約し、相手方がこれに対してその代金を支払うことを約する」ことによって成立する契約である（民法555条）。つまり、合意のみで成立する諾成契約であり、双務契約である。売買の目的物である「財産権」には、所有権のほか、債権、無体財産権等が広く含まれる。金銭債権や賃借権の譲渡も売買である。対価は金銭に限られる。なお、当事者がお互いに金銭の所有権以外の財産権を移転することを約するのは「交換」である（586条）。しかし、民法559条により売買の規定は有償契約（交換も有償契約）に適用されるから、売買と交換を区別する実益はない。

(2) 売買の予約

　民法が定めているのは、一方当事者が予約完結権を有する予約である（556条1項）（これを売買の一方の予約という）。予約完結権の行使期間を定めた場合に、その期間内に行使しなければならないのは、当然であるが、期間を定めなかった場合は、予約完結権をもたない当事者（予約者）は、相当の期間を定めて、その期間内に売買を完結するかどうかを確答すべき旨の催告をすることができる。もし、期間内に確答がなければ予約は効力を失う（556条2項）。

(3) 手付

① 解約手付

　不動産の売買や賃貸借においては、契約締結の際、手付と呼ばれる金銭が授受されることが多い。売買の場合、代金の1〜2割が普通である（あまり多額になると内金、つまり代金の一部支払いと解される）。民法557条1項は手付について「買主が売主に手付を交付したときは、買主はその手付を放棄し、売主はその倍額を現実に提供して、契約の解除をす

ることができる。ただし、その相手方が契約の履行に着手した後は、この限りでない」と定める（557条2項は「解除権の行使は損害賠償の請求を妨げない」という545条4項の規定は1項の場合には適用されない、と定める）。これは約定解除権の合意であり、こういう機能を持つ手付を解約手付という。民法は手付を解約手付だと規定しているわけである。

・賃貸借など売買契約以外の手付については、この557条が準用される（559条）。

しかし、これは任意規定である。解約手付でない手付として証約手付（契約成立の証拠としての手付）がある。証約手付の場合は手付を放棄したり、倍返ししたりしても契約は解除できない。手付額が小さい場合には解約手付でなく、証約手付にすぎない場合が多いと考えられるが、判例には、代金900円の売買で6円の手付が解約手付だとしたものもあり、判例は解約手付としての認定を非常に広く行っているといってよい。宅地建物取引業者がみずから売主となる宅地・建物の売買契約については宅地建物取引業法39条により、代金額の2割を超える手付は受領できず、かつ手付はすべて解約手付とみなされる。

② 手付の種類

手付には4つの種類があるとされる。すなわち、解約手付、証約手付、損害賠償額の予定としての手付、違約罰としての手付である。

・損害賠償額の予定としての手付

解約手付は債務不履行がなくても任意の解除ができる旨の合意であるが、これはそれと異なり、債務不履行の際の損害賠償額の予定（420条）としての手付である。

・違約罰としての手付とは、債務不履行に際して本来の損害賠償とは別に没収できるものである。債務不履行へのサンクションを強め、履行を強制する意味を持つ。損害賠償額の予定としての手付と、これを合わせて違約手付と呼ぶこともある。

③ 履行の着手

民法557条は「当事者の一方が履行に着手するまでは解約手付による

解除権を行使できる」と定める。したがって履行の着手があったとすれば、解約手付による解除権の行使は阻止されることになる。

「履行の着手」については「債務の内容たる給付の実行に着手すること、すなわち客観的に外部から認識しうるような形で履行行為の一部をなし、または履行の提供をするために欠くことのできない前提行為をした場合を指す」とする最高裁判決があるが、具体的には個々の事案ごとに判断する必要がある。

（4）売買契約の費用（契約費用）

売買契約の費用については、民法は平等の分担を規定している（558条）。契約書の印紙代、契約書作成費用、目的物の鑑定費用などである。この規定は他の有償契約に準用されるため（559条）、売買契約の費用というより契約費用に関する原則規定と理解することができる。これに対して、弁済の費用は別段の合意がなければ原則として債務者の負担となる（485条本文）（「弁済」とは、金銭の支払いに限らず、「債務の本旨に従った給付をなすこと」をいう）。荷造費、運送費、公的手続の費用などである。

（5）売買の効力

① 売主は契約の目的となった財産権を引き渡す義務を負い、買主はその代金を支払う義務を負う（555条）。代金の支払いと目的物の引渡しは同時履行の関係に立つものと推定されており（573条）、その場合、代金は引渡し場所で支払うものとされている（574条）。

② 売主は、買主に対し、登記、登録その他の売買の目的である権利の移転についての対抗要件を備えさせる義務を負う（560条参照）。売主が移転をする財産権は、売主に属している必要はない。つまり、他人の物（権利）の売買も有効である。他人の権利（権利の一部が他人に属する場合におけるその権利の一部を含む。）を売買の目的としたときは、売主は、その権利を取得して買主に移転する義務を

負う（561条参照）。

③　売買の効力に関する重要な規定として、果実の引渡しに関する575条がある。この規定により、買主が代金を支払うまでは売主に果実収取権が残り、目的物の果実と代金の利息が相殺されることになる。

（6）契約不適合責任

改正民法は、売主の責任を「引き渡された目的物が種類、品質又は数量に関して契約の内容に適合しないもの」である場合の責任（契約不適合責任）として定義し、目的物が特定物であろうが、不特定物であろうが、買主は売主に対して、契約内容に適合するように追完（修補、代替物の引渡し、不足分の引渡し）の請求ができ（562条）、また、追完請求がなされない場合は、代金減額請求ができることとした（563条）。さらに、買主は売主に対して、損害賠償請求権や解除権を行使することもできる（564条）。

買主に帰責事由がある場合は、追完請求権をすることができない（562条2項）。

また、代金減額請求については、追完が可能であれば相当の期間を定めて催告し、その期間内に追完がなされないことが要件となる（563条1項）が、履行の追完が不能であったり、売主が履行の追完を拒絶する意思を明確に表示したり、一定の期間内に履行しなければ契約の目的が達成できない場合において追完が行われずにその期間を経過した場合には、催告なく直ちに代金減額請求を行うことができる（563条2項）。

買主に帰責事由がある場合は、追完請求権がないのと同様に、代金減額請求もできない。

損害賠償請求権については、売主の帰責事由が必要である。売主は過失責任を負い、賠償の範囲は履行利益（その契約が履行されていれば、その利用や転売などにより発生したであろう利益）まで及ぶ。

解除権については、債務不履行が軽微でない限り催告解除が可能であ

り（541条）、また、履行不能等の場合には、無催告解除も可能となる（542条）。いずれの場合も、債務者の帰責事由は不要である。

　（旧民法では、目的物が特定物（たとえば建売の住宅）の場合、瑕疵があったとしても、その目的物を引き渡せば債務を履行したことになり、買主が売主に対して債務不履行責任（415条）を問うことができない（いわゆる、特定物ドグマ）ために、損害賠償請求権や解除権によりこれを救済するため、570条の規定が置かれていると解されていた。）

（7）買主の権利の行使期間

　買主が、種類または品質に関する契約不適合を知った時から１年以内にその旨を売主に通知しなければ、その不適合責任の追及をすることはできない。ただし、売主が引渡時にその不適合を知り、または重大な過失により知らなかった場合は、その限りではない。ここで、数量不足のような契約不適合については、目的物を引き渡す際に売主が履行終了の期待を有するわけではないので、行使期間制限の対象からは外れていることに注意すべきである。

　買主は契約不適合を知った時から１年以内に売主に通知しなければ、追及の権利が消滅するわけであるが、通知さえすれば、責任追及自体は一般的な消滅時効が適用される（知った時から５年間行使しないとき（166条１項１号）、または、引渡しから10年間行使しないとき（同項２号）に消滅）。

（8）商人間の売買の特則

　民法は買主が目的物を受け取った後の検査義務とか通知義務については何ら定めていない。しかし、商人間の売買には商法に特則がある（商法526条）（「会社間の売買」も「商人間の売買」である）。商人間の売買においては、まず買主は「目的物を受領したときは遅滞なく、その物を検査しなければならない」（商法526条１項）。そして、検査し「目的物が種類、品質又は数量に関して契約の内容に適合しないことを発見した

とき」または「目的物が種類、品質又は数量に関して契約の内容に適合しないことを直ちに発見することができない場合において、買主が6カ月以内にその不適合を発見したとき」は、直ちに売主に対してその旨の通知をしなければ、追完請求、代金減額、損害賠償の請求、契約の解除ができない（同法526条2項）（ただし、商法526条2項の規定は売主が契約不適合につき悪意であった場合は適用されない（同法526条3項））。商人間売買において買主に、民法にないこのような特別の検査・通知義務を課したのは、商人はその商品について専門知識を持っているから瑕疵があれば、すぐわかるだろうとの想定に基づく。商人間の売買においては、買主にはこのような検査・通知義務が課されていることに注意しなければならない。

・商人間の売買において、買主が目的物の契約不適合を理由に、契約を解除した場合、買主は目的物保管・供託義務を負う（商法527条）。

（9）担保責任の特約

担保責任の規定は任意規定であるから、これと異なる特約をすることは可能である。ただし、売主が物の瑕疵や権利の瑕疵を知りながら買主に告げなかった場合には、免責特約の効力は否定される（572条）。このほか、消費者契約法は瑕疵に対する損害賠償責任の全部免責条項を原則として無効とする（同法8条1項5号・2項）（→消費者契約法については第7章第2節■（5））。

（10）売主の自助売却権

買主の受領拒否または受領不能の場合には、売主は履行の提供により、債務を履行しないことによって生ずべき一切の責任を免れることができる（492条）。しかしなお、目的物を保管する義務は生じる。売主は、この目的物保管義務を免れるために、目的物を供託することができる（494条）。また、目的物が供託に適しない場合などには、売主は、裁判所の許可を得てその物を競売し、その代金を供託することができる（497条）。

この競売権のことを、売主の自助売却権という。これについては商法に
特則がある。すなわち、商人間の売買においては、原則として、相当の
期間を定めて催告すれば、競売することができる（商法524条1項・2
項）。裁判所の許可は必要ない。取引の効率性の確保のための特則であ
るといえよう。

(11) 確定期売買

　一定の日時または一定の期間内に履行するのでなければ契約目的を達
することができない売買を確定期売買という。確定期売買において、履
行遅滞があったときは、買主は催告をしないで、直ちに契約解除ができ
る（542条）。これについては商法の特則があり、商人間の確定期売買に
おいては、履行期の経過とともに、契約解除の意思表示なしに、解除の
効果が発生する（商法525条）。

(12) 買戻し

　売買契約の際の特約により、売主が代金額および契約費用を買主に返
還することによって売買契約を解除し、目的物を取り戻すことを買戻し
という。買戻しは多くは担保目的で利用される。民法は不動産の買戻し
について、詳細な規定を置いている（579条〜585条）。買戻しの期間の
上限が10年に制限され（580条）、売買契約と同時に特約の登記をしなけ
れば第三者に対抗できず（581条）、不動産の果実と代金の利息は相殺し
たものとみなされる（579条）などである。しかし、あまりに要件が厳
格なため現実には使いにくい制度となっている。

(13) 消費者保護法による規制

　この1例として、たとえば、訪問販売、通信販売、連鎖販売取引など
については特定商取引に関する法律により、割賦販売については割賦販
売法により、それぞれ消費者保護のため、民法の契約法の原理が大幅に
修正されている。また、不動産売買については宅地建物取引業法によ

り、民法の契約法の原理が修正されている。

(14) 動産売買契約（スポット）の例

図表5-2-1は、建設機械の売買契約書である。

図表5-2-1 ●「建設機械売買契約書」サンプル

建設機械売買契約書

　売主山田工業株式会社（以下「甲」という）と買主鈴木商会株式会社（以下「乙」という）とは、別紙記載の建設機械（以下「本件機械」という）について、以下の内容の建設機械売買契約を締結する。

第1条（売買契約の成立）甲は乙に対し、本件機械を以下の条件により売り渡し、乙はこれを買い受けることに合意する。

第2条（支払い）本件機械の売買代金は、金1,000万円（消費税別）とし、乙は甲に対し、以下の方法で、甲指定の銀行口座へ電信送金することにより支払う。

　一　この契約成立時に金500万円を支払う。

　二　本件機械を令和○○年○○月○○日までに乙の指定する建設現場に据え付け、引き渡すのと引き換えに金500万円を支払う。

第3条（引渡し）甲は乙に対し、本件機械を令和○○年○○月○○日までに、前条第二号の残代金と引き換えに乙の指定する建設現場に据え付けることにより引き渡すものとする。

第4条（所有権の移転、危険負担）本件機械の所有権は、第2条での売買代金完済時に、甲から乙へ移転するものとする。第3条に定める本件機械の引渡し前に、本件機械が滅失、毀損した場合には、乙の責めに帰すべきものを除き、その損害は甲の負担とする。

第5条（保証）甲は本件機械が仕様書に合致した機能を有することを保証し、第3条の引渡しの前に乙立ち会いのもと、動作試運転を行うことに

より、その性能を確認する。ただし、この建設現場から起因した本件機械の不具合について、甲は責任を免れない。

② 甲は乙に対し、本件機械につき2年間製品の品質性能を保証するものとする。

第6条（契約の解除）一方当事者は、他方当事者が本契約条項のいずれかに反したときは、何らの催告を要せず、本契約を解除することができる。ただし、この場合においても、一方当事者が他方当事者に対して損害賠償請求することを妨げないものとする。

第7条（管轄裁判所）本契約若しくはその解釈により生ずる紛争については、東京地方裁判所をもって専属の管轄裁判所とする。

以上、契約の証として本書2通を作成し、甲乙署名捺印のうえ、各その1通を保有する。

令和○○年○○月○○日

     売主（甲）住所 東京都千代田区丸の内1－1－1
         氏名 山田工業株式会社
           代表取締役社長 山田一郎 ㊞

     買主（乙）住所 神奈川県横浜市中区○○1－1－1
         氏名 鈴木商会株式会社
           代表取締役 鈴木太郎 ㊞

別 紙

〔機械の表示〕

型式 XXZ式2000年型
名称 建設用機械一式
数量 1基

(15) 購買基本契約書の例

図表5-2-2は、購買基本契約書のサンプルである。

図表5-2-2●「購買基本契約書」サンプル

購買基本契約書

甲及び乙は、製品の取引に関して以下の通り契約を締結する。

第1条（責任） 乙は、納入製品の管理体制を確立し、常に品質の向上、原価の改善及び納期の厳守に努めなければならない。

第2条（基本契約） 本契約は、甲・乙間の取引の基本的事項を定めたもので、別に定めのない限り、次条に定める製品の納入に関する甲・乙間の全ての取引に適用されるものとする。

第3条（本件製品） 乙は、本契約に基づいて、甲の注文に応じ、次の各号に定める製品（以下「本件製品」という。）を納入するものとする。
一　XXXの完成製品並びにそれらの部品及び付属品
二　その他甲乙が合意した前号に関連する製品及び部品

第4条（注文） 甲は、甲が別に定める手続に従い、本件製品の種類、数量及び納期等を明示した書面により、乙に納入製品を注文する。

第5条（個別契約） 乙は、甲より前条の注文を受けたときは、甲の5稼働日以内にその諾否を回答するものとし、乙がその期間内に回答しないときは、甲の注文を承諾したものとする。

第6条（個別契約の変更） 甲は、仕様変更その他必要があると認めたときは、注文又は前条により成立した契約（以下「個別契約」という。）

の内容を変更することができる。

2　前項の変更により、乙がこれによって損害を被った場合は、甲は、乙の申し出により、甲・乙協議の上、これを補償するものとする。

第7条（製品仕様）　本件製品の仕様、品質、材質及び荷姿^{にすがた}は、次の各号の基準に従ったものでなければならない。

　　一　甲が作成して、乙に貸与した図面、仕様書、指示書、通知書、諸規格、諸標準、その他各種資料（以下「貸与図面類」という。）

　　二　乙が作成して、甲が承認した図面、仕様書、通知書、諸規格、諸標準、その他各種資料（以下「承認図面類」という。）

　　三　乙が作成し、又は甲が承認した検査基準書、限定見本及び納入荷姿承認書

　　四　JISその他の公的規格、法令及び条例等に定められた基準

　　五　その他甲が乙と協議の上、決定した事項

2　甲は、必要に応じて、乙に書面で通知することにより、前項で定めた本件製品の仕様、品質、材質又は荷姿を変更することができる。

3　前項による変更があった場合において、乙がこれにより損害を被った場合、甲は、乙の申し出により、甲・乙協議の上、これを補償するものとする。

4　乙は、本件製品の仕様、品質、材質又は荷姿に影響を与える製造工程の設定又は変更を行うときは、事前に甲の書面による承諾を得なければならない。但し、別に甲が指定した製品については、この限りでない。

第8条（図面の取扱い）　乙は、前条第1項各号（但し、第5条を除く。）の各書類につき、善良な管理者の注意をもって管理するものとし、これらを所定の用途以外に使用し、又は第三者に開示若しくは譲渡等をしてはならない。

2　乙は、貸与図面等につき、その使用を終了し、又は要求があったときは、直ちに甲に変換するものとする。

第9条（引渡期日） 乙は、本件製品を引渡期日に、甲の指示する方法をもって、甲又は甲の指定する者に引き渡すものとする。

2　乙は、引渡期日に、本件製品の全部又は一部の引渡しができないとき、又はそのおそれがあるときは、事前に遅延する期間、その理由及び対応策等を甲に通知し、甲の指示に従わなければならない。

3　甲が納入遅延により損害を被ったときは、甲はその補償を乙に請求することができる。但し、納入遅延につき甲の責に帰すべき理由がある場合は、甲・乙協議の上、補償額を減免する。

第10条（検収） 甲は、別に定める検査基準及び検査方法に基づき、本件製品の数量、外観及び品質を検査し、又は甲の指定する者に検査させた上、検査に合格した本件製品のみを引き取る（以下「検収」という。）ものとする。

2　前項の検査の結果、本件製品の数量に過不足があったとき、又は検査に合格しない本件製品があったときは、乙は、甲の指示に従い、直ちに必要な措置をとるものとする。

3　前項の措置は、別に甲・乙間で協議・合意するものとする。

第11条（代金の支払） 本件製品の代金（以下「製品代金」という。）は、甲・乙協議の上、決定する。

2　前項により、製品代金を協議する場合においては、乙は、事前に甲の定める様式による見積書及びその付属書類を作成して提出するものとする。

3　乙が本件製品を甲に引き渡すまでに要する荷造包装費、運賃、荷積降し費市その他一切の諸掛り費用は、別に定めのない限り製品代金に含まれるものとする。

4　甲は、甲・乙間に別段の合意がない限り、毎月検収完了した製品に関し、乙より請求書受領後、製品代金を翌月末日限り乙に支払うものとする。

5　甲が有償支給品の代金その他乙から支払を受けるべき金銭債権を有するときは、甲は、当該金銭債権と、前項に定める代金債務を対当額につき相殺することができる。

第12条（所有権及び危険負担）　本件製品の所有権は、検収が完了したとき、甲に移転する。

2　本件製品が検収完了前に、甲の責に帰すべからざる事由により、滅失又は毀損した場合は、かかる滅失又は毀損は、乙の負担とする。

第13条（品質保証）　乙は、本件製品がその使用目的により通常有すべき品質を有し、第7条に定める事項に合致し、かつ、契約不適合のない製品であることを保証する。

2　本件製品検収後、乙の本件製品に製品不良が発見され、その製品不良により甲が損害を被った場合は、別に甲乙間で合意する手続に基づき、その損害の補償を乙に請求することができる。

3　本条の規定の運用は、甲の指定する者が本件製品を検収したことにより妨げられない。

第14条（産業財産権の侵害）　乙は、事前に甲の承認を得ずして、甲の特許、実用新案、意匠、商標又はノウハウ等を使用してはならない。但し、甲が指示した場合は、この限りでない。

2　乙は、本件製品の製造（甲の貸与図面類による場合を除く。）に際し、製品又は製造に関する特許、実用新案、意匠又は商標につき、第三者の権利を侵害しないよう、最善の注意を払うものとする。

3　乙は、甲の貸与図面類によると否とにかかわらず、第三者との間において、前項に定める権利の侵害等の紛争が生じたとき、又はそのおそれがあるときは、遅滞なく甲にその旨通知するものとする。

4　乙は、前項に定める権利の侵害等の紛争が生じたとき、又はそのおそれがあるときは、その責任と負担において、その紛争を解決するものとし、かかる紛争に際し甲が損害を被った場合、乙は、甲のかかる損害につき補償するものとする。ただし、甲の貸与図面類により乙が本件製品を製造した場合は、この限りでない。

第15条（製品開発）　甲又は乙は、本件製品の開発又は技術改良に関し、

必要に応じて、資料の提供、情報の交換、施設の提供又は人員の派遣等を行い、相互に協力するものとする。

2　前項の協力の成果としての発明、考案、創作、意匠又はノウハウ等の取扱いは、甲・乙協議の上、決定するものとする。

第16条（譲渡期限）　乙は、貸与図面類により製造した製品又は承認図面類により製造した製品を、第三者に譲渡し、若しくは引き渡し、又使用させる場合は、事前に甲の書面による承諾を得なければならない。

第17条（再委託）　乙は、本件製品の製造又は加工をその責任で第三者に委託し、又はその責任でその委託先を変更することができる。但し、重要保安部品、保安部品その他甲が指定した本件製品については、事前に甲の書面による承諾を得るものとする。

2　乙が前項に基づき、本件製品の製造又は加工を第三者に委託するときは、本契約及び個別契約の趣旨を委託先に遵守せしめるものとし、委託先の契約違反行為について乙が責任を負うものとする。

第18条（支給品）　甲は、必要に応じて、本件製品の製造に必要な原材料、部品又は包装材等（以下「支給品」という。）を乙に対して、有償又は無償で支給することがある。

2　乙は、甲より支給品の引渡しを受けたときは、速やかにこれを検査し、支給品の数量過不足又は契約不適合を発見したときは直ちに甲に通知し、甲の指示に基づき処理するものとする。

3　有償支給品の所有権は、引渡時に乙に移転し、無償支給品の所有権は、引続き甲に帰属する。

第19条（乙の協力）　乙は、本件製品の品質、価格、機能、製造方法等の改善のため、改善提案、情報提供等を積極的に行うものとし、又、甲が甲の販売店又は顧客に配布する資料作成のため必要とする資料及び情報等の提供に協力するものとする。

2　乙は、本件製品に関する官公庁からの調査、顧客の苦情のその他本件製品の品質に関する情報を得たときは、速やかに甲に通知するものとする。

3　甲と第三者との間で、本件製品の品質に関し紛争が生じたとき、又はそのおそれがあるときは、乙は、紛争の防止又は解決のために積極的に協力するものとする。

第20条（即時解除）　甲又は乙は、相手方に次の各号のいずれかに該当する事由が生じたときは、何らの催告を要しないで、直ちに、本契約及び個別契約の全部又は一部を解除することができる。

一　営業停止又は営業許可の取消等の処分を受けたとき。

二　破産、民事再生、会社整理若しくは会社更生の申立てを為し、又は第三者からこれらの申立てを受けたとき。

三　支払停止若しくは支払不能に陥ったとき、又は手形交換所から不渡処分若しくは警告を受けたとき。

四　仮差押、仮処分又は強制執行を受けたとき。

五　公租公課の滞納処分を受けたとき。

六　解散決議をしたとき。

七　災害、労働争議その他により、本契約又は個別契約の履行が不能又は困難になったとき。

八　その他前各号に準ずる事由が生じたとき。　　　　　　（一般条項）

第21条（催告解除）　甲は、乙に次の各号のいずれかに該当する事由が生じたときは、相当の期間を置いて催告の上、本契約及び個別契約の全部又は一部を解除することができる。

一　正当な理由なく、本件製品の製作に着手しないとき、又はその制作を中止したとき、若しくはそれらのおそれがあるとき。

二　正当な理由なく、納期に本件製品を納入しないとき、又はそのおそれがあるとき。

三　正当な理由なく、本件製品の品質改善、原価改善及び安定供給に関する甲の是正措置に応じないとき。

　四　その他前各号に準ずる事由が生じたとき。　　　　（一般条項）

第22条（契約終了後の措置）　乙は、前2条及び契約期間の満了その他の理由により本契約が終了したときは、直ちに、貸与図面類、その写し、貸与品及び無償支給品を甲に返還するものとする。

2　前2条に基づき本契約が終了した場合、甲は、納入製品、仕掛品、有償支給品及び本件製品の製作のために使用した専用治工具類を、第三者に優先して買い取る権利を有する。

3　甲又は乙は、第20条若しくは第21条の解除事由が自らに生じたときは、相手方に対して負担する一切の債務につき自動的に期限の利益を喪失するものとし、債務の全てを直ちに弁済しなければならない。前条により本契約又は個別契約が解除されたときも、同様とする。　　（一般条項）

第23条（譲渡禁止）　甲又は乙は、本契約又は個別契約に基づく権利・義務の全部又は一部を他に譲渡し、若しくは貸与し、又は担保に供してはならない。但し、相手方の書面による同意を得たときは、この限りではない。　　　　　　　　　　　　　　　　　　　　　　　　（一般条項）

第24条（機密保持）　甲又は乙は、本契約に基づく取引により知り得た営業上又は技術上の一切の秘密を他に漏洩してはならない。但し、事前に相手方の承諾を得たとき、又は公知の事実となったときは、この限りでない。　　　　　　　　　　　　　　　　　　　　　　　　　（一般条項）

第25条（残存条項）　甲又は乙は、本契約の終了後といえども、第8条第1項、第9条第3項、第13条、第14条第3項及び第4項、第16条、第19条第3項及び前3条の義務を負担するものとする。　　（一般条項）

第26条（有効期間）　本契約の有効期間は、令和○年○月○日から令和○年○月○日迄とする。但し、期間満了3カ月前迄に甲・乙いずれかから

も、本契約を更新しない旨の意思表示がないときは、本契約は、1年間延長されるものとし、以後も同様とする。　　　　　　　　　（一般条項）

第27条（経過規定）　本契約の締結以前に甲・乙間で締結した事項の各基本契約書に基づく個別契約の履行に当たっては、本契約を適用するものとする。　　　　　　　　　　　　　　　　　　　　　　　（一般条項）

第28条（協議）　甲及び乙は、本契約に定めのない事項又は本契約条項の解釈に疑義が生じたときは、誠意をもって協議し、解決に努めるものとする。　　　　　　　　　　　　　　　　　　　　　　　　（一般条項）

　以上を証するため、本書2通を作成し、甲・乙記名押印の上、各1通を保有する。

　　　　　　　　　　　　　　　甲（略）

　　　　　　　　　　　　　　　乙（略）

3　請　負

（1）役務型の契約

　民法は、役務型の契約として雇用、請負、委任、寄託の4つの契約類型を定めている。

　雇用と委任では役務の給付自体が目的となるが、請負では役務の結果の給付（仕事の完成）が目的となる点で異なる。実際にはこの間の区別が困難なことも少なくない。

　実質は雇用契約なのに労働法や使用者責任の適用を免れるため、請負契約というタイトルや記載内容にする場合もありうる。したがって、この区別（契約類型の判断）は、契約書のタイトルや契約書の記載内容の

みならず、実際の契約内容に即して判断すべきである。

・雇用と請負は有償契約であるが、委任、寄託は有償の場合も無償の場合もある。

・雇用については、民法は623条～631条に規定を置いているが、これらは労働基準法、労働契約法などの労働法によって大幅に修正されている。→第4章

・寄託は物の保管という限定された役務が問題となる契約である（657条～666条）。

（2）請負と仕事の完成

① 請負は「当事者の一方がある仕事を完成することを約し、相手方がその仕事の結果に対して、その報酬を支払うことを約することによって、その効力を生じる」（632条）。有償、双務、諾成契約である。たとえば建設工事請負契約、業務請負契約、運送契約、クリーニング契約などである。請負は仕事の目的物の引渡しを伴う場合だけでなく、引渡しを伴わない場合もある。

② 報酬の支払時期は仕事の目的物の引渡しと同時とされ（633条本文）、物の引渡しを要しない場合は雇用の規定（624条1項）を準用して後払いの原則が適用される（633条ただし書）。

（3）雇用との違い

① 雇用は、労務に服すること自体を目的とする点で請負と異なるから、労務に服しさえすれば労働の成果のいかんを問わず報酬をもらえるが、請負では仕事が完成しないと報酬はもらえない。このことから、請負においては、仕事を完成した後にそれを注文者に引き渡すまでに、当事者の責めに帰すことのできない事由により目的物が滅失・損傷した場合、注文者は契約を解除して代金支払い債務を免れることができる。

② 雇用は労働が使用者の指揮命令権により従属して行われるのに対

して、請負では独立して行われる。

（4）売買との相違

　改正民法では、請負についても売買と同様に瑕疵担保責任の規定を削除し、「目的物が種類、品質又は数量に関して契約の内容に適合しなかった場合の責任」、すなわち契約不適合責任を規定し、履行追完請求、報酬減額請求、損害賠償請求、契約解除ができるものとした（636条）。

　一方、請負契約の特徴としては、請負の対象となる目的物の全体が完成していない場合であっても、契約解除の時点で仕事が部分ごとに分けられるもので、その部分で注文者が利益を得る場合は、注文者の利益割合に応じて請負人は報酬を請求できることが明文化された（634条）。

　たとえば、システム開発契約において、システム開発の全体が完成に至らなくても、システム設計書や途中まで完成したプログラムの価値に応じた報酬を請求できることになる。注文者がこれらの請求を受けたくないのであれ、請負契約に割合報酬排除の特約を入れておく必要がある。

（5）注文者の権利の行使期間

　注文者が、種類または品質に関する契約不適合を知った時から1年以内にその旨を請負人に通知しなければ、その不適合責任の追及をすることはできない（637条1項）。ただし、請負人が引渡時にその不適合を知り、または重大な過失により知らなかった場合は、その限りではない（637条2項）。

　注文者は契約不適合を知った時から1年以内に通知さえすれば、責任追及自体は一般的な消滅時効が適用される（知った時から5年間行使しないとき（166条1項1号）、または、引渡しから10年間行使しないとき（同項2号）に消滅）。

　これらは、売買契約と同様である。

（6）製作物供給契約

　たとえば請負人がもっぱら、または主として自己の材料を用いて製作した物を供給する場合、仕事の完成を目的とする請負のようにも、売買のようにも見える。このような請負と売買の中間的な契約は製作物供給契約と呼ばれる。このような混合契約を認めるかどうかについて学説は分かれている。反対説は最終的には売買か請負か、どちらかに分類できるからその必要はないという。しかし、製作物供給契約においては、非代替物の製作はもちろんのこと、代替物の製作においても物の製作段階に関しては請負の規定を適用するのが妥当であるが、他方で、製作された物の供給段階では売買の規定、特に代金の支払時期・場所・果実に関する573条〜575条を適用するのが妥当と思われる。

　したがって、売買と請負の中間的な類型として製作物供給契約という類型を認める実益はあるといえよう。なお、製作者が自己の材料を用いて製作する場合でも、契約の目的物が代替物であって、かつ他から購入して供給してもよいという場合は、純然たる売買である。

（7）目的物の所有権の帰属

①　目的物が動産の場合

　請負人が材料を提供した場合は、物権法の原則で処理され、完成した目的物は、いったん請負人に帰属し、引渡しにより注文者に移転する。逆に注文者が材料を提供した場合は、当事者の意思が明らかでないときには物権法の加工の法理（246条1項ただし書・2項）で処理され、多くの場合いったん請負人に帰属し、引渡しにより注文者に移転する。

②　目的物が建物の場合

　目的物が建物すなわち建築請負（新築）の場合は①と異なる。この点について裁判例の考えは次のとおりである。

　請負人が材料の全部または主要部分を提供した場合には、請負人が所有権を取得し、引渡しによって注文者に移転するのは動産の場合と同様であるが、注文者が材料の全部または主要部分を提供した場合は、請負

の目的物の所有権は原始的に注文者に帰属する。この場合は、加工に関する民法246条1項ただし書・2項の適用はない。なお請負人が材料を提供しても、特約があれば、完成と同時に注文者の所有物となる。

(8) 下請負と下請

　下請負とは請負人が請け負った仕事の全部または一部を、さらに第三者に請け負わせることをいう。下請負は原則として可能であると解されている（ただし、建設業法では注文者の書面による承諾なしに一括下請負に出すことを禁止している（同法22条））。

　日本の産業の大きな特色は、下請の多用にあるといわれる。典型的には自動車メーカーが部品や原材料の製造を系列の企業に委託するという場合である。この下請は、下請負と同義ではない。つまり、この場合のメーカーと下請会社との関係は請負であることもあるが、売買（または製作物供給契約）のことも多い。いずれにせよ、注文者から仕事を請け負った請負人（元請とか元請負人という）から、さらに請負がなされる下請負とは異なっていることに注意が必要である（もっとも下請負の意味で下請という言葉が用いられることもある）。

　日本では、下請負の利用は建設工事において著しく、100％に近いといわれる。下請負人がさらに下請負に出すこともある（孫請）。元請と下請負人（下請ともいう）の関係は多くの場合、請負といってよいが、下請と孫請の関係以下になると一応、請負の形式をとっていても材料の支給・監督等の点で雇用に近いことも少なくない。

・下請負が許される場合、下請負人は元請負人の履行代行者または履行補助者であるから、下請負人の故意・過失により生じた損害につき元請負人は責任を負う。下請負が利用されても、注文者と元請負人との法律関係は何ら変更を受けず、注文者と下請負人との間には、直接の法律関係は生じない。

（9）製造委託契約書の検討

図表5-2-3に、請負契約の一例として「製造委託契約書」のサンプルを示す。

図表5-2-3 ●「製造委託契約書」

製造委託契約書

　山田工業株式会社（以下「甲」という）と鈴木商会株式会社（以下「乙」という）とは、甲のパーソナルコンピューター用のキーボード（以下「本件製品」という）の製造委託等に関し、次のとおり契約する。

第1条（目的） 甲は、乙に対し、本件製品の製造及び加工の業務（以下「本件委託業務」という）を委託し、乙は、これを受託する。

第2条（原材料等の供給） 乙は、乙が本件委託業務を遂行するために必要な一切の原材料及び資材を、みずから調達する。当該調達に要する費用は、製造委託料に含まれるものとする。

第3条（製造量など） 甲は、乙に対し、毎月25日までに、その翌月に製造する本件製品の数量、種類を指示するものとする。甲は、いったん指示した製造数量を変更することができる。ただし、乙が甲の指示に基づき、すでに製造した本件製品については、全数量を引き取ることを要する。

第4条（委託料の支払い） 製造委託料は、単価金45,000円として、その製造・引渡数量を乗じた金額を、毎月30日締め、翌月15日までに、甲が乙の指定する銀行口座へ送金することにより、支払うものとする。

第5条（費用の負担） 乙は、原材料及び資材の調達費用を含み、本件製品を乙の工場において、出荷するまでの一切の費用を負担するものとし、その費用は製造委託料に含まれるものとする。

第6条（契約不適合責任） 本件製品の契約不適合により、第三者から、損害賠償請求等がなされたときは、乙が責任をもって処理する。

第7条（技術の指導）甲は、本件製品製造に必要な製造技術の知識を有する社員を乙へ派遣し、本件製品の製造、加工等に関する技術指導を無償で行う。ただし、甲の社員から乙へ供与される技術指導に関するノウハウその他の知的所有権は、甲に帰属するものとし、乙はそれを無償使用することができる。

第8条（解除）乙が、理由なく甲の指示した納期に遅延するほか、本契約上の義務の履行を怠ったときは、甲は、乙に対し、何らかの催告を要せず直ちにこの契約を解除することができる。この場合において甲の乙に対する損害賠償請求を妨げない。

第9条（契約上の地位の譲渡禁止）乙は、本契約上の地位を、甲の事前の書面による承諾なくして第三者に譲渡することはできない。

第10条（守秘義務）乙は、本件製造委託契約やその履行に関して知り得た甲の業務上の秘密を、甲の事前の書面による同意なく第三者に漏洩してはならない。

第11条（有効期間）この契約の有効期間は、令和○○年○○月○○日までとする。ただし、本契約の期間満了3カ月前までに甲乙双方から異議が唱えられない場合には、さらに1年宛更新され、以後も同様とする。

　以上を証するため本書2通を作成し、各自署名押印のうえ、各その1通を保有する。

令和○○年○○月○○日

　　　　　　　（甲）住所　東京都千代田区丸の内1－1－1
　　　　　　　　　　氏名　山田工業株式会社
　　　　　　　　　　　　　代表取締役社長　山田　一郎　㊞
　　　　　　　（乙）住所　神奈川県横浜市中区○○1－1－1
　　　　　　　　　　氏名　鈴木商会株式会社
　　　　　　　　　　　　　代表取締役　　　鈴木　太郎　㊞

4 委任（準委任）

（1）委任と準委任

委任は「当事者の一方が法律行為をすることを相手方に委託し、相手方がこれを承諾することによって、その効力を生ずる」契約である（643条）。委任に関する規定は法律行為でない事務の委託（準委任という）にも準用される（656条）。委任（準委任）の場合、雇用と異なるのは、自己の裁量で事務を処理するという独立性を有する点にあり、請負と異なるのは、仕事の完成を契約目的にしているわけではない点である。代表的な委任契約といえる弁護士への訴訟の委託は、厳密には委任と準委任の双方の要素を含みうる。医師との診療契約は準委任である。また、弁護士が法務部のメンバーとして会社に雇われている場合、会社との関係は雇用関係でありうるが、委任との区別は仕事をする時間・場所・方法が相手方のコントロールに服するかどうかで、なされる（内田『民法Ⅱ』289頁）。委任は契約であり、他人の事務を行うことは契約上の義務である（これに対し、頼まれもしないのに他人の事務を処理するのは事務管理である（697条〜702条））。

（2）委任と代理

委任契約がなされる目的の典型は代理権を授与することであるといわれる。代理とは、代理人と相手方との間の法律行為の効果を直接本人に帰属させる制度である。すなわち、本人への対外的な効果帰属に関する制度である。これに対し、代理人と本人との内部関係、つまり代理権が授与される原因の1つが委任契約である。しかし、委任が常に代理権授与を伴うとは限らない。たとえば、商社が国内の需要者から海外製品の買付け委託を受ける契約は委任契約であるが、商社はみずから契約当事者となって製品を買い付ける。ここには代理権の授与は伴わない。他方で、雇用契約、請負契約、組合契約が代理権の授与を伴うことがある。

（3）委任契約の成立

　委任契約は諾成契約であり、方式は不要である。代理権の授与を伴う委任契約の際には、委任状が交付されることが多いが、これは受任者の権限を対外的に証明するための書面であり、委任契約の成立に必要なものではない。なお、委任には有償のものと無償のものがある。

（4）受任者の義務

① 善管注意義務

　受任者は、委任の本旨に従い、善良な管理者の注意をもって、委任事務を処理する義務（善管注意義務）を負う（644条）。この義務は、受任者と同様な職業・地位にある者に対して一般に期待される水準の注意義務だということができる。委任契約は当事者間の信頼関係を基礎とする契約であり、善管注意義務の内容も当事者間の知識・才能・手腕の格差、委任者の受任者に対する信頼の程度などに応じて判断される。このように受任者の注意義務の水準が高いのは委任という契約の性質に由来する（本項は内田『前掲書』291頁）。

② 報告義務

　受任者は、委任者の請求があれば、いつでも委任事務処理の状況を報告し、また委任終了後遅滞なく、その経過・結果を報告する義務を負う（645条）。コンビニのフランチャイズ契約において、本部（受任者）が加盟店（委任者）に対して契約に定められていなかった報告義務を、民法645条に基づき負うことを肯定した最高裁判決がある（内田『前掲書』292頁）。このフランチャイズ契約書はコンビニ本部作成のいわゆる包括的契約で、契約内容は詳細かつ精密に規定されていたにもかかわらず、最高裁は民法の規定（任意規定）の補充的適用を認めた。契約内容が精緻に文書化されている契約においても、民法の規定（任意規定）の補充的適用が認められるのである。

（5）委任者の義務

① 報酬支払義務

　民法上は受任者は特約がなければ報酬を請求できない（648条1項）。しかし、今日では特約がなくとも有償だとの黙示の契約または慣行があると考えるべきであろう。受任者が商人（会社も含む）であって、その営業の範囲内において、委任事務を行った場合は「相当の報酬」を請求できる（商法512条）。報酬の支払時期は後払いが原則であるが（648条2項）、引渡しが生ずる「成果完成型」の委任契約の場合は、当該成果引渡しと同時に支払い義務が生じる（648条の2第1項）。

　また、委任事務の履行により得られた成果についてすべてが完成していない場合であっても、部分的であっても委任者が利益を得る場合は、委任者の利益割合に応じて受任者は報酬請求できるものとされる（648条の2第2項、634条準用）。

② 費用前払義務（649条）

③ 費用償還義務（650条1項）

④ 債務の代弁済、担保提供義務（650条2項）

⑤ 損害賠償義務（650条3項）

（6）委任契約の終了

　契約一般に共通の終了原因のほか、委任に特有の終了原因が2つある。任意解除権と死亡・破産・後見開始である。

① 任意解除権

　委任は、各当事者がいつでも解除することができる（651条1項）。これは任意解除権といわれる。ここでいう解除とは遡及効のない解除である（652条、620条）。当事者の一方が相手方に不利な時期に委任契約を解除したときは、その損害を賠償しなければならないが、やむを得ない事由があったときは、その義務はない（651条2項）。この任意解除権は、無償の委任については問題ないだろうが、有償の委任について妥当

するか、という問題が生じる。

　任意解除権の規定は任意規定だから、当事者の合意（特約）で排除できるが、特約がない場合でも、受任者の利益をも目的としている委任契約は651条1項による一方的解除はできないとした判決もある一方で、これと反対の判決（一方的解除はできるという条文に忠実な解釈をする判決）もある。任意解除権の安易な適用には慎重さが必要と考えられるが、判例の態度が明確でない以上、この点は当事者の特約により解決を図ることが望ましい。

② 死亡・破産・後見開始

　委任契約は委任者または受任者の死亡、委任者または受任者が破産手続開始の決定を受けたこと、受任者が後見開始の審判を受けたことによって終了する（653条）。

（7）終了の際の特別措置

① 委任関係は契約終了とともに完全に消滅するのではなく、委任者側が事務処理を引き継げるよう契約終了後も受任者は一定の善処義務を負う。すなわち、委任終了の場合に急迫の事情があるときは、受任者（またはその相続人もしくは法定代理人）は委任者（またはその相続人もしくは法定代理人）が委任事務を処理することができるようになるまで、必要な処分を行わなければならない（654条）。

② 委任の終了事由は相手方当事者にそれを通知したとき、または相手方がこれを知っていたときでなければ相手方に対抗できない（655条）。たとえば、委任者が死亡してもそれを受任者に知らせなければ、受任者が知らずに行った委任事務は有効な委任契約上の事務処理として扱われる、ということである。

5 賃貸借

(1) 成立

　当事者の一方がある物の使用および収益を相手方にさせることを約し、相手方がこれに対して、その賃料を支払うことを約することによって、賃貸借契約が成立する（601条）。有償、双務、諾成契約である。

- ・賃貸借に類似の契約類型として使用貸借がある。使用貸借とは、当事者の一方が無償で使用・収益をした後に返還することを約束して、相手方からある物を受け取ることによって成立する契約である（593条）。無償、片務、要物契約である。物の引渡しによって、初めて契約が成立するから要物契約である。契約成立時に物は借主に引き渡されているから引渡債務がない。したがって借主は返還債務を負うが、貸主はこれに対応する債務を負わないから片務契約である。
- ・動産賃貸借（レンタルビデオ、レンタカーなど）もあるが、不動産賃貸借がとりわけ重要である。

(2) 特別法（借地借家法）による修正

　不動産賃貸借は、民法の特別法（借地借家法）によって大幅に修正されている。物権に比べ債権である賃借権の効力は弱い。そのために問題となった点は次の3つである。

- ①　賃借権には対抗力がない。すなわち、不動産が譲渡されると新所有者に賃借権を対抗できない。
- ②　賃貸借は存続期間が短い。民法上は50年を上限として長期の賃貸借をすることも可能である（604条）が、現実は短期ないし期間の定めのないものが多かった。
- ③　貸借は賃借人が自由に譲渡・転貸できない。無断譲渡・転貸は解除事由である（612条）。

〔借地借家法による修正〕

　以上の3点は借地借家法により修正された[*]。

① 建物所有目的の借地について、地上に登記のある建物を所有していれば、新所有者に対する対抗力を付与し（借地借家法10条1項）、借家については、居住（占有）していれば対抗力を付与する（同法31条1項）ことにした。

② 建物所有目的の借地権については、存続期間の長期のものに限定し（同法3条）、更新が強制された（正当事由がなければ更新を拒絶できない）（同法6条）。借家についてはやはり更新を強制するとともに、期間の定めのない借家契約の解約は正当事由がなければ認めない（同法28条）こととした。

③ 借地について譲渡・転貸についての地主の承諾（民法612条）に代わる許可を裁判所に求めることができるようにした（借地借家法19条）。

＊この借地借家法による修正は、賃借人に不利な特約を許さないという片面的強行規定となっている。

（3）解除の制限

借地借家法による修正に加えて、借地人・借家人の債務不履行を理由とする解除については、これを制限する判例法理が展開している。最高裁は「相互の信頼関係を破壊するに至る程度の不誠意があると断定することはできない」として、解除権の行使を信義則に反するとした原審を支持している（この法理は「信頼関係破壊理論」あるいは「信頼関係の法理」と呼ばれる）。

（4）定期借地・借家

このように借地人・借家人の保護が進んだ結果、不動産所有者は容易に不動産を貸しに出さなくなり、比較的短期間、不動産を利用したいと考えている人々に対する供給が阻害されているとの批判がなされるようになった。そこで、当初の合意で定めた期間が満了すれば終了するというタイプの賃貸借も認めるため定期借地権制度と定期借家権制度が創設

された。

① 定期借地権

　これは更新のない借地権であるが、3つの類型がある。

　1）一般定期借地権（借地借家法22条）

　　　利用目的を問わず存続期間は50年以上である。

　2）事業用定期借地権（同法23条）

　　　利用目的が「専ら事業の用に供する建物の所有を目的」とする場合に限定され、居住用の建物は建てられない。

　3）建物譲渡特約付き借地権（同法24条）

　　　利用目的は問わない。30年以上経過後に地上建物を借地権設定者（地主等）に相当の対価で譲渡する特約を付ければ、借地契約は更新されない。

② 定期借家権（定期建物賃貸借）

　借地借家法が定める法定更新制度（同法26条、28条）は、強行規定であって当事者が合意で排除できないが（同法30条）、これが適用されない借家契約が定期借家権である（同法38条）。ただ、これを安易に認めると、借家人保護に欠けることになるので、借地借家法は貸主はあらかじめ借主に「契約の更新がなく、期間の満了により当該建物の賃貸借は終了することについて、その旨を記載した書面を交付して説明しなければならない」とし、かつ「公正証書による等、書面によって契約をすること」を要件としている（同法38条）。判例はこの成立要件を厳格に解している。

（5）借地借家法の適用対象　→図表5-2-4

　①　借地借家法の適用対象にあらゆる「土地の賃借権」が含まれるわけではない。「建物の所有を目的とする地上権および土地の賃借権」（借地権）に限られる（同法2条1号）。ここでいう「建物」には、橋・広告塔・電柱・ガソリンスタンド等は含まれない。また、建物の所有を主たる目的とするものでなければならない。ゴルフ練習場

図表5-2-4 ●借地借家法の対象

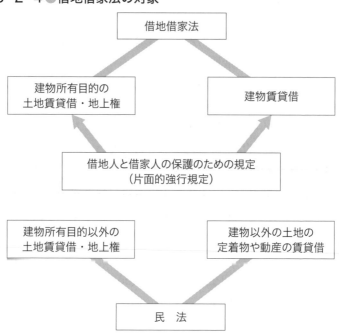

としての使用目的での借地は、たとえ事務所などの建物を建てても、借地借家法の対象である「借地権」とはならないとした裁判例がある。なお、一時使用のための借地権には同法による借地人保護の規定は適用されない（同法25条）。

② 借地借家法の適用対象である「建物の賃貸借」（借家）について同法は明確には定義していない。間借りについて、裁判例は、「建物の一部であっても、障壁その他によって他の部分と区画され、独占的排他的支配が可能な構造・規模を有するもの」は借地借家法にいう「建物」であると解すべきだとした。なお、一時使用のための借家には、借地借家法は適用されない（同法40条）。

（6）敷金

　不動産の賃貸借契約成立の際に、敷金、権利金、礼金、保証金などと呼ばれる金銭の授受が行われる。敷金は通常、借家契約に際して借家人から家主に交付され、その目的は、借家契約の期間が満了して賃貸借契約が終了するときに、支払いの滞った賃料債務や建物に関する損害賠償債務を担保することにあり、延滞賃料や損害賠償額を差し引いて残額は借家人に返還される。敷金の返還を賃借人が要求できるのは返還すべき額が確定する明渡し時である（622条の2）。

（7）賃貸人・賃借人の権利義務

① 　民法が規定する賃貸借においては、目的物の維持・管理は賃貸人の側で責任をもって行い、賃借人は契約どおりの使用収益をする限り、あとは賃料さえ払えばよい、というものである（内田『前掲書』202頁）。このため賃貸人に目的物の修繕義務が課せられ（606条1項）、これを果たさない場合に賃借人が代わりに修繕すれば、その費用を賃貸人が償還することになる（608条1項）。

② 　賃貸借契約は継続的使用の典型であり、特に土地の賃貸借はきわめて長期に及ぶ。したがって、契約条件を事情の変化に合わせて修正する必要があり、借地借家法にはそのための手続が定められている。すなわち、借地条件の変更、増改築の許可、地代・家賃の増減額、賃借権の譲渡・転貸の許可等に関して、当事者の合意が得られない場合には、裁判所が介入して、契約内容を形成できる（借家借地法11条、17条、19条、20条、32条、41条〜54条）。

（8）賃料額の変更

　不動産の賃料額の変更は民法上も特定の場合に認められるが（609条、611条）、借地借家法によりさらに広い場合に認められている。すなわち、税金の増減・地価の変動等の経済変動・近傍の相場との比較から地代・家賃が不相当となると、当事者は地代・家賃の増減額請求権を取得し、

賃貸人・賃借人間で合意が成立しなくても裁判所に地代・家賃の確定を求めることができる（同法11条、32条）。

（9）目的物返還義務

賃貸借契約終了時の目的物返還は、借主の重要な義務の１つであり、原状回復義務を負う（621条）。原状回復とは、たとえば、借家が通常の用法で使用していればそうなるであろう以上に傷んでいれば（すなわち、通常損耗以上に傷んでいれば）、賃借人は損害賠償義務を負うということである。通常損耗について賃借人に原状回復義務を負わせるには、その旨の明確な合意が必要である。なお、通常損耗を含む原状回復費用として、賃料の２～３倍以上の額を定額で賃借人に負担させる契約条項を、消費者契約法10条*に基づき無効とする下級審判決が複数出ている。

> ＊消費者契約法は、事業者と消費者（個人）との間の契約に適用される法律であるが、やはり不動産賃貸借契約における更新料についても10条に基づき無効とするとの判決も出されており、契約法務においても重要な法律となっている。→消費者契約法については第７章第２節**1** (5)

(10) 賃借権の譲渡・目的物の転貸

賃借権の存続期間中に賃借人自身が利用する必要がなくなり、残存期間を第三者に利用させたいと考えることがある。そのようなとき用いられるのが譲渡・転貸の制度である。

① 賃借権の譲渡とは、賃借人がその賃借人の地位を第三者に移転することをいう。賃借人は賃貸借関係から離脱し、賃貸人と第三者との間で賃貸借契約が成立する。目的物の転貸とは、賃借人が賃貸借の目的物を第三者に賃貸することをいう。民法の原則は賃貸人の承諾なしには賃借権の譲渡も転貸もできず、無断で行うと解除原因となるというものである（612条）。

② 借地権の譲渡・転貸については地主の承諾に代わる許可を裁判所に請求することを認めている（借地借家法19条、20条）。借家の場合は借地借家法による修正はなく、民法612条が適用される。

③　解除権の制限

　　無断譲渡・転貸があった場合、賃貸人は賃貸借契約を解除できるというのが民法の原則である（612条2項）が、この解除権を制限する判例法が展開している。すなわち、賃貸人は無断譲渡・転貸があれば契約を解除できるが、賃借人がこれに対し、無断譲渡・転貸が背信的行為に当たらない特段の事情のあることを立証できれば、解除の効力が認められないというものである。

④　適法に転貸されると、転借人Cは賃貸人Aに対して直接に責任を負う（613条1項前段）。つまり、本来は何の関係もないはずのA・C間に直接の関係が生じ、AはCから賃料を得ることもでき、Cは賃借人Bに対する賃料の前払いをもってAに対抗できない（613条1項後段）。ただし、BがAに対して負っていた賃料のほうが小さければ、その額を限度とする。また、Aとしては、Bが賃料を支払わない場合に、Cに請求する義務があるわけではなく、Bの債務不履行を理由に契約を解除することは妨げられない（613条2項）。

(11) 賃貸借契約の終了

　賃貸借契約は契約期間の定めがある場合には、期間の満了によって終了する（618条参照）。期間の定めのない場合や619条の黙示の更新がなされた場合には、617条により解約申入れがなされることによって終了する（617条）。

　このほかに特別の終了原因があるが（債務不履行による解除や目的物の滅失など）、重要なのは賃借人の債務不履行を理由とする賃貸人からの解除である。

①　賃借人の債務不履行を理由とする賃貸人からの解除

　　典型的な場面は無断譲渡・転貸（612条）や賃料不払い等の債務不履行（541条）である。たとえば、借家契約で賃料の不払いがあれば、賃貸人は債務不履行として541条により解除できそうであるが、541条が不動産賃貸借にも適用されるかについては議論がある。と

いうのは、わずかな債務不履行で解除されることになると、賃借人は居住や営業の拠点を失うことになって、あまりに不均衡な損失が発生するからである。そこで、これを制限する解釈論が展開した。最高裁は賃借人には「いまだ本件賃貸借の基調である相互の信頼関係を破壊するに至る程度の不誠意があると断定することはできない」として、解除権の行使を信義則に反するとした原審を支持した。ここで採用された理論は信頼関係破壊理論（あるいは信頼関係の法理）などと呼ばれる。この理論には２つの側面がある。一方で、賃借人の債務不履行があっても信頼関係を破壊しない些細な不履行では解除できないが、他方で厳密には債務不履行といえなくとも信頼関係が破壊されるに至れば、解除可能となる（本項は内田『前掲書』242～244頁）。

② 解除の効果

賃貸借契約の解除は遡及効がない（620条前段）。継続的契約であることの特則である。また、解除した場合でも当事者の一方に過失があれば、その者に対する損害賠償の請求を妨げないとされる（620条後段）。

③ 目的物の滅失等による使用不能の場合、賃貸人の債務は消滅すると解されている。

④ 賃借人が死亡しても賃貸借は終了せず、相続される。この点は使用貸借と異なる（599条参照）。

6 消費貸借

（1）成立

消費貸借は、当事者の一方が種類・品質・数量の等しい物をもって返還することを約して、相手方から金銭その他の物を受け取ることによって効力を生ずる（587条）。実際上は金銭がほとんどである。消費貸借は「受け取ることによって」効力を生ずるから、原則としては要物契約であ

る。ただし、書面で契約締結する消費貸借は、当事者の一方が金銭その他の物を引き渡すことを約し、相手方がその受け取った物と種類、品質および数量の同じ物をもって返還をすることを約することによって、その効力を生ずるとされ、諾成契約である（書面でする消費貸借、587条の2）。書面でする消費貸借の借主は、貸主から金銭その他の物を受け取るまで、契約の解除をすることができる。この場合において、貸主は、その契約の解除によって損害を受けたときは、借主に対し、その賠償を請求することができる。民法上の消費貸借は原則として無償契約であるが、商人間の金銭消費貸借では利息付きが原則である（商法513条1項）。民法上の消費貸借も現実には、ほとんどが利息付きである。要物契約である場合は、貸主には借主の返還義務に対応する債務がなく、一方当事者にのみ債務の発生する片務契約となるが、諾成契約の場合は双務契約である。

（2）期限の利益の喪失・放棄

　一定の事由の発生により債務者は期限の利益を喪失する。期限の利益喪失事由は当事者が約定する場合が多いが（期限の利益喪失約款）、民法137条は次の3つの場合を法定している。①債務者が破産手続開始の決定を受けたとき（ただし、現在では破産法103条3項で処理される）。②債務者が担保を滅失させ、または減少させたとき。③担保を供する義務を負う債務者がこれを供しないとき。また、債務者は期限の利益を放棄することができるが、相手方の利益を害することはできない（136条2項）。たとえば、利息付きの消費貸借の場合は期限までの利息を付けて返す必要がある。

（3）準消費貸借

①　民法588条は、消費貸借によらずに金銭等を給付する義務を負う者がある場合に、当事者がその金銭等を消費貸借の目的とすることを合意したときは、消費貸借が成立したものとみなす旨定めている（準消費貸借といわれる）。消費貸借は要物契約であることから「金

銭等を受け取る」という要件が必要となるが、これを省略し、合意で可能にするための規定である。準金銭消費貸借は、企業法務にとっても重要な意味を持つ。たとえば、継続的売買契約において多額の売掛金が残っている場合、売主はその売掛金について買主との間で準金銭消費貸借にし、公正証書を作成して返済条件を定め、それに違反し、返済を怠ったら強制執行する旨の強制執行認諾の約款を設けて、債権回収の手段とすることも少なくない。

② 588条は「消費貸借によらず」生じた場合を想定しているが、消費貸借から生じた債務であっても、未払利息を元本に組み入れて新たな消費貸借があったことにすることがよく行われる。これも準消費貸借である。

（4）金銭消費貸借契約の例

図表５-２-５は、「金銭消費貸借契約書」のサンプルである。

・金銭消費貸借契約は、このサンプルのように、保証人も参加した三者契約が多い。なお、保証契約は、保証人と借主（債務者）との間の契約ではなく、保証人と貸主（債権者）との間の契約である。

・保証契約は書面でしなければ、その効力を生じない（446条２項）。つまり、口頭では保証契約は成立しない。

図表5-2-5 ●「金銭消費貸借契約書」サンプル

金銭消費貸借契約書

　貸主山田工業株式会社（以下「甲」という）、借主鈴木商会株式会社（以下「乙」という）及び連帯保証人吉田鉄工株式会社（以下「丙」という）とは、下記のとおり、金銭消費貸借契約を締結した。

第1条（金銭消費貸借）甲は、乙に対し、令和○○年○○月○○日、下記の条件で、金銭を貸し渡し、乙はこれを受領した。

　一　金　　　額　　　　金2,000万円也
　二　弁済完了日　　　　令和○○年○○月○○日
　三　弁済方法　　　　　甲指定の銀行口座へ送金する
　四　利　　　息　　　　年3％の割合（年365日の日割計算）
　五　損　害　金　　　　年5％の割合（年365日の日割計算）

第2条（連帯保証）丙は、前条に基づき乙が甲に対して負担する一切の債務について、乙と連帯してその履行の責に任ずる。

第3条（期限の利益喪失）乙又は丙が下記のいずれかにあたる場合には、甲の何らの催告を要せず、乙は当然に期限の利益を失い、乙及び丙は、本件契約に基づき甲に対して負担する一切の債務を直ちに支払うものとする。

（1）支払いの停止又は破産、民事再生手続き、会社更生手続き開始、会社整理の開始若しくは特別清算開始の申立てがあったとき
（2）手形交換所の取引停止処分を受けたとき
（3）仮差押え、仮処分若しくは差押えを受けたとき

　この契約を証するため、本契約書3通を作成のうえ各当事者署名捺印し、各その1通を保有する。

令和○○年○○月○○日

貸主（甲）住所　東京都千代田区丸の内1－1－1
　　　　氏名　山田工業株式会社
　　　　　　　代表取締役社長　山田　一郎　㊞
借主（乙）住所　神奈川県横浜市中区○○1－1－1
　　　　氏名　鈴木商会株式会社
　　　　　　　代表取締役　　　鈴木　太郎　㊞

連帯保証人（丙）
　　　　住所　東京都大田区中央1－1－1
　　　　氏名　吉田鉄工株式会社
　　　　　　　代表取締役　　　吉田　二郎　㊞

第3節 印紙税法・国際取引契約

学習のポイント

◆契約書に関係する印紙税法の基礎知識を把握する。
◆国際取引契約の交渉の進め方およびポイントについて理解する。

1 印紙税法

（1）契約書と印紙税

- ・ほとんどの契約書には、印紙の貼付が必要である。当該契約書は、標題ではなくその内容により、印紙税額一覧表抜粋（→図表5-3-1）のいずれに該当するかを決定する。

- ・印紙を貼付していない契約書も有効である。この場合は印紙税法違反となり、過怠税のほか刑事罰が科されることがありうる。

- ・外国会社との契約書にも日本国内で調印される場合には、印紙税の対象となる。

- ・不課税文書と非課税文書

  不課税文書は、印紙税法の別表1（参考→図表5-3-1）のどの号にも該当しない文書をいい、非課税文書は、印紙税法の別表1に非課税と記載されている文書や、国や地方公共団体が作成した文書をいう。

図表5-3-1 ● 印紙税額一覧表（抜粋）

（2018（平成30）年4月現在）

番号	文書の種類	印紙税額（1通または1冊につき）		
1	1．不動産、鉱業権、無体財産権、船舶もしくは航空機または営業の譲渡に関する契約書 （注）無体財産権とは、特許権、実用新案権、商標権、意匠権、回路配置利用権、育成者権、商号および著作権をいう。 2．地上権または土地の賃借権の設定または譲渡に関する契約書 3．消費貸借に関する契約書 4．運送に関する契約書 （注）運送に関する契約書には、用船契約書を含み、乗車券、乗船券、航空券および運送状は含まれない。	記載された契約金額が 1万円未満　　　　　　　　非課税 1万円以上10万円以下　　200円 10万円超50万円以下　　　400円 50万円超100万円以下　　1千円 100万円超500万円以下　　2千円 500万円超1千万円以下　　1万円	1千万円超5千万円以下　　2万円 5千万円超1億円以下　　　6万円 1億円超5億円以下　　　　10万円 5億円超10億円以下　　　20万円 10億円超50億円以下　　　40万円 50億円超　　　　　　　　60万円 契約金額の記載のないもの　200円	
	上記の1に該当する「不動産の譲渡に関する契約書」のうち、1997（平成9）年4月1日から2020（令和2）年3月31日までの間に作成されるものについては、記載された契約金額に応じ、印紙税額が軽減されています。			
2	請負に関する契約書 （注）請負には、職業野球の選手、映画（演劇）の俳優（監督・演出家・プロデューサー）、プロボクサー、プロレスラー、音楽家、舞踏家、テレビジョン放送の演技者（演出家・プロデューサー）が、その者としての役務の提供を約することを内容とする契約を含む。	記載された契約金額が 1万円未満　　　　　　　　非課税 1万円以上100万円以下　　200円 100万円超200万円以下　　400円 200万円超300万円以下　　1千円 300万円超500万円以下　　2千円 500万円超1千万円以下　　1万円	1千万円超5千万円以下　　2万円 5千万円超1億円以下　　　6万円 1億円超5億円以下　　　　10万円 5億円超10億円以下　　　20万円 10億円超50億円以下　　　40万円 50億円超　　　　　　　　60万円 契約金額の記載のないもの　200円	
	上記の「請負に関する契約書」のうち、建設業法第2条第1項に規定する建設工事の請負に係る契約に基づき作成されるもので、1997（平成9）年4月1日から2020（令和2）年3月31日までの間に作成されるものについては、記載された契約金額に応じ、印紙税額が軽減されています。			
3	約束手形、為替手形 （注1）手形金額の記載のない手形は非課税となるが、金額を補充したときは、その補充した人が手形を作成したものとみなされ、納税義務者となる。 （注2）振出人の署名のない白地手形（手形金額の記載のないものは除く）で、引受人やその他の手形当事者の署名のあるものは、引受人やその他の手形当事者がその手形を作成したことになる。	記載された手形金額が 10万円未満　　　　　　　　非課税 10万円以上100万円以下　　200円 100万円超200万円以下　　400円 200万円超300万円以下　　600円 300万円超500万円以下　　1千円 500万円超1千万円以下　　2千円 1千万円超2千万円以下　　4千円 2千万円超3千万円以下　　6千円	3千万円超5千万円以下　　1万円 5千万円超1億円以下　　　2万円 1億円超2億円以下　　　　4万円 2億円超3億円以下　　　　6万円 3億円超5億円以下　　　　10万円 5億円超10億円以下　　　15万円 10億円超　　　　　　　　20万円 手形金額の記載のないもの　非課税 手形の複本または謄本　　非課税	
7	継続的取引の基本となる契約書 （注）契約期間が3カ月以内で、かつ更新の定めのないものは除く。			4千円
17	売上代金に係る金銭または有価証券の受取書 （注1）売上代金とは、資産を譲渡することによる対価、資産を使用させること（当該資産に係る権利を設定することを含む）による対価および役務を提供することによる対価をいい、手付けを含む。 （注2）株券等の譲渡代金、保険料、公社債および預貯金の利子などは売上代金から除かれる。	記載された手受取金額が 5万円未満　　　　　　　　非課税 5万円以上100万円以下　　200円 100万円超200万円以下　　400円 200万円超300万円以下　　600円 300万円超500万円以下　　1千円 500万円超1千万円以下　　2千円 1千万円超2千万円以下　　4千円 2千万円超3千万円以下　　6千円 3千万円超5千万円以下　　1万円	5千万円超1億円以下　　　2万円 1億円超2億円以下　　　　4万円 2億円超3億円以下　　　　6万円 3億円超5億円以下　　　　10万円 5億円超10億円以下　　　15万円 10億円超　　　　　　　　20万円 受取金額の記載のないもの　200円 営業に関しないもの　　　非課税 有価証券・預貯金証書など特定の文書に追記したもの　　　非課税	

＊「10万円以下または10万円以上」…10万円は含まれる。「10万円超または10万円未満」…10万円は含まれない。
＊詳しくは最寄りの税務署へお問い合わせください。
出所：国税庁ホームページより

2 国際取引契約の作成と進め方

　いわゆる「国際取引」というと、その内容は多岐にわたる。売り切り、買い切りの「売買契約」を中核として、海外の販売拠点への継続的な製品の供給を前提とした「販売総代理店契約（Distributor Agreement）」や「販売店契約（Dealer Agreement）」、海外の生産拠点への技術供与を目的とした「技術援助契約（Technical Assistance Agreement）」、あるいは海外の拠点づくりのための「合弁事業契約（Joint Venture Agreement）」などが挙げられる。

　それでは、「国際取引法務」を学習する場合に、法務マンとして留意しておくべき重要なポイントとはいかなる事項であろうか。下記に集約できると思う。

(1) 国際取引法務の留意点

① 第1の留意点

　対象となる「国際取引」のビジネスの内容を正確に理解することである。内容とは単に事実関係の正確な把握にとどまらず、ビジネスの全体構造やスキーム（しくみ）の理解を含めたものをいう。たとえばビジネスのスキームの例としては、製品の輸出貿易取引において、その出荷・引渡しの実務、船荷証券（bills of lading）や信用状（letter of credit）など、代金決済方法に関する基礎的な理解は必須であろう。

　また「国際取引」は、各国の主権や国境をまたがったものであるので（契約の準拠法は一応決めるものの）、各国の法規則とは離れて、基本的には「契約自由の原則」を最大限に享受できることもあり、その内容も自由あるいは新規的なものになる傾向が強い。したがって、まずはこのビジネスの内容の理解に全力を傾注すべきであろう。

② 第2の留意点

　リーガルリスクの評価を正確に行うことである。「国際取引」の「リーガルリスク」とは、ひと言でいえば「国際取引」の合意および実行に

あたって伴う法律上のリスクであるといえよう。たとえば売買契約の場合、売買実行時のリスク回避としては代金の支払いと同時に、商品の引渡しの受領を行うことが必要であるとか、売買実行後のリスク回避としては商品に不具合があった場合に備えて、売買契約に商品保証の条件と請求の手続をきちんと規定しておくことなどである。

③　第３の留意点

　第２ステージで実施したリーガルリスクの評価を踏まえ、将来発生する契約当事者間の紛争を想定して、その現実的な解決策まで含めた条項を盛り込んだ契約書を締結しておくべきである。

　特に国際間の取引では、取引当事者の国籍・人種・文化・価値観などが異なり、したがって、話し合いなどによる友好的・現実的な解決が困難な場合が多い。そこで、あらかじめ当事者間で発生する紛争を予期しておき、その対応策まで契約書で取り決めておくことがきわめて重要であろう。国際取引契約は、通常英文で行われるが、英文契約が詳細にわたり分量もかさむのには、こうした背景・理由があってのことである。

④　第４の留意点

　第２ステージのリーガルリスクの評価は、国際取引における通商規制や、取引先の現地の法規制のチェックにも及ばなければならない。

（２）国際売買契約の重要ポイント

　ここでは、「国際取引の学び方」の各論として、「国際取引」の中核である「国際売買契約の重要ポイント」について説明する。

①　契約交渉の心得

　交渉のたたき台となる契約書のドラフトを、どちらが用意すべきかという問題がある。進んでこちらから用意すべきである。契約交渉においては、「先んずれば人を制す」の格言があてはまる。なぜならば、ドラフトをこちらで用意すれば、相手方がもし異議を申し立てる場合には、きちんとした理由がなければならない。結果的にこちらのドラフトが通ることになる。また、こちらでドラフトを用意すれば、ドラフトのすみ

ずみまでどういう意図で書かれたのかわかるが、相手方のドラフトで交渉をすると、まず相手方のドラフトを読みこなさなければならない。

② 国際売買契約の第1の重要ポイント

「国際売買契約の重要ポイント」であるが、第1に、売買取引の基本的条件を正確に把握することである。売買取引の基本的条件とは、商品とその仕様、数量、価格条件、引渡条件、所有権と危険負担の移転、支払条件、商品の保証条件（クレーム手続など）などである。

③ 国際売買契約の第2の重要ポイント

「国際売買契約の重要ポイント」の第2は、「国際貿易取引」の商品とお金の流れを正確に理解することである。たとえば、売買取引の基本条件のうち支払条件について買主が現金で、しかも、引渡し前の支払いの場合には貿易実務の知識は不要であろうが、たとえば買主が代金決済方法として信用状（letter of credit）を使用する場合に、それが売主によってどのように現金化され、最終的に買主の銀行口座からその代金相当分が引き落とされ、決済されるのかについて、正確に把握・理解しておく必要がある。

（3）国際英文契約の重要ポイント（準拠法と紛争解決（裁判か仲裁か））

まず、準拠法とは、裁判や仲裁で紛争解決する場合に、契約を解釈するときの基準となる法律をどこにするかという問題である。契約書が準拠すべき法律が、どこの国の法律かを決めるものである。準拠法は契約書上で合意されていなくても、裁判地の国際私法（日本では法の適用に関する通則法）が当該取引に最も密接な場所の法律を決定して適用してくれるが、契約当事者間で合意することができ、それを契約書上で合意しておけば、裁判所は当事者間の合意した準拠法を尊重してくれる。

○準拠法規定の例

> This Agreement shall be governed by and construed in accordance with the laws of Japan.
> 本契約は日本法に準拠し、日本法に従って解釈されるものとする。

　他方、裁判管轄と仲裁は、契約当事者間で紛争になった際に解決する方法の選択肢になる。つまり、契約当事者間で紛争になった際に裁判か仲裁のいずれを選択すべきかという二者択一になる。契約書上で裁判を選択すれば仲裁はできないし、仲裁を選択すれば裁判はできない。お互いに排他的な関係にある。

　裁判と仲裁を比較すると図表5-3-2のようになる。以下を参考にして、紛争解決は裁判か仲裁かいずれによるかを決定するとよい。

図表5-3-2 ● 裁判と仲裁の比較

項　目	裁判（訴訟）	仲　裁
判断者	職業裁判官（当事者は選択できない）	仲裁人（当事者は選択できるので、たとえば、ビジネスに精通した仲裁人を選ぶことができる）
公開制	原則として公開	非公開
法的拘束力	あり	確定判決と同じ効力（仲裁法45条）
解決期間	三審制で一般に長期化	仲裁人判断は上訴できない（一度の判断で確定する）ので早期に解決が可能
執行	別途執行のための民事手続が必要	ニューヨーク条約加盟国であれば、比較的執行が容易
その他	当事者の関係は敵対的	当事者の関係は裁判に比べてより友好的

○裁判管轄規定の例

> Article XX（Jurisdiction）
> All actions or proceedings relating to this Agreement shall be conducted in the Tokyo District Court, and both Parties hereto consent to the exclusive jurisdiction of the said court.

> 本契約に関するすべての訴訟は、東京地方裁判所で行われるものとし、両当事者は当該裁判所を専属管轄裁判所とすることに合意する。

【解説】

当事者間の紛争の解決をどこの裁判所で行うかにつき合意する規定である。紛争解決の方法には、訴訟以外にも仲裁や和解（話し合い）による場合もある。裁判所は自社の本社所在地にしたほうが、担当弁護士や社内スタッフの移動時間や費用を節約できる。

○仲裁条項規定の例

Any and all disputes concerning questions of fact or law arising from or in connection with the interpretation, performance, nonperformance or termination of this Agreement including the validity, scope, or enforce-ability of this Agreement shall be settled by mutual consultation between the Parties in good faith as promptly as possible, but if both Parties fail to make an amicable settlement, such disputes shall be settled by arbitration in Tokyo in accordance with the rules of the Japan Commercial Arbitration Association. Such arbitration shall be conducted in English. The award of the arbitrators shall be final and binding upon the Parties.

本契約の有効性、有効範囲、または執行可能性を含む本契約の解釈、履行、不履行、または解除に起因もしくは関連して生じる事実問題または法的問題に関するすべての紛争は、誠実に、かつできるだけ速やかに両当事者間で相互の話合いをもって解決するものとする。ただし、両当事者が友好的に解決できない場合には、当該紛争は東京において、JCAAの規則に従って仲裁により解決されるものとする。当該仲裁は、英語でなされる。仲裁人の裁定は最終的であり、当事者を拘束するものとする。

参考文献

内田貴『民法Ⅰ総則・物権総論〔第4版〕』東京大学出版会、2008年
内田貴『民法Ⅱ債権各論〔第3版〕』東京大学出版会、2011年
内田貴『民法Ⅲ債権総論・担保物権〔第3版〕』東京大学出版会、2005年

第5章 理解度チェック

次の設問に、○×で解答しなさい（解答・解説は後段参照）。

---

1 商人が平常取引をする者から、その営業の部類に属する契約の申込みを受けた場合、遅滞なく承諾の通知を出さなかったときは申込みを承諾したものとみなされる。

2 長期にわたる交渉が続けられたにもかかわらず、交渉が一方的に破棄された場合、まだ契約が成立していない以上、相手の法的責任を追及することはできない。

3 民法総則の規定は、その多くは当事者がはっきり決めておかなかった場合のための補充の規定だから、任意規定である。

4 未成年、成年被後見人など行為能力が制限されている者が契約当事者となる場合、その意思表示は無効であり、したがって契約も無効になる。

5 錯誤や虚偽表示による契約は無効であるが、当事者がその契約が無効であることを知って追認したときは、新たな契約が結ばれたものとみなされる。

6 解除条件付の契約は解除条件が成就した時から契約の効力が生じ、一方、停止条件付の契約は停止条件が成就した時から契約の効力が消滅する。

7 債権の消滅時効の中断事由の1つである「請求」は、単なる履行の請求すなわち「催告」とは異なる。

8 目的物が契約成立後に当事者双方の責めに帰することができない事由によって滅失した場合、買主は目的物が入手できないときは、代金を支払う必要はない。

9 | 賃貸借契約や雇用契約や委任契約や組合契約における債務不履行による契約解除は遡及効がある。

10 | 代理人が代理人としての意思表示だと明らかにすることを顕名といい、代理行為に顕名を要求するのを顕名主義というが、商行為の代理についても顕名主義が適用される。

11 | 表見代理の場合、相手方は表見代理を主張せずに、あくまで無権代理人の責任を追及することができるし、さらに取消権を行使することもできる。

12 | 強行規定に反する契約条項は無効であるから契約書の作成・審査において重要なのは強行規定であって、強行規定を理解し、それに反しないように注意すれば十分である。

13 | 民法が定める手付は解約手付であり、約定解除権の合意という性質を有する。

14 | 契約不適合責任に関する規定は、強行規定であり、これに反する特約は無効となる。

15 | 売買契約においては、商人間の売買に限らず、買主には目的物の検査義務および通知義務が課される。

16 | 請負か委任か雇用かの区別（契約類型の判断）は困難な場合が少なくないが、この区別は契約書のタイトルおよび記載内容から判断すればよい。

17 委任は各当事者がいつでも解除できるが、当事者の合意でこれに反する特約を結ぶことができる。

18 借地借家法は、土地の貸借権と地上権および建物の賃借権に適用され、賃借人に不利な特約を許さないという片面的強行規定が置かれている。

19 借家契約において、借家人に債務不履行がある場合でも信頼関係の破壊に至っていないときには、ささいな債務不履行では契約解除できず、また債務不履行があるとはいえない場合には、信頼関係の破壊に至っているときでも契約解除はできない、というのが裁判例の考えである。

第5章 理解度チェック

解答・解説

1 | ○

2 | ×
契約準備段階における信義則上の注意義務違反があるということ
で、法的責任（損害賠償責任）を追及することが可能である。

3 | ×
民法総則の規定は、その多くが市民社会での基本ルールを定める
ものだから強行規定が多い。当事者がはっきり決めておかなかっ
た場合のための補充の規定が多いのは債権法である。

4 | ×
行為能力が制限されている者の意思表示は、無効ではなく取り消
しうるものである。この場合、取消権が行使されて初めて申込み
や承諾がさかのぼって無効となる結果、契約も無効となる。

5 | ×
錯誤（民法95条）は、意思が欠けている場合の1つであるが、表
意者保護の視点から取り消しうる意思表示として扱われる。

6 | ×
成就した時から契約の効力が解除（消滅）するから解除条件とい
い、一方、成就する時まで契約の効力が停止するから停止条件と
いう。

7 | ○

8 ○

9 ×
これらの契約はいずれも継続的契約であり、その特性から遡及効
は認められていない。

10 ×
商行為の代理については顕名主義は適用されない（商法に特則あ
り）。

11 ○

12 ×
任意規定は当事者が契約で定めていない事項に補充的適用されう
るから、契約の一部分と解すべきであり、したがって、任意規定
の理解も強行規定の理解とともに不可欠である。よって、強行規
定の理解だけでは不十分である。

13 ○

14 ×
契約不適合責任の規定は任意規定であり、これに反する特約も原
則として有効である。

15 ×
このような義務が課されるのは商人間の売買に限られる。

16 ✕
この区別は契約書のタイトルや記載内容だけからでは正しい判断はできず、実際の契約内容に即して判断しなければならない。たとえば、実際の契約内容が雇用である場合に、労働法や使用者責任の適用を逃れようとして、契約書のタイトルや記載内容が請負や準委任の形にされていたとしても、法的にはあくまで雇用契約の規定として解釈されるので注意しなければならない。

17 ○

18 ✕
借地借家法は、建物所有を目的とする土地賃借権・地上権および建物賃借権に限り適用され、建物所有を目的としない土地賃借権については適用されない。

19 ✕
前段は正しいが、後段は誤りである。すなわち、裁判例の考えは債務不履行があるとはいえない場合でも、信頼関係の破壊に至っているときは契約解除できる、というものである。

債権管理と回収の基礎

この章のねらい

　取引先との間で日々行われるビジネス活動は、債権回収をもって初めて完結する。たとえば売買取引は、売買契約が成立し、契約に基づく商品の引渡しがあり、販売代金を回収するという一連の流れからなる。この最終局面である債権回収が不能になれば、貸倒損失を生じ、それまでの営業努力が無駄になるのはむろんのこと、ときには企業の存続すら危ぶまれるほどのダメージを与えることさえある。

　そこで第6章においては、債権回収に不安のある会社との取引を避けるための調査手法、取引先に多少の懸念がある場合に回収を確実にする手段としての担保・保証の取得、さらには図らずも取引先に信用不安が生じた場合の債権保全・回収対策など、債権の管理・回収に必須の基本的な知識の習得をめざす。

第1節 債権管理の基礎

◆取引先について、会社および財産に関する情報を確認するため、登記関係事項を調査することは債権管理の基本である。

◆登記関係事項による調査は、事実確認を行うとともに、記載事項の背後にある事情を読み取ることに努力することが肝要である。

◆調査費用を支払って取得する民間調査機関による信用調書は、容易に会社の全貌を把握することができ、調査機関の評価も付されていることから、これに依存しがちであるが、調査報告書をうのみにしないよう留意する必要がある。

◆信用調査の要諦は、登記情報や信用調書の利用に加え、みずからの実地調査などすべての情報を照合し、総合的に判断することにある。

1 登記事項の読み方

(1) 登記の性格と種類

　登記は、取引を行う第三者が不測の損害を被ることのないよう取引の安全のために、権利の内容（権利自体や権利主体）について、公示する制度である。

　商取引において利用される登記には、商業登記、不動産登記および動産・債権譲渡登記がある。→図表6-1-1

　登記は法定された一定の手続に基づいてなされるので、信頼性が高く、

図表6-1-1●登記の種類

・商 業 登 記	会社の成立および営業上の重要事項の公示を目的
・不動産登記	不動産の物理的状況および権利関係の公示を目的
・動産・債権譲渡登記	動産および債権の譲渡に関する公示を目的

事実確認に欠くことのできない情報であるとともに、信用調査の裏づけをとるためにも重要な情報である。ただし、一定の形式に基づいて登記されているので、十分に活用するには若干の知識が必要である。ここではこの点について解説する。

（2）商業登記
① 商業登記の性格
　商業登記は、会社法907条〜938条の要求するところに従い、商業登記法に基づいてなされなければならず、これに違反した者は100万円以下の過料に処せられる（会社法976条）。仮に必要な登記を怠っている会社があれば、遵法意識が乏しいことになり、そのことだけでも要注意である。会社設立は、登記が効力要件であるから、登記されていない会社は、法的には会社として存在しないことになる。事実と合致した登記は、登記（公示）後、善意の第三者に対して対抗要件を備える（公示力）。

　事実に合致しない登記（不実登記）は無効であるが、虚偽の登記を信じて取引した者を保護する必要性から、故意または過失があれば、登記が事実に反することを理由に善意の第三者に対抗することはできない（商法9条、会社法908条）。たとえば退任登記のない代表取締役は、その責任を免れることはできない。これを商業登記の公信力といい、外観上、事実と見られることを信頼して取引したものは保護されなければならない、という原則である。

② 商業登記事項の読み方
　商業登記には、後述する内容が記載されているが、現在はかなりコン

ピュータ化が進んでいる。しかし、コンピュータ化された登記とそれ以前のものとは構成が異なるだけで、内容は同じである。コンピュータ化以前のものは、「商号・資本欄」「目的欄」「役員欄」等によって構成されている。コンピュータ化後のほうは構成が細分化されているので、以下、コンピュータ化後の区分に従って株式会社の場合の記載内容を示すと、図表6-1-2のようになる。

本店所在地が名刺やホームページなどから得た情報と一致していること、取締役、支配人、監査役、会計監査人等の構成や異動、事業報告書の記載内容を確認・照合するなどして、会社の組織や事業の実態を把握することに留意すべきである。なお、所在地、商号、役員および目的が頻繁に変わっているなど登記の不自然な変更がなされている場合は、取込詐欺などの悪用目的のために休眠会社を買い取って、本店住所、役員、事業目的を変更し、カムフラージュしていることがありうるので注意が必要である。

図表6-1-2 ● 商業登記事項

区の名称	記録すべき事項の例
商号区	会社法人等番号 商号 本店の所在場所 会社の公告方法 会社成立の年月日
目的区	目的
株式・資本区	単元株式数 発行可能株式総数 発行済株式の総数ならびにその種類および種類ごとの数 株券発行会社である旨 資本金の額 発行する株式の内容
役員区	（会社の設置形態により） ・取締役および代表取締役 ・執行役および代表執行役

	・監査役、会計参与および会計監査人　等 （清算中の会社の場合） ・清算人
役員責任区	取締役、監査役、会計監査人等の会社に対する責任の免除や制限に関する規定
会社支配人区	支配人 支配人を置いた営業所
支店区	支店の所在場所
新株予約権区	新株予約権に関する事項
会社履歴区	会社の継続 合併をした旨ならびに吸収合併消滅会社の商号および本店 分割をした旨ならびに吸収分割会社の商号および本店 分割をした旨ならびに吸収分割承継会社または新設分割設立会社の商号および本店
企業担保権区	企業担保権に関する事項
会社状態区	存続期間、解散の事由の定め 取締役会設置会社、会計参与設置会社、監査役設置会社、監査役会設置会社、指名委員会等設置会社、会計監査人設置会社である旨など 解散、設立の無効 特別清算、民事再生、会社更生、破産等に関する事項
登記記録区	登記記録を開始、閉鎖、復活した事由および年月日

（3）不動産登記

① 不動産登記の性格

　不動産登記は、不動産の表示および権利に関する公示によって、不動産取引における権利の保全を図ることにより、不動産取引の安全と円滑に資することを目的とする「不動産登記法」に基づいた制度である（不動産登記法1条）。しかし不動産登記事項は、信用調査にも利用できる。

　企業財産における不動産価値は重要なものである。したがって、企業の重要財産である不動産を調査し、その価値や担保設定状況を知ることは、信用調査に大いに役立つのである。→図表6-1-3

図表6-1-3 ● 登記簿謄本のサンプル

表 題 部	（主である建物の表示）	調製	余白		不動産番号	0000000000000

所在図番号	余白

所　　在	特別区南都町一丁目　101番地	余白

家屋番号	101番	余白

① 種　類	② 構　造	③ 床 面 積　㎡	原因及びその日付〔登記の日付〕
居宅	木造かわらぶき2階建	1階　80：00 2階　70：00	令和元年11月1日新築 〔令和元年11月12日〕

表 題 部	（附属建物の表示）		

符　号	①種　類	② 構　造	③ 床 面 積　㎡	原因及びその日付〔登記の日付〕
1	物置	木造かわらぶき平家建	30：00	〔令和元年11月12日〕

所 有 者	特別区南都町一丁目5番5号　法 務 五 郎

権 利 部 （甲 区）	（所 有 権 に 関 す る 事 項）		
順位番号	登記の目的	受付年月日・受付番号	権利者その他の事項
1	所有権保存	令和元年11月12日 第806号	所有者　特別区南都町一丁目5番5号 法 務 五 郎

権 利 部 （乙 区）	（所 有 権 以 外 の 権 利 に 関 す る 事 項）		
順位番号	登記の目的	受付年月日・受付番号	権利者その他の事項
1	抵当権設定	令和元年11月12日 第807号	原因　令和元年11月5日金銭消費貸借同日設定 債権額　金4,000万円 利息　年2・60％（年365日日割計算） 損害金　年14・5％（年365日日割計算） 債務者　特別区南都町一丁目5番5号 　法 務 五 郎 抵当権者　特別区北都町三丁目3番3号 　株 式 会 社 南 北 銀 行 　（取扱店　南都支店） 共同担保　目録㈹第2340号

共 同 担 保 目 録			
記号及び番号	㈹第2340号	調製	令和元年11月12日
番　号	担保の目的である権利の表示	順位番号	予　備
1	特別区南都町一丁目　101番の土地	1	余白
2	特別区南都町一丁目　101番地　家屋番号101番の建物	1	余白

出所：法務省ホームページより

② 不動産登記事項の読み方

不動産登記も商業登記と同様コンピュータ化が進んでおり、以下の3部から構成される。→図表6-1-4

不動産登記事項の調査にあたり、以下のことを付言しておきたい。

調査対象物件は、会社所有のみならず、社長の自宅なども調べておく必要がある。特に中小企業の場合は、金融機関に社長の個人資産を含めて担保提供していることが多いので、有用な情報が得られる。

登記は、物件一筆（「ひとふで」「いっぴつ」などと読み不動産登記の最小単位）ごとになされ、土地には地番、建物には家屋番号が付されている。法務局には「公図」が備え付けられているので、当該地番によりその所在地や地画などを知ることができる。当該土地が道路などの経済的価値がない場所だったりすることがあるので、公図で確認しておく必要が

図表6-1-4 ● 不動産登記事項と留意点

区 分	記 載 内 容	留 意 点
表題部	・不動産の物理的状況（たとえば、所在地、種類、面積、構造（鉄骨スレート葺3階建）など）	・不動産の概要を把握することができる（たとえば、国土交通省が毎年公表する土地の公示価格を参考にした財産価値の推定）。
甲区	・不動産の所有権に関する事項（たとえば、売買により甲野乙郎に移転）	・単なる所有権の登記以外のものが設定されている場合は、変則的な債務の存在を疑って慎重な調査をすべきである。
乙区	・不動産の所有権以外の権利に関する事項（たとえば、○○銀行に対する1,000万円の抵当権設定、債権者○○による差押えなど）	・抵当権や根抵当権の設定状況がわかるので、担保設定の金額や時期の推移によって資金繰り状況をある程度推測することができる。 ・物件の価値に比較して、担保設定金額が不釣り合いなほど多額でないか、担保権者が不自然な先ではないか、等は重要な信用情報である。 ・差押えなどの有無は、信用状態のチェックに不可欠であり、このような記載があれば、危機的状況であるとみてよい。

ある。ただ公図は平面図なので、土地の傾斜などはわからないし、建物は必ずしも登記されているとは限らないから、現場を見ておくべきである。

（4）動産・債権譲渡登記

かつては債権譲渡に関する事項は商業登記簿に記載されていたが、「動産及び債権の譲渡の対抗要件に関する民法の特例等に関する法律」（動産・債権譲渡特例法）の成立を機に、動産譲渡登記制度が創設され、債権のみならず動産も登記できるようになった。債権譲渡登記令の題名が、「動産・債権譲渡登記令」に改められ、2005年10月から「動産譲渡登記事項概要ファイル」および「債権譲渡登記事項概要ファイル」により情報を入手することができるようになった。

動産・債権譲渡登記は、動産および債権の譲渡の対抗要件を具備するための制度であるが、この情報は、信用調査に欠かせない。商取引における担保提供はいまなお不動産が一般的であるところ、不動産以外の物を担保に提供するというのは、直ちに信用に不安がある状態とはいえないまでも、そのような資金調達を行うに至った何らかの事情があるはずであるから、調査を通じて有益な情報が得られる場合がある。

（5）登記事項に関する情報の入手方法

登記事項の情報は、いずれも法務局で入手することができる。商業登記事項および動産・債権譲渡登記事項は、本店所在地を管轄する法務局で入手することができ、不動産登記事項は、不動産所在地を管轄する法務局で入手することができる。

登記に関する専門家である司法書士に依頼すれば、手際よく入手することができるが、管轄する法務局に直接出向いたり、郵便で依頼することも可能である。現在は登記事務のコンピュータ化が進んでおり、コンピュータ化した法務局の場合には、一般財団法人民事法務協会のインターネットによる登記情報提供サービス（http://www.minji-houmu.jp/tohki_jyoho/tohki_jyoho.htm）を利用することができる。

　コンピュータ化された登記情報を入手する場合、情報の入手のしかたによっては、現に有効な最新情報しか記載されておらず、信用調査目的としてはあまり役に立たない場合がある。そこで次のような点に注意が必要である。

① 商業登記事項

　商業登記に関しては、情報量の多い「履歴事項証明書」を入手すべきである。また、過去の変遷を知ることも重要であるから、その場合には「閉鎖事項証明書」を入手する必要がある。場合によっては、コンピュータ化以前の情報を調べたほうがよいこともあり、その場合には、「閉鎖登記簿謄本」を入手しなければならない。

② 不動産登記事項

　不動産の登記事項を調査する場合は、不動産所在地を管轄する法務局から入手することができる。この場合も、信用調査目的のためにコンピュータ化された登記事項の情報を入手する場合には、情報量の多い「全部事項証明書」を入手すべきであり、必要に応じて「閉鎖登記簿」を取得すべきである。

③ 動産・債権譲渡登記事項概要ファイル

　動産・債権譲渡登記の申請手続は、東京法務局で一元的に行われているが、動産・債権譲渡登記またはその抹消登記がなされた場合には、その概要が本店を管轄する法務局に通知がなされるので、商業登記を管轄する同じ法務局で登記事項に関する情報を入手することができる。調査したい会社の動産・債権譲渡登記事項がない場合は、それらの事項がない旨の情報が示される。

2 信用調査

　取引を安全に進めるためには、新規取引先についての信用調査はもちろんのこと、継続的に取引先の信用調査を行って取引先の業態をフォローしなければならない。

（1）信用調査の概要

① 信用調査の意義と目的

　一義的には不良債権の発生を予防することが信用調査の目的である。しかし、信用調査の目的はこれにとどまらない。商品仕入れや工事発注に際しては、相手先の契約履行能力を調べるのに役立つ。さらには信用調査の積極的な意義としては、優良な取引先を選別して発展性のある商権を育んでいくという点が挙げられる。

② 信用調査のポイント

　信用調査のポイントは、種々の情報ソース（後述 **(2)** 参照）から得られた情報を照合し、総合的に判断することにつきる。そして、一般的に経営資源としてのヒト、モノ、カネの側面から分析・判断するということが行われている。→図表6-1-5

図表6-1-5 ●信用調査のポイント

区分	調査目的	調査の要点
ヒト	長期予測	・「企業は人なり」といわれるように、長い目で見ると結局は経営者の力量が企業の将来を左右する（たとえば、企業が逆風の真っただ中に置かれているとしても、経営者にはそれを跳ね返す経営力が求められる。ある業界が不況にあっても、すべての企業が倒産するわけではなく、経営に失敗したところから漸次淘汰されていく。歯を食いしばってコストダウンを図り本業を磨く道を求めるか、多角化や新規事業に活路を求めるか、経営者の力量が問われるのである）。
モノ	中期予測	・企業の取扱商品、それを製造する設備、その他のインフラ、特に近年ではITなどの情報技術が重要になっているが、これらの要素の何を備えているかによって、企業の中期的な将来予測をすることができる。取扱商品に将来性があるか、また、かかる商品を製造するための設備が老朽化していないかなどがチェック・ポイントになる。
カネ	短期予測	・カネがなければ今日明日にも倒産する。資金の弾力性をチェックしなければならないゆえんである。どんなに優秀な経営者に率いられ、どんなに優秀な設備をもった企業であっても、資金繰りに行き詰まれば倒産する。近ごろあまり見られないが、「勘定合って銭足らず」といわれる黒字倒産がそれほど珍しくない時代もあった。

要するに信用調査の目的は、企業の将来を予測することにある。そのためには、企業が何をしており、どの方向へ向かっているかを把握しなければならない。企業は生き物であるから、常に変動する。この動きをフォローし、経営上の転換点をとらえ、企業の先行きをどう読むか、それが信用調査のカギとなる。

（2）信用調査の方法

信用調査を本来の目的とする典型的な情報は、調査機関による信用調書であるが、これ以外に直接・間接にさまざまな情報を収集し、総合的に判断しなければならない。以下、信用調査に関する情報ソースとその利用方法について述べる。

① 信用調査の方法

（ア）登記情報

信用調査目的に利用する方法については、すでに述べた。→本節**1**

（イ）信用調書

非上場企業、それも中小企業の場合、最も基本的な情報源は、調査機関による信用調書により得られる。信用調書を入手するには、調査機関の会員となり、対象企業の調査を依頼することになるので、費用がかかる。その代わり信用調書には、商号、代表者、所在地、電話番号、FAX番号、資本金、株主、従業員数、設立・創業年月、会社沿革、事業内容、仕入先・販売先、取引銀行、取引状況、業績など基本的調査事項のすべてが網羅され、企業診断の所見や格付けなど総合評価もなされている。しかし、報告書をうのみにするのは避けるべきである。そのほかの裏づけ調査の結果を踏まえ総合的に判断しなければならない。

（ウ）有価証券報告書

上場企業の場合、何といっても最も重要な情報ソースは、有価証券報告書である。上場企業など、不特定多数から資金を調達するために有価証券を発行する会社は、当該会社の経理の状況や事業の内容に関する重要な事項を記載した有価証券報告書を作成し、内閣総理大臣（具体的には

財務局）に提出することが義務づけられている（金融商品取引法24条）。有価証券報告書は、金融庁の電子開示システムである EDINET（http://disclosure.edinet-fsa.go.jp/）で閲覧・ダウンロードすることが可能であるし、財務局の証券閲覧室で閲覧することや、政府刊行物センターで購入することも可能である。なお、上場企業の場合、取引所の適時開示情報閲覧サービスや自社のホームページで、一定の重要情報が投資家向けに公表されるほか、新聞や雑誌をはじめ各種出版物に情報が掲載される。比較的情報を集めやすいので、こまめにスクラップなどを作成しておくとよい。

（エ）銀行照会

　銀行照会は、自社の取引している銀行に依頼する。その銀行が直接相手先と取引がない場合であっても、銀行はサービスとして調査対象企業の取引銀行に照会し、信用情報を提供してくれる。しかし、どのみち銀行がみずからの取引先を悪くいうはずはないので、銀行照会における銀行の意見は、参考程度にとどめるべきである。銀行意見は、そのニュアンスをくみ取ることに努めるとともに、銀行とどのような取引関係にあるかについて、他の情報の裏づけ情報として、活用すべきものである。

（オ）業界情報

　業界情報は、同業者から取得する情報であり、必ずしも聞き出せるとは限らないし、また悪意のある情報の可能性もあり、注意を要する。しかし、うまく引き出すことができれば、貴重な情報を得られることが多い。

（カ）直接調査

　直接調査は、相手先から直接情報を入手する方法である。通常は相手先から株主のために作成される計算書類や事業報告書を入手し、そのうえで直接、相手先を訪問し実地調査を行う。入手した書類の記載事項と会社の実態とを検証し、総合判断に役立てるのである。

　なお、実地調査では、別途に調査した信用調書などを相手方に開示するのは避けるべきである。登記事項は、公示されているから相手に示してもよいようなものであるが、コソコソ調べまくっているという悪印象

を与えかねないし、特に信用調書の場合は、相手先への開示は調査機関
との契約に対する義務違反になるので注意しなければならない。矛盾し
た説明があれば、要注意事項として腹におさめておけばよい。

② 信用調査の程度

　信用調査の程度は、与信を分散する取引と集中する取引など、取引形
態による。その程度によってメリハリをつける必要がある。

　小売業の与信のように広く浅く信用を付与する場合は、できるだけ簡
便な信用調査でよい。信用を分散することにより、リスクを軽減するこ
とができるので、信用調査に高いコストをかける必要はないし、膨大な
数の相手先を克明に調べていては、コスト倒れになる。興信録のような
調査機関の発行する出版物に掲載されている企業格付けだけで判断する
というのも一法であろう。

　中程度の与信を伴う取引の場合は、前述①に記載の調査情報をひと通
り収集し、総合的に判断することが求められる。情報からその企業の将
来を予測し、その予測を検証するという作業の繰り返しが必要である。
たとえば、ある企業が新規に設備投資を行ったとすれば、借入金や償却
負担が増える一方、新鋭設備が軌道に乗れば業績に寄与するはずである。
それが予測どおりであるかどうかを検証していくのである。

　相手先から見て、自社との取引ウエートが高いとか、資金的に依存度
が高いとか、自社に対する経営の依存度の高い取引先への与信は、慎重
でなければならない。このような相手先との取引をむやみに停止すると、
相手先の経営に深刻な影響を与えることになり、ひいてはみずからがト
ラブルに巻き込まれることになりかねない。したがって、ひと通りの調
査ではなく、監査に近い調査が必要になる。ときには社内外の専門家と
ともに相手先に出向き、会計帳簿などを開示してもらい、精査すること
になろう。

③ 信用調査の限界

　調査機関などの第三者機関を使って調べようが、みずから直接調査し
ようが、信用調査は、警察・検察のような調査権限や、外部監査・内部

監査のような調査権限があって行うというものではない。納得のいく調査ができなければ、取引をしないということが相手先への唯一の圧力である。特に直接調査の場合は、相手先は取引をしてもらいたいから、情報開示するのである。調査機関への情報開示でも、その先にある調査依頼者である取引先を意識して情報開示するのである。

　動かぬ証拠を見つけるということは、信用調査の目的ではない。さまざまなソースから得られた情報をもとに相手先の将来を予測し、取引の安全性を判断するのである。信用調査により取引の安全性に不安がある場合は、信用を補完する手段として担保が登場するのであるが、このことについては、次の第2節で扱う。

第 2 節 主要な担保手段（物的担保・人的担保）

学習のポイント

◆債権の回収を確かなものにするための方法として、物を対象とする物的担保と保証人を立てる人的担保がある。

◆物的担保は、法律上当然に成立する法定担保と、当事者の合意に基づいて成立する約定担保とがある。本節では平時に備えておくべき「転ばぬ先の杖」としての約定担保を取り上げ、法定担保は、緊急時の債権回収手段として役立つので、第3節で扱う。

◆物的担保には、法定担保ならびに抵当権および質権のように法律に規定のある担保（典型担保）と、所有権留保や譲渡担保のようにもともと法律に予定されていなかったが、実務上の必要性から使われるようになった所有権に担保機能を持たせる担保（非典型担保）があり、法的構成が異なるので注意を要する。

◆物的担保の取得は、担保設定契約を締結するだけでは不十分で、第三者に対して、自己の担保目的物であることを主張できる対抗要件を備えなければならず、担保の目的物によって形式・方法が異なるので、どのように第三者対抗要件を具備するかが学習のポイントである。

1 物的担保

　近年、動産担保の利用が増えてきているとはいえ、土地・建物は高額であり安定性のあることから、不動産担保は依然として担保の王様である。そこで、まず不動産担保を取り上げ、次いで動産（不動産以外のもの）を目的物とする物的担保を取り上げる。

(1) 不動産担保

① 不動産担保の種類

　不動産担保の設定方法には、抵当権・質権、譲渡担保・仮登記担保などがある。ここでは不動産担保に最もよく用いられている抵当権と、これと併用または単独に設定される仮登記担保について取り上げる。譲渡担保と質権は、それぞれ後述の (2) ①および (3) ②に譲る。

　上記のとおりいくつかの担保設定方法があるが、不動産担保に共通するのは、それぞれ担保設定契約を締結し、対抗要件を備えるために登記が必要である点である。

② 抵当権

　抵当権の設定・変更・処分・実行・消滅は、担保物権一般に共通する点が多い。したがって、本節を通して担保物権一般についても理解してほしい。

(ア) 抵当権の目的物

　抵当権の目的物となる財産は、不動産に限られるものではないが、法定され、登記・登録によって公示することができるものに限定されている。

　民法上定められた不動産・地上権・永小作権（民法369条）、商法による船舶（商法848条）、特別法による工場財団・鉄道財団・鉱業財団などの各種財団、特別法による立木・漁業権・採掘権・採石権などの諸権利、特別法による農業用動産、自動車、航空機、建設機械など登録制度のある動産などがある。

(イ) 抵当権の設定

　抵当権を設定するには、抵当権者と抵当権設定者の間において抵当権設定契約を締結し、抵当権設定登記をしなければならない。抵当権設定者は債務者とは限られず、第三者が債務者のために担保提供を行うこともあり、このような第三者を物上保証人という。たとえば、会社の社長個人の所有する不動産に対して、会社の借入金を担保するための抵当権を設定することなどがそれに当たる。

　抵当権の設定には、第三者対抗要件を備えるために登記が必要である（民法177条）。登記をしておけば、目的物が転売されても、抵当権は当該物件に付いていく（追及力または追及効）。

（ウ）抵当権の性格

　抵当権は、目的物から優先的に債権を回収できる優先弁済的効力を持つ。抵当権は、登記さえしておけば抵当権設定者が担保目的物の不動産をそのまま使用しながら、担保に提供できるのが特徴である（民法369条）。たとえば、工場などの会社資産をそのまま使い続けながら融資を受けることができるので、抵当権設定者に都合がよい。

　抵当権は被担保債権が存在する限り、抵当権の目的物と不可分のものとして存在する（不可分性）。換言すれば、被担保債権の一部の弁済があっても、被担保債権の存続する限り、目的物全体について抵当権を実行できる。これはすべての担保物権に共通する。

　抵当権は目的物が滅失した場合、消滅するのが原則であるが、目的物が消滅しても、それに代わる価値が存在する場合は、物上代位性がある。たとえば建物が焼失した場合、火災保険請求権などにも権利が及ぶ。他の担保物権にどのような物上代位性が認められるかは、個別の事情による。

　抵当権は被担保債権がなければ成立しないし、被担保債権が負担する以上に重くなることはなく、被担保債権が消滅すれば抵当権も消滅する（附従性）。ただし根抵当権（後述③参照）には、この成立・存続・消滅に関する附従性がない。

　抵当権は被担保債権が移転すれば、抵当権もそれに従って移転する（随伴性）。したがって、債権譲渡によっても抵当権は消滅しない。ただ

し根抵当権については、修正ないし否定される（後述③参照）。

これらの不可分性、附従性、随伴性は、民法上のすべての担保物権（抵当権、質権、先取特権および留置権）に共通する性質である。また、優先弁済的効力および物上代位性は、留置権（→本章第3節**3**(2)②）を除き、民法上のすべての担保物権に共通する性質である。

（エ）抵当権設定契約

抵当権設定契約を作成するにあたっては、次の点に留意する必要があり、特に図表6‐2‐1の(a)〜(c)は必要的記載事項である。

（オ）共同抵当

1つの被担保債権に対して、抵当権の目的物が複数の物件になる場合を共同抵当といい、共同担保目録を作成し共同抵当の登録をすることができる。配当方式など民法392条の規定に服する。ただし、担保権行使にあたり、どの物件から担保実行を行うかによって各抵当不動産の後順位担保権者に有利不利が生じることから、手続が複雑化する可能性があり、注意が必要である。

（カ）抵当権の処分

（a）抵当権付不動産の売却

抵当権付の物件を買い受けた者を第三取得者という。この場合、第三取得者が抵当権者からの請求に応じて、代価を弁済すれば（代価弁済）、抵当権を消滅させることができる（民法378条）。また抵当権者の合意なしに、第三取得者が抵当権を抹消できる制度として、抵当権消滅請求制度がある（同法379条）。抵当権消滅請求は、買受人が時価評価に基づき提案した代価で買い取りを請求し、これに抵当権者が合意しない場合は、2カ月以内に競売の申立てによる抵当権の実行をしなければ、その代価相当額を限度に、抵当権者に債務を弁済して抵当権を抹消できるしくみである（同法383条〜386条）。

（b）転抵当

抵当権者が抵当権を他の債権の担保とすることを転抵当といい（民法376条1項）、抵当権の処分の1つである。たとえば、ビルを賃借す

図表6-2-1 ●抵当権設定契約の留意点

記載事項	記 載 内 容	留 意 事 項
(a)契約の目的	・抵当権設定契約を締結する趣旨を明確に記載すること。	・債務の支払いを担保することを目的とする。
(b)被担保債権の特定	・債権債務の当事者、債権の発生原因およびその契約の締結日、売掛金か貸付金か等債権の性質、債権額。	・抵当権がカバーする被担保債権を特定する。
(c)抵当権目的物の特定	・抵当権の設定対象となる目的物を明記する。	・不動産登記の表題部（「本章第１節■(3)②」参照）と契約書記載の抵当物件の表示を一致させる。
(d)抵当権設定手続と費用負担	・抵当権設定者か抵当権者のいずれが抵当権設定手続を行い、登記費用を負担するかを規定。	・通常、抵当権設定者がみずからの費用負担で設定手続を行うが、当事者の合意によって決められるので、これを契約書に明定しておくほうがよい。
(e)保険金請求権への質権設定	・抵当目的物の保険金請求権に対する質権（「本節■(3)②」参照）の設定を規定する。	・抵当物件の建物が滅失した場合、抵当権の物上代位権（前述（ウ）参照）を行使することができるが、保険金払い渡し前の差押えを要する（民法372条、304条１項ただし書）。差押えをせずに権利を確保するために、あらかじめ質権を設定するほうがよい。
(f)代り担保または増担保	・代替担保や追加担保について規定する。	・抵当目的物が何らかの事情により著しく価値が減額した場合に備え、代替担保や追加担保を要求できるようにしておくほうがよい。
(g)禁止条項	・抵当目的物の処分の禁止規定を設ける。	・抵当権設定契約に禁止条項がなければ、第三者への売却など抵当権設定者は自由に処分できる。処分がなされると担保権行使にあたり手続が複雑になるので、禁止条項を設けておくほうがよい。

るための保証金を金融機関から借り入れ、その保証金を被担保債権として抵当権を設定し、その抵当権を金融機関に提供する場合などがある。対抗要件は、原抵当権の登記に付記することによりなされる。加えて原抵当権の債務者へ通知をするか、承諾を受ける必要がある（同法377条）。原抵当権の債務者が債務を弁済すれば、抵当権は消滅して転抵当権者の権利は失われるからである。そこで原抵当権の債務者は、通知を受け、または承諾をした後は、一方的に債務を弁済した場合、転抵当権者に対抗できないようにしたのである。

（c）抵当権の譲渡・放棄とその順位の譲渡・放棄

すでに抵当権者となっている者が、債務者の新たな資金調達に協力して、他の債権者のために抵当権やその順位を譲渡したり、放棄したりすることがある。抵当権やその順位の譲渡をすれば、受益者が優位に立ち、放棄すれば、受益者と同等の地位になる。対抗要件は転抵当と同じく付記登記である。

（d）抵当権の順位の変更

抵当権だけを処分するのではなく、被担保債権とセットで抵当権の順位を譲渡または放棄する場合がある。他の抵当権者など利害関係者の合意が必要であり、登記が対抗要件となる（民法374条）。

（キ）抵当権の実行

抵当権者は、被担保債権が弁済期に弁済されない場合、優先弁済を受けられるが、典型的な方法は、抵当物件を競売に付し、その換価金から他の債権者に優先して弁済を受けることである。競売手続は、民事執行法180条〜184条、187条、188条および民事執行規則170条〜173条に定める手続に従う。抵当権の目的物が競売によって換価された後の配当は、優先順位に従って配当され、残りは一般債権者に配当される。抵当権者の被担保債権が全額弁済されなかった場合は、不足分は無担保債権として存続することになる。

なお、競売を行うと、売却代金は一般の市場価格より廉価になるのが普通なので、実務上は、競売手続を進める前に、任意売却を模索するこ

とが行われるのが通常である。また、担保不動産収益執行という手続を実行すれば、抵当目的物を競売・換価せずに、抵当権設定者にそのまま利用させつつ、たとえば、不動産の賃料などから弁済のための配当を受けることができる。

（ク）抵当権の消滅

目的物が消滅すれば、抵当権も消滅する。同一の不動産に対し所有権その他の物権が同一人に帰属したときは（混同、民法179条）、抵当権は消滅する。また、抵当権者が抵当権を放棄することによっても消滅する。これらは担保物権のみならず、物権一般に共通する。

抵当権は、被担保債権の弁済や抵当不動産の競売によっても消滅する。これらは担保物権一般に共通する。

抵当権に特有の消滅は、第三取得者による代価弁済や抵当権消滅請求による場合（前述 **（カ）（ a ）** 参照）と、時効による消滅とがある。消滅時効については、被担保債権が残っている限り抵当権は消滅することはなく（同法396条）、取得時効については、第三者による抵当不動産の占有が取得時効に必要な要件を備えれば消滅する（同法397条）。

③ 根抵当権

根抵当権は、継続的取引の場合、被担保債権が発生し特定されるつど、いちいち抵当権を設定していたのでは、取引のスピードに到底追いつかず、煩瑣で費用もかさむことから、かかる場合の担保として実務から発達して法制化された（民法398条の2～398条の22）。

（ア）根抵当権の性格

根抵当権は、根抵当権設定契約に定める一定の範囲の種類の不特定債権について、債権極度額を限度に担保として機能する。被担保債権が確定されないから、根抵当権には、成立・存続・消滅における附従性がない。なお、担保対象とする債権の範囲を無制限にすると、根抵当権者が過大な担保を持つことになるから、不特定債権を無限定にカバーする包括根抵当権は認められないことに注意を要する。

（イ）根抵当権設定契約

　根抵当権設定契約には、担保される限度を示す債権極度額および債権の種類を特定する規定を置く必要がある。債権極度額は予想される債権残高の見込額と目的物の価値を勘案して決めればよい。その他の事項は抵当権設定契約と同様の注意を払えばよい。

　被担保債権の範囲は次のいずれか、または重複して定める。

（a）「A社およびB社間の令和○○年○○月○○日付販売代理店契約に基づく継続的取引契約」などのように、債務者との継続的取引契約によって生ずる債権（民法398条の2第2項）。

（b）「売買取引」または「銀行取引」などのように、債務者との一定の種類の取引によって生ずる債権（同法398条の2第2項）。

（c）取引に基づく債権ではなく、たとえば、騒音公害などの損害賠償請求権など特定の原因に基づいて債務者との間に継続して生ずる債権（同法398条の2第3項）。

（d）手形もしくは小切手上の請求権または電子記録債権（同法398条の2第3項）。

（ウ）根抵当権の確定

　変動する被担保債権が特定・確定されると、根抵当権が一般の抵当権と同じになる。これを根抵当権の確定という。根抵当権が確定するのは、次の場合である。

（a）当事者が確定日を定めている場合は、その日が到来したとき。ただし、その定めをした日から5年以内でなければならない（民法398条の6）。

（b）確定日の定めがなく、根抵当権設定後3年を経過後、根抵当権設定者が確定の請求をしたとき（同法398条の19）。

（c）①根抵当権者が抵当不動産について競売もしくは担保不動産収益執行、または物上代位による差押えを申し立てたとき、②根抵当権者が抵当不動産に対して滞納処分による差押えをしたとき、③根抵当権者が抵当不動産に対する競売手続の開始、または滞納処分による差押えがあったことを知ってから2週間を経過したとき、④債

務者または根抵当権設定者が破産手続開始の決定を受けたとき（同法398条の20）。

④　仮登記担保

　不動産に担保を設定する際、抵当権もしくは根抵当権に追加して、または単独に仮登記担保を設定することがある。抵当権ではなく、所有権に権利を設定し、仮登記が必要であることから、仮登記担保と呼ばれ、非典型担保・所有権担保の一形態である。仮登記担保が利用されるのは、競売による回収よりもより多くの回収を図るためである。目的不動産を一時的に所有し、時間をかけて換価したり、代金回収に代えて目的不動産を取得したりする。また競売手続が不要とか、設定の登記費用が安いということも理由に挙げられる。

（ア）仮登記担保の設定

　仮登記担保の設定は、目的不動産について代物弁済予約契約または停止条件付代物弁済契約などの契約を締結することにより行う。代物弁済予約の場合は、契約締結とともに目的不動産に対する所有権移転請求権保全の仮登記を行い、停止条件付代物弁済の場合は、契約締結とともに目的不動産に対する停止条件付所有権移転の仮登記を行う。期限が到来しても債務が弁済されないとき、代物弁済予約の場合は、目的不動産による弁済の予約を完結させ、停止条件付代物弁済の場合は、条件が成就して目的物が債権者に移転する。この移転の本登記を行うことにより、仮登記の日にさかのぼって所有権の移転がなされる。

　仮登記担保設定契約に関しては、被担保債権が金銭債権に限定されることに注意しなければならないが、目的不動産の特定など担保契約の締結にあたって注意すべきその他の事項は、抵当権設定契約同様である。

　根抵当権があるように根担保仮登記も存在する。しかし、強制競売もしくは担保権実行の競売または倒産手続においては、根担保仮登記の効力が認められず、後順位の根担保仮登記は清算金請求権に対する物上代位もできないので、注意を要する。

（イ）仮登記担保の実行

　債務の弁済がなされない場合、仮登記担保契約に関する法律（仮登記担保法）に定める手続に従って、債権者は仮登記担保権を行使し、目的不動産を取得して回収に充てる。

　代物弁済予約の場合は予約が完結した旨、また停止条件付代物弁済の場合は条件が成就した旨、債務者または物上保証人に意思表示をしなければならない。意思表示の方法は通常、後日の証拠のために内容証明郵便で行う。

　債権者はその通知の日以後、清算金見積額等を記載した担保権の実行通知を行い、実行通知が相手方に到達した日から2カ月の清算期間を経て、目的不動産を取得することができる。この通知は同時でもかまわないが、後日の証拠のため内容証明郵便で行うのがよい。

　かつては担保実行の名目で、債権額に比して合理的均衡を失する高額な目的不動産を取得するようなことが行われたが、これは仮登記担保法によって制約されるようになった。たとえば仮登記担保法3条は、債権額より目的不動産の価額が大きければ、債権者は清算時にその差額を清算金として債務者に支払わねばならないとしている。一方、債務者または物上保証人は、この清算金に不服があれば、債権額を債権者に支払って目的不動産を取り戻すことができる（受戻権）。

（2）動産担保

　動産担保の対象となる財産には、自動車や航空機、倉庫などに保管されている在庫、営業用の機械設備類などがある。特に近年、不動産などの担保に乏しい中小企業の資金調達手段として、在庫商品などを担保にした動産担保が広がりを見せている。ここでは、商取引上で動産担保として最もよく用いられる譲渡担保を中心に取り上げる。

① 譲渡担保

（ア）譲渡担保の性格

　抵当権と異なり担保の目的物が限定されず、およそ譲渡できる財産のすべてを担保の目的物とすることができ、質権と異なり目的物を担保権

者に引き渡す必要がない。かつ、担保目的物を個々に特定せずに、たとえば、特定された倉庫に入出庫される浮動する在庫などの集合物に利用することもでき（集合動産譲渡担保）、また、このほうが実務上の利用価値が高い。

（イ）譲渡担保の法的構成

譲渡担保の法的構成は、所有権をいったん債権者に移転し、債務が弁済されれば、債務者に戻すというものである。期限までに債務が弁済されなければ、所有権の債権者に対する移転が確定し、時価で目的物を評価または換価することになり、もし目的物の価額が債権額を超える場合には、債権額との差額を担保提供者に返還して清算する。

（ウ）譲渡担保の対抗要件

譲渡担保の場合、担保目的物によって対抗要件が異なる。動産の場合は引渡しまたは動産・債権譲渡特例法（動産及び債権の譲渡の対抗要件に関する民法の特例等に関する法律）による登記、登記不動産の場合は所有権移転登記、債権の場合は債務者への通知もしくは債務者の承諾または動産・債権譲渡特例法による登記である。

（a）不動産の場合

不動産の場合は、譲渡担保を原因とする所有権移転登記によって対抗要件を備えることができる（民法177条）。なお、いったんは所有権が移転する類似の担保設定方法として、目的不動産を売却したことにして対価を受領し（たとえば融資を受ける）、後日の買戻しが弁済に当たる構成をとる売渡担保（買戻特約付売買契約を締結し、買戻し特約を登記に付記）がある。しかし、売渡担保は最高裁判決（最三小判平成18年2月7日民集60巻2号480頁）により、現実の占有がない場合は、譲渡担保と推認するとされた。したがって、担保目的の場合は、売渡担保構成を避けるべきである。

（b）動産の場合

動産譲渡担保の対抗要件は、原則として引渡しであるが、必ずしも質権の場合に要求される「現実の引渡し」（民法182条1項）である必

要はなく、代理人（債務者・譲渡担保設定者）が本人（譲渡担保権者）
のために占有する「占有改定」（同法183条）方式による引渡しで足り
る。占有改定の方式によった場合には、債務者が譲渡担保権者のため
に代理占有することになり、実態としては担保目的物の物理的な移動
を伴うことなく担保設定を行うことが可能となる。

　法律上は、対抗要件具備のために外部への表示を行うことは要求さ
れておらず、当事者の意思表示のみを占有取得の要件としている。し
かし、動産の場合は、担保権の存在につき善意無過失で当該動産を取
得した第三者に即時取得（同法192条）が成立し、担保権が消滅する
リスクがあることから、当該動産が担保提供されている旨を第三者に
も認識できるようにするため、公示札を貼るなどの方法を用いて対抗
要件が具備されていることを明示するのが通例である。

　ただし、動産の種類によっては、実務上公示を行うことが難しく、
過去にはそれが動産譲渡担保普及の障害となっていた。そこで、新た
な対抗要件具備の方法として、動産譲渡登記制度により、個別に動産
を特定して登記する方法または動産の所在によって特定する方法によ
り公示を認める制度が創設された。これは、動産譲渡登記を通じて外
部への表示が明確になる点では前進である。しかし、従来の占有改定
方式との競合問題や、動産譲渡登記の記載事項が詳細に規定されて煩
瑣であることや、動産譲渡登記を知らなかったことが当然には過失と
ならないなどの問題があり、全面的に新制度に移行することなく、併
用される状態が続くものとみられている。

② その他の動産担保

（ア）抵当権

　登録制度のある自動車、建設機械、航空機、農業用動産等に限定され
るが、動産にも抵当権を設定できる。→本節**1**（1）②**（ア）**

（イ）質権

　営業用の動産に質権を設定することはあまり行われないので、詳しく
は後述**(3)** ②に譲る。ただし、在庫が運送業者や倉庫業者に保管されて

いる場合には、貨物引換証もしくは倉庫証券または船荷証券に質権を設定することが行われている。この場合は、証券に裏書を受け、交付してもらうことによって質権を取得できる。

（ウ）所有権留保

　所有権留保は、売買の目的物となる動産について、その売主である場合には最も簡便な担保設定方法であり、機械類、自動車、家電製品などの割賦販売によく利用される。所有権留保は、売買代金の完済まで商品の所有権を留保する旨、売買契約書に特約を付けるだけで足りる。買主が売買代金の弁済を怠ったときは、当該商品の返還を求めることができるので、この権利をテコに回収を図る。

（3）債権その他の物的担保

　不動産や動産のように目に見える物のほか、質権、譲渡担保、債権譲渡、譲渡予約などの方法によって権利に対して担保を設定することもできる。特定の確定債権に限らず包括的な債権を被担保債権とすることも可能であるし、また、担保目的物についても、確定した債権に限らず将来発生する債権を含めた集合物として包括的な譲渡をすることも可能である。そのため、近年、特に在庫担保と連動して、売掛債権を担保に取得することが広まっている。ここでは債権譲渡、質権、その他の担保について取り上げる。

　なお、本章では触れることができなかったが、企業担保法による社債を被担保債権とする企業の総財産を担保とする特殊な担保（企業担保権）も存在する。

① 債権譲渡

　債権譲渡の対象となる債権は、商事債権や貸付債権などのように、債権者が特定している一般の債権（現に発生していない債権を含む）である。たとえば、債権者Aは、債務者Bからの回収を図るため、債務者BがCに対して有している債権（この場合のCは、AおよびBとの関係で第三債務者という）を譲り受けることになる。

（ア）債権譲渡契約

　平時における決済条件として、債権譲渡が使われる場合もあるが、担保目的として、債務不履行など一定の条件が整ったときに、債権譲渡が実行される形態をとることが一般的である。

　債権譲渡担保契約に関しては、債権譲渡担保と構成するほかに、債権譲渡予約と構成する場合がある。債権譲渡担保構成は、集合物ととらえた債権を包括的にいったん債権者に譲渡するが、弁済が約定どおりなされている間は、譲渡を受けた債権を無償で再譲渡すると構成する。したがって、債務不履行があった場合に債権譲渡が確定して、債権者に直接支払われるということになる。債権譲渡予約構成は、債務不履行があった場合に、予約が完結して、第三債務者から債権者に直接弁済がなされる。

（イ）債権譲渡の対抗要件

　対抗要件を備える方法としては、第三債務者から承諾を得る方法、第三債務者に対して譲渡人から通知をする方法（民法467条）と、動産・債権譲渡特例法による債権譲渡登記を行う方法とがある。将来債権を包括的に譲渡した場合など、第三債務者の数が多数にわたる場合には、多数の第三債務者に通知したり、承諾を得ることは煩瑣であるから、債権譲渡登記による対抗要件具備の制度を利用するほうが簡便である。

② 質権

　質権は、抵当権と並ぶ典型担保の一形態であり、留置的効力と優先弁済権がある。質権には、不動産質、動産質、権利質などがあり、譲渡性のある物・権利なら目的物になりうる（民法343条）。

　質権の設定は、質権設定契約の締結および目的物の引渡しを行うことにより効力が生じるとされており（同法344条）、また、質権者が継続して質物を占有しなければ第三者に対抗できない（同法352条）。

　しかし、動産質の場合には、在庫や機械などの営業用資産を質権者に引き渡すのは現実的ではないことから、不動産質の場合にも、質権者が不動産を使用・収益することは不便であることから、いずれもあまり利用されず、権利質が比較的よく利用されるようになった。

　もっとも、金銭債権などについては、対抗要件具備の煩雑さから権利質はあまり利用されず、担保設定にあたっては前述①の債権譲渡担保が用いられることが多い。一方で、株式や公社債等の商法上の譲渡に証券を要する債権については権利質がよく利用されている。このほか質権の目的物としては、賃借権、敷金・保証金、保険金、工業所有権、預金、ゴルフ会員権などがあり、目的物によって対抗要件の具備のしかたが異なる。

2　人的担保（保証）

　物的担保に対して、人（法人を含む）が保証する形式の担保を人的担保という。法人保証のうち信用保証協会など保証を業として行う機関の保証を機関保証というが、ここでは一般の保証を念頭に置いて解説する。
　広義の保証人には身元保証人のような者まで含まれるが、商取引上で用いられるのは狭義の保証人であって、本来の債務者である主たる債務者が債務を履行しない場合に、主たる債務者に代わって履行をなす義務を負う者をいう（民法446条1項）。なお、通常の保証とは異なる保証形態に手形保証がある。

（1）保証契約

　保証は、契約によって成立する。保証契約は、債権者と保証人間でなされるが、契約の形式は、
　　①　保証人が一方的に債権者に保証状を差し入れる保証状形式
　　②　債権者・保証人の二者間の保証契約形式
　　③　保証の原因となる契約書（金銭消費貸借契約書、基本売買契約書など）に保証を定める条項を挿入し、債権者・主たる債務者・保証人の三者契約とする形式
などがある。これらの契約の形式によって保証の効力に差があるわけではなく、状況によって使い分ければよい。ただし、保証契約は書面でし

なければその効力を生じないとされていることから（民法446条2項）、
保証契約の締結にあたっては書面を作成することが必須である。

（2）保証の性格

① 附従性

保証は、主たる債務に従って変更され、消滅する。保証だけが独り歩
きするということはないという原則である。何らかの事由により、主た
る債務が存在しないことになれば、保証は成立しないのである。

② 随伴性

債権譲渡などにより主たる債務の債権者の地位が移転すれば、保証も
それに伴って移転するという原則である。ただし、債務引受けにより主
たる債務者の地位が移転するような場合には、保証は消滅する。

③ 補充性

保証は、主たる債務者の債務が履行されない場合に限って保証履行の
責めを負うのであって、あくまで補充的な役割を担うという原則である。
もっとも連帯保証（後述（3）参照）の場合には、この性格を喪失する。

（3）連帯保証

商取引では最も多く利用されており、保証といえば、通常、連帯保証
を指すといっても過言ではない。単なる保証人と連帯保証人との差は重
要である。保証人は、主たる債務者に弁済能力がないことが明らかにな
ったとき、債権者に対する弁済責任を負うが、連帯保証人は、保証人が
主たる債務者と連帯して債務を保証するので、そのような事情は斟酌さ
れない。

なお、会社による保証は、商行為に基づくものであるから、当然に連
帯保証になる（商法511条2項）。また連帯保証人とまぎらわしいが、連
帯債務者は保証人ではなく、債務者が複数存在する場合をいう。もっと
も、実際の責任は連帯保証人と同様である（同法511条1項）。

より具体的には、連帯保証人は、民法上保証人が有するとされている

権利のうち、以下の権利を失う（民法454条）。

① 催告の抗弁権の喪失

催告の抗弁権とは、保証人が、債権者に対して「まず主たる債務者に請求せよ」と抗弁できる権利をいう（民法452条）。保証人が催告の抗弁権を有している場合には、債権者は、主たる債務者が破産宣告を受けている場合や行方不明である場合などを除き、まず主たる債務者に催告しなければならないが、連帯保証人はこの催告の抗弁権を失う。

② 検索の抗弁権の喪失

検索の抗弁権とは、保証人が、債権者に対して「まず主たる債務者の財産に執行せよ」と抗弁できる権利をいう（民法453条）。保証人が検索の抗弁権を有している場合には、債権者は、主たる債務者に弁済をする資力があり、かつ、執行が容易である限り、主たる債務者に対して執行してからでないと保証の履行を請求できない。上述①の催告は、内容証明郵便など証拠の残る方法で行えばよく、さして困難でもないが、検索の抗弁権の行使は訴訟手続などが必要になりやっかいである。

（4）保証人の求償権

保証人が主たる債務者のために債権者に弁済したときは、主たる債務者に対し、そのために支出した財産の額（その財産の額がその債務の消滅行為によって消滅した主たる債務の額を超える場合にあたっては、その消滅した額）を求償することができる（民法459条）。主たる債務者に代わって債務を弁済したのであるから、当然のことといえよう。ただし、保証人が主たる債務者の弁済期前に債務の消滅行為をした場合、保証人の求償の範囲は、主たる債務者が利益を受けた限度となる。また、主たる債務の弁済期以降でなければ求償権を行使できない（同法459条の2）。なお、主たる債務者の委託を受けずに債務の消滅行為をした保証人は、主たる債務者の弁済期前後に関係なく、主たる債務者が利益を受けた限度で償還を受けることができる（同法462条1項）。

委託を受けた場合の保証人は、主たる債務者が破産手続開始の決定を

受け、かつ債権者がその破産財団の配当に加入しないなど、法律に定める事由があるときは、事前に求償権を行使することができる（同法460条）。

（5）根保証

　被保証債務が特定されずに、継続的取引により生ずる債権など不特定の債権を保証する形態の保証を根保証という。根保証の場合、保証人は極度額を限度として保証債務の責任を負うことになる。根保証に関する契約のうち、保証人が法人ではないものを個人根保証契約という（民法465条の2第1項）。極度額の定めのない個人根保証契約は無効である（同条2項）。なお、個人根保証契約以外の根保証契約は、極度額の定めのない場合でも有効であるが、その場合でも常に保証債務が無制限に生じるわけではなく、特段の事情がない限り取引通念上相当な範囲内に制限されるものと解されている（大判大正15年12月2日民集5-769、通説）。

　また、個人根保証契約のうち、主たる債務の範囲に金銭の貸渡しまたは手形の割引を受けることによって負担する債務が含まれるものを個人貸金等根保証契約という。元本確定期日の定めのない、あるいは保証期間が契約締結の日から5年を超える個人貸金等根保証契約は、契約締結の日から3年を経過したときに債務の元本が確定する。元本確定期日の定めがある個人貸金等根保証契約は、保証期間が契約締結の日から5年以内であればその満了日に元本が確定し、以後は確定した債務のみに対する保証債務が存続する（同法465条の3第1項・2項）。

（6）保証の留意点

① 担保保存義務

　保証債務を履行した保証人は、代位によって（民法499条）、債権者が主たる債務者に対して有する担保権等の権利を行使することができる。この権利を保護するため、債権者には担保保存義務が課されており（同法504条）、債権者が取引上の社会通念に照らして合理的な理由があると認められる場合を除き故意または過失によって担保を喪失または減少さ

せたときには、それにより償還ができなくなった限度で、保証人は保証の責任を免れる。したがって、債権者としては、担保を解除するような場合は、保証人に対して保証の継続の意思を確認しておく必要がある。

② 保証の管理

保証人の財政状態は常に変動するので、債権者としては定期的にその保証能力をチェックしておく必要がある。特に根保証の場合は、保証期限の期日管理を行い、期限が近づいてきたら、保証継続の手続を進めるなり、継続できない場合は、その対応策を検討しておく必要がある。

法人による保証の場合は、通常、契約書に代表取締役の押印と印鑑証明の添付があればまず問題ないが、保証人となる法人にとって通常の営業活動の範囲を超えるような重要な契約と思われるときは、法人として当該保証を承認したことの証として、取締役会議事録などの社内決議資料を添付してもらえばより確実である。

③ 保証人の保護

法人や個人事業主が事業用の融資を受ける場合に、その事業に関与していない親戚や友人などの第三者が安易に保証人になってしまい、多額の債務を負うという事態が依然として生じている。このような事態を防止するため、個人が事業のために貸金等債務の保証人となろうとするときは、公正証書の作成と公証人による保証意思の確認を経なければならない（民法465条の6〜465条の9）。

また、保証人になるよう依頼を受けた際の主たる債務者の財産や収支の状況、主たる債務以外の債務の金額や履行状況等、主たる債務者が期限の利益を喪失したこと（個人保証人のみ）につき、情報提供を受けることができる（同法458条の2および3、465条の10）。

Column　　知ってて便利

《担保関連の基礎用語》

① 「財産権」とは

　物権、債権、知的財産権など財産を排他的独占的に支配（使用、収益、処分）する権利をいう。

② 「債権」とは

　人（債権者）が他人（債務者）に対して一定の行為を請求することのできる権利をいう。物権とともに財産権を構成する。債権発生の原因は、契約、不法行為、事務管理、不当利得である。債務者が債務を履行しないことを債務不履行といい、債権者はその強制履行を求めたり、または損害賠償を請求することができる。

③ 「物権」とは

　一定の物を直接に支配する権利をいう。債権とともに財産権を構成する。同一物につき同一内容の2個の物権が成立しないという排他性が特色である。民法上の占有権、所有権、地上権、永小作権、地役権、入会権、留置権、先取特権、質権、抵当権等があるほか、商法や特別法上の鉱業権、漁業権、特許権などがある。いずれにせよ、物権は法律で定められたもの以外に新たに創設することはできない。効力、作用、客体の点から、所有権と制限物権（用益物権・担保物権）、動産物権と不動産物権などに分類される。

④ 「担保物権」とは

　特定の財産から優先的に弁済を受けるために、目的物を債権の担保に供して、その交換価値により、債権の担保を図ることのできる権利をいう。民法上の担保物権としては、当事者の合意で設定される約定担保物権（質権および抵当権）と法律上当然に発生する法定担保物権（留置権および先取特権）が存在する。

第 3 節 債権回収の実務

◆回収対策は、相手先が交渉に応じてくる場合と、応じない場
合の使い分けが肝心であり、緊急度に応じて柔軟に対応する
必要がある。

1 信用不安先への対応策

信用調査の手法はすでに述べたとおりであるが、日ごろ、取引先の信
用状態に注意を払っていると、さまざまな危険な兆候が現れるものであ
る。緊急性がなければ、徐々に取引を減らすなど、時間をかけて債権圧
縮対策を講ずるのが賢明である。

(1) 初期段階の対応

① 債権・債務の確認

取引先の動向が不安になると、相手先のことばかりに目が向きがちで
あるが、自社のポジションを確認することを忘れてはならない。「敵を
知り己を知れば、百戦危うからず」のたとえもある。債権を立証できる
書類の点検・整備を行い、契約残を把握し、また担保を取得している場
合は、書類の整備のみならず、担保物件の現況調査を行い、今後、とる
べき対策を立案するための基礎資料の整備をしなければならない。

② 対策上の留意点

債権を減らすためには、取引を減らすか、回収条件を短縮するしかな
い。しかし、信用不安があるような会社に資金的余裕はないから、取引

量を減らすことが現実的である。もっとも方便として、法令に違反しない範囲で支払条件の短縮や値上げを要求し、条件が合わないことを口実に取引量を減らす、といった措置を講じることはあり得よう。

回収に手形を受け取っている場合は、取引先が振り出した単名手形ではなく、取引先が第三者から回収した手形に裏書した回り手形に切り換えてもらえば、振出人がしっかりしていれば安心できる。しかし、手形は銀行割引など資金調達に必要であるから、実際には難しい交渉となろう。

新規にあるいは追加して、担保・保証を取得することも検討すべきである。おそらく物的担保は、金融機関などに担保設定しており余力はないであろうから、その場合は、できれば個人保証を入手しておくとよい。個人保証はそれを行使しても、なかなか金銭的な回収につながらないが、保証がプレッシャーとなって、弁済に努力することが期待できる。

すでに契約済みのものに関しては、履行をしなければ、契約不履行になってしまうので、履行せざるを得ないが、たとえば契約条件の許す限り、出荷量を制限するなどして、債権の発生を極力抑えるべきである。

その取引先から購入できる商品がある場合には、購入しておけば、債権との相殺による回収を図ることもできるので（本節 2 (4) 参照）、検討する価値がある。

（2）支払期日の延期要請に対する対応

取引先が支払期日の延期を求めてきたときは、資金繰りがかなり切迫しているとみなければならない。特にいったん振り出した手形期日の延期（手形ジャンプ）を依頼してきたときは、相当深刻である。手形を期日に決済できなれば、銀行取引停止処分を受けることになるので、断る場合は相手が倒産する可能性のあることを見越した対策をとる必要がある。

期日延期に応じる場合は、「依頼返却」により手形返却の手続をとり、新旧手形を差し換えて手形の不渡り発生を回避することになる。ただし、かかる決済期日の延期を認める場合は、漫然と認めるのではなく、相手先の財政状態のわかる資料を開示してもらい、実態把握に努め、できる

限りの対策を講じなくてはならない。以下に対策を述べる。

（3）公正証書・和解調書の作成

債務の弁済猶予と引き換えに公正証書や和解調書により、債務名義（執行名義）を取得しておくべきである。これによって簡易に強制執行をすることができる。いわば、いつでも強制執行の引き金を引くことができる状態にしておくのである。→詳細は第8章第2節・第3節

（4）請求（催告）のしかた

取引先から支払期日の延期などの要請があれば、取引先との間で交渉する余地があるが、取引先から何の連絡もなく単に支払いをしてこない場合もある。この場合は、債権者としてはまずは督促をするしかない。督促は、電話など口頭による督促から郵便による督促へ、さらに内容証明郵便による督促へと強めることになろう。→第8章第1節 5

これらの請求を行ったにもかかわらず支払いがない場合には、法的手段に訴えるしかないが、それについては、本節 3 に譲る。

2 相手先と交渉できる場合の緊急債権回収対策

大きく分けて、相手先と話し合いができる場合と、できない場合に分けて対策のとり方が異なる。まず前者について解説し、次いで後者について解説する。

（1）在庫の引き揚げによる回収

まず、債権回収という正当な権利の行使であっても、相手先の了解なしに相手先の倉庫から在庫を持ち出すような自力救済は禁止されている点には注意が必要である。自力救済を行った場合には、民法上の損害賠償責任（民法709条）、住居侵入罪（刑法130条）、窃盗罪（同法235条）、恐喝罪（同法249条）などに問われるおそれがある。

相手先の了解が得られるという前提のもとでは、回収方法としては、相手先の在庫から他社商品を引き揚げてくる場合と、自社商品を引き揚げてくる場合がある。

他社商品の引き揚げの場合は、在庫を購入し、その支払債務と債権とを相殺する条件で売買契約を締結するのが妥当であろう。契約締結など悠長なことをしていられない状況のときは、単に在庫を預かるということも考えられるが、この処分問題が後日に残されることになる。しかし、現物をみずからの手元に置いておけば、交渉で優位な立場に立つことができる。

自社商品の引き揚げは、契約を解除して返品処理を行う方法と、動産売買の先取特権に基づいて法的手段を講ずる方法があるが、後者は相手先の承諾なしに行使できる権利なので、後述する（→本節**3**(2)①）。なお、契約解除による返品をしてもらうにしても、その交渉にあたっては、先取特権という法的権利があることを交渉材料に使うことはできる。

（2）債権譲渡による回収

あらかじめ債権譲渡担保（→本章第2節**1**(3)①）を取得していない場合でも、交渉によって直ちに債権譲渡をしてもらう方法がある。この場合、相手先に対して債務を負担している債務者（第三債務者）に対して、相手先から債権譲渡通知を送付してもらうのが本来である。しかし、緊急事態なのであるから、みずから債権譲渡通知書を作成し、相手先に記名・捺印してもらい、それをみずからの手で郵便局に持ち込んで内容証明郵便で送付するほうがよい。

（3）代理受領

相手先の第三債務者に対する債権の受領権限を受け、債務の弁済に充当する方法であり、第三債務者に対する債権を財源とする点で、前記(2)と同様である。

代理受領は、担保目的であらかじめ代理受領契約をしておく場合もな

くはないが、緊急対策として用いられることが多い。相手先から委任状
を交付してもらう方法と、第三債務者を含めた三者契約を締結する場合
とがある。第三債務者を拘束できる点で、三者契約のほうが確実である。
第三債務者に対する債権が小口分散している場合は利用価値が低いが、
第三債務者に対する債権が比較的大口の場合は有効である。

（4）相殺

　相手先に対して債務を有している場合には、自社の売掛金を自働債権
として、相手先の自社に対する債権（自社にとっての債務）を受働債権
として、これらの債権を対当額で相殺することができるので、自社に債
務があれば、相殺することを検討すべきである。

　相殺するためには、相殺適状でなければならない。相殺適状とは、自
働債権と受働債権のあること、両債権が弁済期にあること、および両債
権が金銭の支払いを目的とするなど同種の状態にあることである。この
うち実務的には、両債権が弁済期にあることが問題となる。自働債権が
弁済期に至っていない場合は、一方的な相殺ができないので、相手先に
期限の利益を放棄してもらう必要がある。相殺の方法は、相殺契約や、
対当額で相殺する旨の通知を配達証明付内容証明郵便で送付することに
よる。

　なお、相殺に担保機能を活用する方法として相殺予約がある。あらか
じめ売買契約書などに予約完結権の行使ができる旨の規定や、一定の事
由が発生したときに相殺できる停止条件付相殺契約条項の規定を入れて
おき、万一の場合、相殺できるようにしておくのである。

3　一方的緊急回収対策

（1）支払督促手続による回収

　相手先が支払いに応じてくれない場合、手形がない場合でも利用でき
る法的手段としては、支払督促手続がある（民事訴訟法382条〜402条）。

支払督促の申立ては、簡易裁判所の書記官に対してなされる。書記官は、明確に法律に違反していない限り、証拠調べをすることなく、支払督促を発する。支払督促送達後2週間以内に債務者の異議申立てがなければ、30日以内に債権者は仮執行宣言を申し立て、これにより仮執行宣言付支払命令が発せられる。

（2）担保権行使による回収

すでに担保権を取得済みの債権の回収については、担保権を実行すればよい。ただし、担保目的物に対する担保権実行を確実にするため、担保権の実行に先立ち保全手段を講じなければならないことがある。それについては後述（3）に譲ることにし、ここでは債権そのものの性質に備わっている法定担保による回収対策について述べる。

① 先取特権

先取特権は、第三者に公示することなく民法の定めに従って当然に成立する担保権であり（ただし、(ウ)で後述する不動産先取特権の場合を除く）、先取特権者は一定の財産に対して優先弁済権を有することになる。

（ア）一般先取特権

共益費用、雇人給料、葬式費用、日用品供給を原因とする債権を被担保債権として、債務者の総財産から優先的に弁済を受けられる（民法306条）。共益や弱小な関係者を保護するための小口の債権が対象であり、一般の商取引の対象外とみてよい。

（イ）動産先取特権

不動産賃貸借、動産売買、旅店宿泊、運輸などを原因とする債権は、特別先取特権の対象となり特定動産から優先的に弁済を受けられる（民法311条）。商取引で最もよく利用されるのが、動産売買の先取特権であり、この場合、相手先の在庫となっているみずからが売却した商品を対象として先取特権が発生する。また、当該動産について他の債権者の申立てによる競売がなされた場合は、優先弁済を主張して配当請求することができる。

（ウ）不動産先取特権

　不動産の保存、工事、売買を原因とする債権は、特別先取特権の対象となり、特定不動産から優先的に弁済を受けられる（民法325条）。しかし、不動産先取特権の効力を保存するためには登記をする必要がある（同法337条、338条、340条）ので、煩瑣であり、実務上あまり利用されていない。

② 留置権

　代金の支払いを受けるまで、その債権の発生したことに関係する物（牽連性を有する物）について、その物を返さないという法的権利を行使することができる（民法295条）。留置権者に認められるのは物の留置だけであり、みずから留置物を処分するなどして優先弁済を受けることはできないが、債権の回収完了まで留置物の引渡しを拒むことにより、事実上の優先弁済を受けることができる。

　また留置権には、民法上の留置権と、商人間の商行為から生じた債権に適用される商事留置権とがある。後者は商法上の留置権として、商人間の留置権（商法521条）、代理商の留置権（商法31条、会社法20条）、問屋の留置権（商法557条）、運送取扱人等の留置権（同法562条、589条、753条2項）などがあり、破産すると商事留置権は特別先取特権に転化する。

（3）仮差押えまたは仮処分による回収

　法的手段に訴える場合、訴訟をするのが典型的な手段ではあるが、勝訴判決を取得できたとしても債務者の財産が散逸してしまっては意味がない。また、取得済みの担保権を実行する場合、動産の引渡しや不動産の占有を排除しなければならないことがある。このような場合に、仮差押えまたは仮処分などの民事保全法による保全命令（保全処分）によって対処することができる。保全命令は迅速な決定手続であるから、通常の裁判手続における証明よりも要求水準の低い疎明で足り、債権者の調査した陳述書で認められることも多い（→第8章第2節❷・❸）。

　本来、保全命令は訴訟に進むことを前提とする手続であるが、保全命令が発せられたことをきっかけに債務者が話し合いに応じてくることも多く、訴訟提起まで進まない事例も案外多い。保全命令には、それによって身動きできなくなった債務者が交渉に応じてくるという、もう1つの重要なねらいがあるのである。これで和解できれば、裁判上の和解として債務名義を取得できることになる。

（4）倒産状態における回収

　財政的に窮境に陥った債務者は、手形の不渡りによって事実上倒産状態に陥ることも多いが、倒産手続による救済を求めることがある。倒産処理には法律上の手続によらない任意整理（私的整理）と法律上の手続に基づき裁判所が関与して処理される法的整理とがある。

　任意整理の場合は、裁判所の関与がなく、債権者の合意によって処理されるのであるから、原則として債権回収のための権利行使が妨げられることはない。ただし、特定調停法（特定債務等の調整の促進のための特定調停に関する法律）に基づく調停の申立てによって、強制執行などの手続を停止させることができ、いわば休戦協定による時間稼ぎができるので、この間、債務者は債権者と話し合いをすることができる。なお、任意整理は私的に行われるので、処理が迅速であるが、整理屋・事件屋といわれる反社会的勢力が介入してくることがある。このため透明性を高めるために裁判所の関与を求め、法的整理が申し立てられることがある。

　法的整理には、清算型の手続として、厳密な手続が要求される破産法と比較的迅速に清算処理のできる会社法上の特別清算とがある。また再建型の手続として、大型倒産に適しているが重い手続の会社更生法と、債務者がそのまま経営を継続できる柔軟な手続の民事再生法とがある。法的整理の場合は、裁判所の保全命令や手続の開始命令が発せられた後は、個々の債権者による債権回収行為ができなくなるので、それまでが勝負である。時間が勝負なので、種々の法的手段を講じて緊急対策を図ることになる。なお、会社更生手続上は担保権者による自由な担保権の

行使は制約されるが、特別清算手続では担保権行使が自由であり、また、破産手続および民事再生手続では担保権は別除権として優先弁済が保障されている。

| 参考文献 |

内田貴『民法Ｉ総則・物権総論〔第４版〕』東京大学出版会、2008年

内田貴『民法Ⅱ債権各論〔第３版〕』東京大学出版会、2011年

内田貴『民法Ⅲ債権総論・担保物権〔第３版〕』東京大学出版会、2005年

橘一樹『やさしい登記簿の読み方・調べ方－「不動産登記簿」「商業登記簿」のポイントがわかる』ぱる出版、2004年

永石一郎・大坪和敏・渡邉敦子『ここまで知っておきたい債権回収の実務－信用調査から税務問題まで〔第３版〕』中央経済社、2008年

原井籠一郎・河合伸一『実務民事保全法〔三訂版〕』商事法務、2011年

弥永真生『リーガルマインド手形法・小切手法〔第３版〕』有斐閣、2018年

第6章　理解度チェック

次の設問に、○×で解答しなさい（解答・解説は後段参照）。

1　事実に合致しない登記は無効であるから、代表取締役が退任したのにその登記がなされていない場合、その登記を信じて取引した者は、退任取締役の責任を問うことはできない。

2　信用調査のための情報源の1つである銀行照会は、社会的信用のある銀行から得られる情報なので、最も確かな情報源である。

3　不動産担保には抵当権を設定することが多く、動産担保には譲渡担保を設定することが多いが、動産に抵当権を設定することも、不動産に譲渡担保を設定することもある。

4　連帯保証とは、複数の保証人が連帯して保証する形式のものをいう。

5　債務の支払いをしてこない取引先の倉庫に自社が販売した在庫が残っていた場合、動産売買の先取特権の対象となる。

第6章 理解度チェック

1 ×
虚偽の登記を信じて取引した者は保護されることから、退任していても、代表取締役としての責任を問うことができる。

2 ×
銀行は安易に顧客の情報を流すことはないし、まして自行の取引先であれば、悪い情報を流すことは考えにくいから、それほど信用できる情報ではない。

3 ○
通常、不動産担保には抵当権、動産担保には譲渡担保が用いられるが、登記できる特定の動産であれば抵当権を設定できるし、譲渡担保は動産・不動産にかかわらず、譲渡できるものはすべて担保の目的物とすることができる。

4 ×
連帯保証は、保証人が主たる債務者と連帯して保証の責めを負うということであり、保証人が複数あるということではない。

5 ○
動産売買の先取特権を主張でき、その在庫に対しほかに譲渡担保等の担保権が設定されていなければ、優先的に回収に充当できる。

企業取引規制・知的財産権の基礎

この章のねらい

　第7章では、企業の取引を規制している重要な法律と、企業にとってますます重要になってきている知的財産権の基礎について勉強する。企業取引規制では、具体的には、独禁法、消費者保護法（消費者契約法、製造物責任法、特定商取引法等）および個人情報保護法について、各法律の基本的な考え方および実務上のポイントについて学習する。知的財産権の基礎では、「知財六法」といわれる特許法、実用新案法、意匠法、商標法、著作権法および不正競争防止法（ビッグデータの法的保護を含む）に加えて、パブリシティー権について学ぶ。企業の知的財産権をどのような方法で保護していくべきかについて主に学習する。

第 1 節 私的独占の禁止及び公正取引の確保に関する法律(独禁法)

学習のポイント

◆「不当な取引制限」(カルテル)は、独禁法により禁止され、違反に対しては厳しい制裁が加えられる。課徴金も課される。課徴金減免制度が設けられている。

◆「不公正な取引方法」も禁止される。一部の禁止行為については、「不当な取引制限」と同様、課徴金が課される。

◆下請法は、独禁法の特別法(補完法)である。

1 「不当な取引制限」(カルテル)の禁止

　「不当な取引制限」は、独禁法3条で禁止され、同法2条6項に定義されている。すなわち「不当な取引制限」とは、「事業者が、契約、協定その他何らの名義をもってするかを問わず、他の事業者と共同して対価を決定し、維持し、若しくは引き上げ、又は数量、技術、製品、設備若しくは取引の相手方を制限する等相互にその事業活動を拘束し、又は遂行することにより、公共の利益に反して、一定の取引分野における競争を実質的に制限すること」をいう。「不当な取引制限」は、事業者どうしが販売価格や供給数量などを取り決めて競争しないようにするカルテルのほか、公共事業の入札で入札参加者が話し合って受注予定者や受注価格を取り決める入札談合も当然に含む概念である。

　なお、入札談合事件の中には、国や地方公共団体の職員みずからが談合の指示、受注者に関する意向表明、入札予定価格等の発注に係る秘密

情報の漏えいなどにより入札に関与する、いわゆる「官製談合」が社会的な重大問題として認められることから、これを防止するため、「入札談合等関与行為の排除及び禁止に関する法律」（いわゆる「官製談合防止法」）が2002年に制定された。

（1）「不当な取引制限」の要件

次の４要件が満たされた場合に、「不当な取引制限」に該当する。

① 共同行為
② 事業活動の相互拘束、遂行
③ 公共の利益に反すること
④ 競争の実質的制限

① 共同行為

「他の事業者と共同して」に該当するというためには、共同行為参加者の間に意思の連絡（「合意」とも呼ばれる）があることが必要である。この「意思の連絡（合意）」というのは、「協定」や「決定」のような明示的な合意だけでなく、他の事業者の行為に対する暗黙的な容認も含むものである。逆に、意思の連絡がない中で、複数の事業者の行動が結果的に一致していても、共同行為に該当しないことになるが、黙示による「意思の連絡」が事前の情報交換、事後の行動の一致などの間接事実の積み重ねにより広く推認されることには注意を要する。

② 事業活動の相互拘束、共同遂行

「相互にその事業活動を拘束し、又は遂行することにより」の要件の「相互拘束」は次のように考えられている。

（ア）「相互拘束」があるというためには、事実上相互に拘束される結果となれば十分であり、いわゆる「紳士協定」のように約束を守るかどうかが各事業者の判断にゆだねられる場合、約束に従うことが法的義務となっていない場合、約束に従わなくても制裁や罰則等を課さない場合なども、相互拘束の成立は否定されない、とされている。

（イ）「相互拘束」の当事者には、競争関係があることが必要か否かにつ

いては、争いがある。当初、公正取引委員会（以下「公取委」という）
は競争関係必要説をとっていたが、1991年に公表された「流通・取引
慣行に関する独占禁止法上の指針」（流通・取引慣行ガイドライン）
では、一般論として、相互拘束の内容は当事者すべてに同一である必
要はなく、共通の目的の達成に向けられたものであれば足りる（同ガ
イドライン第1部第2・3、注2）として、競争関係不要説をとるに
至った。そして、平成5年の東京高裁判決（東京高判平成5年12月14
日高刑集46巻3号322頁）は、一般論として、競争関係必要説をとっ
た新聞販路協定判決は疑問と述べた。その後の公取委の実務や判例は、
競争関係不要説に基づいて運用・判断されていると考えられる。

（ウ）「相互拘束」は、もっぱら一方が他方を支配し従属させている、と
いう意味での一方的拘束を含むか、という点については、一方的拘束
を含まないとする考え方が有力である。

　他方、「共同遂行」は、「相互拘束」の実行態様を示すものであり、独
自の意味はないとするのが判例・通説である。

③　公共の利益に反すること

　最高裁判決は、きわめて例外的に「公共の利益に反し」ない場合があ
り、その場合は独禁法違反にならないとした（最判昭和59年2月24日刑
集38巻4号1,287頁）。すなわち、「『公共の利益に反して』とは、原則と
して同法の直接の保護法益である自由競争経済秩序に反することを指す
が、現に行われた行為が形式的に右に該当する場合であっても、右法益
と当該行為によって守られる利益とを比較衡量して、『一般消費者の利益
を確保すると共に、国民経済の民主的で健全な発達を促進する』という
独禁法の究極の目的（独禁法1条参照）に実質的に反しないと認められ
る例外的な場合を右規定にいう『不当な取引制限』行為から除外する趣
旨と解すべきである」とする。

　これに対し学説では、「自由競争秩序の維持」そのものが「公共の利
益」であり、「競争の実質的制限」があれば「公共の利益に反している」
とする説が多い。

④ 競争の実質的制限

（ア）「一定の取引分野における競争を実質的に制限すること」における「競争の実質的制限」とは、「競争自体が減少して、特定の事業者又は事業者集団がその意思で、ある程度自由に、価格、品質、数量、その他各般の条件を左右することによって、市場を支配することができる状態をもたらすこと」（東京高判昭和26年9月19日高民集4巻14号497頁、審決集3巻166頁）をいう。ここでいう「もたらす」には「市場を支配することができる状態」を新たに形成する場合だけでなく、すでに存在する「市場を支配することができる状態」を維持または強化する場合をも含む。「市場」とは、「独禁法2条4項にいう『競争』が行われる場」である。2条4項は、「競争」を次のように定義している。

　二以上の事業者がその通常の事業活動の範囲内において、かつ、当該事業活動の施設又は態様に重要な変更を加えることなく次に掲げる行為をし、又はすることができる状態をいう。
一　同一の需要者に同種又は類似の商品又は役務を供給すること
二　同一の供給者から同種又は類似の商品又は役務の供給を受けること

（イ）「一定の取引分野における競争を実質的に制限すること」における「一定の取引分野」とは、「競争の行われる場」つまり「市場」を意味するとされる。

（2）違反に対する措置

① 排除措置命令

　公取委は、違反行為者に対し、不当な取引制限行為を排除するために必要な措置を命じることができる（独禁法7条）。

（ア）手続

排除措置命令を行うには、その名宛人となるべき者について、意見聴取を行わなければならないとされている（同法49条）。意見聴取手続は、名宛人となるべき者に対し、意見聴取を実施する旨の通知を行うことにより開始され（同法50条）、その通知を受けた者は（ここでは当事者という）、通知があった時から意見聴取が終結するまでの間、公取委の認定した事実を立証する証拠の閲覧・謄写を求めることができる（同法52条）。意見聴取は、公取委の指定する職員（意見聴取官）が主宰し（同法53条）、意見聴取の最初の期日の冒頭では、事件を担当した審査官等が予定される排除措置命令の内容等を事業者に対して説明する。当事者は、意見聴取の期日に出頭して、意見を述べ、証拠を提出し、意見聴取官の許可を得て審査官等に対して質問を行うことができる（同法54条）。意見聴取官は、期日の終了後、期日における意見陳述等の経過を記載した調書を作成し、意見聴取の終結後、その事件の論点を記載した報告書を作成し、公取委に提出する。当事者は、これらの調書および報告書の閲覧を求めることができる（同法58条）。公取委は、その調書及び報告書を参酌しつつ、排除措置命令に係る議決を行う（同法60条）。

なお、課徴金納付命令等に係る意見聴取の場合も、同様の手続となる（同法62条4項、64条4項、70条の3第2項）

（イ）命令の内容

命じられる排除措置は、違反行為を排除するために必要なものでなければならない（同法61条1項）。必要な措置という条件を満たす限り、さまざまな態様のものがある。カルテルを例として取り上げると、①カルテルに関する協定・合意の破棄に関する取締役会決議、②カルテルを取りやめたことの周知、③今後カルテルを行わないことの表明、④コンプライアンス体制構築、⑤以上の措置の実施に関する公取委への報告、などが挙げられる。

② 課徴金納付命令

不当な取引制限のうち、価格協定や入札談合などのような対価要件と呼ばれるものを満たすものには、課徴金が課される（同法7条の2）。

課徴金制度については、本節**6**において詳述する。課徴金は、行政上の措置であり、外観上、罰金と類似しているが、刑罰（刑事上の措置）ではない。この課徴金は、いわゆるカルテルのやり得を防止するために設けられた制度であるから、課徴金を課された企業は、大きなダメージを受ける。

③ 刑罰

不当な取引制限を行った者は、5年以下の懲役または500万円以下の罰金が課される（同法89条1項1号）。未遂罪も罰せられる（同法89条2項）。また、違反行為の防止等をしない法人の代表者にも、500万円以下の罰金が課される（同法95条の2）。不当な取引制限の罪は、両罰規定の対象であり、法人や団体には、5億円以下の罰金が課される（同法95条1項1号、2項1号）。入札談合の場合は、いわゆる談合罪、すなわち刑法96条の6（公契約関係競売等妨害）と重なることが多い。これら2つの罪が重なった場合、科刑上の1罪とし、重いほうの犯罪をもって処断される（いわゆる観念的競合の関係）ので、刑罰が重い独禁法が適用されることになる。

④ 損害賠償請求（私法上の措置）

不当な取引制限により損害を被った被害者は、損害賠償請求を違反者に対し行うことができる（独禁法25条）。被害者は民法709条（不法行為責任）に基づく損害賠償を請求することも可能である。民法の場合は、被告の故意・過失が要件とされるが、独禁法の場合には被告の故意・過失は不要である（同法25条2項）。同法25条の場合の被告は、違反行為の主体である事業者、事業者団体に限られる。担当者個人や加担していた事業者等は、違反行為者でない限り、被告とならない。民法709条はこれらの者も被告としうる。不当な取引制限に該当する行為に対しては差止請求ができないが、同行為が不公正な取引方法にも該当する場合には、差止請求ができることになる（独禁法24条）。

平成17（2005）年の改正で、公取委は、刑事罰を課すべき事件（犯則事件）を調査するため、裁判所の令状をもって強制的に臨検・捜査・差押えなどができる犯則調査権限が与えられ、権限強化が図られた（同法

101条以下）。犯則調査が実施される基準は、①国民生活に広範な影響を及ぼすと考えられる重大な価格カルテルや入札談合等の事案、②事業者や業界が、違反を反復して行うあるいは排除措置に従わないことにより、公取委による行政処分によっては独禁法の目的が達成できない事案、とされている。

（3）カルテル予防法務

　不当な取引制限に該当する行為をしないよう、社内各部門（特に営業部門）に対する教育・研修が不可欠である。経営トップを含め幹部社員、ベテラン社員には、不況カルテル等の合法カルテルの時代を経験しているだけに、カルテルに対する違法性の意識が乏しい傾向が見られるので、要注意である。カルテルに該当するかどうかの判断は、厳密かつ迅速に行わなければならない。課徴金制度のところで後述する課徴金減免制度の適用が受けられるかどうかは、早い者勝ちだからである。

　カルテルや入札談合の疑いが認められるとき、あるいは法務部で迷ったときは、直ちに独禁法専門の弁護士に相談し、対応を取り決めるべきである。

2　不公正な取引方法の禁止

　独禁法19条で禁止されるもので、詳細は後述するが同法2条9項に定義されている。なお、同法19条で禁止される行為のほかにも、事業者に不公正な取引方法に該当する行為をさせるようにすること（8条5号）、不公正な取引方法に該当する事項を内容とする国際的協定または国際的契約をすること（6条）、不公正な取引方法による他の会社の株式取得等（10条1項、13条2項、14条、15条1項2号、15条の2第1項2号、15条の3第1項2号、16条1項）が禁止されている。

　不公正な取引方法については、公取委が1991年に公表した「流通・取引慣行に関する独占禁止法上の指針」（流通・取引慣行ガイドライン）

が重要なガイドラインであり、本テキストも同ガイドラインに準拠している。不公正な取引方法について実務上検討あるいは勉強するにあたっては、参照されたい。

「不公正な取引方法」は、「私的独占」および「不当な取引制限」とともに、独禁法が規制の対象とする行為の3本の柱（「企業結合規制」を含めると4本の柱）を構成するものである。

「私的独占」と「不当な取引制限」は、「競争を実質的に制限する」ような市場支配力を形成し、それを維持し、強化するための諸行為であるのに対して、「不公正な取引方法」は、それ自体が競争を実質的に制限するには至らないが、「公正な競争を阻害するおそれ」のある種々の行為を意味し、これらを規制することによって、市場支配力の形成を未然に防止することを目的としている。「公正な競争を阻害するおそれ」とは、①自由な競争が妨げられていること（自由競争の減殺）、②競争が価格・品質・サービスを中心としたものでないこと（競争手段の不公正さ）、③取引主体の自主的な判断で取引が行われていないこと（自由競争基盤の侵害）、により競争秩序に悪影響を及ぼす行為をいう。

では、具体的にはどのような行為が「不公正な取引方法」に該当するかだが、独禁法には2条9項1号から5号に5つの行為類型、すなわち、共同の供給拒絶、差別対価による供給、不当廉売、再販売価格の拘束、優越的地位の濫用、が規定されている。これら5つの行為類型は、一般に法定類型と呼ばれており、平成21（2009）年の改正により課徴金制度の適用対象になったのに伴い、後述する一般指定から独禁法の条文に格上げされたものである。加えて、公取委は、不公正な取引方法として15の行為を指定している（昭和57（1982）年6月18日公取委告示第15号）。この指定は、独禁法71条の不公正な取引方法の特殊指定と区別するため、「一般指定」と呼ばれる。なお、同法2条9項1号〜6号の行為類型には、いずれも「不当に」あるいは「正当な理由がないのに」という表現が見られるが、これらの文言は、公正競争阻害性と同義である。すなわち、公正競争阻害性の概念の枠内においては、正当化理由が認められる場合

があるが、公正競争阻害性の正当化理由が認められない場合にも、「不当に」「正当な理由がないのに」に当たらないとして、正当化されることがあるという趣旨ではないのである。

「不公正な取引方法」の禁止の違反に対する措置としては、排除措置命令、課徴金納付命令および民事差止請求がある。

（1）取引拒絶（2条9項1号および6号イ、一般指定1項および2項）

事業者が、正当な理由がないのにあるいは不当に、特定の事業者に対して取引を停止しあるいは取引数量や内容を制限することをいう。複数の事業者が共同で行う取引拒絶を「共同の取引拒絶（共同ボイコット）」、事業者が単独で行う取引拒絶を「単独の取引拒絶（その他の取引拒絶）」という。

事業者は、取引先選択の自由を有しており、価格、品質、サービス等の要因を考慮して、独自の判断によって、ある事業者と取引しないこととしても、基本的には独禁法の問題にはならない。しかしながら、事業者が競争者を市場から排除するなどの不当な目的を達成する手段として取引を停止する場合には、取引拒絶の問題となる。特に共同の取引拒絶は、新規参入者の市場参入を妨げたり、既存競争者が市場から排除されたりする可能性が高く、またそれが主目的であることが多いため、原則違法とされている。

（2）差別対価・差別的取扱い（2条9項2号および6号イ・ロ、一般指定3項、4項および5項）

不当に、地域や取引先により著しく異なる対価をもって取引をしたり、特定の事業者に対する対価以外の取引条件（規格・仕様、販売数量、納入条件、支払条件、販売促進費など）について著しく有利なまたは不利な取扱いをしたりすることをいう。

地域や取引先ごとに対価その他取引条件が異なることは、通常の取引行動であり問題はないが、競争者の排除を目的に競争者の販売地域に限

ってダンピングを行うなどの場合には、差別対価等の問題となる。

（3）不当廉売・不当高価購入（2条9項3号および6号ロ、一般指定 6項および7項）

　不当に安価に供給しあるいは不当に高価に購入することにより、他の事業者の事業活動を困難にさせるおそれのあるものをいう。

　不当廉売に関し、2条9項3号は、「供給に要する費用を著しく下回る対価で継続して供給すること」としているが、「供給に要する費用」とは、公取委が2009年に公表した「不当廉売ガイドライン」によれば、「総販売原価」をいい、製造業では製造原価に販売費および一般管理費を加えたもの、販売業では仕入原価に販売費および一般管理費を加えたものを指すとされる。また、2条9項3号と一般指定6項の違いは、前者が「供給に要する費用を著しく下回る対価」であることと、不当廉売が継続していることを要件としている点である。

　なお、不当高価購入については、競争者の事業活動に必要な原材料等の買い占めのケースが考えられるが、これが適用された事例はない。

（4）ぎまん的顧客誘引・不当な利益による顧客誘引（2条9項6号 ハ、一般指定8項および9項）

　自己の商品またはその取引条件を、実際のものあるいは競争者のものよりも著しく優良もしくは有利であると顧客に誤認させることにより、または正常な商慣習に照らして不当な利益（景品、接待、リベート等）をもって、競争者の顧客を自己と取引するよう不当に誘引することをいう。ここにいう「誘引」とは、当該取引が実際に行われたことを要せず、当該取引が供給者から提案されていれば足りる。

　ぎまん的顧客誘引は、その行為自体に公正競争阻害性が認められるのに対し、不当な利益による顧客誘引は、提供される利益の内容・程度等を考慮して、正常な商慣習に照らして不当か否かが判断される点に違いがある。

一般消費者に誤認される虚偽・誇大表示や取引に付随する過大な景品類の提供による不当な顧客誘引については、景表法が規制している。

（5）抱き合わせ販売その他取引強制（2条9項6号ハ、一般指定10項）

ある商品や役務（主たる商品）を販売する場合に、他の商品や役務（従たる商品）を一緒に購入することを条件とすることをいう。商品と商品（たとえば、人気ゲームソフトと在庫品の不人気ゲームソフト）を抱き合わせるだけでなく、商品と役務（たとえば、融資と機械の購入）、役務と役務（たとえば、航空券と宿泊）を抱き合わせることも抱き合わせ販売に該当する。

一方、ティーカップとソーサーのように商品的に1つのものはもちろん抱き合わせ販売ではない。また、別々で購入が可能な商品をセット販売する場合あるいは主たる商品と従たる商品に密接な技術的な補完関係（たとえば、製品とその付属品）がある場合も、原則、抱き合わせ販売には該当しない。

抱き合わせ販売は、①その行為自体が価格・品質・サービスを中心としたものでないために競争手段が不公正である点、②主たる商品の市場において有力な事業者が抱き合わせ販売を行うことにより従たる商品の市場における競争が排除されてしまう点のいずれか、または両方で問題となる。

（6）排他条件付取引（2条9項6号ニ、一般指定11項）

相手方が自己の競争者と取引しないことを条件として当該相手方と取引をすることをいう。供給者が需要者に課す場合（排他的供給取引）と需要者が供給者に課す場合（排他的受入取引）とがある。

ただ、このような行為のすべてが排他条件付取引となるわけではなく、流通・取引慣行ガイドラインによると「新規参入者や既存の競争者にとって代替的な流通経路を容易に確保することができなくなるおそれがある場合」にその不当性が認められる。この「代替的な流通経路を容易に

確保することができなくなるおそれ」は、①対象商品の市場全体の状況（市場集中度、商品特性、製品差別化の程度、流通経路、新規参入の難易性等）、②当該制限を実施するメーカーの市場における地位（シェア、順位、ブランド力等）、③制限の対象となる流通業者の数および市場における地位、④当該制限が流通業者の事業活動に及ぼす影響（制限の程度・態様等）、を総合的に考慮して判断されることになる。

（7）再販売価格の拘束（2条9項4号）

　メーカーまたはその販売会社が自社商品を取り扱う流通業者の販売価格（つまり、再販売価格）を定めて、当該流通業者にその販売価格で販売させることをいう。

　事業者が市場の状況に応じて自己の販売価格を自主的に決定することは、事業活動において最も基本的な事項であり、かつ、これによって事業者間の競争と消費者の選択が確保される。したがって、流通業者から価格決定権を奪って、価格競争を制限・消滅させ、事業活動の自由や消費者の選択を阻害することになる再販売価格の拘束（再販売価格維持行為）は、原則として違法である。課徴金の対象にもなっている。

　メーカーが設定する「希望小売価格」「標準小売価格」等は、流通業者に対し単なる参考として示されているものである限りは、問題とはならない。しかし、参考価格として単に通知するだけにとどまらず、その価格を守らせるなど、メーカーが流通業者の販売価格を拘束する場合には、当然に再販売価格維持行為に該当する。同様に、「定価」や「正価」は、再販売価格維持行為の疑いをもたれる表現であるため使うべきではない。

（8）拘束条件付取引（2条9項6号ニ、一般指定12）

　上述の排他条件付取引や再販売価格の拘束以外で、取引相手の事業活動を不当に拘束するような条件を付けて、当該取引相手と取引することをいう。この拘束条件はさまざまであるが、販売地域の制限（いわゆるテリトリー制）、販売先の制限（帳合取引の義務づけ、仲間取引の禁止、安

売り業者への販売禁止）、販売方法の制限（インターネット販売の禁止、価格広告（値引き表示）の禁止）などが典型例として挙げられる。これら典型例であっても、拘束条件付取引に該当するかは、公正競争阻害性の有無により判断される。流通・取引慣行ガイドラインによると「価格が維持されるおそれがある」か否かを重要な判断基準においている場合が多い。

（9）優越的地位の濫用（2条9項5号）・取引の相手方の役員選任への不当干渉（9条2項6号ホ、一般指定13）

自己の取引上の地位が相手方に優越していることを利用して、正常な商慣習に照らして不当に、継続的に①取引に係る商品または役務以外の商品または役務を購入させ（いわゆる「押し付け販売」など）、②金銭や役務等の経済的利益を提供させ（協賛金の負担、棚卸し等への従業員の派遣など）、③受領拒否、返品、減額など不利益な取引条件を課すことをいう。

ここにいう「優越的な地位」とは、市場において優越していることではなく、取引相手との関係で取引上の地位が相対的に優越していれば足りる。したがって、たとえばスーパーマーケットと食品メーカーとの関係において、食品メーカーのほうが売上高など事業規模が大きい場合でも、スーパーマーケットが購入者という立場をもって優越的な地位に該当することもある。なお、「取引の相手方」には消費者も含まれる。

上記③に属する優越的地位の濫用に関し、下請法（下請代金支払遅延等防止法）が適用される取引については、同法の規制に係る。詳細は、下請法の項（→本節 7 ）で説明する。

優越的地位の濫用は平成21（2009）年改正により、課徴金納付命令の対象となったことから、公取委は、規制の基準等を明確にするために、「優越的地位の濫用に関する独占禁止法上の考え方」を公表している。また、優越的地位の濫用は業種や業態により態様がさまざまであるために、流通・取引慣行ガイドラインのほか、役務の委託取引ガイドライン、フランチャイズガイドライン、建設業の下請取引に関する不公正な取引方法の認定基準について、物流特殊指定、等がある。

　前述の優越的地位の濫用とは別に、優越的な地位を利用して取引相手の役員選任について不当干渉してはならないという一般指定の規制がある（一般指定13）。

(10) 競争者に対する取引妨害・競争会社に対する内部干渉（２条９項６号へ、一般指定14および15）

　競争者に対する取引妨害は、自己の競争者とその取引先との取引を不当に妨害することをいう。取引妨害の方法としては、契約の成立の阻止、契約の不履行の誘引その他さまざまな形態がある。とはいえ、競争は本来、同一の需要者を奪う形で行われるものであり、需要者が競争者と取引しないようにする行為は正常な競争の過程で常に起きる。したがって、すべての取引妨害行為が競争者に対する取引妨害に該当するわけではなく、公正競争阻害性が認められる場合に独禁法上の問題となる。

　競争会社に対する内部干渉は、株主権の行使、株式の譲渡、秘密の漏えいその他いかなる方法でも競争会社に対して不当に内部干渉を行うことをいう。ただ、競争会社に対する内部干渉に該当するとして規制された事例はない。

3　私的独占の禁止

　「私的独占」とは、「事業者が、単独に、又は他の事業者と結合し、若しくは通謀し、その他いかなる方法をもってするかを問わず、他の事業者の事業活動を排除し、又は支配することにより、公共の利益に反して、一定の取引分野における競争を実質的に制限すること」（独禁法２条５項）をいい、同法３条で「私的独占」は禁止されている。定義からもわかるように市場を独占するだけでは違反とならず、排除や支配により競争の実質的制限をもたらした場合に違反となる。

　違反に対する措置としては、排除措置命令の対象となる（同法７条）。平成17（2005）年および平成21（2009）年の独禁法改正を受け、支配型

私的独占も排除型私的独占も課徴金納付命令の対象となった（７条の２第２項・４項）。なお、公取委は、排除型私的独占が課徴金の対象となったことを踏まえ、2009年に「排除型私的独占ガイドライン」を公表している。私的独占は、条文上、刑罰の対象となるが（同法89条１項１号、95条）、これまで公取委が私的独占を根拠として刑事告発したことはない。民事差止請求の根拠とはならない（同法24条）。ただ、ほとんどの私的独占該当行為は、不公正な取引方法に該当するので、ほとんどの場合、民事差止請求の対象となる。損害賠償請求の根拠となる（同法25条）。

4　事業者団体規制

　事業者団体規制の違反要件は独禁法８条に定められている。事業者団体の定義は同法２条２項に定められている。

（１）事業者団体規制の特徴

　①　事業者団体規制においては、事業者団体は排除措置命令の名宛人となる（同法８条の２）。もっとも特に必要があると認められるときは、構成事業者などに対しても排除措置命令を行うことができる（同法８条の２第３項）。事業者団体規制においても、課徴金納付命令は構成事業者に課される（同法８条の３）。

　②　事業者団体規制においては、競争の実質的制限があるとはいえない行為の規制が可能となっている。たとえば、団体に加入しなければ事業活動を行うことが困難である場合に、加入を拒否したり、一定地域における店舗数や既存店舗との距離を加入の条件としたり、加入希望者と競合する既存の構成事業者の承認を加入の条件とすることなどは、一定の事業分野における事業者の数を制限するものとして違法となりうる。また、価格や供給数量の制限は競争の実質的制限が強く推定される一方、販売先、広告活動などについて構成事業者の自由な事業活動を制限することは、直ちに市場支配力がもた

らされているとは考えづらいために、供給数量に間接的に影響を及
ぼしているときには違法となりうる（同法8条3号・4号）。

（2）事業者団体の定義

　事業者団体とは、同法2条2項に定義されるとおり、事業者としての
共通の利益を増進することを主たる目的とする2以上の事業者の結合体
またはその連合体をいい、具体的には、○○工業会、○○協会、○○協議
会、○○組合といった団体や○○連合会といったこれら団体の連合体が
事業者団体にあたる。したがって、学術団体、社会事業団体、宗教団体等
で共通の利益の増進を主目的としない団体は、事業者団体とはならない。
なお、事業者団体それ自体が「事業」を営む場合には、その限りにおい
て事業者団体が「事業者」として扱われる（同法2条2項ただし書）。

（3）禁止行為

① 　一定の取引分野における競争を実質的に制限すること（同法8条
　 1号）
② 　独禁法6条に規定する国際的協定または国際的契約（不当な取引
　 制限または不公正な取引方法に該当する事項を内容とする契約）を
　 すること（8条2号）
③ 　一定の事業分野における現在または将来の事業者の数を制限する
　 こと（8条3号）
④ 　構成事業者（事業者団体の構成員である事業者をいう）の機能ま
　 たは活動を不当に制限すること（8条4号）
⑤ 　事業者に不公正な取引方法に該当する行為をさせるようにするこ
　 と（8条5号）

5 　企業結合規制

　2以上の会社が株式取得・所有、合併等により一定程度または完全に

一体化して事業活動を行うようになると、当事会社間で行われていた競争が行われなくなり、一定の取引分野における競争に何らかの影響が生じる。企業結合規制は、このような「固い結合」（なお、カルテルは一時的な結合であることから「緩い結合」と対比的に呼ばれる）を規制するため、独禁法「第4章　株式の保有、役員の兼任、合併、分割、株式移転及び営業の譲受け」において規定されている。「一定の取引分野における競争を実質的に制限することとなる」を違反要件とするもの（市場集中規制）は、株式保有（同法10条、以下「同法」略）、役員兼任（13条）、会社以外の者の株式所有（14条）、合併（15条）、会社分割（15条の2）、共同株式移転（15条の3）、事業の譲受け等（16条）であり、他方、それを要件としないもの（一般集中規制）は、9条（事業支配力が過度に集中することとなる会社の設立等の制限）と11条（銀行または保険会社の議決権保有の制限）である。

（1）届出制度

　企業結合規制では、主要な企業結合類型について、一定の要件を満たす企業結合の届出を義務づけている。すなわち、会社による株式保有（10条2項以下）、合併（15条2項以下）、会社分割（15条の2第2項以下）、共同株式移転（15条の3第2項以下）、事業譲受け等（16条2項以下）である。届出規定を置いていないのは、役員兼任（13条）と会社以外による株式保有（14条）である。届出義務に違反すると、刑罰の対象となりうるし（91条の2）、合併や分割の場合には公取委による無効の訴えの対象となりうる（18条）。届出義務がある条文においても、総資産そのほかを基準とした一定範囲のもののみを届出義務の対象としている。なお、届出義務の対象となっていない企業結合であるから企業結合規制違反となることはない、ということはない。

　問題解消措置の内容などの相談までを含む届出前の「事前相談」は廃止されたが、代わりに届出書の記載方法などについて相談する「届出前相談」が設けられた。事業者は、届出前相談の中で、一定の取引分野に

関する公取委の考え方等、届出書に記載すべき内容に関連した相談をすることが可能となっている。

（2）企業結合規制違反に対する措置

　企業結合規制に違反した場合は排除措置命令がなされることになっているが（17条の2）、実際にはほとんどすべての事例が非公式な事前の相談によって処理されており、最近においては企業結合規制の排除措置命令はなされていない。

6 課徴金制度

　課徴金制度は、独禁法7条の2、8条の3および20条の2〜20条の7で規定されている。

（1）課徴金制度の制度設計の基本原理
① 　課徴金制度は、非裁量的なものとして制度設計されている。すなわち、所定の違反類型に該当する行為が行われた場合、公取委は、裁量によって課徴金を課したり課さなかったりすることはできない。
② 　課徴金制度は、課徴金額の計算基準が明確であって、運用が容易であるように、設計されている。そうでないと制度が機能せず、「行政上の措置」としての違反抑止という目的が達成されないためである。
③ 　カルテルなどの不当な行為により得た経済的利得相当額を基準とする金銭的負担を課す、あるいは不当利得を剥奪するという観点から、課徴金は売上高に算定率を乗ずる構造になっている。やり得は許さないためである。

（2）対象行為
　課徴金対象行為は、「不当な取引制限」「私的独占」「一定の不公正な取引方法」「独禁法8条1号・2号違反行為」であって、対価に影響する

蓋然性をもつ行為類型にあてはまるもので（7条の2第1項・2項・4項、8条の3、20条の2、20条の3、20条の4、20条の5、20条の6）、かつ対象商品・役務について売上額（購入額）をもつ行為であることが必要である。

① 対価に影響する蓋然性を持つ行為類型（7条の2第1項1号・2号）

(ア)「商品又は役務の対価に係るもの」（1号）

これは対価を意思の連絡や支配の対象としているものをいう。典型例は価格協定である。公取委の実務では入札談合も「対価に係るもの」に含まれるとされている。

(イ)「商品又は役務について次のいずれかを実質的に制限することによりその対価に影響することとなるもの。イ．供給量又は購入量、ロ．市場占有率、ハ．取引の相手方」（2号）

「対価に影響することとなるもの」とは、現に対価に影響があったことを証明する必要がなく、そのような類型の行為が行われれば対価に影響が生ずる蓋然性があるといえるなら足りる。

② 売上額（購入額）を持つ行為

課徴金の計算が、対象商品・役務の売上高または購入量に算定率を乗ずる方式をとっており、売上額または購入額がゼロであれば課徴金もゼロになるので、売上額・購入額が生じない類型の行為は、対象とならないことになる。

（3）課徴金額の計算

課徴金額の計算は、基本的には、当該事業者の実行期間における、当該商品または役務の売上額（購入額）に、所定の算定率を乗じて行う（7条の2第1項・2項）。

① 「実行期間」

「実行期間」とは原則として、違反行為の「実行」としての事業活動を「行った日」（始期）から「なくなる日」（終期）までの期間のことをいう。ただし、始期から終期までの期間が3年を超えるときは、終期からさか

のぼって３年間のみが「実行期間」とされる（７条の２第１項・２項）。

② 「当該商品又は役務」

「当該商品又は役務」とは、当該違反行為の対象とされた商品・役務の全体を指す。入札談合による受注調整の事件では、基本合意に基づいて受注予定者が決定され受注するなど、具体的に競争制限効果が発生するに至ったものを指す、とされる。

③ 「売上高（購入額）」

「売上高（購入額）」には、消費税をはじめ、売り手の側が納税義務者の場合は、税額相当分は売上高に含まれるとされる。売上高から控除されるのは、値引き、返品、割戻金である（施行令５条、７条）。

④ 「算定率」

従来は業界別の算定率が決められていたが、独禁法の令和元（2019）年改正で業界別の算定率が廃止されて図表７-１-１のようになっている。

図表７-１-１●課徴金額の算定率

違反態様	基本算定率
不当な取引制限	10％（中小企業は４％）
支配型私的独占	10％
排除型私的独占	６％
不当廉売、差別対価等	３％
優越的地位の濫用	１％

課徴金の額＝対象商品・役務の売上額（算定期間：最長10年）
×算定率－課徴金減免制度による減免額

（４）課徴金減免制度

公取委の調査に協力して違反行為に係る事実の報告・資料提出をした違反者は、課徴金が免除または減額される。リニエンシー制度とも呼ばれる。カルテルや入札談合は秘密裏に行われるため、公取委がこれら違反の端緒を見つけることはもともと困難である。そのため、課徴金の減免というインセンティブを事業者に与えることで、違反行為の発見を容

易にするのが課徴金減免制度の目的である。いまでは、カルテルや入札
談合のほとんどは課徴金減免申請が端緒となっているといわれている。

① 課徴金減免制度の制度設計

（ア）違反者と公取委との取引という要素のない（米国の「司法取引」
　　ではない）、非裁量的なものであることが強調されている。

（イ）協力した違反者にとっての予見可能性や法的安定性の保護も重視
　　されている。これを確保しないと、協力を思いとどまるおそれがある
　　からである。

（ウ）明確性・簡易性を旨としている。そうでないと公取委にとって過
　　重な負担となり、制度の活用が図れなくなるおそれがあるからである。

② 対象

　　対象となる違反類型は、課徴金の対象となっている違反類型すべてで
はなく、不当な取引制限、つまりカルテルと入札談合のみであり、私的
独占と不公正な取引方法は対象となっていない（7条の2第10項）。

③ 減免率

　　減免率は図表7-1-2のようになっている。

図表7-1-2 ● 課徴金減免制度の減免率

公取委調査開始	申請の順位	申請順位に応じた減免率	協力度合いに応じた減算率（減算前課徴金から減額）
前	1位	全額免除	——
	2位	20%	最大40%
	3位から5位	10%	
	6位以降	5%	
後	最大3社（調査開始日前と合わせて5位以内にある場合に限る）	10%	最大20%
	上記以降	5%	

④　他の措置（刑罰、排除措置命令、民事訴訟など）との関係

　調査協力者に対する課徴金減免制度の対象となっても、それにかかわらず他の措置の対象となるのであれば、違反抑止の効果が減殺されるので、可能な範囲で調整がなされる。たとえば、公取委の公式見解によると、調査開始日前に、最初に課徴金免除を申請した事業者およびその役員・従業員等に対して刑事告発を行わないとしており、検察庁もこの公取委の見解を尊重するとしている。

　令和元（2019）年6月、改正独禁法が可決・成立し、公布の日から起算して1年6カ月を超えない範囲内で政令で定める日に施行される。主たる改正内容は以下のとおりであるが、この改正にあわせて、事業者と弁護士との間で秘密に行われた通信の内容を記載した文書に審査官がアクセスしないことを内容とする手続（いわゆる弁護士秘匿特権）も整備される。

1）課徴金減免制度の改正

　減免申請による課徴金の減免に加えて、新たに事業者が事件の解明に資する資料の提出等をした場合に、公取委が課徴金の額を減額するしくみ（調査協力減算制度）を導入するとともに、減額対象事業者数の上限を廃止する。

2）課徴金の算定方法の見直し

　課徴金の算定基礎の追加、算定期間の延長等課徴金の算定方法の見直しを行う。

3）罰則規定の見直し

　検査妨害等の罪に係る法人等に対する罰金の上限額の引き上げ等を行う。

7　下請法に基づく規制

　独禁法2条9項5号および同項6号ホの優越的地位濫用規制に関連し

て、下請代金支払遅延等防止法（以下「下請法」という）が制定されている。

（1）適用対象取引

製造委託、修理委託、情報成果物作成委託、役務提供委託が対象になっている（下請法2条1項〜4項）。

（2）親事業者と下請事業者

下請法では、独禁法2条9項5号および同項6号ホにおける「取引上の地位」を持つ者と、その相手方との関係に対応するものとして、「親事業者」と「下請事業者」の概念を置き、図表7-1-3のように、資本金等の形式的基準によって定めている（下請法2条7項・8項）。機械

図表7-1-3 ● 親事業者、下請事業者の定義（下請法2条1項〜8項）

a. 物品の製造、修理委託および政令で定める情報成果物作成・役務提供委託※

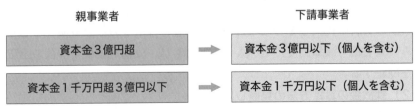

※政令で定める情報成果物作成委託…プログラム
　政令で定める役務提供委託…運送、物品の倉庫における保管、情報処理

b. 情報成果物作成・役務提供委託（政令で定めるものを除く※）

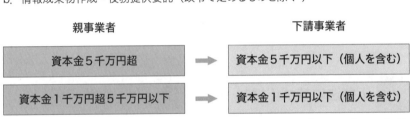

出所：公正取引委員会・中小企業庁『下請取引適正化推進講習会テキスト』2018年より

的に判断できる基準を定めることによって、独禁法2条9項5号よりも迅速かつ効果的に規制しようとしたものである。形式的基準を採用したことにより、実質的な親事業者がトンネル会社を用いて脱法行為を行うことが可能となるが、これを防ぐための規定が置かれている（同法2条9項）。すなわち、実質的親事業者が下請法2条7項の「親事業者」の定義を満たさないトンネル会社を使って委託させた場合、実質的親事業者が「親事業者」とみなされる。

（3）親事業者の義務

親事業者の義務は次のとおりである。

① 下請事業者に対する書面の交付義務（下請法（以下、同）3条）
② 委託に関する書類の作成・保存義務（5条）
③ 下請代金の支払期日を定める義務（2条の2）
④ 遅延利息の支払義務（4条の2）

上記①の書面の具体的な必要記載事項は、親事業者および下請事業者の名称、委託日、納品物等の給付の内容、納入期日、納入場所、下請代金の額、支払期日等である。なお、下請代金の額は具体的な金額の明示が原則は必要だが、たとえば、作業時間に応じた代金支払いのように契約当初に具体的な下請金額が計算できないなどやむを得ない事情がある場合は、下請代金の算定方法（算定式等）の記載が認められる。

（4）親事業者の禁止行為

親事業者の禁止行為は図表7-1-4のとおりである。この中で、4条1項各号に掲げられたア〜キの行為については、直ちに下請法違反となり、4条2項各号に掲げられたク〜サの行為については、下請事業者の利益を不当に害した場合に違反となる。

以下、禁止事項の留意点について、部分的に補足して説明する。

受領拒否の禁止について、この「受領」は、親事業者が納品物等の検査を実施するか否かにかかわらず、受け取った時点が受領となるという

図表7-1-4 ● 親事業者の禁止行為

禁止事項	概　要
ア　受領拒否の禁止 （4条1項1号）	注文した物品等の受領を拒むこと。
イ　下請代金の支払遅延の 　　禁止 （4条1項2号）	物品等を受領した日から起算して60日以内に定められた支払期日までに下請代金を支払わないこと。
ウ　下請代金の減額の禁止 （4条1項3号）	あらかじめ定めた下請代金を減額すること。
エ　返品の禁止 （4条1項4号）	受け取った物を返品すること。
オ　買いたたきの禁止 （4条1項5号）	類似品等の価格または市価に比べて著しく低い下請代金を不当に定めること。
カ　購入・利用強制の禁止 （4条1項6号）	親事業者が指定する物・役務も強制的に購入・利用させること。
キ　報復措置の禁止 （4条1項7号）	下請事業者が親事業者の不公正な行為を公正取引委員会または中小企業庁に知らせたことを理由としてその下請事業者に対して、取引数量の削減、取引停止等の不利益な取扱いをすること。
ク　有償支給原材料等の対 　　価の早期決済の禁止 （4条2項1号）	有償で支給した原材料等の対価を、当該原材料等を用いた給付に係る下請代金の支払期日より早い時期に相殺したり支払わせたりすること。
ケ　割引困難な手形の交付 　　の禁止 （4条2項2号）	一般の金融機関で割引を受けることが困難であると認められる手形を交付すること。
コ　不当な経済上の利益の 　　提供要請の禁止 （4条2項3号）	下請事業者から金銭、労務の提供等をさせること。
サ　不当な給付内容の変更 　　および不当なやり直しの 　　禁止 （4条2項4号）	費用を負担せずに注文内容を変更し、または受領後にやり直しをさせること。

出所：公正取引委員会・中小企業庁『下請取引適正化推進講習会テキスト』2018年より

意味である。また、親事業者は、「下請事業者の責に帰すべき理由」による場合には受領を拒否することができるが、「下請事業者の責に帰すべき理由」は、①注文と異なるものや瑕疵等があるものが納入された場合、②納入期日までに納入されなかったために、そのものが不要になった場合に限定される。

下請代金の減額の禁止について、減額の形態を問わず、発注後いつの時点で減額をしても下請法違反となる。つまり、単に発注書等の下請代金を改定して減額する場合だけでなく、一時金、一括値引き、管理料、手数料、割戻金、協賛金などの名目で減額する場合も実際の違反行為事例として存在する。また、親事業者は、「下請事業者の責に帰すべき理由」による場合には下請代金を減額できるが、「下請事業者の責に帰すべき理由」は、瑕疵や納期遅延等がある納品物等について、①返品等に関連して生じた費用を減額する場合、②親事業者が手直し等をした場合、③価値低下に相当する合理的な金額を減額する場合に限られる。

返品の禁止について、親事業者が「下請事業者の責に帰すべき理由」があるとして返品できるのは、①注文と異なる納品物等が納入された場合、②汚損・毀損等された納品物等が納入された場合に限られる。また、納品物等の返品が可能な期間（瑕疵担保期間）は、検査で直ちに発見できない瑕疵のある場合に限って、原則、受領後6カ月以内であることにも注意が必要である。

報復措置の禁止について、その目的は、下請事業者が親事業者の報復を恐れずに公取委や中小企業庁に対し、親事業者の下請法違反行為を申告しやすくすることにある。

（5）措置
① 報告および検査

公取委は親事業者や下請事業者に報告をさせ、または親事業者・下請事業者について検査することができる（下請法9条1項）。また、中小企業庁長官や、親事業者・下請事業者の事業を所管する主務大臣も、特

に必要である場合には、この報告および検査をすることができる（9条2項・3項）。

② 親事業者の義務の違反に対する措置

書面交付義務や委託に関する書類作成保存義務に違反した場合、または下請法9条の報告・検査に協力しなかった場合には、刑罰が科せられる（10条〜12条）。

③ 勧告

禁止行為をした親事業者に対して、公取委は、それを改善するため必要な措置をとるべきことを勧告するものとする、とされている（7条）。親事業者が勧告に従った場合には、独禁法上の不公正な取引方法として排除措置命令がなされることはない（8条）。

（6）下請法関係の予防法務

下請法違反は、弱い者いじめとして、世間の目はより厳しくなっている。下請事業者の経営者が内部告発する気はなくとも、従業員が内部告発する可能性がある（公益通報者保護法施行後はなおさらである）。親事業者の立場にある者は、要注意である。したがって、社内で十分に検討しても合法だとの確信がもてないような場合には、公取委・経済取引局取引部企業取引課あるいは中小企業庁・事業環境部取引課に相談し確認をとることが望ましい。

8 改正独禁法

施行時期は、改正法公布（令和元（2019）年6月26日）から起算して1年6カ月を超えない範囲内において政令で定める日に施行され、以下の点が改正・新設される。

・課徴金減免制度に「調査協力減産制度」を導入する。
・課徴金減免制度の算定制度の見直し（10年へ延長、算定率の変更など）。

・新たな課徴金減免制度をより機能させるとともに、外部の弁護士との相談に係る法的意見等についての秘密を実質的に保護し、適正手続を確保する観点から、不当な取引制限の行政調査手続を対象として、「弁護士・依頼者間秘匿特権」を導入する。

第 2 節 | **消費者保護法**

学習のポイント

◆消費者保護法の主たるものとしては、消費者基本法、特定商
取引法、割賦販売法、貸金業規制法、消費者契約法、製造物
責任法、景表法がある。特に消費者契約法が、重要な機能を
果たしている。
◆消費者紛争の解決のためには、行政と司法の両面からの制度
がある。

1 消費者保護法の概要

　消費者保護法とは、国・地方公共団体が消費者の利益を保護する目的
で、消費者と事業者の取引に干渉することを内容とする法である。した
がって、消費者保護法は企業取引を規制する。

　消費者保護法としては、

　①　消費者行政の基本法ともいうべき消費者基本法
　②　特定商取引法、割賦販売法、貸金業規制法などの業者規制を主と
　　した、いわゆる業法
　③　民法の特別法として制定された消費者契約法や製造物責任法

のほか、景表法がある。なお、消費者保護法は「消費者法」と呼ばれる
ことが多い。

(1) 消費者基本法

　消費者基本法において、消費者政策は消費者の利益の擁護と増進のた

めのものであるとし、安全の確保、自主的かつ合理的な選択の機会、情報・教育の機会、消費者の意見の反映、適切かつ迅速な救済といった消費者の権利を具体的に定めた（消費者基本法２条）うえで、国・地方公共団体および事業者の責務を規定している（同法３条～５条）。このように消費者基本法は、国・地方公共団体の行うべき消費者行政の基本法としての性質を有するものである。

（２）特定商取引法

特定商取引法（特定商取引に関する法律）は、訪問販売、電話勧誘販売、通信販売、特定継続的役務提供（エステティック、美容医療、語学教室、家庭教師、学習塾、パソコン教室、結婚相手紹介サービス）、連鎖販売取引、業務提供誘引販売取引、訪問購入（押し買い）の７種類の取引と送り付け商法（ネガティブ・オプション）を規制内容としている。

規制対象取引は、取引方法が消費者にとって不意打ち的であったり、取引内容が複雑で消費者には理解しにくかったりするために、消費者トラブルが生じやすい取引類型である。そこで特定商取引法には、違法・悪質な勧誘行為等を防止するために、氏名等の開示義務、再勧誘の禁止、書面の交付義務など事業者が従うべきルールと、消費者が一定期間内は契約の申込みの撤回ができるクーリング・オフなど消費者を保護するためのルールが定められている。

クーリング・オフ制度は、上述の７種類の取引のうち、通信販売を除く６種類の取引で行うことができる。ただし、通信販売においても、返品の可否や条件について、広告に必ず表示するよう定められており、その表示がない場合、商品の引渡しを受けた日から８日以内であれば、消費者が送料を負担して返品することができることになっている。

クーリング・オフは、法律で定められた事項が書かれた契約書等の法定書面を受け取った日を初日として起算する。そのため、法定書面を受け取っていない限り、契約が進行していてもクーリング・オフ期間は開始しないため、いつでもクーリング・オフができる。また、脅迫行為や虚

偽説明により消費者がクーリング・オフを妨害された場合には、業者か
ら改めてクーリング・オフができる旨を記載した書面を渡されてから一
定期間を超えるまでは、クーリング・オフの行使が可能である。

　クーリング・オフをすると契約は解除され、支払った代金等は返金さ
れる。また、消費者は、解約料などを支払う必要もなく、商品を使って
いても、サービスを受けていても、その費用を支払う必要もない。

　送り付け商法（ネガティブ・オプション）については、商品を受け取
ってから14日の間に、引き取りの請求をした場合には請求した日から7
日の間に、事業者が引き取らない場合には保管義務がなくなることとし
ている（同法59条）。なお、商品を返送する場合でも、消費者が送料を
負担する必要はなく、業者負担として返送すればよい。

(3) 割賦販売法

　割賦販売法では、割賦販売（同法2条1項）、ローン提携販売（2条
2項）、包括信用購入あっせん（2条3項）、個別信用購入あっせん（2
条4項）が規制対象取引となっている。割賦やクレジットによる支払い
に伴う消費者トラブルの防止するため、取引形態により、書面交付義務、
契約条件規制（解除の制限、損害賠償額の制限等）、抗弁対抗制度（たと
えば、商品を受領していないなど、購入者が販売業者に対して生じてい
る事由をもってクレジット会社への支払いを拒むことができるしくみ）、
登録制等の開業規制、過剰与信防止義務、苦情の適切処理義務等を設け
ている。

(4) 貸金業法（貸金業の規制等に関する法律）

　貸金業の適正化、過剰貸付の抑制、金利体系の適正化、ヤミ金融対策
の強化などを目的に、種々の規制が規定されている。

(5) 消費者契約法

　消費者契約法は、消費者契約における消費者保護を目的とした法律で

あり、契約に関する民法の特別法の性格を有する。従来の消費者保護は
行政による事業者規制が中心であり、前述の特定商取引法・割賦販売法・
貸金業規制法はこれに当たる。消費者契約法は、消費者契約である限り、
あらゆる業種に適用されるし、あらゆる契約形態に適用されるため、包
括的な消費者保護法といえるもので、消費者保護にとってたいへん重要
な法律である。企業取引に大きな制限を加えるものであり、企業法務に
とってもたいへん重要な法律である。

① 消費者契約法の目的

「消費者と事業者との間の情報の質及び量並びに交渉力の格差にかん
がみ、事業者の一定の行為により消費者が誤認し、又は困惑した場合に
ついて契約の申込み又はその承諾の意思表示を取り消すことができるこ
ととするとともに、事業者の損害賠償の責任を免除する条項その他の消
費者の利益を不当に害することとなる条項の全部又は一部を無効とする
ことにより、消費者の利益の擁護を図り、もって国民生活の安定向上と
国民経済の健全な発展に寄与すること」を目的としている（消費者契約
法1条）。

② 適用対象

消費者契約法は、消費者契約（「消費者と事業者との間で締結される契
約」をいう（同法2条3項））に適用される。労働契約については適用除
外とされている（同法48条）。労働契約については、労基法等の労働法
により、労働者保護が図られているからである。

（ア）「消費者」

「消費者」とは「個人」であり（同法2条1項）、法人やその他の団体
を含まない。また、個人であっても「事業としてまたは事業のために契
約の当事者となる場合におけるもの」は除外される（2条1項かっこ内）。
農家や個人事業者はこれに当たるが、個人事業者であっても、事業遂行
に関連しない契約を締結する場合は「消費者」である。

（イ）「事業者」

「事業者」とは、「法人その他の団体」および「事業として又は事業の

ために契約の当事者となる場合における個人」をいう（2条2項）。

③　消費者契約の申込みまたはその承諾の意思表示の取消し

　事業者が消費者契約を勧誘するに際に、以下のような不当な行為により消費者に誤認・困惑等を生じさせ、それにより契約を締結したときは、当該消費者は、消費者契約の申込みや承諾を取り消すことができる。

①　「重要事項」について事実と異なることを告げた（不実告知、同法4条1項1号）

②　将来における不確実な事項について確実であると告げた（断定的判断の提供、4条1項2号）、

③　「重要事項」または当該「重要事項」に関連する事項について、消費者の利益となる旨を告げ、かつ、不利益となる事実を故意に告げなかった（不利益事実の不告知、4条2項）

④　消費者が事業者に対し退去すべき旨の意思を示したのにもかかわらず、事業者が退去しなかった（不退去、4条3項1号）

⑤　消費者が勧誘場所から退去する旨の意思を示したにもかかわらず、退去させなかった（退去妨害、4条3項2号）

⑥　物品、権利、役務その他の当該消費者契約の目的となるものの分量、回数または期間が当該消費者にとっての通常の分量等を著しく超えるものであることを知っていた（過量契約、4条4項）

「重要事項」は消費者契約法4条5項に具体的に定義されている。民法でも詐欺または強迫による意思表示は取り消しうる（民法96条）が、消費者契約法4条による契約の取消しは、民法96条の詐欺・脅迫とはいえない場合でも取り消しうるとしており、その点で消費者を手厚く保護している。また、この取消権は、追認をすることができる時から1年あるいは消費者契約の締結の時から5年を経過するまで有効である。契約の申込みまたはその承諾が取り消された場合には、その契約は最初から無効とされる（民法121条）。

④　消費者契約の条項の無効

　事業者の損害賠償責任を免除する条項、消費者の解除権を放棄させる

条項、消費者が支払う損害賠償の額を予定する条項、消費者の利益を一方的に害する条項などは、消費者にとって不当な契約条項であるから、無効とされる（消費者契約法8条〜10条）。これらは、民法90条の公序良俗による無効が困難なものも含まれており、消費者保護に寄与するものである。

（ア）事業者の損害賠償責任を免除する条項（消費者契約法8条）

　事業者の債務不履行や不法行為により消費者に生じた損害を賠償する責任の全部を免除する条項は無効となる。また、債務不履行や不法行為が事業者の故意または重大な過失による場合は、損害賠償責任の一部の免除も無効となる。

　消費者契約が有償契約である場合において、目的物に隠れた瑕疵があるとき、当該瑕疵により消費者に生じた損害を賠償する事業者の責任の全部を免除する条項は無効となる（ただし、その消費者契約において、事業者が瑕疵のない物をもってこれに代える責任または瑕疵を修補する責任を負うことによって消費者に生じた損害を解消する手段を講じている場合には、この条項は有効である）。

（イ）消費者の解除権を放棄させる条項（同法8条の2）

　事業者の債務不履行により生じた消費者の解除権を放棄させる条項や有償契約である場合において目的物に隠れた瑕疵があることにより生じた消費者の解除権を放棄させる条項は無効となる。

（ウ）消費者が支払う損害賠償の額を予定する条項等（同法9条）

　消費者契約の解除に伴う損害賠償の額を予定しまたは違約金を定める条項は無効となる。しかしながら、すべての金額が無効になるわけではなく、損害賠償額の予定額と違約金を合算した額が、当該消費者契約と同種の消費者契約の解除に伴って事業者に生ずべき平均的な損害の額を超える部分のみが無効となる。

（エ）消費者の利益を一方的に害する条項（同法10条）

　消費者の権利を制限し、または消費者の義務を加重する消費者契約の条項であって、民法1条2項に規定する基本原則に反して消費者の利益

を一方的に害するものは、無効となる。

⑤　消費者団体訴権の制度

　消費者契約法は、第3章（12条～47条）で適格消費者団体（同法13条に基づき内閣総理大臣の認定を受けた消費者団体）に消費者の利益のために差止請求権を与える規定を置いている。適格消費者団体は、消費者契約法に基づく取消しや無効の原因となる事業者の行為を差し止めることができる（同法12条）。

（6）製造物責任法

　製造物責任法はPL（Product Liability）法とも呼ばれる。PL法は、消費者契約法と同じく、民法の特別法の性格を有するものであるが、消費者契約法が消費者被害のみを対象としているのと異なり、会社などの法人や事業者の被害をも対象としている。その点で典型的な消費者保護法ではないが、消費者保護において重要な機能を果たしている。

　欠陥製品による被害者は、民法709条以下の不法行為責任や民法415条の債務不履行責任に基づき、損害賠償請求をすることができるが、いずれの場合も加害者の故意・過失の証明を被害者が行うことが要件とされている。この証明は容易なことではない。被害者救済のためPL法は故意・過失を要件から外し、製造物の「欠陥」の証明に代えた。PL法は欠陥責任を採用したのである。ただ、民法上の責任追及と異なり、対象は狭くなっている。すなわち、対象となる「製造物」は動産に限られる（PL法2条1項）し、責任主体も「製造業者等」に限られ、小売店などの通常の販売業者は除外されている（同条3項）。

　「欠陥」とは「製造物が通常有すべき安全性を欠いていること」とされている（同条2項）。「欠陥」は「設計上の欠陥」「製造上の欠陥」「表示・警告上の欠陥」の3つに分類されるといわれる。ここで注意すべきことは、「製造物の特性、その通常予見される使用形態、その製造業者等が当該製造物を引き渡した時期、その他の当該製造物にかかる事情を考慮して」という文言である。被害者による誤使用、目的外使用、異常

使用と考えられる場合であっても、それが通常予見される使用形態であった場合には、その製品に「欠陥」があったとされる可能性があるということである。メーカーは、自社の製品の使用実態をクレームなどを通じて常に把握しておく必要がある。

　　※製造物責任法については、第8章第2節 **2** **(2)** ③・⑥参照。

（7）景表法に基づく規制

　不当景品類規制と不当表示規制については、不当景品類及び不当表示防止法（以下「景表法」という）が制定されている。景表法は、当初、独禁法の特例を定める位置づけであったが、近年、食品の偽装表示や商品の安全性にかかわる事件などが相次いで生じ、社会問題となったことに起因して、消費者の目線で行政運営されるべきとの観点から、2009年9月1日に創設された消費者庁に引き継がれた。これを受け、同法の目的は、一般消費者による自主的かつ合理的な選択を阻害するおそれのある行為の制限および禁止について定めることにより、一般消費者の利益を保護することになった（同法1条）。

　なお、景表法では内閣総理大臣が同法上の規制等の権限を有すると規定されるが、政令に定めるものを除き、同法に関するすべての権限は消費者庁長官が委任を受けている（同法33条1項）。また、消費者庁長官は、政令で定めるところにより、委任された権限の一部を公取委に委任しており（33条2項）、これにより公取委が景表法違反事件に係る調査等を行っている。

① 不当景品類規制

（ア）景品類

　景表法における「景品類」の定義は、2条3項で①顧客勧誘の手段として、②取引に付随して提供する、③経済上の利益とされ、内閣総理大臣の指定（「不当景品類及び不当表示防止法第2条の規定により景品類及び表示を指定する件」1962年公取委告示第3号の第1項）によって、物品、不動産、金銭、有価証券、きょう応（映画、旅行などの催し物等

への招待や優待を含む）、便益などが対象となっている。また、「取引に付随して」というのは、取引（つまり、商品やサービスの購入等）を条件とする場合はもちろん、たとえば、商品購入によって解答が判明するなどのように、取引を条件としたときに近いような顧客誘引効果がある場合も含む。ただし、正常な商慣習に照らして、値引きやアフターサービスと認められる経済上の利益は景品類に該当しない（「景品類等の指定の告示の運用基準について」（昭和52（1977）年事務局長通達第7号））。

（イ）景品類の制限・禁止

景品類の制限や禁止は、景表法4条を根拠として行われるが、規制の対象となる景品類は図表7-2-1のとおりである。なお「懸賞」とは、商品やサービスの利用者に対し、くじやジャンケン等の偶然性、パズルやクイズなどの特定行為の優劣等によって景品類を提供することをいう。また、景品類の最高額や総額に関する制限は図表7-2-2のとおりである。

以上が景品類規制の概要であるが、いずれも、消費者庁（発行時は公取委のものが多い）から各種関連告示がなされている。

② 不当表示規制

公正な競争は、供給者の「価格、品質、数量、その他各般の条件」が需要者にありのまま伝わることが前提である。不当表示を禁止する理由は、「価格、品質、数量、その他各般の条件」が歪められて需要者に伝わることを防止することにある。

不当表示に該当する要件は、①一般消費者に誤認されるものであること、②不当に顧客を誘引するおそれがあること、③一般消費者による自主的かつ合理的な選択を阻害するおそれがあることである。

（ア）不当表示の類型

景表法は、一般消費者に誤認される表示について、図表7-2-3の3類型に分けて規制している（同法5条1項1号～3号）。

なお、デメリット事項を表示しないこと（不表示）が不当表示に該当することもある。というのも、たとえば、不動産の広告において、当該不動産に法令上の建築制限が付されていることを表示していなければ、建

図表7-2-1 ● 規制の対象となる景品類

一般懸賞	懸賞によって提供される景品類
共同懸賞	懸賞によって景品が提供される景品類で、地域や業界の複数事業者が共同で行うもの
総付景品 （ベタ付け景品）	懸賞によらないで提供される景品類、つまり商品購入や来店等により必ず提供される景品類

図表7-2-2 ● 景品類の最高額・総額に関する制限

○一般懸賞

取引価格	景品類の限度額	
	最高額	総額
5,000円未満	取引価格の20倍	懸賞に係る売上予定額の2％
5,000円以上	10万円	

○共同懸賞

景品類の限度額	
最高額	総額
取引価格にかかわらず30万円	懸賞に係る売上予定額の3％

○総付景品

景品類の限度額	
取引価格	最高額
1,000円未満	200円
1,000円以上	取引価格の10分の2

築制限がないと表示していると需要者が受け止める可能性があるからである。

（イ）不実証広告

　消費者庁長官は、商品・サービスの内容（効果・性能）に関する表示についての優良誤認表示に該当するか否かを判断する必要がある場合に、期間（15日）を定めて、事業者に表示の裏づけとなる合理的な根拠を示す資料の提出を求めることができる。事業者が資料を提出しない場合または提出された資料が表示の裏づけとなる合理的な根拠を示すものと認

図表７-２-３●不当表示の３類型

優良誤認表示（１号）	商品または役務の品質、規格その他内容について一般消費者に対し、実際のものよりも著しく優良であると示す表示
	〔表示内容例〕 品質：原材料、添加物、効果・効能、栄養価など 規格：国、公的機関、民間機関等が定めた規格、等級、基準および公正競争規約に定められた規格 その他内容：原産地、有効期限、製造方法など
有利誤認表示（２号）	商品または役務の価格その他と取引条件について実際のものより取引の相手方に著しく有利であると、一般消費者に誤認される表示
	〔表示内容例〕 価格や料金などのほか、数量、分量、アフターサービス、保証期間、支払条件などの取引条件
誤認されるおそれのある表示（３号）	商品または役務の取引に関する事項について一般消費者に誤認されるおそれがあるとして内閣総理大臣が指定する表示
	〔６つの指定告示〕 ①無果汁の清涼飲料水 ②商品の原産国 ③消費者信用の融資費用 ④不動産のおとり広告 ⑤おとり広告 ⑥有料老人ホーム

められない場合は、当該表示は、措置命令との関係では不当表示とみなされ（同法７条２項）、課徴金納付命令との関係では不当表示と推定される（同法８条３項）。ここにいう「合理的な根拠」とは、①提出資料が客観的に実証された内容であるものであること、②表示された効果、性能と提出資料によって実証された内容が適切に対応していることをいう。

③　事業者によるコンプライアンス体制の確立

　2013年にホテル、百貨店、レストラン等において相次いで食品表示等の不正事案が発覚したことを受け、平成26（2014）年６月に景表法が改正され、事業者によるコンプライアンス体制の確立が義務化された。事

業者は、不当に顧客を誘引し、一般消費者による自主的かつ合理的な選択を阻害することのないよう、景品類の提供に関する事項および表示に関する事項を適正に管理するために必要な体制整備その他の必要な措置を講じなければならない（景表法26条1項）。内閣総理大臣は、事業者が講ずべき措置に関して、適切かつ有効な実施を図るために必要な指針（事業者が講ずべき景品類の提供及び表示の管理上の措置についての指針（平成26（2014）年11月14日内閣府告示第276号））を定め（同法26条2項）、事業者に対して指導・助言や勧告をすることができ（同法27条、28条1項）、勧告に従わない事業者を公表できるようになった（28条2項）。

④ 措置命令・課徴金納付命令・報告の徴収および立入検査等

景品類の制限・禁止（同法4条）や不当表示の禁止（同法5条）に違反する行為があれば、都道府県知事または消費者庁長官は、違反行為を差し止め、また同様の行為を繰り返さないように、措置命令をすることができる（同法7条1項）。違反行為がすでになくなっている場合にも、措置命令は可能である（7条1項後段）。

さらに、優良誤認表示または有利誤認表示（同法5条1号・2号）は課徴金対象行為となっており、課徴金対象期間（課徴金対象行為を止めた日から6カ月を経過する日を原則とし、最長3年間）に取引をした課徴金対象行為に係る商品または役務の売上額に3％を乗じた金額につき課徴金納付命令がなされる（同法8条1項）。なお、事業者が相当の注意を怠ったと認められるときや課徴金額が150万円未満の場合には課徴金は課されない。また、課徴金対象行為に該当する事実を自己申告した場合は課徴金額の2分の1の減額（同法9条）、内閣総理大臣の認定を受けた実施予定返金措置計画に従って申し出をした一般消費者に対して購入額3％を乗じた金額以上の金銭を自主返金（返金措置）した場合は、課徴金額の減額や免除（同法10条）を受けることができる。

都道府県知事または消費者庁長官には、措置命令、課徴金納付命令、景表法28条第1項の規定による勧告を行うために必要があると認めると

きは、報告や書類提出を命じ、立入検査および質問などを行う権限も与えられている（同法29条）。

⑤　適格消費者団体による差止請求権

　消費者契約法の規定により一定の資格を有する消費者団体（適格消費者団体）は、事業者が不特定多数の一般消費者に対し、優良誤認表示や有利誤認表示を現に行いまたは行うおそれがあるときは、これらの行為の停止または予防などに必要な措置をとることを当該事業者に請求することができる（景表法30条1項）。

⑥　公正競争規約

　公正競争規約とは、事業者または事業者団体が、内閣総理大臣および公取委の認定を受けて設定する商品・役務の表示方法に関するルール（いわゆる表示規約）や、当該業界における景品類の提供の制限に関するルール（いわゆる景品規約）のことである。これは、景表法の趣旨を達成するための自主規制の枠組みであり、31条に規定されている。認定を受けた公正競争規約そのものや当該公正競争規約に基づいてする行為には、独禁法上の排除措置命令や刑事告発がなされることはない（31条5項）。景表法上の措置命令や課徴金納付命令がなされないことも、当然の前提となっていると考えられる。なお、公正競争規約の運用のため、通例、当該公正競争規約に係る業界に公正取引協議会が設置される。

2　消費者保護条例の概要

　消費者保護条例は、地方公共団体が消費者としての住民を保護する目的で、その自治権に基づいて制定する消費者保護法である。

（1）消費者保護条例の内容

　各条例によって異なるが、一般的には、事業者への規制と消費者へのサービス給付からなっている。

　①　事業者への規制としては、危害の防止や表示・規格の適正化など

がある。強制力を有する許認可、命令、刑罰による制裁などの権力的手段ではなく、指導、勧告、協力要請、違反事実の公表など、法的強制力を伴わない非権力的手段が用いられている。

② 消費者へのサービス給付としては、消費者情報の提供、消費者啓発、消費生活センターや苦情処理委員会による苦情の斡旋処理、訴訟援助などがある。

（2）消費者保護条例の規制範囲

条例は、法令の認める範囲内でしか制定できない（憲法94条、地方自治法14条1項）。「法令で認める範囲内」か否かは、規制の目的・趣旨ごとに個々具体的に判断すべきとされており、規制目的が異なれば、同一事項について条例を制定できる。

また、規制目的が同じでも、国の法令が全国的に一律に規制する趣旨でなく、それぞれの地方公共団体において、その地方の実情に応じて別段の規制を施すことを容認する趣旨であれば、条例でより厳しい規制をすることも可能である（最大判昭和50年9月10日判集29巻8号489頁）。

第 3 節　個人情報の保護に関する法律

- ◆なぜ個人情報の保護とその利活用が企業にとって重要なのかを理解する。
- ◆個人情報保護法により保護の対象となる個人情報が何かを理解する。
- ◆個人情報保護法により規制の対象となる個人情報取扱事業者が何かを理解する。
- ◆匿名加工情報が何かとその取り扱い方法について理解する。
- ◆個人情報漏えい事故が発生した場合の具体的対応方法について理解する。

1　個人情報保護の重要性

　政府が「個人情報の保護に関する基本方針」を閣議決定したのは2004年であるが、近年、個人の情報・利益の保護意識が高まりつつある一方、高度情報通信社会の進展に伴う個人情報（匿名加工情報）の利活用が産業界の主要テーマとなっており、2010年代の半ば以降、これらのバランスを考慮した大きな方向転換がなされている。以下は、同基本方針の冒頭部分の引用となるが、端的に重要なポイントを紹介してくれている。また、引用の最後に触れている国境を越えた個人情報の流通という面では、EU一般データ保護規則（General Data Protection Regulation：GDPR）（規則2016/679）も日本企業として対処すべき課題となっている。

　近年、情報通信技術の飛躍的な進展により、多種多様かつ膨大なデータ、いわゆるビッグデータの収集・分析が可能となり、このことが、新産業・新サービスの創出や我が国発のイノベーション創出に寄与するものと期待されている。特に、個人の行動・状態等に関する情報については、高度な情報通信技術を用いた方法により、個人の利益のみならず公益のために活用することが可能となってきており、その利用価値は高いとされている。

　一方、個人情報及びプライバシーという概念が世の中に広く認識されるとともに、高度な情報通信技術の活用により自分の個人情報が悪用されるのではないか、これまで以上に十分な注意を払って個人情報を取り扱ってほしいなどの消費者の意識が高まっており、保護されるべき個人情報が適正に取り扱われ、消費者の安心・安全を確保することが求められている。

　また、経済・社会活動のグローバル化及び情報通信技術の進展に伴い、個人情報を含むデータの国境を越えた流通が増えており、国際的にも個人情報を保護しつつ、円滑なデータ流通を確保することが求められている。

※「個人情報の保護に関する基本方針」（最終変更：2018（平成30）年6月12日）より

　個人情報保護委員会は、事業者に対して、必要に応じて報告や資料提出を求めたり、立入検査を行ったりすることができる（同法40条）。また、状況により指導・助言（同法41条）、勧告・命令（同法42条）を行うことができる。監督（同法40条〜42条）に従わない場合や不正な利益を図る目的で個人情報データベース等を提供・盗用した場合などには、罰則（同法82条〜88条）が適用される可能性がある。

2　個人情報保護法の対象となる情報

　個人情報保護法（「個人情報の保護に関する法律」）の対象となる個人情報は、生存する「個人に関する情報」であって、「当該情報に含まれる氏名、生年月日その他の記述等により特定の個人を識別することがで

きるもの（他の情報と容易に照合することができ、それにより特定の個人を識別することができるものを含む。）」（同法2条1項1号）、または「個人識別符号が含まれるもの」（同1項2号）をいう。個人情報保護委員会が2016年11月に公表した「個人情報の保護に関する法律についてのガイドライン（通則編）」（以下「個人情報保護ガイドライン」という）によれば、「個人に関する情報」とは、氏名、住所、性別、生年月日、顔画像等個人を識別する情報に限られず、個人の身体、財産、職種、肩書等の属性に関して、事実、判断、評価を表すすべての情報であり、評価情報、公刊物等によって公にされている情報や、映像、音声による情報も含まれ、暗号化等によって秘匿化されているかどうかを問わないとされる。名刺はもちろんのこと、会社における職位・所属、防犯カメラに記録された情報、メールアドレス、SNSなどから特定の個人を識別できる場合は、その時点で個人情報に該当する。

（1）個人を識別できるもの

「他の情報と容易に照合することができ、それにより特定の個人を識別することができるもの」（同法2条1項1号）とは、事業者の実態に即して個々の事例ごとに判断されるべきであるが、通常の業務における一般的な方法で、他の情報と容易に照合することができる状態を指すとされる。したがって、ある人の電話による通信販売履歴データがあり、他方でその電話番号の持ち主がわかるデータがあった場合、照合すれば個人を特定できるため、これらは法の対象となる。

（2）個人識別符号

特定の個人の身体の一部の特徴を電子計算機の用に供するために変換した文字、番号、記号その他の符号（同法2条2項1号）、役務や商品の購入に関して個人に割り当てられ、または個人に発行されるカードその他の書類に記載され、もしくは電磁的方式により記録された文字、番号、記号その他の符号（同2項2号）をいう。たとえば、①生体情報を

変換した符号として、DNA、顔、虹彩、声紋、歩行の態様、手指の静脈、指紋・掌紋、②公的な番号として、パスポート番号、基礎年金番号、免許証番号、住民票コード、マイナンバー、各種保険証等、が該当する。

（3）要配慮個人情報

「本人の人種、信条、社会的身分、病歴、犯罪の経歴、犯罪により害を被った事実その他本人に対する不当な差別、偏見その他の不利益が生じないようにその取扱いに特に配慮を要するもの」（同法2条3項）をいう。個人情報を取得する場合は、利用目的の特定、通知または公表に加え、あらかじめ本人の同意を得なければならず（同法17条2項）、オプトアウトによる第三者提供はできない（同法23条2項かっこ書き）。

（4）個人データも対象に

個人情報保護法の規制対象には、「個人データ」および「個人情報データベース等」も含まれる。「個人情報データベース等」は、「個人情報」を含む情報の集合物で、コンピュータ等で、容易に検索できるように体系的に構成したものである。これらを構成する個人情報が「個人データ」である（また、個人情報取扱事業者が管理権限を有する「個人データ」で1年以上保有するものは「保有個人データ」である）。→図表7-3-1

たとえば友人の名刺は、「個人情報データベース等」として容易に検索できるように体系的に構成されていなければ、規制対象に該当せず、それに基づき発生する義務は負わないであろう。

3 規制の対象となる「個人情報取扱事業者」

個人情報取扱事業者とは、個人情報データベース等を事業の用に供している者のうち、国の機関、地方公共団体、独立行政法人等を除く者である（同法2条5項）。個人情報データベース等を事業の用に供している者であれば、営利・非営利に関係なく、当該個人情報データベース等

図表7-3-1 ●「個人情報」「個人データベース等」「個人データ」「保有個人データ」の違い

　これらを明確に区別するのは、対象の別（「個人情報」「個人データ」「保有個人データ」か）によって18の法定義務の適用に違いが出るためである。

「個人情報」：紙ベースの個人情報も含む最も広い概念の情報（取得段階に重点）
（個人情報保護法2条1項）
【例】○本人の氏名、○生年月日、連絡先、会社等の役職と本人の氏名を組み合わせた情報、○特定の個人を識別できるメールアドレス情報、○雇用管理情報、○電話帳・職員録等で公にされている情報（本人の氏名等）　など

「個人情報データベース等」：「個人データ」から構成されるもの（管理利用段階に重点）
（同法2条2項、政令1条）
【例】○メールソフトに保管されているメールアドレス帳（メールアドレスと氏名を組み合わせた情報を入力している場合）、○名刺の情報を業務用パソコンの表計算ソフトに入力・整理し、他の従業員等によっても検索できる状態にしている場合、○氏名，住所，企業別に分類整理されている市販の人名録　など

「個人データ」：個人情報データベース等を構成する個人データ
（管理・利用段階に重点）
（同法2条4項）
【例】○個人情報データベース等からバックアップした個人情報、○個人情報データベース等から紙に出力された個人情報　など

「保有個人データ」：個人情報取扱事業者が管理権限を有する「個人データ」で6ヵ月以内に消去するもの等以外のもの（公表・開示段階に重点）
（同法2条5項、政令3条、4条）
【注】情報管理の受託業者など、その個人データについて、みずからの判断では本人に開示等をすることができないときは、「保有個人データ」ではない。
〔該当しない例〕
○家庭内暴力、児童虐待の被害者の支援団体が、加害者および被害者を本人とする個人データをもっている場合、○いわゆる総会屋等による不当要求被害を防止するため、事業者が総会屋等を本人とする個人データをもっている場合、○いわゆる不審者、悪質なクレーマー等からの不当要求被害を防止するため、当該行為を繰り返す者を本人とする個人データを保有している場合　など

＊上図に関し、個人データベース等は2条4項、個人データは2条6項、保有個人データは2条7項

を構成する個人情報によって識別される特定の個人の数の多寡にかかわらず、個人情報取扱事業者に該当する。なお、国の機関が除外されるのは、これら機関が別の法律で規制されているためである。

4 個人情報の取得・利用

個人情報取扱事業者は、個人情報を取り扱うにあたっては、その利用の目的（以下「利用目的」という）をできる限り特定しなければならず（同法15条1項）、あらかじめ本人の同意を得ないで、特定された利用目的の達成に必要な範囲を超えて、個人情報を取り扱ってはならない（同法16条1項）。個人情報保護ガイドラインによると、本人から同意する旨の、口頭による意思表示、電磁的記録を含む書面の受領、メールの受信、確認欄へのチェック、ホームページ上のボタンのクリック、音声入力、タッチパネルへのタッチ、ボタンやスイッチ等による入力が本人の同意を得たことになるとされる。

個人情報取扱事業者は、取得の状況から見て利用目的が明らかであると認められる場合（たとえば、商品配送のために配送伝票に記載する氏名・住所等）等を除き、個人情報を取得した場合は、あらかじめその利用目的を公表している場合を除き、速やかに、その利用目的を、本人に通知し、または公表しなければならない（同法18条1項）。また、利用目的を変更した場合も、変更された利用目的について、本人に通知し、または公表しなければならない（同18条3項）。

5 個人データの管理

個人情報取扱事業者は、その取り扱う個人データの漏えい、滅失またはき損の防止その他の個人データの安全管理のために必要かつ適切な措置を講じなければならない（同法20条）。個人情報保護ガイドラインによると、この安全管理措置は、組織的安全管理措置（体制整備等）、人

的安全管理措置（従業員教育等）、物理的安全管理措置（区域管理等）、技術的安全管理措置（アクセス制御等）に分類され、個人データが漏えい等をした場合に本人が被る権利利益の侵害の大きさを考慮し、事業の規模および性質、個人データの取扱状況（取り扱う個人データの性質および量を含む）、個人データを記録した媒体の性質等に起因するリスクに応じて必要かつ適切な内容としなければならない。

　個人データは、利用目的に応じて必要な範囲で正確性・最新性が確保されていることが適切である。そのため、個人情報取扱事業者は、利用目的の達成に必要な範囲内において、個人データを正確かつ最新の内容に保つとともに、利用する必要がなくなったときは、当該個人データを遅滞なく消去するよう努めなければならない（同法19条１項）。

6 個人データの第三者提供

（１）本人の同意（原則）

　個人情報取扱事業者は、個人データを第三者に提供する場合、あらかじめ本人の同意を得なければならない（同法23条１項）。ただし、法令に基づく場合、人の生命・身体・財産の保護に必要な場合、公衆衛生・児童の健全育成に必要な場合、国の機関等の法令の定める事務に協力する場合は例外的に本人の同意は要しない。個人情報保護ガイドラインによると、同一事業者内で他部門へ個人データを提供する場合以外は、親子兄弟会社やグループ会社の間で個人データを交換する場合、フランチャイズ組織の本部と加盟店の間で個人データを交換する場合、同業者間で特定の個人データを交換する場合であっても、後述する委任や共同利用に該当しない限り第三者提供になるとする。

（２）オプトアウト

　上述した本人の同意が個人データの第三者提供の原則となるが、一定の要件を満たすことにより本人の同意を得ることなく個人データを第三

者に提供できる（同法23条2項・3項）。これをオプトアウトによる第三者提供という。なお、要配慮個人情報は、オプトアウトによる第三者提供はできないことに注意を要する。

　個人情報取扱事業者がオプトアウトによる第三者提供を希望するときは、①第三者への提供を利用目的とすること、②第三者に提供される個人データの項目、③第三者への提供の方法、④本人の求めに応じて当該本人が識別される個人データの第三者への提供を停止すること、⑤本人の求めを受け付ける方法、をあらかじめ本人に通知し、または本人が容易に知り得る状態（個人情報保護ガイドラインの例…ホームページのトップページから1回程度の操作で到達できる場所、本人が来訪することが合理的に予測される事務所の窓口等への継続的な掲示、備付け等）に置くとともに、個人情報保護委員会に届け出る必要がある。

（3）委託等

　委託（同法23条5項1号）、事業承継（同5項2号）、共同利用（同5項3号）の場合については、個人データの提供先は個人情報取扱事業者とは別の主体として形式的には第三者に該当するものの、本人との関係において提供主体である個人情報取扱事業者と一体のものとして取り扱うことに合理性があるため、第三者に該当しないものとする。このような要件を満たす場合には、個人情報取扱事業者は、同法23条1項から第3項までの規定にかかわらず、あらかじめの本人の同意または第三者提供におけるオプトアウトを行うことなく、個人データを提供することができる（個人情報保護ガイドラインより）。なお、個人情報保護ガイドラインでは、委託として、データの打ち込み等の情報処理を委託するために個人データを提供する例、百貨店が注文を受けた商品の配送のために宅配業者に個人データを提供する例を、共同利用として、グループ企業での総合的なサービス提供のため、親子兄弟会社間、使用者と労働組合間で取得時の利用目的の範囲内で情報を共同利用する場合を挙げている。

7 保有個人データの開示請求、苦情処理

個人情報取扱事業者は、本人から当該本人が識別される保有個人データの開示請求を受けたときは、当該本人に対し、原則として当該保有個人データを開示し（同法28条1項・2項）、また、個人情報の取り扱いに関する苦情の適切かつ迅速な処理およびこの目的の達成に必要な体制整備に努めなければならない（同法35条）。

8 匿名加工情報

匿名加工情報とは、個人情報の記述やすべての個人識別符号の削除を講じて特定の個人を識別することができないように個人情報を加工して得られる個人に関する情報であって、当該個人情報を復元することができないようにしたものをいう（同法2条9項）。ビッグデータが産業分野における不可欠な情報資産となっている今日において、匿名加工情報の自由な流通・利活用を支援・促進するために、個人情報の取り扱いよりも緩やかな規律を設けた。匿名加工情報の適正な加工、安全管理措置等、作成時の公表、第三者提供、識別行為の禁止など匿名加工情報取扱事業者の義務については、同法36条から39条のほか「個人情報の保護に関する法律についてのガイドライン（匿名加工情報編）」に詳しく記載されているので参照されたい。

9 個人データの漏えい等

個人情報保護ガイドラインは、漏えい、滅失または毀損の事案が発生した場合等において、二次被害の防止、類似事案の発生防止等の観点から、個人情報取扱事業者が実施することが望まれる対応につき、「個人データの漏えい等の事案が発生した場合等の対応について」（平成29（2017）年委員会告示第1号）で定めると述べている。同公示によると、個人デ

ータの漏えい等の事案が発覚した場合に講ずるべき措置は、①事業者内部における報告および被害の拡大防止、②事実関係の調査および原因の究明、③影響範囲の特定、④再発防止策の検討および実施、⑤影響を受ける可能性のある本人への連絡等、⑥事実関係および再発防止策の公表、となっている。また、個人情報取扱事業者は、漏えい等の事案が発覚した場合は、原則、その事実関係および再発防止策等について、個人情報保護委員会等に対し、速やかに報告することが求められている。

10 令和2（2020）年の個人情報保護法改正の見通しについて

　個人情報保護法は、3年ごとの見直しにより、令和2（2020）年に改正が予定されている。令和2年の個人情報保護法の改正に向けて、令和元（2019）年11月29日、個人情報保護委員会は、「個人情報保護法いわゆる3年ごと見直し制度改正大綱（骨子）」を公表しており、企業が新たに対応すべき規定が盛り込まれている。

　具体的には、①保有個人データに関する本人の関与を強化する観点から、「利用の停止、消去、第三者提供の停止の請求に係る要件の緩和」、②活用が進まない匿名加工情報に代わる「仮名化情報」の創設、③履歴を追いかけるため提供先において個人データとなる「クッキー」データの規律の明確化、④開示等の対象となる保有個人データの範囲の拡大（現在、除外されている6カ月以内に消去する短期保存データを保有個人データに含める）などにおいて、法改正が検討されている。

第 4 節 知的財産権の特徴と種類

◆企業が生み出すアイデアやビジネスモデル、創作行為、商品・サービスなどの「知的資産」をどのように法的に保護すべきかを把握する。

◆知的財産権を大きく分類すると、ハードウェアを中心とする「産業財産権」（特許、実用新案、意匠、商標）とソフトウェアを中心とする著作権、営業秘密に分けることができる。

◆あるいは，知的財産権は、アイデア・創作に関する「特許、実用新案、意匠、著作権、営業秘密」、および営業表示・マークに関する「商標、商号」とに分類することもできる。

◆不正競争防止法はオムニバス法と呼べるもので、類似表示・類似商品の禁止と営業秘密の保護を中核にしており、前者は意匠法や商標法で登録されていない著名表示や周知表示、商品形態を保護することを可能としている点で意匠法や商標法を補足するルールを規定している。

1 知的財産権

知的財産権とは、Intellectual Property Rights（IPR）の和訳であり、法律で保護された知的創作物の権利全般を指す。具体的には、

① 特許
② 実用新案
③ 意匠

④　商標
⑤　著作権
⑥　不正競争防止法

などがある。このうち、①特許、②実用新案、③意匠、④商標の４つを総称して「産業財産権」と呼んでいる。権利を認められるためには特許庁の登録が必要であり、特許庁の管轄である。他方で、著作権は文化庁の管轄、不正競争防止法は経済産業省の管轄となっている。日ごろは気がつかないが、知的財産権は、われわれの便利で近代的な生活・仕事・娯楽には不可欠であり、非常に身近な存在となっている。

　たとえば、スマートフォンやタブレット端末などのデータ通信端末は知的財産の宝庫である。これら通信端末に関しては、ICT（情報通信技術）分野における特許技術がたくさん詰まっており、Apple社対Android陣営で象徴される特許競争や移動体通信技術関連特許の大型売買取引が繰り広げられている。また、形状・デザインは意匠権で保護され、NTT docomoなどのマークは商標やサービスマークとして保護され、携帯の画面で楽しむコンテンツも著作権で保護される。さらに、商標登録が済んでいない段階でも、不正競争防止法（の著名表示冒用行為の禁止）により保護される。

　こうした特許などの知的財産の権利者はその知的財産を独占して利用することが法的に許されるが、それを必要以上に利用して不当なライセンス条件を押しつけたり、事業を不当に独占することは、独禁法上問題となる。そもそも特許などの知的財産制度は、独禁法の大きな規制の枠の中で存在しているものであり、特許権利者といえども、法的な保護範囲を超えて特許を利用する権利の濫用は許されない。典型的な例が、ライセンスの抱き合わせ取引である。売れ筋の特許をライセンスするため、企業が望まないその他の特許までもセットでライセンス契約を締結させ、使用対価を支払わせる場合は、抱き合わせ販売として違法の可能性が高い。あるいは、特許のライセンス契約で、ライセンシー（実施権者）が行った改良技術を無償でライセンサー（実施許諾者）に帰属させること

は、拘束条件付取引として違法の可能性が高い。

2　特許・実用新案

「特許」は、自然法則を利用した技術的思想の創作のうち、高度の発明に対して一定期間（出願日から20年）、特許の保護を与える制度である。したがって、次に例示するものは特許は受けられない。

- ・万有引力の法則（自然法則それ自体であるため）
- ・数学上の法則（自然法則を利用していないため）
- ・フォークボールの投球方法（個人の熟練によって得られる技能であるため）
- ・天然物の発見（発見自体は何も作り出していないため）

　また、発明が特許を受けるには、産業上の利用可能性（産業上利用できるか）、新規性（新しいかどうか）、進歩性（容易に思いつかないかどうか）の主たる3つの要件をクリアする必要がある。特に、特許出願前に研究論文や書籍等の刊行物に記載したり、インターネット上に公表したりした発明は、原則、新規性の要件を満たさないことになるので、注意が必要である。

　「実用新案」は、考案（自然法則を利用した技術的思想の創作）を保護するもので、物品の形状、構造、組み合わせに関する考案を保護する。「実用新案」は、産業財産権の中で、唯一特許庁の実体審査が不要（早期登録制度）である。ただし、警告書を送付して使用料の支払いを要求する、あるいは侵害訴訟を提起するなど権利行使の際、実用新案権の新規性や進歩性などに関する評価が記載された技術評価書を特許庁から発行してもらったうえで警告または提訴する必要がある。

3　意　匠

　「意匠」は、簡単にいえば商品のデザインなどの、物品（物品の部分を

含む）の形状、模様もしくは色彩またはこれらの結合であって、視覚を
通じて美感を起こさせるものを保護する。

4 商 標

「商標」は、文字、図形、記号もしくは立体的形状もしくはこれらの結
合またはこれらと色彩の結合であって、商品やサービスについて業とし
て使用するものを保護する（商標法2条1項）（平成26（2014）年改正法
によって、色彩や音の商標も保護対象とされた）。特許庁の審査が必要で
あり、登録から10年間保護される（10年ごとに更新が可能）。産業財産
権の中で、唯一権利期間の更新が可能であり、登録更新料を払い続けれ
ば、未来永劫独占的にそのマークを使用することができる。

商標は、実際の取引において商品や役務を識別するための標識として
使用することによって、商品や役務の出所を表示する機能（出所表示機
能）、商品の品質や役務の質を保証する機能（品質保証機能）、商品や役
務の広告的機能（広告機能）の役割を果たす。これらを「商標の三大機
能」という。そういった意味で、たとえば、『パーソナルコンピュータ』
の商品について「パソコン」などといった、自己と他人の商品や役務を
識別することができないものは、商標としての機能がないため、商標登
録を受けることができない（同法3条）。

5 著作権

「著作権」は、思想又は感情を創作的に表現したものであつて、文芸、
学術、美術又は音楽の範囲に属する著作物（著作権法2条1項1号）を
法的に保護する権利である。著作権は登録が権利発生要件となっていな
いので、特に審査や登録は不要である。といっても、権利移転時に帰属
を証明することを目的として、文化庁に登録をすることが可能である。
権利期間は、自然人の著作権の場合には生存期間および死後70年間、法

人の著作権の場合には公表後70年間、さらに映画の著作物の場合には公表から70年である。

　著作権は、複数の権利を含む権利の総称であるといえる。つまり、著作権は、大きく著作者人格権と著作財産権に分類され（そのうえで後者を一般に著作権と呼ぶ）、著作者人格権には、公表権、氏名表示権、同一性保持権があり、著作財産権（著作権）には、複製権、公衆送信権、譲渡権などがある。著作財産権（著作権）は、財産権とあるとおり、第三者に著作物を譲渡したり、使用許諾したりすることができる。一方、著作者人格権は、人格的利益を保護する権利ゆえ、譲渡はできない。

6　不正競争防止法

　「不正競争防止法」は、不正競争の防止、不正競争による差止めおよび不正競争による損害賠償に関するルールを定めるものであり、「不正競争行為」が一部罰則付きで禁止されている。

　「不正競争行為」には、

① 周知表示混同惹起行為

② 著名表示冒用行為

③ 商品形態模倣行為

④ 営業秘密の不正使用等

⑤ 技術的制限手段回避装置の提供

⑥ ドメインネームの不正取得等

⑦ 商品性質の誤認誘導行為

⑧ 信用毀損行為

⑨ 代理人商標冒用行為

⑩ 外国公務員不正利益供与

が含まれる。

〔営業秘密の法的保護〕

　2012年の新日鉄住金や2014年の東芝、ベネッセなどの営業秘密漏えい

事件が急増しており、企業防衛の立場から緊急に現状の見直しをすべき状況になっている。日本企業の国際競争力の相対的な低下は、人材の流動化に伴う技術ノウハウ等の企業秘密の外国企業への流出が大きな原因の１つであることは否定できないだろう。そこで、企業のあるべき社内の営業秘密の全社的な管理、並びに秘密管理性を維持するための「秘密保持契約書（Non Disclosure Agreement = NDA）」の締結・管理、ひいては秘密情報を頭の中に保有している人材の管理が重要となってくる。

　不正競争防止法により、営業秘密の法的保護を受けるための要件として、①有用性、②秘密管理性および③非公開性の３つを充足することが必要であるが、2015年１月、経済産業省により、営業秘密管理指針の全部改定案が公表された。すなわち、営業秘密の法的保護の要件の重要な１つである「秘密管理性」について、大幅な緩和を行った。これにより「営業秘密」として保護される範囲が広くなる。従来の経産省の営業秘密管理指針や裁判例によると、「秘密管理性」が認定されるためには、①アクセス制限、②秘密認識可能性が判断要素とされ、さらに秘密管理のマニュアル化の有無や秘密保持契約の有無などの管理事情が考慮され、結果的に営業秘密の権利者が敗訴する判決が続いていた。経済界から「秘密管理性の要件が厳しすぎる」と批判がなされてきた。全部改定案によれば、「アクセス制限」を取り除いたとしても「認識可能性」が確保されていれば、秘密管理措置が十分に施されていない場合であっても、秘密管理性を認定しうるとした。たとえば、書類に「マル秘」と書き、他の書類と区別して管理していれば、アクセス制限を施さなくても、「営業秘密」の秘密管理措置となりうるとされた。

　企業が収集・管理・利用しているデータ（ビッグデータ）については、データベースの著作物として著作物性を有する以外は、これまでの法的な保護は、秘密として管理する「営業秘密」によるしかなかった。データの法的保護を強化するために、不正競争防止法の改正（令和元（2019）年７月１日施行）により、「限定提供データ」を定義して、暗号化などの一定の条件を満たす企業間で提供されるデータについて法的保護を「営

業秘密」と同等に受けられるようになった。

〔ビッグデータ・データの保護〕

　不正競争防止法の改正（令和元（2019）年7月施行）が行われ、一定の条件を満たした「限定提供データ」が「営業秘密」と同様に、不正取得・開示・使用に対し損害賠償・差止請求の救済が得られるようになった。

7　肖像権・パブリシティー権

　「肖像権」は、憲法上認められるプライバシー権の1つとして、判例で認められた権利である。判例は、「個人の私生活上の自由の1つとして、何人も、その承諾なしに、みだりにその容貌・姿態を撮影されない自由を有する」と定義している（最大判昭和44年12月24日）。

　他方で「パブリシティー権」とは、著名人（芸能人やプロ野球の選手など）の氏名や肖像などの顧客吸引力を商業的に利用する権利であり、「マーク・レスター事件」判決（東京地判昭和51年6月29日）以降、判例で認められてきた権利である。著名人は、その姿態を商業目的で利用しているので、肖像権（人格権やプライバシー権）の保護が減縮される反面、商業的な利用権であるパブリシティー権が発生するという関係に立つ。パブリシティー権の法的性格（人格権か、独立した経済的権利か）によって、その権利侵害に対して付与される救済方法（損害賠償請求権のみか、差止請求権も認めるか）も異なってくる。理論的には、人格権やプライバシー権に基づいて差止・廃棄請求権が発生し、経済権に基づいて損害賠償請求権が発生するからである。つまり、パブリシティー権に人格権やプライバシー権の側面を認める場合には、理論的には損害賠償請求権に加えて差止請求権も認めることになるし、パブリシティー権に人格権やプライバシー権の側面を認めない（商業利用権や経済権の側面のみ認める）場合には、理論的には損害賠償請求権のみ認められて、差止請求権は認められないことになる。判例では、差止請求権を肯定した事案は多くあるが、理由が示されていないものが多い。判例の中には、

第１審では人格権に基づいて差止請求権を肯定したが、控訴審では、経済権を根拠として、差止請求権を認めた事案がある。なお、競走馬の名称について判例は、物のパブリシティー権は認められないとしてパブリシティー権を否定した。

図表７-４-１ ● 知的財産権の概要および罰則規定

産業財産権

	何が保護されるか	保護を受けるための要件等	存続期間	侵害したときの罰則
特 許	発明のうち高度なもの。発明には、「物」「方法」「物の生産方法」の３つがある。	①産業上利用できること ②新規、容易でないこと ③特許庁に出願して登録を受けること	原則として出願の日から20年	10年以下の懲役、または1,000万円以下の罰金（法人に対しては３億円以下の罰金）
実 用 新 案	物品の形状・構造または組み合わせに係る考案。発明ほど高度なものでなくてもよい。	①産業上利用できること ②新規、きわめて容易でないこと ③特許庁に出願して登録を受けること	出願の日から10年	５年以下の懲役、または500万円以下の罰金（法人に対しては３億円以下の罰金）
意 匠	物品のデザイン。物品の形状・模様・色彩やその組み合わせ。美感を起こさせるもの	①工業上利用できること ②新規、容易でないこと ③特許庁に出願して登録を受けること	出願の日から25年	10年以下の懲役、または1,000万円以下の罰金（法人に対しては３億円以下の罰金）
商 標	自己の商品やサービスと他人の商品やサービスとを区別するために表示するマーク（文字・図形・記号・立体的形状）	①商品またはサービスに使用するもの ②商品またはサービスとの関係で識別力をもつもの ③他人の登録商標と同一または類似でないことなど ④特許庁に出願して登録を受けること	設定登録の日から10年（ただし、10年ごとに更新できる）	10年以下の懲役、または1,000万円以下の罰金（法人に対しては３億円以下の罰金）

著 作 権

	何が保護 されるか	保護を受ける ための要件等	存続期間	侵害したとき の罰則
著作権	音楽、映画、コンピュータプログラム等の著作物	①創作的な表現であること ②何らの方式を必要とせず、創作と同時に発生する	著作者の生存中および死後70年間（原則的期間）	10年以下の懲役、または1,000万円以下の罰金（法人3億円以下の罰金）

そ の 他

	何が保護 されるか	保護を受ける ための要件等	存続期間	侵害したとき の罰則
半導体集積回路配置	半導体の集積回路の回路位置（レイアウト）	申請し、登録により発生する	設定登録の日から10年	3年以下の懲役、または100万円以下の罰金
育成権者 (種苗法)	植物の新商品	品種登録により発生する	設定登録の日から25年	10年以下の懲役または1,000万円以下の罰金
商 号 (会社法)	商人（会社等）が取引上自己を表示するために用いる名称	不正競争の目的で類似商号を使用してはならない（不正競争防止法）		
不正競争の防止 (不正競争防止法)	他人の周知表示・著名表示・商品等表示の使用、他人の信用を堕としめる行為や、商品の形の模倣等の防止、営業秘密の保護など	①周知されている他人の商品表示を使用し、他人の商品と混同を生じさせる行為 ②他人の著名な商品等表示を使用すること ③発売3年未満の他人の商品形態を模倣した商品の譲渡等 ④営業秘密の保護など ⑤限定提供データの保護		①～③は5年以下の懲役または500万円以下の罰金、④は10年以下の懲役または1,000万円以下の罰金（①～④の一部類型について法人に対し3億円以下の罰金）

第7章　理解度**チェック**

次の設問に、〇×で解答しなさい（解答・解説は後段参照）。

---

1 不当な取引制限の要件は、「共同行為」「事業活動の相互拘束、遂行」「公共の利益に反すること」「競争の実質的制限」の4要件である。

2 競争の実質的制限という要件は、不公正な取引方法における公正競争阻害性という要件と同じ内容である。

3 カルテルや談合は不公正な取引方法に該当し、再販売価格の拘束は不当な取引制限に該当する。

4 課徴金制度は、不当な取引制限と支配型私的独占および不公正な取引方法について適用される。

5 不公正な取引方法は、一般指定されているので、独禁法自体は適用されない。

6 消費者保護法は、消費者対事業者との対立関係を規制するために制定された法をいうが、広義では独禁法や下請法も消費者保護法の範ちゅうに入る。

7 景表法は、大きく不当景品類と不当表示を規制する法律である。

8 消費者基本法は、消費者保護法の基本法であり、消費者契約法は消費者基本法の特別法である。

9 消費者契約法は、特定商取引法や割賦販売法と違い、業者の規制を目的とした、いわゆる業法とは性質を異にする。

10 | 消費者団体が原告となることができる、いわゆる消費者団体訴権は、損害賠償請求権を含む。

11 | 個人情報保護法は、個人情報の適正な取扱いとともに、匿名加工情報が含まれるビッグデータの利活用についても、ルールを設けている。

12 | 個人データを第三者に提供するときは、あらかじめ本人の同意を得るのが原則であるが、オプトアウトの条件を満たしたときは、本人の同意を得なくてもよい。

13 | 知的財産権は、アイデア・創作に関する「特許、実用新案、意匠、著作権、営業秘密」、および営業表示・マークに関する「商標、商号」に分類することができる。

14 | 意匠法や商標法で登録されていない著名表示や周知表示、商品形態は法的に保護されていない。

15 | 企業が管理・利用しているデータは、法的に保護されていない。

第7章　理解度チェック

解答・解説

1 | ○

2 | ×
「競争の実質的制限」は市場支配力を形成・維持・強化する行為を意味し、「公正競争阻害性」は競争の実質的制限が起こりうる前段階の行為を含む概念とされる。

3 | ×
カルテルや談合は不当な取引制限に該当し、再販売価格の拘束は不公正な取引方法に該当する。

4 | ×
排除的私的独占にも適用される。

5 | ×
独禁法自体も適用される。

6 | ×
独禁法は消費者保護法の範ちゅうに入るが、下請法は事業者間の取引を規制するものなので、消費者保護法の範ちゅうには入らない。

7 | ○

8 | ×
消費者契約法は、民法の特別法であり、消費者基本法の特別法ではない。

9 | ○

10 | ×
消費者団体訴訟は、損害賠償請求権は含まれない。差止請求権のみである。

11 | ○

12 | ○

13 | ○

14 | ×
意匠法や商標法で登録されていない著名表示や周知表示、商品形態は、不正競争防止法により保護される。

15 | ×
秘密として管理されていれば、営業秘密として不正競争防止法で保護されるし、新設される「限定提供データ」として同法で保護されることとなった。

┃ 参考文献 ┃

伊藤進・村千鶴子・髙橋岩和・鈴木深雪『テキストブック 消費者法〔第4版〕』日本評論社、2013年

白石忠志『独占禁止法〔第3版〕』有斐閣、2016年

牧野和夫『知的財産法講義〔三訂版〕』税務経理協会、2015年

第 **8** 章

紛争処理の基礎

この章のねらい

　商取引における債権管理、とりわけ債権回収をめぐる紛争処理のためには、いろいろな法的手法や手段がある。

　第8章では、そのうちでもしばしば用いられる典型的な手段・方法について、その基礎的な内容や利害得失等を理解する。

　公正証書・内容証明の作成や配達証明、確定日付制度の基礎知識やそのメリットおよび実務上のポイントを学習する。

　和解交渉、とりわけ各種の損害賠償請求にあたり留意すべき点は何かを学び、さらに示談・和解契約と和解調書（裁判上の和解）へのプロセスの基礎を学習する。

　裁判による紛争解決手段である保全措置（仮差押え、仮処分など）・民事訴訟・調停・仲裁ではそれらの基礎知識と特徴を学び理解する。

公正証書・内容証明

学習のポイント

◆公正証書や内容証明の作成の方法や作成の利点を理解し、紛争解決の手段として、どのように活用できるかを把握する。

◆執行証書となる公正証書の要件と執行の手続に留意する。

◆確定日付や内容証明郵便および配達証明制度の意義はどこにあるのか、紛争処理における内容証明郵便の活用と確定日付の効果を学ぶ。

1 公正証書

公正証書は、本来は公務員がその権限に基づいて作成する一切の文書（証書）を意味し、公文書と同義であるが、一般には公証人が公証人法およびその他の特別法令の定めるところに従い作成する文書（公文書）を指す。すなわち、公証人が当事者の嘱託に基づいて、当事者間の法律行為（契約のほかに合同行為や単独行為も含む）その他の私法上の権利や内容に関する事実につき、当事者その他の関係人が公証人の面前で陳述し、または公証人が直接目撃や実験をしたことの要旨を法令で定められた方式に従い録取して作成した証書（公証人法1条）をいう。

2 公正証書の作成手続

（1）公正証書の作成

公証人が公正証書を作成するには、嘱託する当事者（代理人も含み、

嘱託は代理人によってもできる）が人違いでないことを確認する必要がある（公証人法28条、31条、57条）。公証人が嘱託する者の氏名を知り、かつ面識がある場合は、その必要はない。

　本人確認の資料は、公証人法によれば、個人が嘱託するときは印鑑証明書の提出やその他これに準ずべき確実な方法によりその本人であることを証明させることを要すると定めている（同法28条2項）。印鑑証明書以外の資料としては、官公署が作成した公文書である運転免許証、旅券（パスポート）、住民基本台帳カード（本人の顔写真付き）、身体障害者手帳などがある。国民健康保険証、住民票の謄抄本などは、公文書であるものの、写真の貼付がなく持参しているからといっても本人であるとの確認はできないとされている。本人確認のために用いられる印鑑証明書は作成後3カ月以内のものとされている（平成17（2005）年2月9日民総348号民事局長通達）。また、法人が嘱託するときは代表者が法人の名において行い法務局で発行する会社等法人が実在することや、法人名（商号）や法人代表者を明らかにするため、資格証明書または登記簿謄本もしくは代表者の記載のある登記簿抄本のいずれかの書面を提出し、印鑑証明書と代表者印を持参する必要がある。代理人によって公正証書を作成する場合は、当事者本人が出頭する場合に必要となる印鑑証明書と、本人名義の委任状が必要となる（同法31条）。なお、法人でないマンションの管理組合などについては、団体の名においてする公正証書の作成の嘱託につき、公証人は裁判所のように団体性を確認する権限がないので、認められていない（最判昭和56年1月30日判時1000号85頁）。

（2）公正証書の作成手順

　受付→公証人の面接による当事者の身分確認書類の調査→公証人による嘱託人の意向や内容となる法律行為の聴取と確定、条項の作成→書記による証書調製→公証人による内容の読み聞かせまたは閲覧→公正証書の正本、謄本の交付→（公証人役場における）原本の保存、の手順による。

（3）公正証書の効力および作成のメリット

　公正証書は一般的に、私人間で作成した契約書等の私文書と異なり、証明力、執行力、安全性のある点で優れており、将来の紛争防止に役立つものといわれている。

　ただし、公証人は、法令に違反した事項、無効の法律行為および行為能力の制限により取り消す必要がある法律行為につき証書とすることはできない（公証人法26条）ので注意を要する。

① 証明力

　公証人がその権限で作成するので、民事訴訟法上これに記載された内容、成立などが公に証明され、真正に成立した公文書との推定を受ける（民事訴訟法228条2項）。

② 執行力

　公正証書には、「直ちに強制執行を受けてもよいとの約束」の条項（「強制執行認諾条項」という）が付けられると、裁判所の判決と同じく執行力を持つものもある。ただし、すべての公正証書に執行力が認められるわけではなく、「金銭の一定の額の支払又はその他の代替物若しくは有価証券の一定の数量の給付を目的とする請求」で、債務者が直ちに強制執行に服する旨の陳述が記載された「強制執行認諾条項」を付した場合に限る（民事執行法22条5号）。したがって、建物明渡しなど賃貸借期間を定めて、その満了時に明け渡すことを公正証書として作成することはできるが、強制執行認諾条項を付けることはできない。

③ 安全性

　公証人は、嘱託する当事者の法律行為の内容が、前述のとおり法令に違反したり無効なものを公正証書に作成できないので、内容として安全な契約ができる。また、作成された公正証書の原本は、公証人役場に厳重保管されるので、紛失、盗難、偽造、変造、変更を避けることができる。

（4）公正証書による執行の手続

① 執行証書の要件

「金銭の一定の額の支払又はその他の代替物若しくは有価証券の一定の数量の給付を目的とする請求」について作成された公正証書に限り執行証書となるので、債務の特定性や一定性が必要であり、さらに債務者の支払いの意思表示（支払約束）が記載されることが必要である。

② 執行文付与の手続

執行証書については、公正証書の原本を保存する公証人役場に証書の正本を持参して執行文付与の申立てをする。申立てを受けた公証人は、執行証書の正本が有効に存在するかなどを調査して問題がなければ、同証書の正本の末尾に（「この公正証書により、債務者に対して強制執行ができる」旨を記載した）執行文を付記する。これを執行文の付与という（民事執行法26条）。執行証書作成後に当事者に承継があった場合（同法27条2項）や、請求が債権者の証明すべき事実の到来に係る場合（同27条1項）でも執行文の付与を受けることはできる。

③ 強制執行の申立て

強制執行開始の要件として、債務名義となる執行証書の正本又は謄本が、あらかじめ、または同時に、債務者に送達されなければならない（同法29条）。送達は債権者が書面で公証人に申し立て、公証人が郵便（「書留」で「送達報告書」が返される「特別送達」）で行う。それが完了したときに送達証明書を債権者に交付する。債権者は、執行文の付与された公正証書正本と送達証明書を添えて執行裁判所または執行官に強制執行の申立てをする。

3 公正証書の種類

公正証書の種類は、次のとおり財産法関係のもの、身分法関係のものおよび事実実験のものがある。

（1）財産法関係の公正証書

もっぱら、物権や債権による財産関係の法により規律される法律関係

の公正証書で、その範囲は広い。

　たとえば、金銭消費貸借契約、債務弁済契約、売買契約、贈与契約、賃貸借契約、債権譲渡契約、営業譲渡契約などを内容として規律する公正証書がある。

（2）身分法関係の公正証書

　親族法および相続法により規律される法律関係の公正証書で、たとえば、遺言、遺産分割協議、離婚給付、養育料支払いに関する契約、死因贈与契約などを内容とする公正証書がある。

（3）事実実験公正証書

　公証人は、前述の財産法や身分法上の私権の変動に関する法律行為以外に、公証人が目撃して認めた私権に関する客観的事実についても公正証書作成の嘱託を受ける（公証人法35条）。その対象となるのは、法律行為以外で、私権の得喪変更に直接間接に影響を及ぼす事実で、たとえば、不動産の占有状況、動産の種類・品質・形状・数量・現存状態、財産目録の調製などがある。図面や写真等を附属書類として添付して処理することもできる。

4　内容証明郵便

　内容証明郵便とは、郵便物の内容である文書について、差出人が相手方に、いつ、どのような内容のものを送付したかを、差出人が作成した謄本によって日本郵便株式会社が証明する制度をいう（郵便法48条、郵便規則109条、109条の2）。この証明のある郵便物が、一般に内容証明郵便と呼ばれているものである。要するに、内容証明郵便は手紙の一種であるが、本来の効果は、どんな内容の手紙をいつ出したか証明するもの、すなわち、当該郵便物の内容たる文書の内容を証明するものである。

　このための制度には、従来の内容証明郵便のほかに点字内容証明郵便

や電子内容証明郵便がある。

5 内容証明郵便の作成方法

（1）内容証明郵便

内容証明郵便は、使用する用紙の種類や大きさについては制限なく同文のものを3通（1通手書きしてそれを2通コピーしてもよい）作成して郵便局に差し出し、郵便局長がそれに証明文を書いて日付印を押したうえ1通は相手方に送られ、残り2通を郵便局と差出人が保管する。

相手方に送られるものは「内容文書」（内容たる文書）と呼ばれ、証明の対象となる文書である。郵便局と差出人の保管するものは、内容文書の謄本である。

なお、普通の内容証明の作成の場合、「内容文書」と謄本を別異に作成することはせずに、差出人および相手方（受取人）の住所、氏名を記載した同文の書面3通を複写などで同時に作成するのが実務である。

また、用紙も市販の日本法令様式のものを使用している例も多い。作成にあたっては、標題や前文・後文、年月日および差出人の捺印は省略してもよいが、本文については、権利義務の得喪や変更に関する法律を調べたうえで、事実は正確に、また主張は余分なことは書かずに簡潔・明確に書くようにする。

内容証明を作成したら、「内容文書」とその謄本2通と差出人と相手方の住所、氏名を記載した封筒や内容証明料に相当する額の郵便切手などを用意して、取扱郵便局（郵便規則109条）に持ち込み提出する。

「内容文書」の作成には、一定の条件を満たさないと内容証明の取扱いを受けることができない。「仮名、漢字、数字を記載した文書1通のみを内容とする通常郵便物」（同規則110条1項1号）で、「英字（固有名詞に限る）および括弧、句点その他一般に記号として使用されるもの」も記載することができる（同110条2項）が、内容証明の取扱いは「書留とする郵便物」について行う（郵便法45条4項2号、48条1項・2項）

ものとされている。その条件が整えば、内容証明の取扱いを受けることができ、形式も自由で、押印の有無も関係ない。

これに対し、「内容文書」とともに提出する2通の謄本の作成については、謄本の行数および字数の制限（縦書きの場合、謄本1枚につき1行20字以内、1枚26行以内。横書きの場合、1行13字以内1枚40行以内または1行26字以内1枚20行以内。市販の内容証明郵便用紙は、マス目が所定の字数で印刷されている）や行数、字数の計算方法および文字・記号の訂正・挿入・削除や契印に関するルールがある。また、句読点・カッコは1字として計算される。これらの制限ルールは、料金計算上の必要からといわれている。なお、使用できる文字はかな（ひらがな、カタカナ）、漢字または数字である。英字は固有名詞などに限定されている。

（2）点字内容証明郵便

点字内容証明郵便は、平成4（1992）年6月4日に郵便規則が改正され、同年7月1日から視覚障害者の利便の向上と福祉の増進に資するため開始されている。その取扱いは、「仮名及び数字に対応する盲人用点字のみを掲げ」、「英字（固有名詞に限る）及び括弧、句点その他一般の記号として使用されるものに対応する盲人用点字を掲げた」文書1通のみを内容とする通常郵便物について行う（郵便規則110条1項2号、2項）とされている。内容文書および謄本の作成にあたっては、日本工業規格B5判の点字用紙を3枚重ねて、その片面のみに盲人用点字を横に掲げるものとし、1枚20行以内で作成し、盲人用点字の改ざん・訂正・挿入・削除が禁止されるなどしている。

取扱郵便局は、新東京郵便局のみであるが、取次郵便局（集配郵便局）にも提出することができるとされている。

（3）電子内容証明郵便

電子内容証明郵便（電子内容証明サービス、e内容証明と呼ばれている）は、従前の内容証明郵便を電子化し、インターネットを通じて24時

間受付を行うサービスとして、2001年2月1日から開始されている。作成にあたっては、アプリケーションソフトとしてMicrosoft Word2010、2013、2016、2019。文書枚数最大5枚まで。文字ポイントサイズは10.5ポイント以上145ポイント以下。用紙レイアウトはA4縦置き・横書きのとき上左右1.5cm以上、下7cm以上（全ページ）、A4横置き・縦書きのとき上下右1.5cm以上、左7cm以上（全ページ）。使用できる文字とその種類の制限がある。

　電子内容証明文書は事前に利用者登録をして利用者IDを取得する必要がある。e内容証明は、内容証明郵便を電子化して、インターネットを通じ24時間受付を行うサービスで、わざわざ郵便局へ行くことやあて名を書いた封筒を用意する必要もない。なお、用紙の枚数は最大5枚までとなっているが、押印は不要である。引受郵便局（新東京郵便局）の電子内容証明システムにて受け付ける。

6　紛争処理における内容証明郵便の利用

（1）内容証明郵便の主な利用目的

　内容証明郵便の主な利用目的は、

①　権利義務の得喪や変更に関する重要な意思表示を相手方に通知する場合に、その通知の内容を公的に証明してもらうこと

②　通知をした日付を明らかにすること（確定日付のある証明となる）

ができることから、具体的な証拠として残すことにより、将来における紛争が回避されることが多いという効果がある点にある。通知は、相手方に届かなければ効力がないので、相手方に到達したこと、すなわち、「配達した期日」を証明してくれる郵便局の「配達証明」の制度を利用する必要がある。

　また、普通の手紙とは異なり、たとえば貸金や売掛金その他の債権回収の通知や各種損害賠償請求の通知などのように、内容証明郵便を受け取った相手方に対して何か法的な手段がとられるとの心理的な圧力も加

わるという、副次的な効果がある点からも利用されることもある。

（2）具体的な利用の例

利用される具体的な場合を例示すると、次のようなものが挙げられる。

① 意思表示や通知等の内容や期日が重要である場合で、しかも、確定日付のある証書による通知が必要な場合の例としては、債権譲渡の通知がある。

② 通知（意思表示）の内容が形成的な効果を発生させるなど、権利義務の得喪や変更に関する重要な場合の例として、契約解除の通知、売買予約完結の通知、相殺の通知、弁済充当の指定の通知や特定商取引におけるクーリングオフの通知などがある。

③ 消滅時効中断のための催告や、時効の完成猶予事由としての催告をする場合も、内容証明郵便を活用すべきである。

④ 相手方が親しい知人や取引先で、話し合いを重要とすべき場合には、いきなり内容証明郵便を送ることは逆効果なので慎重にすべきである。

7 内容証明郵便が配達されたときの対処

内容証明郵便は、前述のとおり原則的には手紙である。したがって、受取人（相手方）には応答義務はなく、返事をするか否かは自由である。ただし、たとえば解除権行使につき期間を定めた催告を受けた解除権者の回答（民法547条。旧法と改正法と同じ）の場合のように、期間内に回答をしないと一定の法律効果（解除権の消滅）が生じる特別な場合もあるので注意すべきである。また、各種損害賠償請求に対する回答や地代増額請求を受けた賃借人の回答など、できるだけ明確に応答しておきたい場合もある。したがって、送付された内容証明郵便の内容を慎重に確認し、法律上の効果の有無を検討して回答するか否かを決めて、回答書を出すときは、配達証明付き内容証明をもってするべきである。

8 配達証明その他

　内容証明郵便は、前述のとおり配達証明郵便にして送付し配達された
ときは、「郵便物配達証明書」が郵便局から差出人に届き、意思表示到達
の確実な証拠となる。

　内容証明郵便が、何らかの理由で配達されなかった場合、以下のよう
に取り扱う。

① 　相手方または関係者から受取拒否されて配達されなかったとき、
　　その通知が通常の状態で相手方の支配領域内に入れば、内容を知り
　　得る状態になったとして、「到達」として判例上も解釈されている
　　（最判昭和36年4月20日民集15巻4号774頁等）。したがって、相手
　　方や家人が受領を拒絶しても「受取拒絶」の書面がついて返送され
　　たとき、その内容証明郵便それ自体が、意思表示到達の法的効果発
　　生の証拠となる。

② 　留守の場合は、配達がされずに郵便局で一定期間保管される。相
　　手方が、受け取りに郵便局に来れば問題ないが、取りに来ない場合
　　は、留置期間経過で還付される。また、相手方が転居先不明の場合
　　も戻ってくる。前者の場合は普通郵便にして配達し、後者の場合は
　　公示送達（送達すべき文書を裁判所の掲示場に掲示して、官報や新
　　聞に掲載するという手続で、一定期間が経過すると相手方に到達し
　　たとみなされる制度）による方法をとることになる。

9 確定日付制度

　確定日付制度は、第三者に対して、証書について作成された日に関し
て、その日付が確実であることを法律的に完全な証拠力があるとして法
律上認められる日付についての制度である。

　確定日付として認められるのは、次の6つの場合（民法5条1号～6
号）である。すなわち、(1)公正証書では、その日付、(2)私署証書では、

登記所または公証人役場でこれに日付のある印章を押したときは、その日付、(3) 証書署名者中に死亡者があるときは、その死亡の日付、(4) 証書が確定日付のある証書に引用されたときは、後者の日付、(5) 官庁や公署がある事項を証書に記入しこれに日付を記載したときは、その日付、(6) 内容証明郵便の日付。私署証書では、(2)、(4)、(6) が多く用いられている。一定の手数料を支払って登記所や公証人役場で確定日付を受けるか、または内容証明郵便で書面を差し出して、この要件を備えることができる。

民法上確定日付のある証書によらないと第三者に対抗できないとされている場合として、たとえば民法377条（抵当権の処分や対抗要件としての主たる債務者にする通知や、主たる債務者の承諾の場合）や、同法467条2項（債権の譲渡の対抗要件としての通知または承諾の場合）や、同法515条2項（債権者の交替による更改の場合。旧法515条が改正法515条2項として規律された）がある。これは、日付をさかのぼらせた証書を作成することを防ぐ趣旨であるとされている。

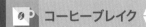

Column ☕ コーヒーブレイク

《内容証明郵便の効果》

内容証明郵便制度は、本文で述べたとおり意思表示や通知等の内容や時期が重要な場合、法律的にも意義のあることである。そのような場合だけではなく、通知した内容と日時を後日の証拠として残すことが必要な場合も効果的である。そのほかにも、心理的な効果をねらうために発送方法を工夫することもある。法律事務所によっては所属弁護士全員（たとえば、10名以上の弁護士名を連ねて）で送付してくるということも、いまだあるようである。これも、相手方に対する心理的効果をねらい、ときには効果的な場合もある。

第 2 節 和解交渉

学習の**ポイント**

◆当事者間の自治的な「互譲」によって争いを止め、紛争を一回的に解決しようとするのが和解・示談である。その果たす紛争解決機能について把握する。
◆和解・示談の「契約」の基礎知識および留意事項について学習する。
◆各種和解交渉のうち、比較的多く代表的な「損害賠償の交渉」について交通事故に関する損害の賠償を中心として、その要件や証明について理解して学習する。
◆裁判上の「和解」や即決和解について、私法上の和解との差異を理解して学習する。

1 和解（契約）

　紛争解決方法には、いろいろな態様があるが、一方で自力による現実的な力の行使（極端な場合は、暴力の行使）による場合（いわゆる、私力救済といわれる行為）もあり、他方で公権力の行使を求めて裁判所の「裁判」による判決を経ての解決もある。それらのいずれの解決方法にもよらずに、紛争当事者双方が相互に自己の主張を譲歩し、話し合いによって任意に解決するのが、和解（契約）や示談交渉と呼ばれる紛争解決である。

2 損害賠償の交渉

　交通事故や医療事故の損害賠償をめぐる紛争の非常に多くのものが、和解・示談によって解決されているのが実務の趨勢である。それらの紛争では、過失の有無の判定や、損害額が比較的高額のわりに賠償されるべき額の確定が困難であることなどもあって、裁判での解決の見込みや内容について予測が立ちにくいことから、しばしば任意の交渉による紛争解決が行われている。

（1）損害賠償の交渉

　損害賠償の交渉（示談交渉）につき留意すべき法律的な問題点としては、後に詳述するが要約すると、

① 示談の法的性質、すなわち和解契約（民法696条）と示談との関係
② 成立が否定されないための示談成立の要件
③ 示談当事者間の効力（対内的効力）
④ 示談契約における免除の効力（対外的効力）

が挙げられる。

（2）損害賠償の概要

　損害賠償請求は、何らかの事実によって法的不利益を被った場合にそれを損害として、その損害を受けた者（請求権者）が、一定の要件のもとに、賠償を負うべき者（賠償義務者）に対して、被った一切の法的不利益につき、損害のなかった場合と同じ状態（＝損害の塡補）にするように請求する債権（請求権）である。

　この請求権は、直接法律の規定から生じる場合（たとえば、民法117条、198条、200条、442条2項、459条2項等。なお442条、459条とも旧法も改正法も同じ規律である）もあり、損害担保契約のように契約等の法律行為によって生じる場合もある。前者の直接法律の規定に基づいて発生する損害賠償請求権の最も重要なものは、債務不履行（同法415

条以下）と不法行為（同法709条以下）の２つである。そのほかにも、製造物の「欠陥」による損害賠償や特許権侵害等による損害賠償もある。

① 不法行為責任の要件

　民法709条は、一般の不法行為の場合の損害賠償の原則を定めている。同規定による一般の不法行為の賠償責任の成立要件としては、

　　ア）故意または過失による行為に基づくこと

　　イ）他人の権利ないし利益を違法に侵害したこと

　　ウ）責任能力があること

　　エ）その行為によって損害が発生したこと（因果関係の存在）

が挙げられる。

② 債務不履行責任の要件

　民法（改正法）は、従前の415条につき、１項本文を「債務者がその債務の本旨に従った履行をしないとき又は債務の履行が不能であるときは」として、債務不履行の態様を統合した。そのうえで、履行不能とそれ以外の債務不履行の場合を区別することなく、「その債務の不履行」と規定して、当該債務不履行が債務者の帰責事由によらない場合には免責をすることを明記している。加えて、この「帰責事由」の判断要素について「契約その他の債務の発生原因及び取引上の社会通念に照らして」判断すること（判断要素が明確化された）としている（１項ただし書）。

③ 製造物責任法の要件

　民法709条によれば、損害賠償請求の要件として単に商品の欠陥によって損害が発生したことにとどまらず、欠陥の発生について、製造者の製造過程その他に「過失」があって欠陥が発生したことの証明が必要とされる。

　しかしながら、製造物による事故については、危険責任の考え方の影響のもとに過失の有無を要件としないで損害の分担をせしめるという考え方が導入されている。製造物責任法では、製造業者等が負う製造物責任につき、故意または過失を責任要件とする民法709条（不法行為）の特則として、製造物の欠陥を責任要件とする製造業者等の無過失損害賠

償責任を規定した（製造物責任法3条）。

④　特許法に基づく損害賠償請求権の要件

　特許権が故意または過失によって侵害された場合は、特許権者は侵害者に対し、侵害によって受けた損害の賠償を請求することができる。この損害賠償請求権は、民法709条に基づくものである。この規定によれば、前述のとおり権利者は、自己の受けた損害額を算出し相手方に故意または過失があることを立証しなければならない。しかしながら、特許法は特許権者の負担を軽減しその保護を強化するために、侵害者が侵害により受けた利益の額は、特許権者の受けた損害額と推定する（「損害の額の推定」特許法102条2項）とし、さらに過失の挙証責任につき、過失の推定規定を設けて侵害者に転換する（「過失の推定」同法103条）ものとしている。

⑤　過失の証明

　刑事過失の場合は、刑罰に値する過失責任の存否が問題となるが、民事過失の場合には、損害の公平な分担という理念に従って過失の成否が決定される。

⑥　欠陥の証明

　平成7（1995）年7月1日施行された製造物責任法の定義規定（2条2項）によれば、製造物における「欠陥」とは「当該製造物の特性、その通常予見される使用形態、その製造業者等が当該製造物を引き渡した時期その他の当該製造物に係る事情を考慮して、当該製造物が通常有すべき安全性を欠いていること」をいうとされている。これは、製造物責任法における「欠陥」が、人の生命、身体または財産を侵害するような製造物の安全性の欠如を指すこと、また製造業者等の過失の有無にかかわらず、製造物が通常有すべき安全性を備えているかどうかをもって判断されることを定義上明示したものである。

　したがって、同法における欠陥は、改正前民法の瑕疵担保責任における瑕疵（広義の瑕疵）に含まれるが、安全性とかかわる損害を生じないような単なる品質の瑕疵は対象とはならない。なお、改正民法では、売

買、請負（およびその他の有償契約）について、瑕疵担保責任の規定が、売主等が契約内容に適合した目的物ないし権利の引渡し義務を前提として改正された。すなわち、「契約の内容に適合しないものである場合」における債務不履行責任の特則として整理されたことに留意すべきところである。

製造物責任法においても、製造物の欠陥を原因とする損害賠償を請求する場合には、製造業者等に開発危険の抗弁や部品・原材料製造業者に抗弁を認めているものの（同法4条）、損害賠償を請求する原告（被害者）側において、損害の発生、欠陥の存在、損害と欠陥の因果関係を立証する責任を負う（同法3条参照）。

欠陥責任の導入にあたり、推定規定を設けたり、立証責任の転換まではされなかった。もっとも、「欠陥」について、具体的な欠陥の部位を特定して詳細を明らかにする主張や立証が要求されることとなると、「過失」の主張・立証を要求することと変わらなくなる。その意味では、「欠陥」の主張や立証としては「当該製造物が通常有すべき安全性を欠いていること」に該当する事実としてある程度具体化されていれば足り、欠陥部位の具体的特定までは不要といわれている（小林秀之『製造物責任法』96頁、1995年。大阪地判平成6年3月29日「松下電器カラーテレビ発火事件」判決参照）。

⑦　時効

不法行為の場合、被害者（またはその法定代理人）が、損害および加害者を知った時、従来は交渉のなかった加害者との間で損害賠償の権利義務が生じることになる。権利をいつまでにどの範囲でするかは被害者にゆだねられている。加害者としては被害者（＝権利者）が相当期間内に請求してこない場合、もはや請求を受けないであろうと信じることがある。そこで、一定期間経過後は加害者（＝相手方）のその信頼は法の保護に値するものとして、被害者のその後の権利行使が妨げられることになるとするのが（消滅）時効の制度である。民法では、不法行為による損害賠償の請求権は、「被害者が…損害及び加害者を知ってから」3

年間、また、「不法行為の時から」20年間の経過により、「時効」によって消滅するとしている（後者の「20年間」については、従前は「除斥期間」とする考え方もあったが、改正民法は「時効期間」であることを明示した）。なお、「人の生命または身体を害する」不法行為については、その時効期間を「5年間」と定め、「物損」（財産損害）の場合の「3年間」とは異なる定めをしている。「20年間」については、「時効期間」と定められたことから「時効の停止」に関する定めが適用されることになり、「時効期間」が満了しない限り、時効の更新や完成猶予といった時効障害事由を発生させることにより、権利行使の機会を確保することが可能となった。さらには、20年の期間が経過した場合でも、被害者（やその遺族）が被害の事実を知るなどした場合も（加害者からの）時効の援用に対する信義則違反や権利濫用の法理で被害者の救済によることが可能となる余地もある。なお、時効時間については、(1)改正法の施行日前に生じた債権および (2)施行日以後に生じた債権のうち、その原因である法律行為が施行日前になされていた事実に関する消滅時効の期間は、改正法の施行後も、施行日前の時効期間が適用される（民法改正法附則10条4項）。したがって、改正法の施行後も、施行日前に発生していたり発生原因が生じていた人命・身体の侵害による損害賠償請求権については、改正前の法による時効期間が適用されるため、期間を20年間とする特例は適用されないことになるので、注意を要するところである。

⑧ 損害額の証明

　過失の度合いによって賠償額が異なるという考え方、とりわけ「懲罰的損害賠償」という考え方は、いまだ判例上は採用されていない。ただし、慰謝料の算定にあたっては、過失の程度や加害の状況等を含めあらゆる事情を斟酌するものとされている。

⑨ 積極損害の算定方法

　発生した損害の内容を区別して、既存の財産が減少した場合を積極損害（たとえば交通事故による損害のうち、治療関係費、通院交通費、葬儀関係費などをいう）、財産の増加を妨げられた場合を消極損害（たと

えば休業損害、後遺症や死亡による逸失利益などをいう）として分類することがある。

　積極損害の算定方法にあたっては、被った損害の塡補につき必要相当であると思料される実費全額とされるのが通例である。

⑩　逸失利益の算定方法

　逸失利益の算定については、たとえば交通事故・医療事故などの場合では、

　　ア）後遺症がある場合の逸失利益の算定については、「労働能力の低下の程度、収入の変化、将来の昇進・転職・失業等の不利益の可能性、日常生活上の不便等を考慮して」行い、「労働能力の低下の程度については、労働省労働基準局長通牒（昭和32（1957）年7月2日基発第551号）別表労働能力喪失率表を参考とし…（中略）…被害者の職業、年齢、性別、後遺症の部位、程度、事故前後の稼働状況等を総合的に判断して具体例にあてはめて評価する」こと、また「労働能力喪失期間の始期は症状固定日。終期は原則として67歳とする。症状固定時の年齢が67歳をこえる者については、原則として簡易生命表の平均余命の2分の1とする。事案によっては期間に応じた喪失率の逓減を認めることもある」（（公財）日弁連交通事故相談センター東京支部編『損害賠償額算定基準』89頁、2018年参照）。

　　イ）死亡による逸失利益の算定にあたっては、「給与所得者の場合は、原則として事故前の収入を基礎とし、現実の収入が賃金センサスの平均額以下の場合、平均賃金が得られる蓋然性があればそれを認める」「事業所得者の場合は、申告所得を参考にするが、立証があれば実収入額を基礎とする」「家事従事者や学生・幼児等の無職者や高齢者などの場合は、賃金センサスの賃金額を基礎とする」などとして算定する（前掲『損害賠償額算定基準』143頁以下参照）。

⑪　慰謝料の算定方法

　精神的損害の賠償が慰謝料といわれている。慰謝料は損害の塡補として金銭に評価をし、実際には、被害者個々の主観的事情を離れて客観化・

定型化・類型化されてきている。

　交通事故における損害賠償を例に挙げると、慰謝料には (1) 傷害慰謝料、(2) 後遺障害慰謝料、(3) 死亡慰謝料が考慮されるが、(1) における慰謝料は、原則として入通院期間を基礎として裁判例や和解例における慰謝料額等を参考として掲げた基準表を参考にして算定している。(2) については、一般には自賠責保険における後遺症障害等級別表により慰謝料額を斟酌して算定する判決・和解例が少なくない。(3) の死亡慰謝料の算定の運用については、一家の支柱の場合か、母親・配偶者の場合か、その他 (たとえば子ども、幼児、独身の男女、職についていない老齢者等) か、により区分して、一応の目安を示した額を基準額としたうえ、個別具体的な事由を斟酌して増減し、算定しているのが実務の状況である。

（3）損害賠償の交渉方法

① 内容証明文の活用

　内容証明郵便制度は、一定の内容の意思表示や通知をしたことを第三者 (日本郵便株式会社) に証明してもらう制度である。内容証明郵便も、「それが配達されたときの対処」においても記述したとおり、要するに手紙の一種である。その書面を送付して催促したからといって強制力が生じるわけではない。また、受取人が返事を出す義務も生じない。損害賠償のための内容証明文も、基本的には同じである。しかしながら、不法行為の場合のような請求権につき短期の消滅時効があるときは、内容証明郵便で一時的にでも時効の中断をすることができ、ときにはその必要もある。また、少なくとも損害賠償請求をすることについて、受取人に対し心理的圧力を与える副次的な効果が期待される。受取人としても、特に法律上の効果が生じない場合であっても、結果として不利益を受けることがあったり、明確な応答をしておきたいとして請求に対する回答をするのが通例である。損害賠償の交渉の契機として内容証明郵便は活用されている(内容証明郵便の作成方法等については本章第 1 節 **5** 参照)。

② 民事調停

　民事調停法によれば、民事調停は「民事に関する紛争につき、当事者の互譲により、条理にかない実情に即した解決を図ること」を目的とした制度である。原則として、相手方の住所や営業所などを管轄する簡易裁判所に申し立てることにより開始され、裁判所が関与する話し合いによる紛争解決のための手段の1つである。

　損害賠償の請求の場合、いきなり訴訟を提起するには相手方の故意過失の証明や損害額の算定などにつき困難を伴う場合が多い。調停の過程で、調停委員を介して賠償に関する相手方の考え方を知ることができるという効果も期待できる。そこで、任意交渉を一歩進めた裁判所による民事調停制度の活用がされるところである。民事調停による話し合いがまとまり成立した場合は、裁判所により「調停調書」が作成され、その調書（の記載内容）は裁判上の和解と同一の効力を有する（民事調停法16条）。相手方がその内容の全部または一部を履行しないときは、相手方に対し、調書による強制執行もできる。また、話し合いがまとまらず調停が成立する見込みがない場合でも、裁判所が相当であると認めるときは、職権で「調停に代わる決定」が得られる場合もある（同法17条）。調停が不成立となった場合は、その旨の調書が作成され、「2週間以内」に訴訟を提起しさえすれば、最初から訴えを起こしたことになり、また、裁判所から証明書をもらえば調停の申立書に貼った印紙を訴状に貼る印紙額の一部に流用することができる便宜もある。

③　その他のADR

　民事調停も「裁判所」が関与した紛争解決方法であるので、期日の決め方その他に法律に則った手続上のルールがあり窮屈さは否めない。裁判所よりはもう少し柔軟な紛争解決の手段として活用されるのが、その他の機関によるADR（Alternative Dispute Resolution＝裁判外紛争解決）である。

　「交通事故」に関する損害賠償については、紛争処理センターや日本弁護士連合会の交通事故センターによる示談あっせん処理のADRがある。交通事故を含めた各種の損害賠償については、弁護士会の仲裁セン

ターによる ADR もある。

④　保全処分

　裁判（訴訟）は、解決までに時間を要するのが常である。せっかく勝訴しても、その間に相手方が破産したり、その財産を隠匿した場合には、強制執行ができず損害賠償金の回収は困難となる。そこで本裁判の前に、あらかじめ相手方の財産を差し押さえたり、その処分を禁止しておくために保全処分（仮差押えや仮処分）の制度がある。

　裁判所は保全処分をするにあたり、申立ての内容につき保全のための権利と保全の必要性について「疎明」資料（「疎明」は、「証明」ほどの厳格さまでは要求されない簡易な立証で足りる）の提出を求め、原則として損害の担保として保証金を積ませるが、たいていは申立側の言い分のみに基づき決定する。

　保全処分は各種の紛争につき活用されているが、損害賠償の請求にあたっても事前の方法として利用されることがある。

3　示談・和解契約

（1）示談・和解契約

① 　示談と和解との相違点

　「和解」は、民法695条の規定によれば、当事者双方が「互いに譲歩をして」その間に存する「争いをやめること」を約する契約である。したがって、民法上の「和解」が成立するためには、「争い」の存在が基礎としてあり、その内容として「互いに譲歩」して、法律関係を完結するための合意をすることが不可欠の要素となる。

　これに対して「示談」は、裁判による解決によらずに、当事者間の紛争を完結するための合意であり、損害賠償請求の示談案件では、責任の有無、賠償金の支払方法などにつき話し合いで合意して事件を解決するが、当事者双方の譲歩による場合のほか、当事者の一方のみがその主張を放棄または減じて成立する場合もある。

　したがって、示談は和解類似の無名契約であるとして、「和解」とは区別しながら、効果については和解に近似するので民法の和解の規定を類推適用するとの考え（植林弘『大阪市大法学雑誌 13巻2. 3. 4合併号』66頁、1967年）がある。しかしながら、示談も通常は「譲歩」を内容としていることから、示談は賠償金和解として特色づけられるとする考え（高森八四郎『現代損害賠償法講座1　総論』183頁、1988年）もある。

②　示談書・和解契約の留意事項

　示談書や和解契約は、当事者間に紛争になっている法律関係が存在し、これを当事者の双方または一方が譲歩して紛争をやめる合意をすることによって効力が生じて紛争を解決するために締結されるものである。

　当事者が紛争をやめることを内容とするので、和解契約や示談書の条項を明確に定め、再び紛争が起こることのないように心がけなければならない。両当事者間に和解や示談が成立すると、両者間にある権利・義務関係が内容のとおり確定し、双方はその内容に従って義務を履行しなければならない。しかしながら、任意の合意であるから、相手方が義務を履行しない場合には、直ちに強制力を行使することはできない。和解契約や示談書の内容を強制力のあるものとするには、和解契約等に基づいて、(1) 強制執行認諾条項（約款）付公正証書や、(2) 即決和解調書にしておく必要がある。

③　後遺症の問題

　示談や和解契約は、本質的には当事者の同一の紛争事項について再争を禁じる効力（確定効）を有するものである。したがって、示談書や和解契約を締結するにあたり、定めた内容の請求以外の一切の請求権を放棄または免除することを約する、いわゆる清算条項を付すのが通例である。しかしながら、交通事故による全損害を正確に把握し難い状況のもとにおいて、早急に少額の賠償金をもって示談がされた場合においては、示談によって被害者が放棄した損害賠償請求は、示談当時予想していた損害についてのみと解すべきであって、その当時予想できなかった後遺障害については、被害者は後日その損害の賠償を請求することができる

（最判昭和43年3月15日民集22巻3号587頁）とされている。

（2）和解調書

① 和解調書の意義

　裁判所で和解が成立し、裁判所が「和解調書」に合意内容を和解条項として記載すると、その記載は「確定判決」と同一の効力を持つことになり（民事訴訟法267条）、「和解調書」は債務名義として執行力を有することになる（民事執行法22条）。

② 訴訟上の和解と即決和解の違い

　訴訟を起こして争ってから、その過程で「和解」をして紛争を解決するのが「訴訟上の和解」（民事訴訟法89条、264条、265条）であり、訴訟提起前に当事者相互の譲歩によって紛争をやめる合意をし、裁判所に和解の申立てをするのが「即決和解」と呼ばれるものである（同法275条）。即決和解も和解の一種である。

（3）即決和解の申立てから和解調書へのプロセス

① 申立人

　損害賠償請求権者や売掛債権の債権者が申立人になる場合が普通であるが、必ずしもその必要はなく、請求を受ける側（＝債務者）が申立人となることもある。

② 申立方法

　申立人が、「請求の趣旨及び原因並びに争いの実情」を表示（民事訴訟法275条1項）した「和解申立書」3通を作成し、「和解条項」や必要書類とともに相手方の住所を管轄する簡易裁判所へ提出して申し立てる。

③ 和解期日

　裁判所は申立ての関係書類を受理した後、和解期日を指定して当事者双方を呼び出し、出頭した者が申立人・相手方か否かを確認したうえで、和解申立書に記載された和解条項につき双方が納得するものか否かを確認する。

④ 和解調書の作成

　裁判所は当事者双方が和解条項につき異存のない場合には、和解条項に基づいて「和解調書」を作成する。和解調書の記載内容（和解条項）は訴訟上の和解と同様に「確定判決」と同一の効力を持ち、和解調書は債務名義として執行力を有する強力なものとなる。

　裁判官の説得にもかかわらず、相手方が和解に応じない場合は、裁判所は和解不調の調書を作成して手続を終了する。

第 3 節

保全措置・民事訴訟・調停・仲裁

◆当事者間の債権回収等の紛争が、任意の交渉では効果が上がらず解決に至らない場合は、法的手続によらざるを得ない。その場合、どのような手段を用いるのかにあたり、各手段の内容とその特徴に関する基礎的な知識について理解する。

◆裁判（民事訴訟）を提起する前に、将来の強制執行を実効あるものとするためにあらかじめ相手方の財産を差し押さえたり、処分を禁止したりする保全措置についての基礎を学習する。

◆民事訴訟手続の概要や判決の取得について学習する。

◆民事調停・仲裁とは何か、その特徴について民事訴訟手続との違いを理解する。

1 仮差押え・仮処分

　裁判（民事訴訟）は、途中で裁判上の和解が成立する場合は別として、判決に至るようなケースでは裁判の目的である権利の実現が数年に及ぶことがある。この裁判手続の期間中に、相手方（債務者）の経済状態は、自然に財産が散逸して減少したり、あるいは相手方が故意に財産の名義を家族・知人・第二会社等の第三者に変えたりすることがある。そのような場合、せっかく相手方に対する勝訴判決を得ても、強制執行によって債権回収を実現することは困難となる。

　そこで債権確保の第一歩として、本裁判をする前に将来の強制執行を

実現するために、あらかじめ相手方の財産の処分行為を禁止して、確実にその目的である権利の実現や債権の回収ができるように保全措置をとるための裁判手続が、いわゆる保全命令の制度である。

保全命令の種類には、仮差押え（民事保全法20条）と仮処分があり、後者には、係争物に関する仮処分（同法23条1項）と仮の地位を定める仮処分（同条2項）とがある。また、裁判のために相手方や関係者の保有する証拠をあらかじめ確保する証拠保全手続も保全命令の1つである。

（1）保全命令の要件

① 仮差押命令の要件

保全命令の裁判は、「請求権（いわゆる被保全権利）」と保全の理由としての「保全の必要性」が不可欠な要件である。

仮差押命令の被保全権利は、金銭債権またはこれに換えることができる請求権である。すなわち、金銭の支払いを目的とする債権であり、かつ強制執行のできる債権であることを要する（民事保全法20条1項）。

仮差押命令の保全の必要性は、判決による執行を待っていて債務者の財産を現状のままにしておくと、将来その執行が不能またはその著しい困難の生じる場合のことであり、たとえば、相手方が所有財産を隠匿・廉売したり、第三者の名義に変えるか、担保権を設定するなどする「おそれ」がある場合である。

被保全権利と保全の必要性は、それぞれその存することにつき「疎明」しなければならない。疎明は「証明」に対応する観念であるが、「疎明」は「主張が一応確からしいと裁判官に思わせる程度の証拠を提出する」ことをいう。「疎明」は裁判所が即時に取り調べられる証拠によらなければならない（同法13条2項）。

また、相手方の損害を担保し、「疎明」を補塡させるために現金または有価証券やボンドなどにより「保証」を立てることを要求される（裁判所の現在の実務の取扱いでは、「疎明」があっても保証を立てさせている）。

以上のような仮差押命令の実質的要件が充たされていても、被保全権

利についてすでに債務名義を有し、いつでも強制執行できるような場合には、仮差押えによる保護の必要性が阻止され申立ては「却下」される。

② 仮処分命令の要件

係争物に関する仮処分の被保全権利は、金銭給付以外の特定物に対する引渡請求権である。不動産売買契約が無効な場合、所有権に基づく返還請求権などがその例として挙げられる。

仮の地位を定める仮処分は、権利または法律関係に争いがありそれにより生じる著しい損害または急迫の危険を避けるために、仮の地位を定め権利関係を規整することを目的とするものである。交通事故の被害者が生活に困窮している場合に、加害者から仮の金銭給付を受けることや、特許権等の侵害に基づく製品の製造や販売禁止の仮処分がその例である。債権者にとり現在の危険を避けるために必要であるが、他方、相手方は仮処分段階で訴訟に敗訴したと同様な地位に置かれ、重大な不利益を被ることになる。

係争物に関する仮処分命令の保全の必要性は、性質上仮差押命令に近いため仮差押命令の必要性と文言上ほぼ同一となっている。ただし、仮差押命令では必ず強制執行が予定されているが、係争物に関する仮処分では、登記請求権を保全する処分禁止の仮処分のように狭義の強制執行を保全するものではないものもあるので、条文の文言上「権利の実行」となっている（民事保全法23条1項）という違いがある。

仮の地位を定める仮処分の保全の必要性については、権利関係をそのまま放置するのは債権者に著しい損害を与え、回復できない利益の喪失と危険があるときに認められる一方、発令されると相手方に与える打撃も大きいので、原則として債務者が立ち会う期日に債務者審尋を行うこととされている（同23条2項）。

係争物に関する仮処分や仮の地位を定める仮処分でも、「疎明」や「保証」を要するのは仮差押命令と同じである。

（2）保全命令の対象

① 仮差押命令の対象

　仮差押命令の対象は、相手方のすべての財産である。したがって、その所有の不動産、動産、債権、身分上の権利、特許権・著作権などの無体財産権その他の財産権が対象となる。

　ただし、仮差押命令は、動産以外の財産権に関しては特定の物について発しなければならないとされている（民事保全法21条）。仮差押命令とその執行は密接に関連するので、命令では一般的・抽象的なもので足り、執行において具体的に特定すべきとするのは、執行の対象物の種類により債務者の被る損害の程度が異なることになり、担保の額を決定することも容易ではなくなる等、実務上不都合が生じることになることから「特定の物」とされるに至った。ただし、動産は、可動性を有することから、個々の動産の特定を要求するのは、債権者に困難さを強いるため、対象物を特定しないで命令を発することが許容されている。

② 仮処分命令の対象

　係争物に関する仮処分の場合は、建物や土地などの特定物が普通である。限定種類債務（たとえば、○○産の中等品の石炭100ｔなど）の場合は、普通はそれ以上の特定を要せず、仮処分の執行ができればそのとき特定すると解すべきといわれている。物の給付を求める権利は、土地建物の明渡しまたは引渡しなどさまざまな作為を求める権利を含むのは当然であるが、相手方に対して不作為を求める権利も理論的には含まれる。また係争物は有形物に限らないので、債権、特許権などにつき作為または不作為を求める場合、この仮処分によることができる。ただし、この仮処分は権利関係の義務者に対してのみ行うことができるので、第三者の物の売買（民法560条）により買主の売主に対する物の引渡請求権に基づいては、第三者の物につきその者に対して仮処分をすることは許されない。

　仮の地位を定める仮処分は、係争物に関する仮処分と同じ類型の仮処分がなされうるし、いわゆる権利関係に含まれる権利の範囲は広汎であ

る。しかし、その態様が停止条件付きまたは期限付きの場合、内容の実現が将来において期待される権利であるから、現在の差し迫った危険が存在せず、したがって保全の余地がないため、仮の地位を定める仮処分は許されない。他方、満足的仮処分（断行の仮処分）は、仮の地位を定める仮処分でのみ許される。

③　保全命令事件の手続

　保全命令事件の発令および執行に関する基本手続は民事保全法に、またその細則は民事保全規則にそれぞれ定められている。

　民事保全法等によれば、保全命令事件は、債権者の申立てがあると、原則として債務者の意見を聴くことなく、保全命令（仮差押・仮処分命令）が発せられる。事件の内容が複雑な場合や、債務者に与える影響が大きい場合などには、債務者にも主張および疎明を提出する機会を与えるために審尋が行われることがある（民事保全法7条）。保全命令に不服のある債務者は、保全異議の申立てをすることができ（同法26条以下）、事情変更やその他法で定める特定の事情があると保全取消しの申立てをすることもできる（同法37条以下）。保全異議や保全取消しの申立ての裁判に不服のある当事者は、上級裁判所に保全抗告の申立てができる（同法41条以下）。保全抗告の裁判には、不服申立てはできない。

　保全命令事件の手続の審理方法は、口頭弁論を経ないですることができ（同法3条。なお、民事訴訟法87条1項ただし書参照）、すべて決定手続で行う。審理は、書面審理で審尋または口頭弁論によるが、裁判所は申立書の記載に基づいて訴訟要件の有無のほか、保全すべき権利または権利関係および保全の必要性に関する事実上の主張を備えているかを審査し、かつ提出された疎明資料によって主張事実が認められるか判断する。口頭弁論を開いて証拠調べをする場合も、尋問の順序については、証人の陳述内容は、「報告書」等としてすでに文書により提出されていることが多いので、証人申請をした側の主尋問から始める必要はないとして反対尋問から入ることが相当に多い。

④　管轄裁判所

保全命令事件の管轄は、「本案の管轄裁判所又は仮に差し押さえるべき物若しくは係争物の所在地を管轄する地方裁判所」に管轄があり（民事保全法12条1項）、この管轄は、保全命令手続と保全執行手続を通じて専属管轄である（同法6条）。

⑤　解放金

（ア）仮差押解放金

仮差押解放金は、仮差押えの執行の停止を得るため、または、すでにした仮差押えの執行の取消しのために債務者が供託する金銭である（民事保全法22条1項）。仮差押えは、金銭債権の執行保全のための手続であるから、債権者と債務者の利益権衡を図るため、債務者から被保全債権に見合う金銭が供託されたときは、この供託金を仮差押目的物の代わりとして取り扱い、当初の目的物に対する執行を解放するものとしたのである。

（イ）仮処分解放金

仮処分は、係争物に関する権利の保全または争いがある権利関係の暫定的規整を目的とするものであるから、原則的には金銭の支払いを受けることでは目的を達するができない。しかし、係争物に関する仮処分の中には（たとえば、被保全権利が詐害行為取消権による抹消登記請求権の場合など）、金銭の支払いを受けることにより満足を得ることができれば足りるものもある。そこで仮処分についても例外的に解放金の供託により、仮処分の執行を解放することが認められている（同法25条1項）。

仮の地位を定める仮処分は、争いがある権利関係につき債権者に生じる著しい損害または急迫の危険を避けるための暫定的規整を目的とするため、（性質上）解放金を付することはできない。

（3）証拠保全命令

証拠保全は、裁判等に用いる証拠を確保する行政手続をいう。裁判所は、あらかじめ証拠調べをしておかなければその証拠を使用することが困難となる事情があると認めるときは、申立てにより、証人尋問、当事

者尋問、検証、書証の取り調べ等をすることができる（民事訴訟法234条）。訴えの提起前に裁判所に申し立てるのが通常であるが（同法235条2項）、訴えの提起後であっても申立てが可能である（同法234条1項）。

　たとえば、コンピュータ・ソフトウェアの不正使用による著作権侵害訴訟で、権利者側が、訴訟の準備段階において、不正使用の状態が改ざんされるのを防ぐため、コンピュータ・ソフトウェアの利用機関を相手方として証拠保全の申立てを行い、裁判所が当該機関を訪れて不正使用などの検証を行う場合である。

2　民事訴訟手続

（1）民事訴訟手続の概要

① 訴訟の開始

　民事訴訟事件の第1審手続は、訴えの提起によって開始され、原則として、訴状を裁判所に提出して行う（民事訴訟法133条1項）。訴状には、訴訟の主体である当事者および法定代理人の表示と請求について、訴えの結論として審判を求める概要（請求の趣旨）と権利関係の発生原因に当たる事実（請求の原因）とを特定して記載しなければならない（同法133条2項）。簡易裁判所においては、訴えを口頭で提起することができる（同法271条）。

② 訴訟の審理

　民事訴訟の審理は、原則として、公開の法廷で裁判官および書記官が列席し、直接、当事者双方の口頭による弁論を聴く手続で行い（同法87条1項）、裁判の資料は必ず口頭弁論に表れたものに限るとされている。

③ 訴訟の終了

（ア）終局判決によらない訴訟の終了

　民事訴訟による権利救済を求めるかどうかは、当事者の意思にゆだねられている。したがって、訴訟手続が開始されても当事者が判決による紛争解決を望まない場合には、その意思を尊重して訴訟を終了させるべ

きこととなる。ただし、相手方当事者との利害調整を図る必要があるため、一定の規律が設けられている。

　終局判決によらない訴訟の終了の場合として、まず「訴えの取下げ」がある。原告は、終局判決確定時まで自由に訴えを取り下げることができる（同法261条1項）。ただし、被告が請求の当否につき準備書面を提出し、弁論準備手続において申述をし、または口頭弁論をした後は、被告に請求棄却判決を取得する利益が生じるから、被告の同意がなければ取下げは効力を生じない（同261条2項）。

　次に、原告が裁判所に対し自己の請求に理由がない旨自認の意思表示をする「請求の放棄」や、逆に、被告が請求に理由があると認める意思表示である「請求の認諾」をすると訴訟は終了する（同法266条）。請求の放棄や請求の認諾は、裁判に対する陳述であるから相手方の欠席の際にすることもでき、ただし、当事者の自由な処分を制限すべき係争利益については、放棄・認諾は許されない。

　訴訟係属中に当事者双方が互いに譲歩することにより、訴訟期日に両者の合意内容を調書に記載して行う「訴訟上の和解」によっても、訴訟は終了する（同法265条）。

（イ）終局判決による訴訟の終結

　訴訟の審理が進展し、最終判断が可能になるか、あるいは、そのための資料が出尽くしたと認められるに至った場合、裁判所は審理を打ち切り、請求の当否につき結論的判断として終局判決をして訴訟を終結する。ただし、訴訟要件が欠ける場合は請求の当否を判断せずに訴えを却下して終了する。

（2）判決の取得と効力

① 訴訟提起から判決までの流れ

　訴訟提起から判決までの口頭弁論の流れは、原告が訴状に基づき錯綜する事実関係の中から法的に意味のある事実を分析・抽出し、法律効果の発生に必要な要件事実を請求の趣旨と請求の原因として主張陳述し、

被告が答弁書により請求の趣旨に対する答弁と請求の理由に対する認否をして、さらに抗弁となるべき事実や主張があれば提出する。そのうえで、当事者間に争いのある点についてのみ証拠により認定する。裁判所は、当事者の主張を整理して争点を明らかにし、その争点につき証拠の申し出をさせ順次証拠調べを重ねて、判決に熟するに至って弁論を終結する。

② 訴訟提起に必要な書類等

訴訟提起するには、訴状の原本（正本）と被告に送達するためその謄本（副本）が必要である。附属書類として、書証（書面による証拠）を提出する場合は「写し」を提出し、その証拠説明書もあわせて提出する。代理人による訴訟提起の場合、訴訟委任状も必要であり、原告が法人なら資格証明（商業登記簿謄本など）を提出する。訴訟物の価格に応じて印紙を貼付し、送達用の郵便切手を予納することも求められる。

③ 債務名義となる判決

強制執行力を有する証書一般を「債務名義（執行名義）」といい、民事執行法22条に列挙されている。債務名義となる判決には、確定判決と仮執行の宣言を付した判決がある。判決言渡しがあっても当事者が不服申立てをして上訴審によって取り消される可能性がある限り、判決は未確定の状態にある。不服申立期間の徒過や上訴権の放棄などにより、当事者が上訴により争うことができない状態になると、判決はその訴訟手続内では取り消される可能性はなくなる。このような取消し不可能な状態を判決の確定という。

④ 仮執行宣言

未確定の終局判決に対し、確定判決と内容上同一の執行力を与える形成的裁判を仮執行宣言という。仮執行宣言は、不服申立てにより取消しや変更がありうる暫定的な状態で権利の実現を図る制度であるため、原則として原状回復の容易な財産権上の請求に関する判決につき、必要があると認めるときに申立てによりまたは職権で担保を立てて、または立てないで仮執行宣言が付与される（民事訴訟法259条1項）。意思表示を

求める判決は、確定して初めて執行力が生じるので、仮執行宣言を付すことはできない。

⑤ 欠席判決

　最初の口頭弁論期日に原告は出頭したものの被告は欠席し、しかもあらかじめ答弁書その他準備書面を提出していない場合は、直ちに判決をするのに熟したといえることから（同法158条、159条1項・3項）、裁判所は口頭弁論を終結していわゆる欠席判決を言い渡す。

⑥ 公示送達

　公示送達は、裁判所書記官が、出頭すれば送達すべき書類をいつでも交付する旨を掲示場に掲示することにより行う送達方法をいう（同法111条）。公示送達の要件は証明する必要があり、書記官が審査する。公示送達は、理由が立てば実施され、理由が立たないと却下される。

⑦ 判決と和解

　和解には、裁判上の和解と裁判外の和解がある。裁判外の和解は民法上の和解契約（民法695条）であるが、裁判上の和解には、訴え提起前の和解（即決和解）と訴訟上の和解がある。即決和解については本章第2節3で記述したとおりである。訴訟上の和解は、訴訟係属を終了させるためになされる和解である。対象となる権利関係が当事者の自由な処分にゆだねられており、和解内容が公序良俗その他法律上許されないものでない場合、裁判所は訴訟係属中いつでも和解を試みることができる。和解成立により内容につき和解調書が作成されて、訴訟はその範囲で当然に終了する。和解調書の記載に一定の給付義務を内容とする部分が含まれる場合には、確定判決と同様の強制執行力が認められる（民事訴訟法267条）。

（3）判決の確定

① 判決の確定と意義

　判決の確定の意義については前述(2)③のとおりであるが、これは当該訴訟手続内で働く法律効果であり、当該訴訟手続を超えて当事者や裁

判所を拘束する既判力と区別される。上訴を許さない判決は言渡しと同時に、また当事者が上訴権を放棄したときは放棄時にそれぞれ確定するが、通常は判決正本が送達されて上訴または異議申立てがなく所定の上訴または異議申立期間を経過したときに確定する（民事訴訟法116条1項）。確定の範囲は、全部について確定するのが原則である。

② 確定判決の取得後の執行

確定判決に掲げられた給付義務を強制執行手続によって実現できる効力を狭義の執行力という。確定判決は債務名義となるので裁判所書記官に執行文付与申請を行い、確定判決の末尾に執行文を付与してもらって（民事執行法22条、26条）、それを執行機関（執行官）に提出して、相手方の財産の差押え等の執行を開始する。

3 民事調停・仲裁

（1）民事調停の申立てから調停の成立までのプロセス

① 民事調停の意義

民事調停は、民事・商事の一般の民事に関する紛争（家事事件に関する紛争を除く）を対象として、民事調停法の規律に基づき調停委員会または裁判官が当事者や参加人（利害関係人）の主張を聴いて、その「互譲により、条理にかない実情に即した解決を図る」（民事調停法1条）（あっせん案を示してその受諾を促し解決する）ことをいう。すなわち、法律や契約等に定められた権利義務に拘泥せず、常識的かつ円満に当事者間に合意を成立させて紛争の解決を図る裁判手続である。

② 民事調停の申立て

申立人（通常は債権者。債務者が申立人となる場合もある）が、通常は申立書を作成して、相手方の住所（法人の場合は本店または支店所在地）を管轄する簡易裁判所（あらかじめ管轄の合意のある場合は、合意で定めた地方裁判所または簡易裁判所）に提出して行う。申立ては口頭によってもできる（民事調停規則3条）。調停申立書には、「申立ての趣

旨」と「紛争の要点」を記載して、所定の印紙を貼付し、添付の必要書類として証拠書類がある場合は書証の写しや委任状、資格証明を提出する。また、現に訴訟の係属している裁判所が適当と認めるときは、職権で、事件を調停に付したうえ、管轄裁判所に処理させまたはみずから処理すること（自庁調停）もあり（民事調停法20条）、これは通常、職権調停と呼ばれている。

③　民事調停の構成

民事調停は、裁判官が単独で行う例外の場合（同法5条1項ただし書）を除いては、調停主任1人と民事調停委員2人以上で組織される調停委員会によって行われる（同法6条）。調停主任は、地裁によって指定された裁判官がなり、調停委員会における調停手続を指揮する（同法7条、民事調停規則17条）。

④　民事調停の手続

民事調停の手続は、当事者からの事情聴取や事実の調査を行い事実の認定をする過程、認定事実に基づき調停委員会が調停案を策定する過程、調停の成立をめざして当事者間に合意が成立するように説得したり、調停委員会が職権で方向を示したりする過程、に分けることができる。

⑤　民事調停の成立

民事調停は、当事者間に合意が成立してこれを「調停調書」に記載したとき、調停が成立する（民事調停法16条）。受訴裁判所が職権で調停に付した事件について調停が成立すると、訴えの取下げがあったものとみなされる（同法20条2項、民事調停規則24条）。

⑥　民事調停の効果

調停により合意された内容が調停調書に記載されると、「裁判上の和解」と同一の効力を持つ（民事調停法16条、24条の3、31条等）。したがって、相手方が調停条項に違反した場合は、裁判所書記官に「調停調書」を持参して執行力ある正本を申請したうえ、執行官に提出して強制執行を行うことができる。

461

（2）民事調停の申立てか訴訟手続かの判断

① 民事調停の特色

　民事調停は、紛争当事者間の私的話し合いによる任意の解決と訴訟による判決という形による公権的解決の中間に位置する紛争解決制度である。その特色としては、

　　ア）事件の実情に即した柔軟で妥当な解決が図られる

　　イ）全体的な紛争の解決が図られ債務名義の獲得もできる

　　ウ）簡易な手続で手続費用も安く迅速な解決が図りやすい

　　エ）民事調停委員やときには専門家委員（建築士や不動産鑑定士など）の関与により紛争解決に民間の健全な良識を反映させることができる

などが挙げられる。

② 民事調停と訴訟手続の長短

　訴訟手続は、時間と経費もかかり専門家である弁護士に委任してせざるを得ない場合が多い。弁護士に委任しないで、本人や債権管理担当者自身で行える簡便な法的手続が民事調停である。調停の申立ては簡単で口頭でもできるし、内容的にも訴訟に比べて穏やかであるから、相手方の抵抗も少ない。反面、事件が複雑困難なものには必ずしも適した制度ではなく、相手方が話し合いや説得に応じない場合は、訴訟手続による解決によらざるを得ない。

（3）調停調書

① 調停調書の意義

　調停調書は、当事者間の合意の内容を調停条項として記載したものである。本節 **3** (1) ⑥のとおり、調書に記載された調停条項は、裁判上の和解と同一の効力を有するが、裁判上で成立した和解の内容を記載した調書は、確定判決と同一の効力を有する（民事訴訟法267条）。したがって、調停調書も基本的には確定判決と同一の効力を有することとなる。

② 調停条項

　当事者間に合意が成立したからといって、合意内容のすべてが調停条項として記載されるものではない。調停委員会は、合意内容を整理し相当性を有するかを判断して、調停条項とすべき合意内容と、単なる当事者の了解事項とする合意内容とを区別する。調停条項は、原則として合意内容が実現可能で、履行すべき内容が適法で確定していることを要し、法律上当事者を拘束する効果を生じるものであるが、当事者の意思を尊重して精神的条項が記載される場合もある。

③　調停調書の効果

　相手方が調停調書に記載されている調停条項に違反したとき、調書に基づき強制執行を行うことができることは本節**3**(1)⑥のとおりである。

④　調停の不成立

　調停委員会または調停を行う裁判官は、当事者間に合意の成立する見込みがない場合、または当事者間に合意が成立したが相当でないと認める場合において後述する調停に代わる決定をしないときは、調停は成立しないものとして、事件を終了させることができる（調停不成立、打切り）（民事調停法14条、15条、19条）。

⑤　調停に代わる決定

　裁判所は調停委員会または裁判官による調停が成立する見込みがない場合に、職権で、事件解決のために必要な決定をすることができる（民事調停法17条）。この決定は、当事者双方のために衡平に一切の事情を考慮して、当事者双方の申立ての趣旨に反しない限度でなされなければならない。この決定に対しては、当事者または利害関係人は、当事者が決定の告知を受けた日から2週間内に異議の申立てができ、適法な異議の申立てがあったときは決定は効力を失うが、前記期間内に異議申立てがないときは、この決定は裁判上の和解と同一の効力を有する（同法18条）。

（4）仲裁制度

①　仲裁制度（仲裁手続）の意義

　仲裁制度（仲裁手続）は、裁判所により裁判されるべき民事・商事等

の私法上の紛争を、当事者の意思に基づいて、裁判所に代わる私的な裁判機関である仲裁人（仲裁委員会）の判断（仲裁判断）による裁定によって解決する制度（手続）でもある。民事上の紛争を任意的な方法で解決する制度でもある。

仲裁制度に関しては、新たに仲裁法（平成15年8月1日法律第138号）が制定されるまでは、「公示催告手続及ビ仲裁手続ニ関スル法律」という名称の法律によって、民事訴訟に関する規定（旧民事訴訟法786条から805条まで）を準用すると定められていた。

仲裁は、当事者の合意による紛争解決手段であるから、この合意がない限り仲裁という方法で紛争を解決することはできない。合意の対象となる紛争の要件については、新仲裁法は「既に生じた民事上の紛争又は将来において生ずる一定の法律関係に関する民事上の紛争」と定めている（仲裁法2条1項）。

② 仲裁制度と民事訴訟制度

仲裁では、当事者の合意が優先されるので、手続や仲裁人（仲裁機関）の選定などについて、当事者が決めることができる。これに対して、民事訴訟制度（裁判）は、紛争の解決方法として、解決を求める者が相手方の同意なしで原告となって訴えを提起し、裁判所が当事者の主張の当否について証拠に基づいて判別し、手続などについても法律で定められている。仲裁判断については判決と同様に執行力があり、当事者はそれに拘束される。しかしながら、仲裁判断に対しては異議を申立てることはできず、民事訴訟の判決に対する控訴、上告のような不服申立制度がない。ただし、仲裁合意が、当事者の行為能力の制限によりその効力を有しないなど一定の事由があるときは、「仲裁判断の取消し」を裁判所に申立てをすることができる（仲裁法41条）。

③ 仲裁機関

仲裁機関は、仲裁人の選定や仲裁手続に関する管理事務を行う。仲裁機関には、公的機関が特別法などの法令に基づいて仲裁を組織するもの（たとえば、労働関係調整法による労働委員会、建設業法による建設工

事紛争審査会、住宅の品質確保の促進等に関する法律による住宅紛争審査会など）と民間機関（たとえば、一般社団法人日本海運集会所、一般社団法人日本商事仲裁協会、弁護士会仲裁センターなど）が当事者の要請により仲裁廷を設立し仲裁手続を行うものがある。

┃ 参考文献 ┃

植林弘「大阪市大法学雑誌13巻2.3.4合併号」大阪市立大学法学会、1967年
公益財団法人日弁連交通事故相談センター東京支部編『損害賠償額算定基準』
　　日弁連交通事故相談センター東京支部、2018年
小林秀之『製造物責任法－その論点と対策』中央経済社、1995年
髙森八四郎『現代損害賠償法講座1　総論』日本評論社、1988年

第8章　理解度チェック

次の設問に、○×で解答しなさい（解答・解説は後段参照）。

1　公正証書は、一般には公証人により作成される公文書であるから、証明力や安全性もあり、しかもすべての公正証書に執行力が認められる。

2　内容証明郵便のうち、相手方に送られるものは内容文書と呼ばれ、証明の対象となる文書である。形式も自由で押印の有無も関係ないが、一定の条件を満たさないと内容証明の取扱いを受けることができない。

3　債権譲渡の通知は、内容証明郵便を利用して行うが、これは確定日付ある証書による通知とするためである。

4　製造業者等が負う製造物責任の責任要件は、民法709条の故意または過失によるものである。

5　裁判上の和解には、訴訟提起後の「訴訟上の和解」と訴訟提起前の「即決和解」とがあるが、後者は簡裁の審理によるので債務名義としての執行力までではない。

6　保全命令の要件としては、「請求権（いわゆる被保全権利）」の存在は不可欠であるが、「保全の必要性」については損害の担保として現金などの保証を立てることで代えることができる。

7　民事調停法による調停は、民事・商事はもとより家庭に関する事件も含めた「民事に関する紛争」一般につき、当事者の互譲により条理にかない実情に即した解決を図ることを目的とした紛争解決方法である。

第8章 理解度チェック

1 ×
公正証書に執行力が認められるのは、「金銭の一定の額の支払い
またはその他の代替物もしくは有価証券の一定の数量の給付を目
的とする請求で」かつ債務者が「強制執行認諾条項」を付すこと
を陳述した場合に限る。

2 ○
内容証明の取扱いは、「書留とする郵便物」について行う（郵便法
45条4項2号、48条1項・2項）ものとされている。

3 ○
民法467条2項は、確定日付ある証書による債権譲渡の通知が債
務者以外の第三者に対抗できるとしている。したがって、内容証
明郵便が利用されることになる。

4 ×
製造物による事故については、危険責任の考え方により過失を媒
介としない損害の分担が導入されている。したがって、製造物責
任は民法709条の特則として、欠陥を責任要件とする損害賠償責
任を規定している（製造物責任法3条）。

5 ×
裁判所で和解が成立すると、「即決和解」の場合も「訴訟上の和解」
と同様に、裁判所は「和解調書」に和解条項として記載し、その
記載は「確定判決」と同一の効力を持ち、債務名義として執行力
を有する（民事執行法22条）。

6 | ✕
保全命令の裁判は、「被保全権利」と保全の理由としての「保全の必要性」が不可欠な要件である。

7 | ✕
民事調停法にいう「民事に関する紛争」は、民事・商事に関する紛争をいい、家庭に関する紛争は家事審判法、家事審判規則による家事調停事件である。

索引

──ビジネス・キャリア検定試験のご案内──

（令和２年４月現在）

●等級区分・出題形式等

等級	等級のイメージ	出題形式等
1級	企業全体の戦略の実現のための課題を創造し、求める目的に向かって効果的・効率的に働くために、一定の専門分野の知識及びその応用力を活用して、資源を統合し、調整することができる。（例えば、部長、ディレクター相当職を目指す方）	①出題形式　論述式 ②出題数　2問 ③試験時間　150分 ④合否基準　試験全体として概ね60%以上、かつ問題毎に30%以上の得点 ⑤受験料　11,000円（税込）
2級	当該分野又は試験区分に関する幅広い専門知識を基に、グループやチームの中心メンバーとして創意工夫を凝らし、自主的な判断・改善・提案を行うことができる。（例えば、課長、マネージャー相当職を目指す方）	①出題形式　5肢択一 ②出題数　40問 ③試験時間　110分 ④合否基準　出題数の概ね60%以上の正答 ⑤受験料　7,700円（税込）
3級	当該分野又は試験区分に関する専門知識を基に、担当者として上司の指示・助言を踏まえ、自ら問題意識を持ち定例的業務を確実に行うことができる。（例えば、係長、リーダー相当職を目指す方）	①出題形式　4肢択一 ②出題数　40問 ③試験時間　110分 ④合否基準　出題数の概ね60%以上の正答 ⑤受験料　6,200円（税込）
BASIC級	仕事を行ううえで前提となる基本的知識を基に仕事の全体像が把握でき、職場での円滑なコミュニケーションを図ることができる。（例えば、学生、就職希望者、内定者、入社してまもない方）	①出題形式　真偽法 ②出題数　70問 ③試験時間　60分 ④合否基準　出題数の概ね70%以上の正答 ⑤受験料　3,300円（税込）

※受験資格は設けておりませんので、どの等級からでも受験いただけます。

●試験の種類

試験分野	試　験　区　分			
	1　級	2　級	3　級	BASIC級
人事・人材開発・労務管理	人事・人材開発・労務管理	人事・人材開発	人事・人材開発	
		労務管理	労務管理	
経理・財務管理	経理・財務管理	経理	経理（簿記・財務諸表）	
			経理（原価計算）	
		財務管理（財務管理・管理会計）	財務管理	
営業・マーケティング	営業・マーケティング	営業	営業	
		マーケティング	マーケティング	
生産管理	生産管理	生産管理プランニング（製品企画・設計管理）	生産管理プランニング	生産管理
		生産管理プランニング（生産システム・生産計画）（加工型・組立型）		
		生産管理プランニング（生産システム・生産計画）（プロセス型）		
		生産管理オペレーション（作業・工程・設備管理）	生産管理オペレーション	
		生産管理オペレーション（購買・物流・在庫管理）		
企業法務・総務		企業法務（組織法務）	企業法務	
		企業法務（取引法務）		
		総務	総務	
ロジスティクス	ロジスティクス	ロジスティクス管理	ロジスティクス管理	ロジスティクス
		ロジスティクス・オペレーション	ロジスティクス・オペレーション	
経営情報システム	経営情報システム	経営情報システム（情報化企画）	経営情報システム	
		経営情報システム（情報化活用）		
経営戦略	経営戦略	経営戦略	経営戦略	

※試験は、前期（10月）・後期（2月）の2回となります。ただし、1級は前期のみ、BASIC級は後期のみの実施となります。

●出題範囲・試験日・お申し込み方法等

　出題範囲・試験日・お申し込み方法等の詳細は、ホームページでご確認ください。

●試験会場

　全国47都道府県で実施します。試験会場の詳細は、ホームページでお知らせします。

●等級区分・出題形式等及び試験の種類は、令和2年4月現在の情報となっております。最新情報は、ホームページでご確認ください。

●ビジキャリの学習体系

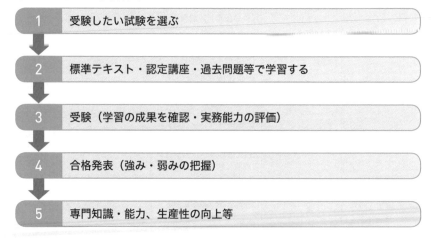

1	受験したい試験を選ぶ
2	標準テキスト・認定講座・過去問題等で学習する
3	受験（学習の成果を確認・実務能力の評価）
4	合格発表（強み・弱みの把握）
5	専門知識・能力、生産性の向上等

●試験に関するお問い合わせ先

実施機関	中央職業能力開発協会
お問い合わせ先	中央職業能力開発協会　能力開発支援部 ビジネス・キャリア試験課 〒160-8327 東京都新宿区西新宿7-5-25　西新宿プライムスクエア11階 TEL：03-6758-2836　FAX：03-3365-2716 E-mail：BCsikengyoumuka@javada.or.jp URL：https://www.javada.or.jp/jigyou/gino/business/index.html

企業法務 **3級**〔第3版〕
テキスト監修・執筆者一覧

監修者

牧野 和夫　芝綜合法律事務所　弁護士・弁理士・米国ミシガン州弁護士

執筆者 (五十音順)

川村 延彦　サンライズ法律事務所　弁護士
…第8章

北島　岳　株式会社ポーラ・オルビス ホールディングス 法務総務室
…第5章

草開 文緒　草開法律事務所　弁護士
…第4章

多田　極　メタウォーター株式会社 経営企画本部 人事総務企画室 人事勤労部
…第6章、第7章 (第1節～第3節)

能美 善行　JX Nippon Mining & Metals USA, Inc. 内部統制部
…第2章

橋本 裕子　西村あさひ法律事務所　弁護士
…第3章

牧野 和夫　芝綜合法律事務所　弁護士・弁理士・米国ミシガン州弁護士
…第1章、第5章 (第2節**1**)、第7章 (第4節)

(※1) 所属は令和2年3月時点のもの
(※2) 本書 (第3版) は、初版及び第2版に発行後の時間の経過等により補訂を加えたものです。
　　　初版、第2版及び第3版の監修者・執筆者の各氏のご尽力に厚く御礼申し上げます。

企業法務 **3級**〔第2版〕
テキスト監修・執筆者一覧

監修者

牧野 和夫　芝綜合法律事務所　弁護士・弁理士・米国ミシガン州弁護士

高原 照之　高原コンサルティング事務所 代表

執筆者 (五十音順)

川村 延彦　サンライズ法律事務所　弁護士

高原 照之　高原コンサルティング事務所 代表

田口 祐樹　西村あさひ法律事務所　弁護士

多田　極　メタリォーター株式会社 CSR本部 法務部

藤原 宇基　外井 (TOI) 法律事務所　弁護士

牧野 和夫　芝綜合法律事務所　弁護士・弁理士・米国ミシガン州弁護士

(※1) 所属は平成27年3月時点のもの
(※2) 本書 (第2版) は、初版に発行後の時間の経過等により補訂を加えたものです。
　　　初版及び第2版の監修者・執筆者の各氏のご尽力に厚く御礼申し上げます。

企業法務 **3級**〔初版〕
テキスト監修・執筆者一覧

監修者

牧野 和夫 大宮法科大学院大学 教授 弁護士・米国弁護士・弁理士

執筆者（五十音順）

川村 延彦 サンライズ法律事務所 弁護士

金原 洋一 川崎汽船株式会社 総務・法務グループ 経営法務チーム長

新 弘江 外井（TOI）法律事務所 弁護士

高原 照之 高原コンサルティング事務所 所長

外井 浩志 外井（TOI）法律事務所 弁護士

富澤 敏勝 山形大学 地域共同研究センター 客員教授

牧野 和夫 大宮法科大学院大学 教授 弁護士・米国弁護士・弁理士

（※1）所属は平成19年9月時点のもの
（※2）初版の監修者・執筆者の各氏のご尽力に厚く御礼申し上げます。

ビジネス・キャリア検定試験標準テキスト

企業法務 3級

平成19年10月27日　初　版　発行
平成27年3月31日　第2版　発行
令和2年3月31日　第3版　発行

編　著	**中央職業能力開発協会**	
監　修	**牧野 和夫**	
発行所	**中央職業能力開発協会**	
	〒160-8327　東京都新宿区西新宿7-5-25 西新宿プライムスクエア11階	
発売元	**株式会社 社会保険研究所**	
	〒101-8522　東京都千代田区内神田2-15-9 The Kanda 282	
	電話：03-3252-7901（代表）	

ISBN978-4-7894-9502-8 C2036 ¥3300E
©2020 中央職業能力開発協会 Printed in Japan